Practical Study on Additionals to Tax

附帯税の実務研究

筑波大学名誉教授
弁護士・税理士
品川 芳宣 著
Shinagawa Yoshinobu

一般財団法人
大蔵財務協会

はしがき

租税法律主義の下では、課税要件（それが充足されることによって納税義務が成立するための要件）の全てと租税の賦課徴収の手続は国会の定める法律によって規定されなければならないことが要請されている（課税要件法定主義）。そうであれば、国会が定める各税法が、自己完結的に各税目の課税関係を律しているように考えられるが、実際にはそうなっていない。各税法が定める課税物件（課税標準等）は、私法が律している経済取引等の経済的成果（利得）を基礎にしているところ、その私法の分野では、私的自治の原則や、契約自由の原則が支配するところとなる。そうなると、私法上の取引（契約）如何によって経済的成果が左右され、課税物件の多寡にも影響を及ぼすことになる。

他方、税額の確定手続については、主要税目が申告納税方式を定めているところ、国税通則法が定める申告納税方式では、納税者の申告を原則としながらも、その真偽を確認するため税務署長の調査・処分がセットとして定められている。そのため、納税者が経済取引等において契約自由の原則を盾に租税負担（コスト）の最小化を図り、各税法の規定を有利に解釈しようとしても、税務署長との対立関係が生じることになる。このような対立関係における本税では、修正申告等によって解決する場合が多いとしても、租税制裁である加算税等の附帯税に係る処分の是非が問題になることが多くなっている。

この附帯税の法律問題を体系的にまとめたものとしては、平成元年に、筆者が「附帯税の事例研究」（財経詳報社刊）を著したのが我が国では初めてであったはずである。そして、この書は、附帯税の実務のバイブル的存在として多くの読者の方から好評を頂き、第四版まで発行することができた。その後、10余年過ぎ、附帯税関係の税制改正も多く、かつ、重要裁判例が出されたこともあって、多くの読者の方から有難いことに新刊の御催促を受けることとなった。また、筆者自身、最近まで7年程税理士法人の代表社員を務めていたので、租税制裁を受ける納税者側からみた加算税を中心とした附帯税のあり方に関心を持つことにもなった。特に、租税制裁に関しては、それを受ける納税者側としては、租税の申告・納付に何らかの落ち度があったものとする劣位意識を持ちがちであるといえるが、複雑な租税関係の下では、一概に言えない問題があるはずである。そのために、各種加算税が軽減又は免除される場合の「正当な理由」の存在や「更正があるべきことを予知してされたものでない」か否かが法定されているところであるが、それらの解釈等の問題を納税者側の見地からも一層考える必要があることを痛感した。

そこで、「附帯税の事例研究」の新刊について、財経詳報社と相談させて頂いたところ、御社にも御都合があるということで、大蔵財務協会にお引き受け頂くことになった。そして、その内容についても、納税者側の見地からも見直すということで、そのタイトルも「附帯税の実務研究」に衣替えすることにした。

ところで、「附帯税の事例研究」（第四版）を出版した平成24年以降、主として、平成23年末の国税通則法の改正による税務調査手続が大幅に改正されたこともあって、主として、加算税の賦課方法も相当に改正をされてきた。そのことは、覚悟した上で新刊に取り掛かったのであるが、実際に改訂作業を始めると、その改正の複雑さにいささか辟易するところもあった。その改正の複雑さと制裁の強化は、前述の税務調査手続の大改正による調査能力の低下を補完しようとする意図も窺える。しかし、そのような調査能力の低下を補うために、納税者側に複雑な制度と加重な加算税負担を強制することは、いささか御門違いであるようにも考えられる（なお、平成23年の国税通則法改正による税務調査手続の改正がかえって税務行政に弊害をもたらすことを筆者はその改正の時に各専門誌において何度も警告してきた。）。

ともあれ、租税の賦課・徴収に関し、事実認定であれ、法解釈であれ、納税者と課税当局の見解が対立するのは必然的でもあると考えられ、そこには、本税の課税処分とそれに伴う附帯税の賦課処分等の違法性が問題となるが、後者の方が重要な場合も多い。そうであれば、附帯税の理論を究明し、実務のあり方を検討することは極めて重要である。そのことは、近年一層重要性を増している。

その点では、附帯税の研究は、それぞれの本税との関係や租税手続就中税務調査手続との関係を見極めることが一層重要となっている。そこで、本書の取りまとめにあたっても、それらの問題を総合的に考察し、その中で附帯税の賦課関係を論じ、実務上のあり方を論及することとした。

ともあれ、附帯税については、この数年にわたる大掛かりな改正が実務にどのような影響を及ぼしているかは未だ具体的な争訟事件が少ないだけに速断はできないが、本書がそれらの問題解決に少しでもお役に立つことができれば望外の喜びでもある。そして、御一読頂きました皆様方から御意見を賜ることができれば幸いである。

最後に、この新書の発刊にあたり、財経詳報社の方からも御協力を頂いたこと並びに大蔵財務協会の編集担当の方に大変御足労頂きましたことに深く感謝申し上げたい。

令和6年11月吉日

品川　芳宣

目　次

第三章　利　子　税

第五章 無申告加算税

第六章 不納付加算税

第七章　重加算税

《凡　例》

本書において引用している法令、通達、判例出典の略語は、次による。

《法　令》

通則法……国税通則法
通則令……国税通則法施行令
所　法……所得税法
法　法……法人税法
相　法……相続税法
徴収法……国税徴収法
措　法……租税特別措置法
行訴法……行政事件訴訟法

《通　達》

所基通………所得税基本通達
法基通………法人税基本通達

《判例出典》

民　集………最高裁判所民事判例集
刑　集………最高裁判所刑事判例集
行裁例集……行政事件裁判例集
訟　月………訟務月報
税　資………税務訴訟資料

第一章　附帯税と本税の関係

一　附帯税の確定手続と争訟手段

附帯税とは、本税たる国税債権に附加して負担せしめる国税の一種であり、本税に附帯して生ずることから附帯債務とも称されるが、国税通則法（以下「通則法」という）上、延滞税、利子税、過少申告加算税、無申告加算税、不納付加算税及び重加算税の六種が定められている（通則法二・四）。これらの附帯税は、利子税を除き、国税の不申告、不納付に対する行政上の制裁的機能を有するものである。(注1) また、附帯税は、いずれもそれぞれの計算の基礎となる税額の属する税目の国税となるものである。(注2)

なお、地方税法においては、国税における右記の名称の代わりに、延滞金（国税の延滞税と利子税に相当）、過少申告加算金、不申告加算金及び重加算金という名称を用いているが、それらは国税の附帯税に準じて取り扱われている。

ところで、国税は、それぞれの税目に応じて、特定の時期に納税義務が成立し、成立と同時に特別の手続を要しないで納付すべき税額が確定するもの（自動確定方式）を除いては、申告納税方式又は賦課課税方式のいずれかの手続によって納付すべき税額が確定する（通則法一五、一六）。この点、附帯税については、延滞税及び利子税は、納付すべき国税をその法定納期限までに完納しないとき等又は国税に関する延納の開始等により納税義務が成立し、その成立と同時に特別の手続を要しないで納付すべき税額が確定する（通則法六〇①、六四①、一五③七）。また、過少申告加算税、無申告加算税、不納付加算税及び重加算税は、当該国税の法定申告期限又は法定納期限の経過の時に納税義務が成立し（通則法一五②一四、一五）、賦課課税方式（納付すべき税額が専ら税務署長又は税関長の処分により確定する方式をいう）により納付すべき税額が確定する（通則法一六①二）。

なお、附帯税については、基本的規定は、国税通則法に定められてあるものの、詳細については各個別税法に規定されている場合がある。例えば、利子税がどのような要件及び負担割合で課されるかについては、相続税法、所得税法、法人税法、租税特別措置法等の各規定によらなければならないことになる。

附帯税の納付義務の確定手続の概要は以上のとおりであるが、附帯税の確定税額に不服がある場合には、その争訟の審理において、その確定処分又は納付催告の当否が争われることになる。(注3) この争訟手続においては、特に、附帯税の確定手続と本税の確定手続（申告、更正処分等）との関係、すなわち、本税の課税処分等に対する附随性、独立性が特に問題となる。そこで、それらの問題を事例を通して整理することとする。

注

（1） 納税義務の履行に違反した納税者に対しては、租税制裁として行政制裁又は刑事制裁が課（科）される。拙著「税法上の行政制裁の論点」税一九九六年一二月号一八ページ参照

（2） 例えば、所得税に係る延滞税、利子税及び各種加算税は所得税となる（通則法六〇④、六四③、六九）。

（3） ただし、延滞税の納付催告は、確定処分ではないため、その取消しを求めて争っても、原則として、救済されることはない（第二章の三参照）。

二　附帯税の附随性

前述したように、附帯税には、納税義務が賦課決定によって確定するもの（各種加算税）と一定の事実の発生により成立すると同時に確定するもの（延滞税、利子税）の二種類がある。そして、この両者は、納税義務の確定手続に違いがあるとはいえ、本税についての何らかの納税義務懈怠（違反）によってその附帯税の納税義務が生ずるものであるから、その性質上本税と運命を共にし、本税についての課税処分が取り消されると当然附帯税もその根拠を失い、納付義務も消滅するものと考えられる。この問題が争訟上どのように取り扱われるかが、まず問題となる。

この点について、大阪高裁昭和四七年二月一六日判決（後掲、裁判例①）では、控訴人（原告）が、昭和三二年ないし三四年分所得税につき所轄税務署長より本税についての更正及び決定と無申告加算税及び重加算税の決定通知を受け、当該税務署長に対し本税の更正及び決定の各処分のみの取消しを求めて当時の再調査の請求をしたが棄却され、それを不服として所轄国税局長（被告・被控訴人）に対し無申告加算税及び重加算税の決定通知の取消しをも含めて審査の請求（現行の審査請求）をしたところ、本税については棄却の決定を加算税については却下の決定を受けたので、当該審査決定の取消しを求めて出訴し、その控訴審において、本件の再調査の請求においては加算税部分についても再調査の請求をしたものと解すべきであるから加算税に係る却下の審査決定は違法である旨主張した。これに対し、前掲大阪高裁判決は、控訴人のかかる主張を排斥するとともに、本税についての再調査決定や審査決定で原処分の一部又は全部が取り消されるとその取消部分に対応する各種加算税の各決定処分は当然に取り消されるから、本税について再調査や審査の申請をした場合には、その本税に対応する各種加算税について本税の課税処分の取消しに随伴する取消しを求めるために再調査や審査の申請をする必要は全くない旨判示している。

この大阪高裁判決は、本税の課税処分に対する加算税（他の附帯税も同様にいえることであるが）の附随性を確認的に判示したものである。もっとも、本判決は、各種加算税について本税の課税処分の取消しに随伴する取消しを求めるための再調査の請求を必要としないとするもので、反面、各種加算税の賦課処分についての独自の違法性については別途争うことの必要性を示唆するものである。

なお、右の問題とは趣を異にするが、附帯税の附随性を示すものとして、本税についての差押えの効力は、利子税や延滞加算税は本税の納付の遅延の続く限り必然的に本税に加算されてゆく附加金であってこれは当然本税と一体となるものであるから、特別の事情のない限り、その附帯税たる利子税や延滞加算税にも及ぶとした大阪高裁昭和三八年一〇月一七日判決（訟月九巻一二号一三四二ページ）がある。

【裁判例①】　本税について再調査申請をした場合には、その本税に対応する各種加算税について本税の課税処分の取消しに随伴する取消しを求めるために再調査の申請をする必要はない（大阪高裁昭和四七年二月一六日判決・シュトイエル一二〇号一六ページ、税資六五号一二一ページ）

『控訴人は、原処分が、本税のほか無申告加算税と重加算税を賦課したものであるときは、これに対する再調査申請は、特に加算税額についても再調査を求むる旨の記載がなくても、加算税額を含む原処分の全内容についての再調査申請に当たると主張するので、右主張について判断するに、本税についての再調査決定や審査決定で原処分の一部または全部が取消されると、右取消された本税部分に対応する各種加算税の各賦課処分は当然に取消されるから、本税について再調査申請や審査申請をした場合には、右本税に対応ずる各種加算税について本税の課税処分の取消しに随伴する取消しを求めるために再調査や審査の申請をする必要は全くないわけである。したがって、加算税についての再調査や審査の申請とは、本税についての課税処分取消しの事由がないときにおいても、なお、加算税についての独自の課税処分取消事由に基づいて課税処分の取消しを求める申請を指称するものと言わねばならない。前認定の再調査の申請は本税額について再調査の申請をしているだけで、加算税額についてはなんらの言及もしていないから加算税額についての再調査申請と解することはできない。』

三　附帯税の独立性

既に述べたように、附帯税には納税義務が賦課決定によって確定するもの（各種加算税）があるが、かかる賦課処分は、本税に係る更正又は決定に附帯して課される処分であって、前述のような附随性を有するものである。しかしながら、この賦課処分は、本税に係る更正等そのものではなく、別個の行政処分であるから、更正等の取消事由がないときでも独自に附帯税の賦課処分の取消しを求めることができる。この場合に、附帯税の賦課処分の取消訴訟を提起するに当たって、本税に係る更正等に対するものとは別個に不服申立ての前置を要するかどうかが争われることがある。

まず、横浜地裁昭和四〇年七月一九日判決（後掲、裁判例②）は、原告が所轄国税局長に対しその所得税の更正に係る審査決定の取消しと所轄税務署長に対する当該更正に係る加算税の賦課処分の取消しを求めて提訴した事案につき、加算税賦課処分と更正とは別個の行政処分である旨判示し、本件加算税賦課処分について再調査決定ないし審査決定のあったことを認むべき証拠は存しないから、その賦課処分の取消しを求める本訴請求は、その前提として法の要求する審査決定を経由しておらず、訴えの却下を免れ得ない旨判示した。

また、東京地裁昭和四一年六月一六日判決及び東京高裁昭和四一年一一月二六日判決（後掲、裁判例③、④）は、原告（控訴人）の無申告加算税賦課決定処分取消訴訟において、原告（控訴人）が異議申立て（現行の再調査の請求）をしているが審査請求をして裁決を経ていないことを理由に当該請求は提訴の要件を欠く不適法なものであるとして、その訴えを却下している。本件は、附帯税の賦課処分それ自体の当否が本税の課税処分とは独立して争われたものであり、その適法な手続のあり方を示唆するものである。

なお、前掲の大阪高裁昭和四七年二月一六日判決（前掲、裁判例①）も、加算税賦課処分の独立性を示唆したものである。

【裁判例②】　加算税賦課処分は更正処分とは別個の処分であるから、その取消しの訴えを提起するには当該処分自体について不服申立てを経由することを要する（横浜地裁昭和四〇年七月一九日判決・訟月一一巻一号七七ページ、税資四一号八七三ページ）

『加算税賦課処分は所謂行政罰として、更正処分に附帯して課せられる処分ではあるが、然し更正処分そのものでなく、別個の行政処分である。このことは法が加算税賦課処分について異議がある場合には、これに対し独立に再調査の請求乃至審査の請求をなし得る旨規定していることからも明らかである。従って加算税額賦課処分に対し取消の訴えを提起する場合には、当該処分自体について審査決定を経由しているか或は前段に叙べた法律所定の要件を具備していなければならないものと解すべきである。』

【裁判例③】　同旨（東京地裁昭和四一年六月一六日判決・税資四四号七八九ページ）

『本件無申告加算税賦課決定について、原告が被告に対して異議の申立てをし、その棄却決定を経由したが、右棄却決定につきさらに東京国税局長に対して審査の請求をしてその裁決を経ることをしなかったことは、原告のみずから認めるところであり、かつ、審査請求についての裁決を経なかったことにつき法定の正当事由があることについては、格別の主張立証がないのであるから、本件無申告加算税賦課決定の取消しを求める訴えは、訴え提起の要件を欠き不適法である。』

【裁判例④】　同旨（東京高裁昭和四一年一一月二六日判決・税資四五号五二三ページ）

『控訴人は、右無申告加算税賦課決定処分の取消を求めるものであるが、右処分については、国税通則法

第七八条第一項の規定によって異議申立てをすることができ、これに対する決定を経た後なお不服があるときは、同法第七九条第三項の規定により所轄の国税局長に対して審査請求をすることができるものと解すべきところ、控訴人が右処分について異議の申立てをしたのみで審査請求についての裁決を経ることがなかったことは前記のとおりである。しかるに国税通則法第八七条第一項の規定によれば、審査請求をすることができる処分については、同項各号の一に該当する場合を除き、審査請求についての裁決を経た後でなければ、その取消を求める訴えを提起することができないものとされており、右除外事由が存することについては、控訴人はなんらの主張も立証もしないところである。審査請求をしても、これに対する裁決の結果が予測されるというような事情があるとしても、それだけで裁決を経ないことにつき正当の事由があるものということができないことはもちろんで、控訴人が前記異議申立てに対する棄却決定を受けた後に遅滞なく本件訴えを提起した事実を併せ考えても、控訴人が審査請求をし、その裁決を経なかったことにつき正当な事由があるものとは、とうてい認め難い。従って、控訴人の右無申告加算税賦課決定の取消しを求める訴えは、訴え提起の要件を欠き不適法といわざるを得ない。』

第二章　延　滞　税

一　規定の概要

1　延滞税の成立と確定

延滞税は、国税に関する法律に定める課税要件に該当する事実が発生した時に成立する。すなわち、本税が法定納期限を経過しても、なお納付されない事実が生じた時に成立する。(注1)

そして、延滞税は、成立と同時に確定するものとされ、特別の確定手続を要しない（通則法一五③七）。すなわち、その確定には、納税者の申告又は税務官庁の課税処分を必要としないものであるが、反面、税務署長の行う延滞税の納付に関する通知についての処分性が問題となる。

なお、延滞税は、本税に対してのみ課されるもので、各種加算税、過怠税等は延滞税の課税標準とならない（通則法六〇①二、三かっこ書参照）。更に、その損金性については、個人及び法人を問わず所得金額の計算上必要経費又は損金の額に算入されない（所法四五①二、三、五、法法五五④）。これは、納税遅滞に対する制裁効果を高めることになるが、それだけ納税者に負担を強いることになり紛争の原因ともなる。

2　延滞税の課税要件

延滞税を納付すべき場合すなわち延滞税の課税要件は、次のとおりである（通則法六〇①）。

① 期限内申告書を提出した場合に、その申告書の提出により納付すべき国税をその法定納期限までに完納しないとき。

② 期限後申告書若しくは修正申告書を提出し、又は更正・決定を受けた場合に、納付すべき国税があるとき。

③ 納税の告知により納付すべき国税（加算税及び過怠税を除く）をその法定納期限後に納付するとき。

④ 予定納税に係る所得税をその法定納期限までに完納しないとき。

⑤ 源泉徴収等による国税をその法定納期限までに完納しないとき。

3　延滞税の額

(1)　法令上の税率

延滞税の額は、延滞税が課される国税につき、原則として、その法定納期限の翌日から起算して、その国税を完納する日までの期間の日数に応じ、その未納に係る本税の額に年一四・六％の割合を乗じて計算した額である。ただし、納期限（更正等に係る具体的納付期限（通則法三七①）までの期間又は納期限の翌日から起算して二月を経過する日までの期間については、その未納に係る本税の額に年七・三％の割合を乗じて計算した額である（通則法六〇②）。

この延滞税が課される七・三％の期間又は一四・六％の期間は、督促状又は繰上請求書（繰上請求をする旨附記した納税告知書を含む）に附記するか、その期間を記載した書面を添付することとされている（通則規一六②）。

右の年七・三％の割合は、租税特別措置法により、各年の延滞税特例基準割合（平均貸付割合に年一％の割合を加算した割合をいう）が年七・三％の割合に満たない場合には、その年中においては、年一四・六％の割合にあっては当該延滞税特例基準割合に年七・三％の割合を加算した割合とし、年七・三％の割合にあっては当該延滞税特例基準割合に年一％の割合を加算した割合（当該加算した割合が年七・三％の割合を超える場合には、年七・三％の割合）とされる（措法九四①、九三②）。なお、平均貸付割合とは、当該各月において銀行が新たに行った貸付け（貸付期間が一年未満のものに限る。）に係る利率の平均をいう（措置法九三②）。

(2)　軽減税率の要件

前述のように、延滞税の本則税率は、原則として、年一四・六％であるが、納期限後一定期間あるいは一定の事由が存する場合に年七・三％に半減される。そして、租税特別措置法の規定により、年一四・六％の税率については、七・三％＋延滞税特例基準割合に、七・三％の税率について一％＋延滞税特例基準割合に軽減されている。この場合、一定の事由とは、事業の廃止等による納税の猶予、更正の請求等に係る徴収の猶予等に限定されている（通則法六三①④）。また、納付すべき税額に相当する担保を提供した場合又は滞納処分により財産を差し押えられた場合にも、税務署長の職権によって七・三％に減額されることとなり、前記軽減税率の適用を受けることができることになる（通則法六三⑤）。

4　延滞税の計算期間

延滞税の計算期間の起算日は、原則として、法定納期限の翌日であり、その終期は、国税が完納された日、すなわち、国税が国税収納官吏、郵便局又は日本銀行に全額納付された日である（通則法六〇②）。この場合、利子税の額の計算の基礎となる期間は、延滞税の額の計算期間に算入されない（通則法六四②）ほか、延滞税の計算期間の起算日については、各税法に特則が定められている。(注2) また、国税が完納された日には、差し押さえた金額をその国税に充当したときはその差し押さえた日（徴収法五六②）、還付金等をその国税に充当したときは充当適状の日（通則法五七②）が含まれる。

なお、法定申告期限から相当長期間経過後に修正申告書が提出されたり、更正若しくは納税告知が行われた場合には、その法定申告期限後一年を経過する日の翌日からその修正申告書が提出された日又は更正通知書等が発せられた日までの期間は、右の延滞税の計算期間から除かれる（通則法六一①）。要するに、法定申告期限から一年を超えて修正申告書の提出又は更正等が行われた場合は、延滞税の計算期間は一年間にとどめられることになる。これは、かかる場合に、全期間について延滞税を課すことは納税者にとって酷であること、税務官庁の調査等の都合によって更正等の時期が納税者ごとに異なることは不公平となること等を考慮したものである。

しかしながら、偽りその他不正の行為により国税を免れていた場合には、かかる延滞税の計算期間の特例は適用されず、その全期間に延滞税が課せられることになる（通則法六一①）。従って、かかる場合には、最長七年遡及して更正等が行われることになるので（通則法七〇⑤）、七年分の延滞税を負担することもあり得ることになり、その負担が重加算税等の負担をしのぐことにもなる。

この場合、「偽りその他不正の行為により国税を免れ」とは、罰則規定（逋脱犯）における「偽りその他不正の行為により、……税を免れ」（所法二三八①、法法一五九①）と原則的には同義である（傍点＝筆者）。然すれば、罰則規定が適用される場合（査察事件）に限って、更正決定等の期間制限が延長され、延滞税の賦課期間が延長されるようにも解される。これに対し、課税実務では、「重加算税の課税要件である「仮装隠ぺい」とこの条の「偽りその他不正の行為」とは現実には多くの場合相互いに一致して重なりあうが、厳密には別個のものである。(注3)」という理解（認識）の下に、重加算税が賦課される事案については、それを要件に、更正決定等の期間制限や延滞税の賦課期間が延長されることがある。

しかしながら、「偽りその他不正の行為」と「隠ぺい仮装行為」とは、相互に重なり合う場合が多いとしても、右の「……免れ」とは、逋脱犯の構成要件を意味するものであり、重加算税の賦課要件と共通するものではないので、依然として疑義を残す。この問題は、国税の徴収権の消滅時効の問題（通則法七三③）にも関わるが、同じ国税通則法の中で、別々の用語を使用する必要性の問題（立法政策）も含め、なお検討を要する課題であるといえる。(注4)よって、この問題は、第七章において、更に検討する。

なお、平成二八年度税制改正により、減額更正が行われた後に修正申告書の提出又は増額更正が行われた場合には、延滞税額の計算の特例（通則法六一②）が設けられているが、その趣旨及び内容については、後記「六」で詳述する。

5　延滞税の免除

(1)　法令の規定

以上のように、延滞税は、国税債務の納付遅延に対する制裁的な税としてかなりの税負担を強制（特に不正行為を伴う場合）するものであるが、その納付遅延が納税者においてやむを得ない理由によるものであるときは、その全額又は一部について免除されることになっている。

まず、①災害等による納税の猶予をした場合（通則法四六①、②一、二、五）、②事業の廃止等による納税の猶予をした場合（通則法四六②三～五、③）、③換価の猶予をした場合（徴収法一五一①）、④滞納処分の停止をした場合（徴収法一五三①）及び⑤災害による期限の延長をした場合（通則法一一）には、それぞれ所定の免除期間に応じて、二分の一又は全額の延滞税が法律上当然に免除される（通則法六三①②）。ただし、納税の猶予の取消し（通則法四九①）、換価の猶予の取消し（徴収法一五二）又は滞納処分の停止の取消し（徴収法一五四①）の基因となる事実が生じた場合には、税務署長等は、その生じた日以後の期間に対応する部分の金額について免除しないことができることとされている（通則法六三①ただし書）。なお、前期事由により延滞税が二分の一に減額された場合には、前記3で述べたように、租税特別措置法の規定によって更に税率が軽減される。

次に、①納税の猶予又は換価の猶予をした場合において、その納税者において延滞税の納付を困難とする所定の事由が生じた場合（通則法六三③）、②税務署長等が滞納国税の全額を徴収するために必要な財産を差押えし、又は納付すべき税額に相当する担保の提供を受けた場合（通則法六三④）、及び③納付委託等による国税の納付があったこと、震災、風水害、火災等の災害により国税を納付できなくなったこと等の特定の事由が生じた場合（通則法六三⑥）には、税務署長等は、その裁量により所定の額の延滞税を免除することができるとされている。

また、右の特定の事由については、次に掲げる場合に限定されている（通則令二六の二）。

① 国税徴収法に規定する交付要求により交付を受けた金銭を当該交付要求に係る国税に充てた場合

② 差し押さえた不動産の売却代金につき、交付を受けた金銭を当該差押えに係る国税と充てた場合

③ 火薬類の爆発、交通事故その他の人為による異常な災害又は事故により、納付すべき税額の全部若しくは一部につき申告することができず、又は国税を納付することができない場合（その災害又は事故が生じたことに

つき納税者の責めに帰すべき事由がある場合を除く）

なお、以上の国税通則法の規定による免除のほか、特別の事由があるときには、他の法律によって延滞税が免除される場合がある。（注5）

以上のように、延滞税の納付義務は、国税の納付遅延があった場合には、原則として、その納付遅滞の理由のいかんを問わず自動的に成立、確定し、その賦課割合も相当に高く、その賦課期間も相当長期に及ぶ場合もあるので、納税者にとって相当に過重な負担となることが多い。しかも、延滞税の免除事由も前述のように極めて限定されている。そのため、延滞税の賦課をめぐる納税者と税務官庁との紛争もいきおい多くなるといえる。そこで、それらの争訟事件を通して、延滞税賦課の諸問題を更に究めて行くこととする。

⑵　通達の取扱い

延滞税の免除については、前述のように、法令上厳しい制限が付されているほか、国税通則法施行令二六条の二にいう「人為による異常な災害又は事故」が何を意味するかも、解釈上疑義がある。そこで、国税庁は、「人為による異常な災害又は事故による延滞税の免除について（法令解釈通達）」（平成一三年六月二二日付徴管二—三五ほか）なる個別通達を定め、次のように取り扱うとしている。

人為による異常な災害又は事故により延滞税の免除を行う場合において、次の人為による納税の障害の態様に応じ、それぞれの要件に該当するときは、その人為による納税の障害により申告又は納付をすることができなかった国税に係る延滞税につき、それぞれの期間に対応する部分の金額を限度として、免除する。

（注）　人為による納税の障害により申告をすることができなかった国税の額は、その額が同時に納付すべき税額の一部であるときは、その納付すべき税額のうち、その税額の計算の基礎となる事実で人為による納税の障害に係るもののみに基づいて期限後申告、修正申告等があったものとした場合におけるこれらの申告等により納付すべき税額とする。

イ　誤指導

次のいずれにも該当すること。

①　税務職員が納税者（源泉徴収義務者を含む）から十分な資料の提出があったにもかかわらず、納税申告又は源泉徴収に関する税法の解釈又は取扱いについての誤った指導を行い、かつ、納税者がその誤指導を信頼したことにより、納付すべき税額の全部又は一部につき申告又は納付することができなかったこと。

（注）　納税者の誤った税法の解釈に基づいてされた申告等につき、事後の税務調査の際、当該誤りを指摘しなかったというだけでは、誤指導には当たらない。

②　納税者がその誤指導を信じたことにつき、納税者の責めに帰すべき事由がないこと。

なお、この事由の認定に当たっては、指導時の状況、誤指導の内容及びその程度、納税者の税知識の程度等を総合して判断することに留意すること。

免除される期間は、その誤指導をした日から、納税者が誤指導であることを知った日以後七日を経過した日までの期間である。

ロ　申告書提出後における法令解釈の明確化等

次のいずれにも該当すること。

①　税法の解釈に関し、申告書提出後に法令解釈が明確化されたことにより、その法令解釈と納税者（源泉徴収

義務者を除く）の解釈とが異なることとなった場合又は給与等の支払後取扱いが公表されたためその公表された取扱いと源泉徴収義務者の解釈とが異なることとなった場合において、当該法令解釈等により既に申告又は納付された税額に追加して納付することとなったこと。

（注）税法の不知若しくは誤解又は事実誤認に基づくものはこれに当たらない。

② その納税者の解釈について相当の理由があると認められること。

免除される期間は、その法定納期限の翌日から当該法令解釈又は取扱いについて納税者が知り得ることとなった日以後七日を経過した日までの期間である。

ハ　申告期限時における課税標準等の計算不能

既に権利は発生しているが、具体的金額が確定しない課税標準等があることにより、納付すべき税額の全部又は一部につき申告又は納付することができなかったこと。

免除される期間は、その法定納期限の翌日から具体的金額が確定した日以後七日を経過した日までの期間である。

ニ　振替納付に係る納付書の送付漏れ等

納税者から口座振替納付に係る納付書の送付依頼がなされている国税について、その国税に係る納付書を指定の金融機関へ送付しなかったこと、その納付書を過少に誤記したこと又は過大に誤記したこと（このため預金不足を生じ振替不能となったものに限る）により、納付すべき税額の全部又は一部につき納付することができなかったこと。

免除される期間は、その振替納付に係る納期限（延納期限を含む）の翌日から納税者がその振替納付がされなかったこと又は過少にされたことを知った日以後七日を経過した日までの期間である。

ホ　その他類似事由

次のいずれにも該当すること。

①　右のイからニまでに掲げる場合のほか、これらに類する人為による納税の障害により納付すべき税額の全部又は一部につき申告又は納付することができなかったこと。

②　その人為による納税の障害が生じたことにつき納税者の責めに帰すべき事由がないこと。

免除される期間は、その人為による納税の障害の生じた日（その日が法定納期限以前のときは法定納期限の翌日とする）から納税者がその人為による納税の障害の削減を知った日以後七日を経過した日までの期間である。

以上の通達上の取扱いに関しては、特に税務職員による誤指導の存否が争われることが多いが、訴訟になると否定されることがほとんどである（大津地裁平成一八年二月二七日判決（税資二五六号順号一〇三三三）、大阪地裁平成一八年一〇月一八日判決（同二五六号順号一〇五三一）等参照）。

注

（1）　この点について、大阪高裁昭和三九年七月七日判決・行裁例集一五巻七号一三〇七ページは、「具体的数額のものとしてのみ一日毎に確定的に成立する」としている。

（2）　通則令二五、所法一一九、相法五〇②、五一、措法三三の五③、三七の二等参照

（3）　志場喜徳郎他編「国税通則法精解　令和四年」（大蔵財務協会）八三三ページ参照

（4）　拙著「租税法律主義と税務通達第九回」税理四四巻一〇号二九ページ、拙著「租税法律主義と税務通達」（ぎょうせい　平成一六年）一〇〇ページ等参照

（5）　所法一三八④、一三九④、法法七九④、相法五一等参照

二　延滞税賦課の二重処罰性

偽りその他不正の行為により国税を免れた場合には、前述のような附帯税の賦課のほか、罰金又は懲役（場合によってはそれらの併科もある）による刑事上の処罰を受けることになる（所法二三八、二三九、法法一五九等参照）。この場合、憲法三九条後段の一事不再理の原則（二重処罰の禁止）に抵触するのではないかという問題が提起されるのであるが、その問題は、主として後述する加算税の賦課に関連しても論じられる。

しかしながら、偽りその他不正の行為により国税を免れた場合には、延滞税の賦課が最長七年間にも及ぶことがあり得るので、納税者にとっては、加算税よりも延滞税の方に経済的制裁の重さを感ずることがある。そのため、延滞税の賦課と各税法上の罰則が適用される場合にも、憲法三九条違反の問題が提起されることがままある。

例えば、東京高裁昭和四三年一二月一〇日判決（後掲、裁判例⑤）における所得税法違反事件において、弁護人の「被告人はすでに税務当局の命令に服し税務当局が一方的に計算した所得金額に応ずる税額及び重加算税、延滞利子税等を直ちに支払っており、これは名目の如何を問わず実質上被告人に対する刑罰にほかならないから、同じ国家が「罰金」や「懲役」という別の名目の刑罰を科するということはいかに法の形式論理を操っても二重処罰そのものであることを否定できない」旨の主張に対し、同判決は、延滞利子税は刑罰に当たらないことはもとより行政罰にも当たらない旨判示し、前記弁護人の主張を排斥している。また、その上告審である最高裁昭和四四年七月三日第一小法廷判決（後掲、裁判例⑥）でも、加算税賦課に関する裁判例の趣旨を引用した上で、右高裁判決を支持している。更に、東京高裁昭和四三年一一月一二日判決（税資五八号三一六ページ）及び最高裁昭和四四年四月一日第三小法廷判決（同号三一三ページ）でも同様な判決を行っている。

かように、延滞税の賦課と各税法上の罰則の適用については、加算税の場合と同様に憲法三九条に違反しないものと解せられるものであるが、それらの問題は更に加算税のところで詳述することとする。

【裁判例⑤】　延滞利子税の賦課は、刑罰に当たらないから、憲法三九条違反の問題は生じない（東京高裁昭和四三年一二月一〇日判決・税資五八号七八六ページ）

『所論は、本件について、税務当局が被告人に対して、本税のほか、重加算税、延滞利子税等、実質上の刑罰である巨額の重税の支払を命じ、被告人がすでにこれを履行したのであるから、同人に対して重ねて懲役刑や罰金刑を科するのは、憲法第三九条後段に規定する一事不再理の原則に反する、というのである。

しかしながら、本税は本来被告人が納入すべき税金であり、延滞利子税は右の当然納入すべきであった本税を延滞したことによる利子で、刑罰に当たらないことはもとより、いわゆる行政罰にも当たらない。また、重加算税、過少申告加算税は行政罰であって刑罰でないから、憲法第三九条後段に違反しないことは、すでに最高裁判所の判例の示すところ（昭和三十六年七月六日最高裁第一小法廷判決・刑集一五巻七号一〇五四ページ）で、当裁判所もこの見解に従うのが相当であると考えるから、所論はそのいわれがなく、論旨は理由がない。』

【裁判例⑥】　同旨（最高裁昭和四四年七月三日第一小法廷判決・税資五八号七八三ページ）

『上告趣意第一点は、憲法三九条後段違反をいうが、同一の行為について、所得税、延滞利子税、重加算税のほか刑罰を科しても、所論憲法の条項に違反しないことは、当裁判所大法廷の判決（昭和二十九年（オ）第二三六号同三十三年四月三十日大法廷判決・民集一二巻六号九三八ページ。なお、昭和三十五年（あ）第一三五二号同三十六年七月六日第一小法廷判決・刑集一五巻七号一〇五四ページ参照）の趣旨に徴し明らかであるから、所論は理由がない。』

三　延滞税賦課の処分性

1　催告通知の性格

延滞税の賦課をめぐる争訟事件において最も問題となるのが、税務署長等が行う延滞税の納付に関する催告通知がそもそも国税通則法上あるいは行政事件訴訟法上不服申立て又は取消訴訟の対象となる「処分」（通則法七五、行訴法三②）に当たるか否かである。

既に述べたように、延滞税の納税義務は、原則として、本税が法定納期限を経過してもなお納付されない事実が生じた時に成立し、その成立と同時に特別の手続を要しないで納付すべき税額が確定する（通則法一五③）。従って、延滞税の額については本来課税処分はあり得ず、法定納期限内に納付できなかった本税をその納期限に納付する時にそれに係る延滞税の額を計算して納付すれば、それですべてが終わる。ところが、かかる延滞税等がその納期限までに納付されない時には、所轄税務署長から督促状等により納付すべき延滞税額等について通知（催告）が行われる。かくして、かかる通知を不服とする納税者側から、その取消しを求めて不服申立てなり取消訴訟が提起されることがあり、それが適法であるか否かが問題となる。

2　旧税法下の事例

この問題については、まず、国税通則法制定前の旧税法下の事案であるが、原告の昭和二二年分所得税の更正の通知書上においてなされた加算税（編注＝現行の延滞税に相当）の通知の取消しを求める訴訟について、東京地裁昭和三一年六月二三日判決（税資二三号四四八ページ）は、「所得税法（昭和二二年法律二七号）五五条によると、所得金額、同税額の更正によって増加した所得税があるときは、納税義務者は、法律上当然にその増加税額に対し所得税法施行規則五四条所定の期間並びに同法五五条所定の割合による加算税を納付する義務を負うものであって、税務官庁の決定又は通知をまってはじめて義務が発生し、確定するものではないから、税務署長のした加算税額の通知は、たんなる注意的な処置にとどまり、処分ではないものと解すべく、したがって、右通知を変更する審査決定もまた、取消訴訟の対象となる処分とはいえない。」旨判示して、この部分についての原告の請求を却下した。同人は、右処分を不服として控訴したところ、東京高裁昭和三二年一二月一六日判決（税資二五号九八三ページ）も、原判決の理由を引用して、本件控訴は不適法である旨判示し、当該控訴を却下した。

右のように、昭和二二年分所得税に係る加算税（編注＝現行の延滞税に相当）の通知の取消訴訟の適否を論じてきたところであるが、昭和三七年の国税通則法の制定により現行の延滞税制度が確立した。現行の延滞税納付に関する法律関係も、既に述べたように旧法時代のそれと本質的差異はないのであるが、現制度下において、延滞税の納付催告等の性格が争われた事例としては、次のようなものがある。

3　国税通則法下の事例

(1)　東京地裁昭和四一年六月一九日判決

原告は、昭和三九年分所得税に係る無申告加算税の賦課決定処分と延滞税の納付催告（原告はこれを賦課決定と認識）の取消訴訟において、「仮に、本件の所得税について申告期限の徒過があったとしても、これについては本件無申告加算税の賦課処分で足り、本件無申告加算税の賦課処分をしている以上、更に本件延滞税を賦課することは、一個の事実について二重の財産罰を課すものに等しいというべく違法処分たるを免れない」旨主張したところ、東京地裁昭和四一年六月一六日判決（後掲、裁判例⑦）は、延滞税についての納付催告は税の賦課処分ではなく、行政事件訴訟法三条一項にいう処分にも当たらないから本件取消訴訟は不適法たるを免れない旨判示して、原告の請求を却下した。そして、控訴審の東京高裁昭和四一年一一月二六日判決（後掲、裁判例⑧）も、一審判決と同様な理由で、本件控訴を棄却した。

更に、上告審において、上告人が「延滞税の納付催告が賦課処分でないということは強いて争わないが、納税者は難解複雑な税法を悉く理解している道理がないので、実際問題としては督促される滞納の事実を知らしめると共に納期を示して告知するという行政措置をとることが条理であり、当然為すべき義務であるから、違法でないとしても不当である」旨主張したところ、最高裁昭和四二年六月二二日第一小法廷判決（税資四八号一四〇ページ）は、「論旨は、原判決の違法をいうものでないから、上告適法の理由とは認められない。」と判示し、本件上告を棄却した。

(2) 札幌地裁昭和五〇年六月二四日判決

原告は、昭和四三年分及び同四四年分所得税について、所轄税務署長より更正及び過少申告加算税の賦課決定を受け、更に、各確定申告期限の翌日から納付する日までに日歩二銭（納期限の翌日から一月を経過した日以後は日歩四銭）の割合による延滞税を納付するよう通知を受けたので、右更正並びに過少申告加算税の賦課決定及び延滞税を賦課する旨の通知の取消しを求めて出訴した。

一審の札幌地裁昭和五〇年六月二四日判決（後掲、裁判例⑨）は、右各処分のうち、延滞税を賦課する旨の決定の取消しを求める部分については、行政処分その他権力の行使に当たる行為が存在しないから、取消しを請求することは許されない旨判示し、その請求を却下した。また、控訴審の札幌高裁昭和五一年一〇月一九日判決（税資九〇号二二七ページ）は、「各延滞税納付通知の取消を求める請求について不服の申立がなく、当審における口頭弁論の対象となっていないから、その適否については判断しない。」として、やはり控訴人の請求を斥けている。

(3)　新潟地裁昭和五四年三月一二日判決

原告は、昭和四九年分及び同五〇年分所得税について確定申告をし、被告税務署長所属職員の調査による過少申告の指摘に基づき修正申告をしたところ、被告税務署長より当該所得税に係る過少申告加算税の賦課決定と延滞税の納付催告を受けたので、右の修正申告の取消し（無効を事由）と過少申告加算税の賦課決定及び延滞税を賦課する旨の通知（賦課決定と解して）の取消しを求めて、出訴した。

これに対し、新潟地裁昭和五四年三月一二日判決（後掲、裁判例⑩）は、上記各請求のうち延滞税賦課決定処分の取消請求部分については、延滞税の税額の確定に関して所管行政庁としては何らの処分をしていないものであるから、その取消しを求める訴えは不適法であるとして、その請求を却下した。

(4)　その他の事例

その他では、大阪地裁昭和六二年一〇月二三日判決（税資一六〇号二二八ページ）、大阪高裁昭和六三年三月三〇日判決（税資一六三号一〇四四ページ）、福岡地裁平成五年一〇月二八日判決（税資一九九号六五〇ページ）、那覇地裁平成八年四月二日判決（税資二一六号一ページ）等が、前掲各判決と同様な判示をしている。

なお、延滞税の納付に関する税務署長の通知の処分性の問題は、不服申立ての段階でも当然争われることになる。

例えば、非鉄金属製造業を営み源泉徴収義務者である会社が、昭和五六年一月から六月までの給与等に係る源泉徴収所得税の額の納付を遅延して同年九月一四日に納付したところ、所轄税務署長より当該税額に係る不納付加算税の賦課決定処分と延滞税の額の通知を受けたので、これを不服として異議申立てをしたものの、不納付加算税については棄却の、延滞税の通知については却下の異議決定を受けた。当該会社（審査請求人）は、右処分を不服として審査請求をし、延滞税の通知に関し、「延滞税については、異議申立ては認められないとして却下しているが、源泉所得税の加算税の賦課決定通知書には延滞税の額が併記されており、同通知書には、「……二月以内に異議申立てをすることができます」と記載されており、延滞税についても審査請求を行うものである」旨主張した。

これに対し、国税不服審判所長は、昭和五七年五月三一日裁決で（後掲、裁決例⑪）において後記のとおり述べて、その請求を却下した。なお、同裁決には、賦課決定通知書に延滞税の額等が記載される趣旨等が述べられているので、実務の参考となろう。

【裁判例⑦】延滞税についての納付催告は税の賦課処分でないのはもとより、行訴法三条一項にいう処分にも当たらない（東京地裁昭和四一年六月一六日判決・税資四四号七八九ページ）

『原告は、本件延滞税につき被告が原告に対してその納付を催告したことをもって、本件延滞税の賦課決定があったとするけれども、本件延滞税については、期限後申告書の提出によりその所得税を納付すべき時に当然に延滞税の納付義務が成立し、同時に特別の手続を要しないで納付すべき税額が確定するのであって、本件延滞税についての前記納付催告といえども、税の賦課処分でないのはもとより、行政事件訴訟法三条一項にいう処分にも当らず、その性質上観念の通知にすぎないものと解すべきであるから、本件延滞税について原告のいわゆる賦課決定処分の取消しを求める訴えは、結局取消訴訟の対象たる処分を欠くものとして不適法たるを免れない。』

【裁判例⑧】　同旨（東京高裁昭和四一年一一月二六日判決・税資四五号五二三ページ）

『控訴人は、右納付催告をもって延滞税の賦課決定処分がなされたものとして、その取消を求めるけれども、延滞税納付義務は、本税について納期限を徒過したときに、特別の手続を要しないで成立発生し、その額も確定するものであるから、その納付催告は税の賦課処分であると解することはできない。もとより右納付催告に先行してなんらかの賦課処分がなされるものと解しなければならないものでもない。従って、これをもって行政事件訴訟法第三条第二項にいう処分と解することはできないから、控訴人の右訴えは、結局対象たる処分が存しないものというほかはなく、不適法たるを免れない。』

【裁判例⑨】　同旨（札幌地裁昭和五〇年六月二四日判決・税資八二号二三八ページ）

『更正のあった場合における所得税に附帯する延滞税は、更正の結果更正通知書に記載された更正により納付すべき税額（更正により納付すべき税額が新たにあることとなった場合には当該納付すべき税額）があるときに、当然に納付義務が成立し（国税通則法第六〇条第一項）、同時に特別の手続を要しないで納付すべき税額が確定するものであるから（同法第一五条第三項第八号、第六〇条第二項）、税務署長が更正通知書の送達に併せてなした、延滞税を納付すべき旨の通知は延滞税の賦課決定でも納税の請求手続でもなく、単に延滞税の申告納付義務の存する旨の観念の通知に過ぎず、従ってこれを行政処分その他権力の行使に当る行為ということはできないから、その取消を請求することはその利益がなく、許されないものと解すべきである。』

【裁判例⑩】　同旨（新潟地裁昭和五四年三月一二日判決・訟月二五巻七号一九六七ページ、税資一〇四号六三一ページ）

『延滞税の納付義務は国税通則法第六〇条第一項所定の要件を充足することによって法律上当然に成立す

るものであり、それと共に、同条第二項等及び同法第一五条第三項第八号により右義務の成立と同時に特別の手続を要することなく税額が確定するものであるから、同税の納税義務の成立もしくは税額の確定に関し所管行政庁としての被告の賦課決定等の何らかの処分は全く存し得ない。したがって被告の行政処分があることを前提として、その取消しを求める本件訴えは不適法なことが明白である。』

【裁決例⑪】　延滞税の通知は不服申立ての対象となる処分に当たらない（昭和五七年五月三一日裁決・裁決事例集二四号七ページ）

『(2)　延滞税の通知について

イ　延滞税は、通則法第六〇条第一項《延滞税》に該当するときは納付しなければならないと規定されており、また通則法第一五条第三項第八号《納税義務の成立及びその納付すべき税額の確定》の規定により国税を法定納期限内に納付しない場合には、直ちにその納税義務が成立し、同時に特別の手続を要しないで納付すべき税額が確定するものである。

ロ　したがって、延滞税は源泉所得税の法定納期限である昭和五十六年七月十日を経過した同年九月十四日に当該国税が納付されたときに、法律上当然に納付義務が発生するものであって、税務官庁の決定又は通知によって、はじめて納付義務が生じ、確定するものではないから、昭和五十六年十月三十一日付源泉所得税の加算税賦課決定通知書（以下「賦課決定通知書」という。）に延滞税額二万一、〇〇〇円を併記した通知は、単なる注意的な処置であって処分ではない。

以上により、通則法第七五条第一項に規定する不服申立ての対象となる処分が存在しないので、本件審査請求は不適法たるを免れない。

(3)　なお、請求人は、賦課決定通知書には異議申立てをすることができる旨記載されていると主張するもの、当然通知書には「加算税の賦課決定」をする旨記載されており、延滞税は賦課決定処分ではなく、単なる通知書であることは前述のとおりであるところ、右欄外の異議申立教示事項は「この処分について」と明示しているものであるから、賦課決定処分以外のものは含まれないことは明らかであり、請求人の主張は失当である。』

四　更正処分の遅延と延滞税不納付の当否

既に述べたように、更正や修正申告による課税の是正が不当に遅延した場合には、延滞税の過重な負担を調整するため、延滞税の賦課期間は、原則として、一年間にとどめられている（通則法六一）。しかしながら、かかる調整規定の適用を待つまでもなく、更正処分の遅延を理由に延滞税の不納付を正当化しようとする争いもある。

審査請求事案であるが、審査請求人は、昭和四八年分所得税について法定申告期限内に確定申告したが、昭和四九年五月二四日付で更正を受け、その本税額を当該納期限二日後の同年六月二六日に納付したものの延滞税について納付しなかったので、同年七月八日付で未納延滞税について督促状を受けた。同審査請求人は、この督促について延滞税の取消しを求める異議申立てをしたが棄却されたので、本件審査請求をし、延滞税取消しの理由として、①本件更正が遅延したために延滞税が生じたこと、②本件延滞税の納付義務を本件督促状の受領で初めて知ったこと等を主張した。

これに対し、国税不服審判所長は、延滞税賦課の法的性格を述べ、昭和五〇年五月三〇日裁決（後掲、裁決例⑫）のとおり述べてその請求を斥けている。もっとも、この裁決については、延滞税の督促についての処分性を否定することにより、その請求を却下する方が法律論としてはすっきりしているように思われる。

【裁決例⑫】　督促状により初めて延滞税の額を知ったとしても、延滞税の納税義務に何らの影響を及ぼすものではなく、更正処分も遅延していない（昭和五〇年五月三〇日裁決・裁決事例集一〇号一ページ）

『⑵　請求人は、昭和四十九年七月八日付の督促状により初めて延滞税の額を知ったと主張するが、通則法六〇条一項二号に定める延滞税の額は、通則法一五条三項八号の定めるところにより、納税義務（本件の場合昭和四十八年分所得税の納税義務）の成立と同時に特別の手続を要しないで確定するものであり、かつ、納付すべき所得税の額は、請求人の提出した納税申告書に記載の税額が税務署長の調査による税額と異っていたため通則法二四条《更正》の更正処分をうけたことによって確定するものである。ところが、請求人は、その更正処分に基づく税額の納付にあわせて通則法六〇条三項に定める延滞税の納付をしなかったため、原処分庁は、通則法三七条に定める督促状を発付したものである。

本件の場合、原処分庁の手続は適法になされており、請求人が督促状により初めて延滞税の額を知ったとしても、延滞税の納税義務の成立及び納付すべき税額の確定になんらの影響を及ぼすものではない。

(3)　さらに、請求人は、所得税の更正処分が遅延したことをもって延滞税の納税義務を免れると主張するが、更正処分は、確定申告期限の三月十五日から七〇日経過した五月二十四日付でなされており、通常必要と思われる調査の所要日数等から考えても特に遅延しているとも認められないので、請求人の主張には理由がない。』

五　源泉徴収制度における延滞税等の負担者

延滞税についての本質的な問題ではないが、所得税の源泉徴収制度において延滞税等の附帯税の負担者が誰であるべきかが争われることがある。すなわち、現行の所得税の源泉徴収義務は、源泉徴収義務者（給与等の支払者）が国に対して負う法的な義務であるが、これは源泉納税義務者（給与等の受給者）から租税を徴収する義務とその徴収した租税を納付する義務とから構成され、その法律関係は、専ら国と支払者とを律することになり、国と受給者との間には税法上の法律関係は存しないことになる。従って、支払者と受給者との関係は、一般的な私法上の債権債務関係に服することになり、受給者は、所得税を徴収（源泉税額の追徴があった場合の支払者からの求償権の行使を含む）されることについて受忍義務を負うことになるが、自己の負担すべき源泉納税義務の存否・範囲等に不服があるときには、国を相手としてではなく、支払者を相手として給与支給額等の不足を理由に争うことになる。（注1）

かかる所得税の源泉徴収制度に関連し、所轄税務署長よりその前代表取締役らに対する認定賞与に係る源泉所得税（昭和三五年分）の納税告知処分等を受けた原告会社が、その所得税、不納付加算税及び旧利子税（編注＝現行の延滞税）を国に支払い、その代表取締役ら（被告）に対し、それらの税額とそれらの税額に係る商法所定の年六分の割合による利息相当額の支払を求めて出訴した民事事件がある。

この訴訟において、一審の名古屋地裁昭和四一年一一月二二日判決（税資六二号一ページ）及び控訴審の名古屋高裁昭和四二年一二月一八日判決（同号一一ページ）は、原告会社が国に納付した旧利子税等の附帯税を含む税額全部と年六分の割合による利息相当額の右代表取締役らに対する支払請求を認容した。

これに対し、上告審の最高裁昭和四五年一二月二四日第一小法廷判決（後掲、裁判例⑬）は、源泉徴収制度の法律関係の本質を判示し、源泉徴収による所得税の納税者は受給者ではなく支払者であるから、旧利子税等の附帯税を負担すべき者は支払者であり、上告会社がその役員らに対して支払を請求できる金員（求償権の行使ができる範囲）は当該納税告知に係る所得税本税額とそれに係る民事法定利率年五分の割合による利息相当額に限られるべきであるとして、原判決の一部を破棄した。この最高裁判決は、源泉徴収制度の法律関係について判示した中でリーディング・ケースとして注目されたものであるが、その法律関係から、納税告知処分等に係る本税と附帯税とのそれぞれの実質的負担者を明らかにしたものである。(注2)なお、本判決は、国税通則法三六条に定める「納税の告知」を徴収処分であることを明確にし、かつ、当該処分の争訟手段を明確にしたことでも著名である。

【裁判例⑬】　源泉徴収による所得税の納税者は受給者ではなく支払者であるから、旧利子税等の附帯税を負担すべき者は支払者である

（最高裁昭和四五年一二月二四日第一小法廷判決・民集二四巻一三号二二四三ページ、税資六二号一五ページ）

『源泉徴収による所得税の納税者は、支払者であって受給者ではないから、法定の納期限にこれを国に納付する義務を負い、それを怠った場合に生ずる附帯税を負担すべき者は、納税者（徴収義務者）たる支払者自身であって、右の附帯税相当額を旧所得税法四三条二項（新法二二二条）に基づいて受給者に請求しうべきいわれはない。すなわち、被上告会社の本訴請求中、上告人中村卯助につき八六万二、二六六円、上告人藤本玉枝につき三八万〇、一一〇円の、いずれも源泉徴収による所得税の本税相当額の支払を求める部分は正当であるが、不納付加算税（旧源泉徴収加算税）および新旧利子税相当額の支払を求める部分は失当たるを免れない。また、被上告会社が上告人らに対し請求しうる所得税の本税相当額に対する遅延損害金は、原判示のような商事法定利率によるべきではなく、一般の原則に従い、年五分の民事法定利率によるものと解すべきである。』

注

（1）　これらの法律関係の詳細については、最高裁昭和四五年一二月二四日第一小法廷判決（前掲、裁判例⑬）の他の判示部分、東京高裁昭和五五年一〇月二七日判決・シュトイエル二二五号一ページ等参照

（2）　源泉徴収制度等の法律関係に関する詳細な判示部分は、本稿と直接関係ないので省略した。その部分については、右判決を参照されたい。

六　減額更正後に増額更正があった場合の延滞税

1　制度創設の趣旨

国税通則法が定める延滞税の課税関係は前述のとおりであるが、同法が予定していないような事態が生じることがある。東京地裁平成二四年一二月一八日判決（平成二三年（行ウ）第七百十二号他）、東京高裁平成二五年六月二七日判決（平成二五年（行コ）第四〇号）及び最高裁平成二六年一二月一二日第二小法廷判決（後掲：裁判例⑭）(注1)の事案では、納税者が相続税を申告・納付した後、土地の価額の評価が誤っていたということで、更正の請求をしたところ、税務署長が、一旦、減額更正をした後、その約半年後に、当該減額更正が誤りであったということで増額更正（納付税額は当初申告額を下回る）をし、それに係る延滞税を納付させた場合に、当該延滞税の納付の要否が争われることになった。

前掲の東京地裁判決及び東京高裁判決は、国税通則法の規定を文言どおり解釈して、当該延滞税の納付の必要性を認めたが、前掲最高裁判決は、本件のような場合に延滞税の納付を強制することは法が予定していない旨判示して、当該延滞税の納付の必要性を否定した。このような最高裁判決の結論については、延滞税が行政制裁としての性格を有するが故に、税務署長の誤りによって生じた当該延滞税を課すべきではないということで肯定できる。そのため、国税庁は、平成二七年一月文書を発遣して対処したが、平成二八年度税制改正において、後述のとおり定めることとした。(注2)

【裁判例⑭】　減額更正後に申告税額を下回る増額更正が行われた場合の延滞税は申告税額までに達する部分について納付する必要はない（最高裁平成二六年一二月一二日第二小法廷判決・訟務月報六一巻五号一〇七三ページ）

『本件の場合において、仮に本件各相続税について法定納期限の翌日から延滞税が発生することになるとすれば、法定の期限内に本件各増差本税額に相当する部分を含めて申告及び納付をした上告人らは、当初の減額更正における土地の評価の誤りを理由として税額を増額させる判断の変更をした課税庁の行為によって、当初から正しい土地の評価に基づく減額更正がされた場合と比べて税負担が増加するという回避し得ない不利益を被ることになるが、このような結果は、法六〇条一項等において延滞税の発生につき納税者の帰責事由が必要とされていないことや、課税庁は更正を繰り返し行うことができることを勘案しても、明らかに課税上の衡平に反するものといわざるを得ない。そして、延滞税は、納付の遅延に対する民事罰の性質を有し、期限内に申告及び納付をした者との間の負担の公平を図るとともに期限内の納付を促すことを目的とするものであるところ、上記の諸点に鑑みると、このような延滞税の趣旨及び目的に照らし、本件各延滞税のうち、本件各増差本税額に相当する部分について本件各増額更正によって改めて納付すべきものとされた本件各増差本税額の納期限までの期間に係る延滞税の発生は法において想定されていないものとみるのが相当である。

したがって、本件各相続税のうち本件各増差本税額に相当する部分は法六〇条一項二号において延滞税の発生が予定されている未納付の国税に当たるものではないというべきであるから、本件期間に係る延滞税は発生しないものと解するのが相当である。』

2　規定の内容

国税通則法六一条第二項は、次のように定めている。

「修正申告書の提出又は納付すべき税額を増加させる更正（〈略〉）があった場合において、その申告又は増額更正に係る国税について期限内申告書又は期限後申告書が提出されており、かつ、当該期限内申告書又は期限後申告書の提出により納付すべき税額を減少させる更正（〈略〉）があった後に当該修正申告書の提出又は増額更正があったときは、当該修正申告書の提出又は増額更正により納付すべき国税（〈略〉）については、前項の規定にかかわらず、前条第二項に規定する期間から次に掲げる期間（〈略〉）を控除して、同項の規定を適用する。

一　当該期限内申告書又は期限後申告書の提出により納付すべき税額の納付があった日（〈略〉）の翌日から当該減額更正に係る更正通知書が発せられた日までの期間

二　当該減額更正に係る更正通知書が発せられた日（〈略〉）の翌日から当該修正申告書が提出され、又は当該増額更正に係る更正通知書が発せられた日までの期間」

もっとも、このような複雑な法規制によらなくても、かつての加算税における「正当な理由」の一事由として処理することもできるし、延滞税についても国税通則法施行令第二六条の二にいう「人為による異常な災害又は事故」の一事由として、通達によって処理する方法もあったはずである。

注

（1）　拙著「重要租税判決の実務研究（第四版）」（大蔵財務協会 令和五年）一九七ページ参照

（2）　詳細については、「改正税法のすべて（平成二八年版）」（大蔵財務協会）八六七ページ参照

第三章　利　子　税

一　規定の概要

1　利子税の成立と確定

延納又は納税申告書の提出期限の延長に係る国税の納税者は、国税に関する法律の定めるところにより、当該国税にあわせて利子税を納付しなければならない（通則法六四①）。すなわち、個別税法の延納（所法一三一～一三七、相法五二、五三）又は租税特別措置法の納税猶予（措法七〇の四等）の期間は、法定納期限経過後の期間であっても国税債務の履行遅滞について責めを問うべき期間ではないので、当該期間については、法定納期限内に国税を納付した者との均衡をも考慮し、延滞税ではなく利子税を課すこととしている。また、法人税について、災害等のやむを得ない理由により決算が確定しなかったり、又は会計監査人の監査を受けなければならないこと等の理由により決算が確定しないため、確定申告書の提出期限が延長されることになった場合（法法七五～七五の三）にも、その期間については、利子税が課される。

かかる利子税は、延滞税が制裁的な遅延利息たる性質を有するのに対し、約定利息たる性質を有する。

利子税がいつ成立し、いつ確定するかは、延滞税と同様、国税に関する法律に定める課税要件に該当する事実が発生した時に成立し、成立と同時に確定する（通則法一五③七）。かくして、利子税の納付に関しては、延滞税と同様、何らの賦課処分を伴わないことになる。また、利子税も、本税に対してのみ課されることになる。

2　利子税の課税要件と計算

利子税の課税要件は、個別税法に規定する延納又は納税猶予の条件が充足され、延納又は納税猶予の事実が生じたこと、又は法人税につき決算遅延による法定申告期限の延長の事実が生じたことである。

利子税の額の計算については、延納又は納税猶予若しくは法人税の納税申告書の提出期限の延長に係る国税につき、延納等の期間の日数又は月数に応じ、各税法の定めるところによる（通則法六四①）。所得税法及び法人税法においては、年七・三％（所法一三一③、法法七五⑦、七五の二⑧）、相続税法においては、年七・三％（相法五一の二①）又は年六・六％（不動産等の割合によって五・四％又は六％）（相法五二①）、租税特別措置法上の納税猶予については、年三・六％（措法七〇の四㉟、七〇の六の八㉕、七〇の七㉘、七〇の七の二㉙等）の割合を乗じて計算した金額である。このような利子税の割合については、延滞税同様、租税特別措置法において特例が設けられている。すなわち、右の七・三％の割合は、各年の利子税特例基準割合が年七・三％に満たない場合は、当該利子税特例基準割合（平均貸付割合に年〇・五％の割合で加算した割合）とする（措法九三①、②）。また、右の七・三％未満の割合は、当該利子税の割合に当該利子税特例基準割合が年七・三％に占める割合を乗じて計算した割合にする（措法九三③）。

なお、利子税の計算期間は、原則として、延納等の期間と同じであり、その計算方法も延滞税と同様であり、延滞税との競合を避けるため、この計算期間は、延滞税の計算期間に算入されない（通則法六四②）。

利子税の計算の基礎となる本税の一部が納付されたときは、その後の計算の基礎となる税額は、延滞税と同じく、その納付税額を控除した本税の残額である（通則法六四③、六二①）。

また、右の取扱いのほか、①景気調整対策上の措置として、法人税の延納について公定歩合に連動する利子税率を適用する制度（措法六六の三）、②相続税及び贈与税の延納等に係る利子税率の軽減（措法七〇の八～七〇の一一）等の特例がある。（注１）

3　利子税の免除

利子税についても、延納等を利用している納税者につきやむを得ない理由があるときは、その負担の軽減を図るため利子税が免除されることがある。その免除にも、当然免除になる場合と税務署長等の裁量により免除になる場合とがある。

まず、災害その他やむを得ない理由により申告等の期限の延長があった場合（通則法一一）には、延滞税と同様、当該延長をした期間に対応する利子税の額の全額が当然に免除される（通則法六四③）。

次に、延滞税同様、①納付委託又は弁済委託の再委託を受けた金融機関がその有価証券の取立てをすべき日の翌日から起算して現実に国庫に納付した日までの期間（ただし、その納付等の遅延が納税者等の責めに帰すべき事由でない場合に限る）、②納税貯蓄組合法二条二項の指定金融機関のうち、日本銀行の代理店又は歳入代理店でない金融機関が租税納付の委託を受けた場合において、その指定された納付日の翌日から起算して現実に国庫に納付した日までの期間（同前）、③災害の事由が生じた日の翌日から起算してその事由がやんだ日以後七日を経過した日までの期間（同前）等について、税務署長等の裁量により利子税を免除することができるとされている（通則法六四③、六三⑥)。

以上の国税通則法上の規定のほか、還付金を未納法人税に充当する場合に還付加算金を附さないことに対応しての利子税の免除(法法七八③、七九④)、等がある。

4 利子税の損金性(必要経費性)

既に述べたように、他の附帯税が国税債務の履行遅滞に対し何らかの制裁的機能を有しているのに対し、利子税は、国が認めた延納又は納税猶予に係るいわば約定利息たる性質を有するものであって、制裁的機能を有するものではない。従って、これを支出する企業(法人、個人とも)にとっても、利子税を他の借入金に対する支払利息と同視する傾向がある。

そこで、所得税法及び法人税法とも、その所得金額の計算上、利子税額の損金(必要経費)算入を容認している。すなわち、所得税法上、不動産所得の金額、事業所得の金額、山林所得の金額又は雑所得の金額の計算上、附帯税の額は原則として必要経費に算入されない(所法四五①二、三)のであるが、不動産所得、事業所得又は山林所得を生ずべき事業を行う居住者が納付する延納に係る利子税で、その事業についてのこれらの所得税の額に対応するものについては、必要経費に算入される(所法四五①二かっこ書、所令九七)ことになっている。また、法人税法においても、その所得金額の計算上、附帯税を含む法人税の額は原則として損金不算入とされる(法法三八①、五五④)のであるが、確定申告期限の延長等に係る利子税の額は例外的に損金算入が認められている(同前)。

次に、利子税の額の損金(必要経費)算入の時期であるが、所得税法及び法人税法とも費用の計上基準としていわゆる債務確定基準を採用している(所法三七①かっこ書、法法二二③かっこ書)ところ、具体的な算入時期は、次のように取り扱われている。すなわち、所得税については、原則として、納付の日の属する年分の必要経費に算入することとしているが、その年の一二月三一日までの期間に対応する税額を未払金に計上した場合には、当該金額をその年分の必要経費に算入することができるとされている（所基通三七—六(5)）。また、法人税については、やはり原則として、納付の日の属する事業年度の損金の額に算入することとしているが、法人が当該事業年度の期間に係る未納の金額を損金経理[注2]により未払金に計上したときの当該金額については、当該損金経理をした事業年度とするとされている（法基通九—五—一(4)）。

なお、この問題については、事案を通じて追って詳述する。

注

（1） 詳細については、志場喜徳郎他編「国税通則法精解　令和四年改訂」（大蔵財務協会）一七〇五ページ以下参照

（2） 損金経理とは、「法人がその確定した決算において費用又は損失として経理することをいう。」（法法二・二五）

二　延滞税との共通性

現行制度下においても、利子税と延滞税については、いずれも法定申告期限後の未納本税を課税標準として課される利息的要素を有していること、いずれもその納付について賦課処分を伴わないこと等性格的に共通するところが多い。しかも、昭和三七年の国税通則法制定前においては、現行のような利子税と延滞税とを区分した制度が採られておらず、両者の性質が混在していた税目が採用されていた。そのため、利子税と延滞税の紛争事案については共通するところが多く、特に、昭和三七年国税通則法制定前の事案については、延滞税に係る事案が、そのまま利子税に係る事案としてとらえることができる。

すなわち、延滞税のところで問題にした、延滞税賦課と二重処罰性、(注1)延滞税賦課の処分性、(注2)源泉徴収制度における延滞税の負担者等の問題(注3)は、利子税についても同様に論じられるものである。

もっとも、現行の利子税については、約定利息たる性格を明らかにしたものであるから、前記旧法時代の事案（特に二重処罰性に関するもの）がそのままあてはまるともいい難いといえる。

注

（1）　東京高裁昭和四三年一一月一二日判決・税資五八号三一六ページ、東京高裁昭和四三年一二月一〇日判決・税資五八号七八六ページ、最高裁昭和四四年四月一日第三小法廷判決・税資五八号三一三ページ、最高裁昭和四四年七月三日第一小法廷判決・税資五八号七八三ページ等参照

（2）　東京地裁昭和三一年六月二三日判決・税資二三号四四八ページ、東京高裁昭和三二年一二月一六日判決・税資二五号九八三ページ等参照

(3) 最高裁昭和四五年一二月二四日第一小法廷判決・民集二四巻一三号二二四三ページ等参照

三　損金算入の時期

既述したように、利子税は、所得税又は法人税の所得金額の計算上損金（必要経費）の額に算入される唯一の附帯税であるが、その損金（必要経費）算入時期は、現行では、原則として、その利子税額の支払の時であるとし、その年度（年）の期間に係る未納分を未払金として計上（損金経理）したときには、その経理を認めることとしている（法基通九―五―一⑷、所基通三七―六⑸）。

この利子税の額の損金算入時期に関して、かつての取扱い通達では、「法第四二条の規定による利子税額で当該事業年度の期間中に発生したものは、法人がこれを損金に計上しているといないとにかかわらず損金に算入するものとする」（旧昭和二五年九月二五日直法一―一〇〇「五七」）と定められていたところ、昭和三〇年の通達改正で、「利子税は、原則として納付の時を含む事業年度の損金に算入する」（旧昭和三〇年四月九日直法一―六九「一」）とされ、更に、「法人が、各事業年度において当該事業年度前の各事業年度分に係る法人税額のうち未納のものがあるため、当該税額に係る利子税額を損金引当したときは、当該年度の期間分に対応するものとして計算される利子税額を限度としてこれを認めるものとする」（同通達「二」）とされ、その趣旨は、昭和四四年五月の法人税基本通達の全文改正を経て、現行通達へ引き継がれている。

かかる通達改正を背景にして、利子税額の損金算入時期が争われた事案がある。すなわち、医薬品、工業薬品等の製造販売を業とする被告人会社の昭和三五年五月期分及び同三六年五月期分法人税について法人税法違反（逋脱罪）が問われた事件につき、一審の東京地裁昭和三八年一二月二七日判決（税資五一号三七ページ）は、これを有罪とし、逋脱所得金額を昭和三五年五月期分二、七一八万円及び昭和三六年五月期分一、七八〇万円余と認定したのであるが、被告人会社は、原判決には、当該所得金額の認定において当該各事業年度に発生した利子税の額（昭和三五年五月期分一五万円余、昭和三六年五月期分一二六万円余）を損金算入していない等の違法がある旨主張して控訴した。

控訴審において被告人会社の主張するところは、①利子税は租税債務（本税）履行遅滞を原因とする利息又は遅延損害金の性質を有すること明らかであって、それであるからこそ旧法人税法（昭和四〇年改正前のもの、以下同じ）九条二項において他の税目とは別に損金算入が認められているものである、②原判決が本件利子税の額を損金不算入としたのは昭和三〇年四月九日付直法一―六九通達の規定（前掲）に従ったものであろうが、この通達が、利子税について法人が進んで損金引当てをしたときに限り損金認容していることは旧法人税法九条の予想していない要件を新しく附加したもので違法である、③現にこの通達以前は昭和二五年九月二五日直法一―一〇〇「五七」（前掲）によって当該事業年度中に発生した利子税の額はその年度の損金の額に算入する旨定めていたものであり、旧法人税法九条の規定が改正されないのに、単なる通達によって取扱いを変更し、法人税法が当然に（損金引当をしたと否とにかかわらず）損金になると定めている利子税の額を損金引当てをしない場合には損金として認容しない取扱いをしたことは違法である、等にある。

この被告人会社の主張に対し、東京高裁昭和四〇年六月二九日判決（後掲、裁判例⑮、⑯、⑰）は、後述のように、利子税額の損金算入時期は結局税務会計上の諸原則や諸慣行を考慮して最も合理的と認められるところに従って解決するほかはなく、申告納税方式における場合の利子税額はその本税の申告等によって確定しその確定の日を含む事業年度の損金の額に算入されるべきものであるから、本件においては、被告人会社が昭和三七年四月東京国税局係官の調査を受け本件各事業年度の法人税額の不足額が明白となったので、昭和三八年一〇月五日所轄税務署長に対し修正申告書を提出し、未納本税額、本件利子税額及び加算税額を納付したものであるので、本件利子税額の損金算入時期は、本件各事業年度ではなく、前記昭和三八年一〇月五日を含む事業年度である旨判示した。また、同判決は、本件で問題とされた通達における利子税額の損金算入時期の変更はそれが納税義務の具体的内容に関係がないから租税法律主義に違反するものではない旨判示している。

被告人会社は、この東京高裁判決を不服として上告し、原判決は租税法律主義の原則に関する解釈を誤っている旨主張したのであるが、最高裁昭和四一年九月七日第二小法廷決定（後掲、裁判例⑱）は、後述のように、本件における租税法律主義違反を否定し、利子税額の損金算入時期に関する原審の判断は是認し得るとして、当該上告を棄却した。

本件事案は、旧法人税法下の事案であるので、現行法と対比し、損金算入の対象となる利子税の内容が異なること、一般費用の計上基準たる債務確定基準（法法二二③かっこ書）が明記されていなかったこと等を考慮しなければならないが、本件課税処分が現行通達の基礎となった昭和三十年通達の取扱いに従ったものであり、現行法の解釈にも示唆を与えるものである。また、本件各判決は、本件の関係通達の変更と租税法律主義違反の有無を判示しているが、通達の機能を理解する上で役立つものである。

ところで、現行通達では、利子税の額の損金算入時期を「納付の日」として現金主義を原則とし、法人が未納税額を損金経理により未払金計上したときはその処理を認める（法基通九―五―一(5)、同旨所基通三七―六(5)）こととしているのであるが、かかる取扱いに理論的な問題がないわけではない。けだし、未納税額の損金計上を原則として否定しているのは債務確定基準の要請によるものであるのか否か、また、損金経理をすれば何故に未納税額の損金算入が認められるのか等の理論的根拠が必ずしも明らかでないし、更には、同じ租税公課の中でも事業税については法人の損金経理の有無に関係なく未納税額の損金算入の途が開かれている（法基通九―五―二）こと等の権衡からも問題がないわけではないからである。思うに、利子税の額は、本税の未納付額が判明していれば自動的に算定（確定）し得るものであろうから、債務確定基準の見地からみてもその損金計上基準について現金主義に拘泥する理由は乏しいようにも思われる。結局、現行取扱いは、債務確定基準の要請よりも、むしろ税務処理の明確性の見地から最も強く支持されるものであろう。

【裁判例⑮】　利子税額の損金算入時期は、税務会計上の諸原則や諸慣行を考慮し最も合理的と認められるところによって解釈するほかなく、具体的には、その租税債務の確定時と解するのが相当である（東京高裁昭和四〇年六月二九日判決・税資五一号一八ページ）

『利子税額に相当する法人税の損金性の有無とその損金算入上の年度所属如何とは全く別異の問題に属し、前者については叙上のごとく法人税法第九条第二項前段が損金性を肯定し、所得の計算上、これを損金に算入し得る旨規定しているが、後者については同法は何ら規定するところがなく、その損金算入時期、即ちこれをどの事業年度の損金に算入すべきかを規定した法令上別段の定めも存在せず、後述の発生時、当然損金算入主義を前提としているものと解せられないから、その損金算入上の年度所属如何は、結局税務関係上の諸原則や諸慣行を考慮し、最も合理的と認められるところに従って解釈するほかはないものといわなければならない。

惟うに、法人税法第九条第一項は、内国法人の各事業年度の所得は、各事業年度の総益金から総損金を控除した金額による旨規定しているが、ここに「総損金」とは、法令により別段の定めのあるものの外、資本の払戻または利益の処分以外において純資産減少の原因となるべき一切の事実をいい（国税庁長官基本通達五二参照）、税務会計上総損金に算入すべき損費は、一般に、それが発生し且つ確定した時を含む事業年度の損金に算入すべきであるから、未納（逋脱）法人税（本税）に対する遅延利息債務の性質を備える利子税にあっては、それが租税債務として発生し且つその額が確定した時を含む事業年度の損金に算入すべきものと解するのが相当である。』

【裁判例⑯】　利子税額をどの事業年度の損金に算入すべきかという単なる計算区分の問題を行政措置たる通達で規定・変更しても租税法律主義に違反するものではない（同前）

『しかして、法人税法第四二条の規定による利子税額に相当する法人税を、所得の計算上、損金に算入することを認めるかどうかは、法人税の課税標準である法人の所得金額の算定に影響があり、その納税義務の具体的内容に関係を有する事項であるから、固より法律又は法律の定める条件によらなければならないが、その損金算入上の年度所属如何のごときは、法人の所得金額の計算上、これをどの事業年度の損金に算入すべきかという単なる計算区分の問題であるに過ぎず、結局いずれかの事業年度の損金に算入し得るわけであるから、納税義務の具体的内容に関係がなく、従って、単なる行政措置を以てこれを規定し若しくは変更しても、日本国憲法第三〇条、第八四条の保障する租税法律主義に違反するものではないと解するのが相当である。

況んや、法人税法第九条第二項前段は、前叙のごとく、単に利子税額に相当する法人税の損金性を肯定するに止まり、その損金算入上の年度所属如何には全く触れていないのであるから、昭和二十五年九月二十五日の前掲旧通達を変更した同三十年四月九日の前掲新共同通達を目して、法律又は法律の定める条件によらないで法人税法の規定の効力を奪い又はこれを制限して、新しい条件を附加した違法な通達であると非難する所論は失当というのほかはない。』

【裁判例⑰】　利子税額は、未納又は逋脱に係る本税につき納付すべき税額が申告等によって確定した時に確定し、その確定の日を含む事業年度の損金に算入されるべきである（同前）

『ところで、法人税法第四二条の規定による利子税額に相当する法人税は、法人税の本税につき適正な申告納税が行われなかったため、正規の本税額の全部又は一部が本来の納期限に納付されず又は逋脱された事実を課税原因として本税にあわせて賦課されるものであり、正規の本税額の全部又は一部が本来の納期限に納付されず又は逋脱された事実があれば、その時に抽象的に租税債務として発生し、その未納又は逋脱に係る本税額につき、本来の納期限の翌日から起算して爾後時の経過と共に累積し、右の未納又は逋脱に係る本税につき納付すべき税額が確定し、それが現実に納付された日までの期間に応じ、一定の利率により算出され、ここにはじめて具体的に租税債務として確定するのであるから、利子税額が租税債務として確定するためには、その前提として、先ず元本である未納又は逋脱に係る本税につき納付すべき税額が確定することを要すべく、この本税額は、いわゆる申告納税方式においては、納税者のする申告によって確定するのを原則とする関係上（国税通則法第一五条、第一六条参照）、この場合利子税額は、未納又は逋脱に係る本税につき納付すべき税額が納税者のする申告によって確定した時にはじめて確定し、その確定の日を含む事業年度の損金に算入されるべきものである。』

【裁判例⑱】　利子税額の損金算入時期を通達でもって変更しても租税法律主義に反するものではなく、当該通達の取扱いは法人税法の解釈上是認し得るものである（最高裁昭和四一年九月七日第二小法廷決定・税資五一号九ページ）

『上告趣意第一点は、憲法八四条違反をいうが、法人税法（昭和四十年法律第三四号による全文改正前のものの昭和三十七年法律第六七号による一部改正前のもの。以下同じ。）九条二項前段、四二条によって、法人の所得の計算上、損金に算入されるべき利子税額に相当する法人税を、いずれの事業年度の損金に算入すべきかという問題は、同法の解釈上当然定まっているものと解すべきであり、この解釈は、行政庁の通達によって決定もしくは変更されるものではないから、所論昭和二十五年九月二十五日の国税庁長官通達五七と昭和三十年四月九日の同通達とが損金算入の事業年度の決定方法について異なった方針を示しているにしても、これを以って、法律の定める条件によらずして現行の租税を変更したものということはできず、従って違憲の主張は、その前提を欠き、上告適法の理由とならない。

同第二点は、単なる法令違反の主張であって、上告適法の理由とならない（法人の所得の計算上、損金に算入されるべき利子税額に相当する法人税は、その損金引当の帳簿上の処理がなされていない限り、申告（申告がない場合および申告が適当でない場合は、税務署長の更正、決定もしくは修正申告）によって本税額が確定した日を含む事業年度の損金に算入すべきであるとした原審の判断は、法人税法の解釈上これを是認し得るものというべきであるから、本件において利子税額を本件逋脱額から控除しなかった一審判決およびこれを是認した原判決には違法はない。』

第四章　過少申告加算税

一　規定の概要

1　過少申告加算税の成立と確定

過少申告加算税は、申告納税方式の国税について、期限内申告（期限後申告であって、その申告が期限後となったことについて正当な理由があったものを含む）があった場合において、修正申告又は更正があったときに、当該納税者に対し課せられるもので、その額は、原則として、修正申告又は更正によって納付すべき税額の一〇％である（通則法六五①）。

この場合、過少申告加算税は、法定申告期限（国税に関する法律の規定により納税申告書を提出すべき期限をいう（通則法二・七））の経過の時に成立する（通則法一五②一四）。また、還付請求申告書に係る過少申告加算税は、当該還付請求申告書の提出の時に成立する（通則令五・一一）。

次に、過少申告加算税は、他の加算税と同様に賦課課税方式（納付すべき税額がもっぱら税務署長又は税関長の処分により確定する方法をいう（通則法一六①二））により確定する（通則法一六②二）こととされているが、具体的には、税務署長等がその賦課決定通知書をその処分対象者（納税者）に送達することによって確定する（通則法三二③）。

かくして、過少申告加算税の賦課決定に不服がある者は、その取消しを求めて課税庁と争うことになる。

なお、東京地裁平成七年三月二八日判決（税資二〇八号一〇一五ページ）は、過少申告加算税は、申告納税方式による国税において、納税者の申告が納税義務を確定させるために重要な意義を有するものであることに鑑み、申告に係る納付すべき税額が過少であった場合に、当初から適法に申告・納税した者とこれを怠った者との間に生ずる不公平を是正することにより、申告納税制度の信用を維持し、もって適正な期限内申告の実現を図ろうとするものである旨判示している。

2　過少申告加算税の課税要件

過少申告加算税が課される要件は、次のとおりである。

第一の要件は、申告納税方式による国税について、次に掲げる申告書の提出があった場合において、修正申告書の提出又は更正があったことである（通則法六五①）。

①　期限内申告書が提出された場合

納税申告書が法定申告期限までに提出されている場合であり、その期限は所得税法等の各税法に定められている。

②　還付請求申告書が提出された場合

「還付請求申告書」とは、還付金の還付を受けるための納税申告書（納税申告書に記載すべき課税標準等及び税額等が所得税法等の規定により正当に計算された場合にその申告書の提出により納付すべき税額がないものに限る）で国税通則法一七条二項に規定する期限内申告書以外のものをいい、延滞税の額の計算の基礎となる期間の特例（通則法六一①二）の適用される還付請求申告書と同一のものをいう（通則法六一①二）。

③　期限後申告書が提出された場合において、期限内申告書の提出がなかったことについて正当な理由があると認められる場合又は期限後申告書の提出が、調査があったことにより決定があるべきことを予知してされたものでない場合において、期限内申告書を提出する意思があったものであり、かつ、法定申告書から一月を経過する日までに行われた場合

このような場合には、当初の期限後申告書の提出について無申告加算税が免除されるが、その後修正申告書の提出又は更正があったときには、無申告加算税が課される代わりに、過少申告加算税が課せられることになる（通則法六五①かっこ書、六六①ただし書⑨）。

第二の要件は、前記の申告書に係る課税標準等又は税額等について更正又は修正申告書の提出があり、かつ、これらにより国税通則法三五条二項の規定による納付すべきこととなる税額があることである（通則法六五①）。

この「納付すべき税額」には、過少な申告税額について修正申告等により現実に税額を納付することとなった場合又は還付請求申告書に記載した還付金額が還付され、その還付金額が過大であったとして修正申告等により現実に税額を納付することとなった場合ばかりでなく、還付請求申告書に過大な還付金額を記載して、その金額が現実に還付されることなく修正申告又は更正により是正された場合も含まれることになる（通則法三五②、一九④三、二八②三）。すなわち、過大な還付申告をしただけで、結果的に、過少申告加算税が賦課されることになる。

この問題は、国税通則法六五条一項の規定が同法三五条二項を引用し、同法三五条二項が同法一九条四項等を引用しているため、争訟事件にもなり易いが、水戸地裁平成八年二月二八日判決（訟月四三巻五号一三七六ページ）及び

東京高裁平成九年六月三〇日判決（税資二二三号一二九〇ページ）、福岡地裁平成七年九月二七日判決（税資二一三号七二八ページ）、福岡高裁平成八年七月一七日判決（税資二二〇号一七五ページ）等で明らかにされている。[注1]

3 過少申告加算税の課税割合と計算

過少申告加算税の額は、修正申告又は更正に基づき新たに納付すべき税額いわゆる増差税額をその額の計算の基礎とし、これに対し、原則として、一〇％の割合を乗じて計算される（通則法六五①）。ただし、修正申告書の提出がその申告に係る国税についての調査があったことにより当該国税について更正があるべきことを予知してされたものでないときは、五％の割合とされる（通則法六五①かっこ書）。そして、修正申告又は更正により納付すべき税額が、その国税に係る期限内申告税額に相当する税額と五〇万円とのいずれか多い金額を超えるときは、過少申告加算税の額は、右により計算した金額に当該超える部分に相当する税額に五％の割合を乗じて計算した額を加算した金額とされる（通則法六五②）。次に、納税者が帳簿に記載し、又は記録すべき事項に関してその修正申告書の提出又は更正があった時前に、国税庁・国税局又は税務署の当該職員から当該帳簿の提示又は提出を求められ、かつ、次に掲げる場合のいずれかに該当するときは、過少申告加算税の額は、右に計算した金額に、修正申告等により納税すべき税額に一〇％の割合（次の②に該当する場合は五％の割合）を乗じて計算した金額を加算した金額となる（通則法六五④、通則令二七①、通則規十一の二）。

① 当該職員に当該帳簿の提示若しくは提出をしなかった場合又は当該職員にその提示若しくは提出がされた当該帳簿に記載し、若しくは記録すべき事項のうち、納税申告書の作成の基礎となる重要なものの記載若しくは記録が著しく不十分である場合

②　当該職員にその提示又は提出がされた当該帳簿に記載し、又は記録すべき事項のうち、特定事項の記載又は記録が不十分である場合

以上の各規定により、過少申告加算税の額は、修正申告等による納付すべき本税額に対し最高二五％となる。

なお、過少申告加算税が課されるべき基礎税額に一万円未満の端数があるとき又はその基礎税額の全額が一万円未満であるときは、その端数金額又はその全額を切り捨てて計算し（通則法一一八③）、その過少申告加算税に一〇〇円未満の端数があるとき又はその全額が五、〇〇〇円未満であるときは、その端数金額又はその全額を切り捨てる（通則法一一九④）。

以上の国税通則法上の規定のほか、第八章の四で述べるように、国外財産調書等の提出の有無等により、税率の軽減又は加重の措置が設けられている。

4　過少申告加算税の免除

(1)　正当な理由がある場合

過少申告加算税は、修正申告書の提出又は更正に基づき納付すべき税額に対して課されるのであるが、その納付すべき税額の計算の基礎となった事実のうちにその修正申告又は更正前の税額（還付金の額に相当する税額を含む）の計算の基礎とされていなかったことについて正当な理由があると認められるものがある場合には、その正当な理由があると認められる事実に基づく税額について課さないこととされている（通則法六五⑤一）。

この場合の過少申告加算税の計算の基礎となる税額は、国税通則法六五条一項又は二項に規定する納付すべき税額からその正当な理由があると認められる事実に基づく税額（当該事実のみに基づいて修正申告書の提出又は更正

があったものとした場合におけるその申告又は更正に基づき納付すべき税額）を控除した税額とされる（通則法六五⑤、通則令二七）。

なお、「正当な理由」の意義については、争訟事件等を通じて後述する。

(2) 減額更正後の増額更正

第一項の修正申告又は更正前に当該修正申告又は更正に係る国税について期限内申告書の提出により納付すべき税額を減少させる更正その他これに類する更正があった場合には、当該期限内申告書に係る税額に達するまでの税額について課さないこととしている（通則法六五⑤二、通則令二七②）。

(3) 更正を予知しない修正申告

修正申告書の提出があった場合において、その提出が、その申告に係る国税についての調査があったことにより当該国税について更正があるべきことを予知してされたものでないときは、前記3で述べたように、税率が五％に減じられることになる（通則法六五①かっこ書）が、そのほかに当該修正申告書の提出が、所定の調査通知前にされたときは、過少申告加算税は課されないことになる（通則法六五⑥）。このように、納税者の自発的意思によってなされた修正申告書の提出があるときは、二段階において、過少申告加算税が減免されることになる。

なお、「更正の予知」等の意義については、争訟事件を通じて後述する。

(4) その他

なお、右のような法定の免除事由のほか、過少申告加算税制度の目的からみて資産所得合算制度上の税額計算の誤りについては、同加算税を賦課すべきではない旨争われたことがあるが、大阪高裁平成二年二月二八日判決（後掲、裁判例⑲）は、課税標準等の計算誤りも税額等の計算誤りも区別する理由はなく、税額等の計算誤りについても過少申告加算税を免除できない旨判示している。

【裁判例⑲】　過少申告加算税は、申告納税制度を維持するために正確な申告を確保することを目的としており、税額等の計算誤りについても同税は賦課される（大阪高裁平成二年二月二八日判決・税資一七五号九七六ページ）

『過少申告加算税は、納付すべき税額が納税者のする申告により確定することを原則とする申告納税方式をとる国税につき、正確な申告を確保するため、期限内申告書が提出された場合において、修正申告書の提出又は更正があったときに、当該納税者に課される加算税であり（国税通則法六五条一項）、申告納税制度を維持するために正確な申告を確保することをその目的としている。この正確な申告を確保する目的からすれば、期限内申告書に記載されるべき課税標準等（国税通則法二条六号イからハまでに掲げる事項をいう。）と、税額等（同号ニからへまでに掲げる事項をいう。）のいずれもが正確に記載されなければならず、右税額等の計算方法を誤った場合と、右課税標準等を誤った場合とで、過少申告加算税の課税上の取扱いを異にする理由はないことになる。』

5　他の法律による特例

過少申告加算税については、国税通則法以外の法律において次のような特例がある（なお、国外財産調書及び財産債務調書に関するものについては、第八章で述べる）。

(1)　租税特別措置法による特例

租税特別措置法においては、収用換地に伴って取得した代替資産又は転用資産の買換えによって取得した資産の取得価額が見積価額に達しなかった場合等における所得税や法人税等の修正申告書の提出を義務づけているところ、その義務を履行しない場合には、その修正申告書の提出が後発的理由により行うところからこれを確定申告と同視することとしているが、他方、その修正申告書の提出が期限後にされ、又は更正があったときには、無申告加算税を課さないで過少申告加算税を課するとする特例がある（措法二八の三⑨、三〇の二⑦、三一の二⑩、三三の五③、三六の三⑤、三七の二④、四一の三③、六九の三④⑤等）。

(2)　相続税法による特例

特別縁故者として分与を受けたことにより、既に確定した相続税額に不足を生じた場合には、その事由が生じたことを知った日の翌日から六カ月以内に修正申告書を提出しなければならないが、この修正申告書を提出する場合においても、(1)と同様の特例がある（相法五〇②）。

(3)　輸入品に対する内国消費税の徴収等に関する法律による特例

輸入品に対する内国消費税の徴収等に関する法律について、保税地域からの引取りに係る課税物品に対する内国消費税については、過少申告加算税を課さないことにしている（同法一九）。

(4) 内国税の適正な課税の確保を図るための国外送金等に係る調書の提出等に関する法律による特例

この特例については、第八章において論じることとする。

注

(1) 拙著「重要租税判決の実務研究　第四版」(大蔵財務協会　令和五年) 九三ページ参照

二　過少申告加算税の加重

1　申告漏れ額が多額の場合

(1)　制度の趣旨

既に述べたように、過少申告加算税が課される場合において、修正申告又は更正に基づいて納付すべき税額が期限内申告税額又は五〇万円のいずれか多い金額を超えるときは、その超える部分の税額に係る過少申告加算税は、通常の過少申告加算税の額に更にその超える部分の税額に五％を乗じて得た金額を加算した金額が、過少申告加算税の額とされる（通則法六五②）。

この過少申告加算税の加重制度は、昭和五九年に納税環境の整備の一環として設けられたものであるが、同じ期限内申告であっても、本来申告すべき税額の大部分のものを申告している場合と、逆にほんの一部を申告したのみでその大部分が申告漏れとなっている場合とで過少申告加算税の額に格差を設け、他方、後者の場合と無申告の場合における加算税の額の均衡を図り、かように納税不履行の制裁内容をきめこまかくすることにより、申告水準の一層の向上を意図している（注1）。

そして、この加重制度は、修正申告又は更正により納付すべき税額（当該修正申告又は更正の前に修正申告又は更正があるときは、累積増差税額を加算した金額）が、期限内申告税額又は五〇万円のいずれか多い金額を超えるときに適用される。この場合、累積増差税額及び期限内申告税額は、次のように算定される。

(2)　累積増差税額の意義

この累積増差税額とは、過少申告加算税を計算しようとする修正申告又は更正の前に修正申告又は更正があるときにおけるその修正申告等により納付すべき税額の合計額をいう（通則法六五③一）。ただし、次の①、②、③又は④の事由があるときは、それに相当する部分の金額は、その合計額から控除される（同号かっこ書通則法六五⑤）。

① 修正申告又は更正により納付すべき税額を減額させる更正

② 不服申立て又は訴えについての決定・裁決又は判決による更正の全部又は一部の取消し

③ 納付すべき税額のうちに期限内申告の基礎とされなかったことについて正当な理由があると認められるとき

④ 期限内申告書による納付すべき税額を減少させる更正等があった場合（通則法六五⑤）

以上のように、数回にわたって課税修正が行われた場合に、累積増差税額を加算することによって算出した金額を加重税額の基礎とした理由は、申告漏れを一回で修正しても、数回にわけて修正しても過少申告加算税の負担を同じようにするためにほかならない。しかし、加算することが不当な事情があるときには、それを減額調整している。

(3)　期限内申告税額の意義

この期限内申告税額とは、期限内申告書又は期限内申告書が提出されていないことについて正当な理由がある場合等の期限後申告書の提出により納付すべき税額とし、所得税、法人税、地方法人税、相続税又は消費税について次に掲げる金額があるときは、その金額を加算した金額とし、所得税、法人税、地方法人税、相続税又は消費税に係るこれらの申告書に記載された還付金があるときは、その金額を控除した金額とされる（注2）（通則法六五③二）。

所　得　税……………源泉徴収税額、外国税額控除額、予納税額、災害減免税額

法人税・地方法人税……………源泉徴収税額、外国税額控除額、中間納付額
相続税・贈与税……外国税額控除額、相続時精算課税に係る贈与税相当額
消　費　税…………中間納付額

期限内申告税額は、基本的には、期限内申告書等により納付すべき税額をいうのであるが、各税法の特殊事情により期限内申告書に含めて納付すべき税額をあらかじめ前納しなければならない場合（前記の源泉徴収税額等）があるので、これらの税額を加重過少申告加算税の判定上期限内申告税額に加算することにしている。

このように加算することとしている税額は、その年分の納付すべき税額と同視することができるものであることが必要であり、これらについては、各税法においても、①原則として、申告だけでなく更正の際にもこれらの税額を控除することとされ、②控除不足があれば還付することとされ、③控除を行う年分がその控除の基因となった所得等が帰属すべき年分に特定されている。

また、所得税については、これらとは別に災害減免額を加算することとしているが、所得税についてのみこのようにした理由は、災害という特殊な原因により控除するものであること及び所得税の災害減免額が所得の額により控除する割合が異なるため、所得金額の修正による増差税額とは別の制度上の増差税額が生じるところから、その他の災害減免額とは別に取り扱うこととしたものとされている。

なお、期限内申告について減額更正がされ、その納付すべき税額が減額になった後に再度増額更正があった場合における期限内申告税額は、当初の申告金額とされる。このような場合には、納税者が当初それだけの所得があるとして申告したものであるから、その後税務署長が減額したとしても、過少申告加算税を加重するに当たっては、納税者の申告したところを基礎とすることにしているものである。

2 帳簿不提示等があった場合

(1) 制度の趣旨

前記一の3で述べたように、過少申告加算税の加重は、前記1で述べた申告漏れ額が多額の場合の五％加算のほか、令和四年度税制改正において、納税環境整備の一環として、記帳不備や調査の際の帳簿不提示等があった場合にも、一〇％又は五％の加算が行われることになった（施行日は令和六年一月一日）。このような改正が行われた趣旨（論拠）について、立法担当者は、政府税制調査会の「納税環境整備に関する専門家会合の議論の報告（令和三年十一月十九日政府税制調査会資料）」（以下、「専門家会合報告書」という）に基づいている旨説明しているが、同報告の要点（指摘）は、次のとおりである。(注3)

「・適正な記帳が行われない事例については、納税者が自らの課税所得について情報を開示しないインセンティブが存在していると理解。

・事務処理負担は考慮しなくてはいけないが、いつまでも白色申告のままでいいという印象を持たれないようにインセンティブなり罰則なりをうまく使いながら、できる限り記帳水準の向上を早期に図っていくことが必要。

・記帳義務や書類保存義務がない所得もあり、無申告に対する重加算税賦課が更に困難な場合も存在することは法律でクリアしていくべき課題。」

「・適正な帳簿や帳簿保存が行われていない納税者については、真実の所得把握にかかる執行コストが多大で、ペナルティ適用上の立証も困難。また、記帳義務不履行に対する不利益がない中で、記帳の動機に乏しい場合も存在。記帳義務及び申告義務を適正に履行する納税者との公平性に鑑み、記帳の不保存、不提示や記帳不備に対して適正化を促す措置の検討を行う。」

⑵ 制度上の問題

前述の専門家会合報告書には、ほかにも記帳不備等のための税務調査の困難化や記帳水準向上のための施策が縷々説明されている。しかし、記帳不備等の問題は、戦後申告納税制度が発足以降存在していたわけであって、何も最近に始まった問題ではない。そして、税務行政の先輩達は、与えられた質問検査権の権限を有効に活用し、それに必要な最高裁判決(注4)を勝ち取り、必要に応じて推計課税の規定（所法一五六、法法一三一）に基づき課税してきたはずである。

それにもかかわらず、近年になって、記帳不備等があるため調査困難事案が増加しているという言い訳は、執行当局が調査能力の低下を吐露したものともいえる。その調査能力の低下は、平成二三年の国税通則法改正において、質問検査権の行使に自ら制限を課したのが最大の原因であったはずである。(注5)しかし、今更、国税通則法を再改正するわけにはいかず、調査能力低下の弊害を各種加算税の課税強化や隠蔽仮装行為に係る費用等の損金（必要経費）不算入（所法四五③、法法五五①②）によって是正しようとしたものと推測される。もっとも、このような是正方法には、租税法学上と種々の問題を惹起するものと考えられる。

⑶ 解釈（適用）上の留意点

なお、令和五年六月二三日付で改正された「法人税の過少申告加算税及び無申告加算税の取扱いについて（事務運営指針）」（以下、「令和五年法人税改正通達」という）によると、国税通則法六五条四項の規定の適用については、次の点に留意することとしている。

「⑴ 通則法第65条第4項に規定する「帳簿」とは、国税通則法施行規則（以下「通則規則」という。）第11条の2

第1項第4号又は第5号に掲げる帳簿のうち、通則法第65条第4項第1号に規定する特定事項（以下「特定事項」という。）に関する調査について必要があると認められるものであり、具体的には、特定事項に係る取引の年月日、相手方及び金額を記載したものをいうことに留意する

ただし、法人税法施行規則第59条第4項（同令第67条第3項において準用する場合を含む。）に規定する帳簿代用書類に特定事項に係る取引の年月日、相手方及び金額が記載されている場合には、当該帳簿代用書類を帳簿として取り扱って差し支えない。

(2)　通則法第65条第4項の「納税者の責めに帰すべき事由がない場合」とは、災害その他やむを得ない事情により、帳簿の提示若しくは提出ができなかった場合又は特定事項の記載若しくは記録が不十分となった場合をいう。

(3)　通則法第65条第4項第1号の「帳簿の提示若しくは提出をしなかつた場合」とは、同項に規定する当該職員から帳簿の提示又は提出を求められた場合に、法人が遅滞なく帳簿の提示又は提出をしなかった場合をいうことに留意する。

(4)　通則規則第11条の2第2項に規定する「売上げ（業務に係る収入を含む。）」とは、一般的に売上高、売上収入、営業収入等として計上される営業活動から生ずる収益をいい、いわゆる営業外収益や特別利益は含まれないことに留意する。

(5)　通則法第65条第4項第1号又は第2号の規定の適用に当たって、同項に規定する修正申告等の基因となる事項に係る事業年度（以下「対象事業年度」という。）の帳簿に記載し、又は記録すべき特定事項の金額（対象事業年度の帳簿に記載されていない、又は記録されていないものに限る。）であって次に掲げる金額があるときは、

当該金額は、対象事業年度の帳簿に記載され、又は記録された特定事項の金額と取り扱って差し支えない。

イ　対象事業年度の帳簿の提示又は提出を求められた際に法人が遅滞なく提示し、又は提出した対象事業年度以外の事業年度の帳簿に記載され、又は記録された特定事項の金額

ロ　法人の通常の業務処理の方法、対象事業年度以前の帳簿の記載又は記録の状況、申告書の記載の内容その他の事実に鑑みて、帳簿の提示又は提出を求められた日の属する事業年度の帳簿に確実に記載され、又は記録されると認められる特定事項の金額（イに掲げる金額を除く。）」

3　重加算税が課される場合

納税者がその国税の計算の基礎となるべき事実の全部又は一部を隠ぺいし又は仮装していわゆる過少申告した場合には、過少申告加算税に代えて重加算税が課される（通則法六八①）ことになっているが、この場合に過少申告加算税について国税通則法六五条二項又は四項の規定によって加重要件が満たされている（三段階課税）とき、どの部分の過少申告加算税に代えて重加算税を課すかが問題となる。この点については、重加算税は、まず、加重対象税額に対する過少申告加算税に代えて課する（通則令二七の三）こととし、加重部分を減額することとしている。

注
（1）　国税庁「昭和五九年　改正税法のすべて」七一ページ参照
（2）　これら金額は、申告書に形式的に記載されている金額でなく、本来所得税法等を正しく適用すれば控除されるべき金額を意味する。
（3）　「改正税法のすべて　令和四年版」（大蔵財務協会）七五八ページ参照
（4）　最高裁昭和四八年七月一〇日第三小法廷決定（刑集二七巻七号一二〇五ページ）等参照

（5）　品川芳宣「国税通則法の理論と実務」（ぎょうせい　平成二九年）一四〇ページ等参照

三　正当な理由

1　「正当な理由」と過少申告加算税の額

過少申告加算税は、修正申告書の提出又は更正に基づき納付すべき税額に対して課されるのであるが、その納付すべき税額の計算の基礎となった事実のうちにその修正申告書の提出又は更正前の税額の計算の基礎とされなかったことについて正当な理由がある場合には、その部分について課されないこととされている。すなわち、そのような正当な理由があると認められる場合の過少申告加算税の基礎となる「納付すべき税額」は、その修正申告書の提出等による納付すべき税額からその正当な理由があると認められる事実に基づく税額として政令で定めるところにより計算した金額を控除して計算される（通則法六五⑤一）。そして、政令では、その金額は、「正当な理由があると認められる事実のみに基づいて修正申告書の提出又は更正があったものとした場合におけるその申告又は更正に基づき法第三五条第二項（修正申告等による納付）の規定により納付すべき税額とする。」（通則令二七②一）とされている。

要するに、修正申告書の提出又は更正によって納付すべき税額のうち、正当な理由の部分に係る納付すべき税額が下積みとなり、上積み部分が正当な理由以外のものに係る納付すべき税額となって、その上積み部分の税額が過少申告加算税の計算の基礎となるのである。

2 「正当な理由」の規定と合憲性

⑴ 租税法律主義との関係

憲法八四条は、「あらたに租税を課し、又は現行の租税を変更するには、法律又は法律の定める条件によることを必要とする」とし、いわゆる租税法律主義の原則を標榜しているところである。そして、租税法律主義の内容としては、課税要件法定主義、課税要件明確主義、遡及立法禁止の原則、合法性の原則、適正手続の保障及び争訟手続の保障（納税者の権利保護）の六つをあげることができる。このうち、前三者が特に重要な機能を有しているのであるが、課税要件明確主義とは、課税要件法定主義から派生するもので、法律又はその委任に基づく政省令において課税要件及び租税の賦課・徴収の手続に関する規定を定める場合には、できるだけ一義的で明確に定めなければならないことを意味する。この明確主義の要請により、租税法においては、税務官庁の自由裁量を認める規定を設けることは原則として許されないと解され、また不確定概念を用いることにも十分慎重でなければならないと解されている。

この場合の不確定概念とは、国税通則法六五条五項等に定める「正当な理由」のほか、「不当に」（法法一三二、一三二の二、一三二の三、所法一五七、相法六四）、「不適当である」（所法一八②）、「相当である」（所法五七①）、「相当の理由」（所法一四五①三、法法一二七①三等）、「不相当に」（法法三四②、三六）、「必要がある」（所法二三四①、法法一五三）等多くの例を挙げることができる。

かくして、租税法においてかかる不確定概念を用いることが租税法律主義に反するのではないかということが、まま争われるところであるが、横浜地裁昭和五一年一一月二六日判決（後掲、裁判例⑳）でも、「正当な理由」の文言を用いている国税通則法六五条の租税法律主義（課税要件明確主義）違反が問われている。同判決は、結局かかる文言を用いることは立法技術上止むを得ないことであるとして、原告の請求を棄却している。また、控訴審の東京高裁昭和五三年一二月九日判決（税資一〇三号七八八ページ）でも、原判決の判断を支持している（なお、本件の上告審である最高裁昭和五四年九月二八日第二小法廷判決（税資一〇六号六八五ページ）では、上記の論点は審理されず、所得税の課税処分のみが適法であるとされている。）。

思うに、租税法において「正当な理由」等の不確定概念が用いられるとしても、それが、法の趣旨、目的に照らしてその意義を明確になし得る経験概念ないし中間目的を内容とするものであれば、法律の解釈のかかわる問題として裁判所の審査にも服するものであろうから、課税要件明確主義に違反しないといえるであろう。そして、ここで問題とされている「正当な理由」の概念についても、そのことがいえるものと考えられる。

(2) 罪刑法定主義等との関係

憲法三一条は、「何人も、法律の定める手続によらなければ、その生命若しくは自由を奪はれ又はその他の刑罰を科せられない」と規定し、いわゆる罪刑法定主義の趣旨を表わしている。この罪刑法定主義は、刑罰法規は明確なものでなければならないという明確性の原則を内包するものであり、その明確性の原則については、租税法律主義の課税要件明確主義に準じた議論がある。そして、この規定については、単に刑罰の手続にとどまらず、少年法による保護処分とその収容、精神衛生法による強制入院等の身体の自由を奪う行政的措置についても適用し得るとする説も有力であり、更に広く行政手続一般の適正性の要求をも本条に根拠を求めようとする説もある。(注1)

かくして、国税通則法六五条五項一号に規定する「正当な理由」の概念が明確性を欠くとして、同規定の憲法三一条違反が問題とされることがある。

まず、前掲の横浜地裁昭和五一年一一月二六日判決でも、同規定の憲法三一条違反の有無が争われたところ、同判決は、「正当な理由」とは立法技術上止むを得ず用いられた不確定概念と考えるのが相当であるし、その理由の該当の有無は法律の解釈適用の問題として法規裁量事項と解され、行政庁の自由裁量・恣意的解釈を許容したものではないから、同規定の憲法三一条に違反するものではない旨判示している。そして、控訴審の東京高裁昭和五三年一二月九日判決（前掲）でも、原判決が支持されている。

また、東京地裁昭和四八年一月三〇日判決（後掲、裁判例㉑）では、「正当な理由」規定の憲法三一条違反の有無とともに、財産権の保障を規定する憲法二九条違反の有無をも争われたところ、同判決は、過少申告加算税の賦課は納税義務違反の発生を防止しようとする行政上の措置であって厳格な罪刑法定主義の原則が適用されるものではないから、同規定は憲法三一条に違反するものではなく、ましてや憲法二九条にも違反するものではない旨判示している。そして、控訴審の東京高裁昭和四八年八月三一日判決（税資七〇号九六七ページ）も、原判決を支持している。

次に、千葉地裁昭和五一年六月七日判決（税資八八号九九一ページ）でも、当該規定の憲法三一条違反の有無が争われ、原告が、国税通則法六五条は「正当な理由」の何たるかを全く明記せず、あげて課税庁にその判断を白紙委任しているものである旨主張したのであるが、同判決は、「原告は、同法六五条が憲法三一条に違反する旨主張するけれども、同条は過少申告加算税賦課の要件及び除外事由を明確に規定しており、所論のように何ら課税庁の恣意に任せているものではないから、右主張は失当である」と判示している。そして、控訴審の東京高裁昭和五十五年五月二七日判決（税資一一三号四五九ページ）も、控訴人の主張を失当なものとして斥けたものであるが、その理由については、「憲法第三一条は、刑罰その他の不利益な処分を課される場合について規定したものであるところ、国税通則法第六五条第二項（編注＝昭和五九年改正前のもの）は、不利益な処分を課するための規定ではない」として、やや趣きを異にしている。

以上のように、いずれの裁判例においても、「正当な理由」の規定が憲法三一条に違反するとの主張は排斥されているのであるが、その理由は、憲法三一条はそもそも適正な刑罰手続を保障するものであって行政上の制裁である過少申告加算税の賦課には及ばないとするものと、「正当な理由」は立法技術上止むを得ず用いられるものであって法規裁量事項と解され行政庁の自由裁量を許容するものではないとするものとに区分される。この区分は、冒頭に述べた憲法三一条の射程範囲にかかわる問題であろう。しかしながら、仮に当該条項が行政手続の適正保障に及ぶものと解せるとしても、前述の租税法律主義のところで述べたと同様な理由により、国税通則法六五条五項一号の規定は、憲法三一条に違反しないものと解されよう。

なお、過少申告加算税の賦課が刑罰的制裁か行政制裁にすぎないかの問題は、加算税全体の問題として、第八章で論じることとする。

【裁判例⑳】 「正当な理由」規定は、立法技術上止むを得ず用いられるものであり、法規裁量事項と解され、行政上の自由裁量を許したものでないから、租税法律主義又は罪刑法定主義に違反しない（横浜地裁昭和五一年一一月二六日判決・訟月二二巻一二号二九一二ページ、税資九〇号六四〇ページ）

『租税法律主義のもとでは、租税法規の課税要件、課税除外の要件が一義的明確に規定されることが最も望ましいこと、特に過少申告加算税のように、賦課課税の形式をとっているものの、その実質が行政罰には入らないけれども一種の行政的制裁措置である場合には、一層その要請が強いことは、原告の主張するとおりである。

しかしながら、租税法規は複雑にして多様な、しかも活発にして流動的な経済現象をその規制の対象としていることから、あらかじめ予想されるあらゆる場合を具体的に法定することは、立法技術上限界があり、止むを得ず不確定的な概念を用いて抽象的概括的な規定をすることも許されるものと言わなければならない。ところで、同条についてこれを見るに、同条二項（編注＝現行通則法六五条五項）の法意が、同条一項の課税要件を具備するすべての場合に過少申告加算税を賦課すると事情によっては納税義務者にとって苛酷な結果を招来することもあり得ることから、かかる事態を回避する目的のために設けられていること、かつ、この目的にしたがって過少申告加算税を賦課しない特別要件として、「納付すべき税額の計算の基礎となった事実のうちにその修正申告又は更正前の税額の計算の基礎とされなかったことについて正当な理由があると認められるものがある場合」と規定し、如何なる事実につき「正当な理由」の有無を判断すべきかについて一つの基準を示している。したがって、同条二項にいう「正当な理由」とは立法技術上止むを得ず用いられた不確定概念と考えるのが相当であるし、又右にいう「正当な理由があると認められるものがある場合」に該当するかどうかは、法の解釈適用の問題として、いわゆる法規裁量事項と解されるから、行政庁の自由裁量を許したものでもなく、まして行政庁に恣意的な解釈を許容したものでもないことは明白であるから、この規定が憲法三一条に違反するということはできず、これに基づく右過少申告加算税賦課決定には原告主張の違法はない。』

【裁判例㉑】　過少申告加算税は、刑事罰とはその性質を異にし、行政上の措置であるから、罪刑法定主義の原則は適用されない（東京地裁昭和四八年一月三〇日判決・税資六九号一九三ページ）

『国税通則法六五条の過少申告加算税は、申告納税を怠った者に対する制裁的意義を有することは否定できないが、刑事罰とはその性質を異にし、単に過少申告による納税義務違反の事実があれば、同条所定の

「正当な理由」がない限り、その違反の納税者に対し課せられるものであり、これによって、当初から正当な申告納税した者とこれを怠った者との間に生ずる不公正を是正するとともに、過少申告による納税義務違反の発生を防止しようとする行政上の措置であるというべきであるから、原告主張のような厳格な罪刑法定主義の原則が適用されるべきものとは解せられない（なお、過少申告加算税の課税を除外すべき場合を、具体的、個別的に明らかにして規定することは、前記の行政目的に鑑み、立法技術上極めて困難といわざるをえない）。したがって、右法条は憲法三一条に違反するものではなく、まして前記のような趣旨に出た課税が同法二九条に違反するものでないことはいうまでもない。』

3 「正当な理由」の意義

(1) 旧通達の取扱い

既に述べたように、「正当な理由」の意義、要件等については、法令上何ら明らかにされていないので、もっぱら法律解釈の問題となる。(注2)「正当な理由」に当たる事由としては、申告した税額に不足が生じたことについて、納税者が通常な状態においてその事実を知り得ることができなかった場合や納税者の責に帰せられない外的事情（たとえば災害等）による場合等が考えられるが、かつての所得税基本通達（昭和二六年一月一日直所一―一「六九六」）では、次に掲げる場合が、正当な理由がある場合に該当するものとして取り扱われていた。この取扱いは、以後の裁判例に影響を及ぼし、その裁判例がフィード・バックされて、現行の取扱い通達に反映されている。

① 税法の解釈に関して、申告当時に公表されていた見解が、その後改変されたため修正申告をなし、又は更正を受けるに至った場合

②　災害又は盗難等に関し、申告当時に損失とするを相当としたものが、その後予期しなかった保険金、損害賠償金等の支払を受け、又は盗難品の返還を受けた等のため、修正申告をなし又は更正を受けるに至った場合

③　①及び②のほか、真にやむを得ない事由があると認められる場合

(2)　裁判例の動向

他方、平成一二年七月に国税庁が各種加算税の取扱い（事務運営指針）を公表されるまでの裁判例においては、「正当な理由」の意義が次のように判示されていた。

まず、東京高裁昭和五一年五月二四日判決（後掲、裁判例㉒）は、前述の基本通達の取扱いを引用しつつ、「正当な理由がある場合」とは、納税者に過少申告加算税を賦課することは不当若しくは酷になる場合を指称するものであって、納税者の税法の不知若しくは誤解に基づく場合は、これに当たらないと判示している。この判決は、「正当な理由」の意義をよくとりまとめたものであるが、神戸地裁昭和五八年八月二九日判決（税資一三三号五二一ページ）、浦和地裁昭和六三年一二月一九日判決（税資一六六号九三二ページ）、東京高裁平成元年一一月三〇日判決（税資一七四号八〇七ページ）、大阪高裁平成二年二月二八日判決（税資一七五号九七六ページ）、名古屋高裁平成四年四月三〇日判決（税資一八九号四二八ページ）、東京地裁平成六年一月二八日判決（税資二〇〇号四三〇ページ）、千葉地裁平成六年五月三〇日判決（税資二〇一号三七五ページ）、東京地裁平成七年三月二八日判決（税資二〇八号一〇一五ページ）、東京高裁平成七年一一月二七日判決（税資二一四号五〇四ページ）、大阪高裁平成一〇年四月一四日判決（税資二三一号五四五ページ）、大分地裁平成一〇年一二月二二日判決（税資二三九号六一八ページ）、東京地裁平成一一年四月二五日判決（税資二四七号四八六ページ）等においても、同趣旨の判示がなされている。また、神戸地裁昭和五四年八月二〇日判決（後掲、裁判例㉓）は、過少申告加算税の本質から「正当な理由」の意義を説いている。

この税法の不知・誤解が「正当な理由」に当たらない理由について、福岡地裁平成三年二月二八日判決（後掲、裁判例㉔）は、後述のように、過少申告加算税の制度の趣旨等に照らして、それを明らかにしている。

右各判決と同様ではあるが、大阪地裁平成五年五月二六日判決（税資一九五号五四四ページ）は、「申告した税額に不足が生じたことについて、通常の状態において納税者が知りえなかった場合や、それが納税者の責に帰せられない外的事情（例えば、災害など）に起因する場合など、当該申告が真にやむを得ない理由によるもの」を付加しており、東京地裁平成八年八月二九日判決（税資二二〇号四七八ページ）、東京地裁平成八年一一月二一日判決（税資二二一号四三三ページ）等は、「納税者の単なる主観的な事情に基づくような場合まで含むものでない」ことを付加している。

また、東京高裁平成元年九月一九日判決（税資一七三号七四四ページ）では、国税通則法が過少申告加算税につき課税除外要件として規定しているのは「正当な理由」だけであり、申告者に故意・過失のないことそれ自体が課税除外要件には当たると解することはできない旨判示している。

更に、最高裁平成一一年六月一〇日第一小法廷判決（後掲、裁判例㉖）は、係争中の財産を相続税の課税価格に含めなかったことにつき、当該財産が相続財産に属さないか又は属する可能性が小さいことを客観的に裏付けるに足りる事実を認識して期限内申告書を提出したことを主張立証したときは、「正当な理由」がある旨判示している。

次に、仙台高裁昭和五八年五月三一日判決（後掲、裁判例㉕）では、控訴人が重加算税の賦課処分についても「正当な理由」がある部分については取り消されるべきである旨主張したのに対し、同判決は、過少申告加算税と重加算税との制度の違いから、重加算税については「正当な理由」による非課税制度を設ける意味はない旨判示している。かかる判決なども、重加算税との対比において「正当な理由」の意義を考える上において参考となるが、この問題は、重加算税に関して詳述する。

かくして、平成一二年に、国税庁は、後述のような取扱い通達を発出したが、その後の裁判例も、従前の考え方を踏襲しているものと言える。その代表例として、最高裁平成一八年四月二〇日第一小法廷判決（後掲、裁判例㉗）は、「過少申告加算税の上記の趣旨に照らせば、同項にいう「正当な理由があると認められる」場合とは、真に納税者の責めに帰することのできない客観的な事情があり、上記のような過少申告加算税の趣旨に照らしても、なお、納税者に過少申告加算税を賦課することが不当又は酷になる場合をいうものと解するのが相当である。」と判示している（同旨、最高裁平成一八年四月二五日第三小法廷判決・民集六〇巻四号一七二八ページ・最高裁平成一八年一〇月二四日第三小法廷判決・民集六〇巻八号三一二八ページ等）。

(3)　現行通達の取扱い

イ　加算税通達の発出とその方法

国税庁（長官）は、平成一二年七月三日付で、各種加算税、青色申告の承認の取消し等に関する取扱い通達（以下、これらのうち、加算税に関する通達を「加算税通達」という）を公表した。加算税通達のうち、過少申告加算税の「正当な理由」に係るものは、次のとおりである。

① 申告所得税の過少申告加算税及び無申告加算税の取扱いについて（事務運営指針）（課所四―一六ほか、以下「所得税過少申告等通達」という）

② 法人税の過少申告加算税及び無申告加算税の取扱いについて（事務運営指針）（課法二―九ほか、以下「法人税過少申告等通達」という）

③ 相続税、贈与税の過少申告加算税及び無申告加算税の取扱いについて（事務運営指針）（課資二―二六四ほか、

以下「相続税過少申告等通達」という）

④　消費税及び地方消費税の更正等及び加算税の取扱いについて（事務運営指針）（課消二―一七、以下「消費税加算税通達」という）

これらの通達は、かつては「秘通達」として扱われていたものであるが、納税者側の強い要請等もあって、[注3]公表されたものであり、次のような特色がある。一つは、加算税通達は、国税通則法六五条ないし六八条の解釈・執行に係るものであるが、「法令解釈通達」ではなく、「事務運営指針」となっていることである。特に、前記延滞税通達が「法令解釈通達」として発出されていることと対比すると、法令解釈として十全なのか等の疑問が残る。

二つは、国税通則法六五条ないし六八条の同一条文について、税目ごとに複数の取扱い通達が発出されていることである。このような発出は、国税庁の事務処理体制における税目ごとの縦割行政の現われなのであろうが、それが通達の内容や取扱いの統一性に疑問を残している。[注4]

ロ　「正当な理由」の意義

加算税通達においては、過少申告加算税の「正当な理由」に当たる事実について、納税者の責めに帰すべき事由のないことを条件に、税目ごとに次のように定めている。

(イ)　所得税過少申告等通達

①　税法の解釈に関し、申告書提出後新たに法令解釈が明確化されたため、その法令解釈と納税者の解釈とが異なることとなった場合において、その納税者の解釈について相当の理由があると認められること。

（注）　税法の不知若しくは誤解又は事実誤認に基づくものはこれに当たらない。

②　所得税の確定申告書に記載された税額につき、国税通則法二四条の規定による減額更正（更正の請求に基づ

いてされたものを除く）があった場合において、その後修正申告又は国税通則法二六条の規定による再更正による税額が申告税額に達しないこと。

（注）当該修正申告又は再更正による税額が申告税額を超えた場合であっても、当該修正申告又は再更正により納付することとなる税額のうち申告税額に達するまでの税額は、この②の事実に基づくものと同様に取り扱う。

③　法定申告期限の経過の時以後に生じた事情により青色申告の承認が取り消されたことで、青色事業専従者給与、青色申告特別控除などが認められないこととなったこと。

④　確定申告の納税相談等において、納税者から十分な資料の提出等があったにもかかわらず、税務職員等が納税者に対して誤った指導を行い、納税者がその指導に従ったことにより過少申告となった場合で、かつ、納税者がその指導を信じたことについてやむを得ないと認められる事情があること。

(ロ)　法人税過少申告等通達

①　税法の解釈に関し、申告書提出後新たに法令解釈が明確化されたため、その法令解釈と法人の解釈とが異なることとなった場合において、その法人の解釈について相当の理由があると認められること。

（注）税法の不知若しくは誤解又は事実誤認に基づくものはこれに当たらない。

②　調査により引当金等の損金不算入額が法人の計算額より減少したことに伴い、その減少した金額を認容した場合に、翌事業年度においていわゆる洗替計算による引当金等の益金算入額が過少となるためこれを税務計算上否認（いわゆるかえり否認）したこと。

③　法人税の申告書に記載された税額につき、国税通則法二四条の規定による減額更正（更正の請求に基づいてされたものを除く）があった場合において、その後の修正申告又は同法二六条の規定による再更正による税額

が申告税額に達しないこと。

（注）当該修正申告又は再更正による税額が申告税額を超えた場合であっても、当該修正申告又は再更正により納付することとなる税額のうち申告税額に達するまでの税額は、この③の事実に基づくものと同様に取り扱う。

なお、令和五年法人税改正通達によると、国税通則法第六五条五項第一号に定める「正当な理由」があると認められる事由について、次の点を挙げている。

「(1) 税法の解釈に関し、申告書提出後新たに法令解釈が明確化されたため、その法令解釈と法人の解釈とが異なることとなった場合において、その法人の解釈について相当の理由があると認められること。

（注）税法の不知若しくは誤解又は事実誤認に基づくものはこれに当たらない。

(2) 調査により引当金等の損金不算入額が法人の計算額より減少したことに伴い、その減少した金額を容認した場合に、翌事業年度においていわゆる洗替計算による引当金等の益金算入額が過少となるためこれを税務計算上否認（いわゆるかえり否認）したこと。」

(ハ) 相続税過少申告等通達

① 税法の解釈に関し申告書提出後新たに法令解釈が明確化されたため、その法令解釈と納税者（相続人から遺産の調査、申告等を任せられた者又は受贈者から受贈財産の調査、申告等を任せられた者を含む）の解釈とが異なることとなった場合において、その納税者の解釈について相当の理由があると認められること。

（注）税法の不知若しくは誤解又は事実誤認に基づくものはこれに当たらない。

② 災害又は盗難等により、申告当時課税価格の計算の基礎に算入しないことを相当としていたものについて、その後、予期しなかった損害賠償金等の支払を受け、又は盗難品の返還等を受けたこと。

③　相続税の申告書の提出期限後において、次に掲げる事由が生じたこと。

㋑　相続税法五一条二項各号に掲げる事由

㋺　同法三条一項二号に規定する退職手当金等の支給の確定

㋩　保険業法二七〇条の六の一〇第三項に規定する「買取額」の支払を受けた場合

④　相続税又は贈与税の申告書に記載された税額につき、国税通則法二四条の規定による減額更正（更正の請求に基づいてされたものを除く）があった場合において、その後の修正申告又は同法二六条の規定による再更正による税額が申告税額に達しないこと。

（注）　当該修正申告又は再更正による税額が申告税額を超えた場合であっても、当該修正申告又は再更正により納付することとなる税額のうち申告税額に達するまでの税額は、この④の事実に基づくものと同様に取り扱う。

㈡　**消費税加算税通達**

①　税法の解釈に関し、申告書提出後新たに法令の解釈が明確化されたため、その法令解釈と事業者の解釈とが異なることとなった場合において、その事業者の解釈について相当の理由があると認められること。

（注）　税法の不知若しくは誤解又は事実誤認に基づくものはこれに当たらない。

②　消費税の申告書に記載された納付税額又は還付税額につき、国税通則法二四条の規定による減額更正（還付税額を増額する更正を含み、更正の請求に基づいてされたものを除く）があった場合において、その後の修正申告又は再更正による税額が申告税額に達しないこと。

（注）　当該修正申告又は再更正による税額が申告税額を超えた場合であっても、当該修正申告又は再更正による増差税額のうち申告税額に達するまでの部分に対応する税額は、この②の事実に基づくものと同様に取り扱う。

ハ　取扱いの問題点

加算税通達は、前述のように、複数の取扱いから構成されており、それらの間の取扱いに差異が見られる。もちろん、それぞれの税目の特性に対応した特有な取扱いが存するのは理解できる。しかし、それぞれの税目において共通すると考えられる事項について、それぞれ異なった取扱いが存すると、同じ条文について解釈等が異なるということで、かえって納税者側の予測可能性に悪影響を及ぼすことになる。具体的には、次のような取扱いが問題であると考えられる。

まず、所得税過少申告等通達では、正当な理由の一つとして、「確定申告の納税相談等において、納税者から十分な資料の提出等があったにもかかわらず、税務職員等が納税者に対して誤った指導を行い、納税者がその指導に従ったことにより過少申告となった場合で、かつ、納税者がその指導を信じたことについてやむを得ないと認められる事実があること。」（同通達第1、1、(4)）を挙げている。

このような税務職員による誤指導等は、すべての税目の執行において生じるものと考えられるのであるが、法人税過少申告等通達、源泉所得税不納付加算税、相続税過少申告等通達及び消費税加算税通達のいずれにおいても何ら触れられていない。

確かに、過去の裁判例においては、所得税において税務職員の誤指導等について「正当な理由」が争われる事例(注5)が多いと言えるが、相続税等について争われる事例(注6)も多く、他の税目についても共通に論じることができるはずである。然すれば、各税目を通じて、税務職員の誤指導等については、「正当な理由」として取り扱うことを明らかにすべきである。

また、所得税過少申告等通達では、正当な理由の一事由として、「法定申告期限の経過の時以後に生じた事情により青色申告の承認が取り消されたことで、青色事業専従者給与、青色申告特別控除などが認められないこととなったこと。」（同通達第1、1、⑶）を挙げている。

この取扱いは、いわゆる青色特典益が青色承認の取消しによって所得加算された場合に、その全額について正当な理由を認めようとするものではないであろうが、「法定申告期限の経過の時以後生じた事情」が何を意味するかが明らかにされないと、正当な理由を認める趣旨が不明となる。いずれにしても、青色承認の取消しは、法人税についても共通するところであるので、両税目を通じた共通な取扱いが望まれるところである。(注7)

なお、減額更正後の更正等に係る「正当な理由」については、国税通則法第六五条第五項第二号で法定されている。詳細については、後記六で論じる。

以上、「正当な理由」の意義についての解釈論を概観してきたものであるが、それらに述べられている「正当な理由」に該当する具体例、過少申告加算税の制度の趣旨等から「正当な理由」の意義等について一応の理解を得ることができる。しかしながら、事柄の性質上、「正当な理由」の範囲を言葉で理解することは自ずから限界があろうから、以下においては、その認定事例を通して「正当な理由」の範囲を明らかにして行くこととする。

【裁判例㉒】「正当な理由がある場合」とは、納税者の故意過失に基づかずして当該申告額が過少となった場合のごとく、当該申告が真にやむを得ない理由によるものであり、納税者の税法の不知若しくは誤解に基づく場合は、これに当たらない（東京高裁昭和五一年五月二四日判決・税資八八号八四一ページ）

『控訴人は、買戻金を取得金額としたことは、法的に素人の控訴人としてやむをえない事情があり、国税通則法第六五条第二項（編注＝現行同条五項）にいう「正当な理由がある場合」に当ると主張するが、右にいう「正当な理由がある場合」とは、例えば、税法の解釈に関して申告当時に公表されていた見解がその後改変されたことに伴い修正申告し、または更正を受けた場合あるいは災害または盗難等に関し申告当時損失とすることを相当としたものがその後予期しなかった保険金等の支払いを受けあるいは盗難品の返還を受けたため修正申告し、また更正を受けた場合等申告当時適法とみられた申告がその後の事情の変更により納税者の故意過失に基かずして当該申告額が過少となった場合の如く、当該申告が真にやむをえない理由によるものであり、かかる納税者に過少申告加算税を賦課することが不当もしくは酷になる場合を指称するものであって、納税者の税法の不知もしくは誤解に基く場合は、これに当らないというべきである。』

【裁判例㉓】 正当な理由とは、過少申告加算税の本質に鑑み、その制裁を課すことが不当若しくは酷と思料される事情の存することを指称する（神戸地裁昭和五四年八月二〇日判決・税資一〇六号二五六ページ）

『国税通則法第六五条第二項（編注＝現行五項）によれば、過少申告をしたことにつき正当な理由がある場合には、当該部分につき、加算税を課さないこととされ、右正当な理由とは、附帯税たる過少申告加算税の本質が、租税申告の適正を確保し、もって申告納税制度の秩序を維持するもので、租税債権確保のために納税義務者に課せられた税法上の義務不履行に対する一種の行政上の制裁というものであることからすれば、かかる制裁を課することが不当若しくは酷と思料される事情の存することを指称すると解される。』

【裁判例㉔】 過少申告加算税制度の根拠に照らし、単なる法の誤解等は「正当な理由」に当たらない（福岡地裁平成三年二月二八日判決・税資一八二号五二二ページ）

『前記二において認定・判断したところに照らせば、原告が右申告をしなかったのは、法の解釈の相違、誤解によるものであることが明らかである。ところで、確定申告による納税方式は、納税者の申告に重要な意義を置き、これを尊重することを前提に存在する制度であるから、申告が適正になされることが根幹であり、したがって、申告秩序の維持が強く要請されるところから、当初から適正な申告をした者とこれを不当に行った者との間に生じる不公平を是正して、納税義務違反の発生を防止する行政上の措置として置かれたのが過少申告加算税の制度の根拠である。そうすると、右のように、単に法の誤解や法解釈の相違に起因したことのみをもって、その過少申告の「正当な理由」とすることはできないと解される。』

【裁判例㉕】　過少申告加算税における正当な理由による課税除外を重加算税について設ける意味がない（仙台高裁昭和五八年五月三一日判決・税資一三〇号六六〇ページ）

『右の条項（編注＝旧通則法六五条二項）は、確定申告における申告額が過少であったことについて正当な理由がある場合には、その正当な理由のある事実にかかる金額については過少申告加算税を賦課しない旨規定する。しかし、重加算税に関してはかかる規定はない。過少申告加算税は、税法の解釈に関して公表されていた見解が改変されたため修正申告した場合とか、盗難品が予期せず返還されて修正申告した場合など、これを賦課するのが苛酷とされるような正当な理由がある場合には、例外的に賦課しないとするのに対し、重加算税は事実の仮想隠ぺいという脱税を意図した行為があったことを理由に重い税率の加算税を賦課するのであるから、仮想隠ぺいしたことについて正当な理由があるなどとして過少申告加算税におけるような例外を設ける意味がないからである。』

【裁判例㉖】　相続税の課税価格に含めなかった財産が相続財産に属さないか又は属する可能性が小さいことを主張立証したときは、「正当な理由」がある（最高裁平成一一年六月一〇日第一小法廷判決・判例時報一六八六号五〇ページ）

『相続財産に属する特定の財産を計算の基礎としない相続税の期限内申告書が提出された後に当該財産を

計算の基礎とする修正申告書が提出された場合において、当該財産が相続財産に属さないか又は属する可能性が小さいことを客観的に裏付けるに足りる事実を認識して期限内申告書を提出したことを納税者が主張立証したときは、国税通則法六五条四項にいう「正当な理由」があるものとして、同項の規定が適用されるものと解すべきである。しかしながら、上告人らが本件において「正当な理由」がある根拠として主張立証する事実をもってしては、いまだ本件不動産が相続財産に属さないか又は属する可能性が小さいことを客観的に裏付けるに足りる事実を認識して期限内申告書を提出したことの主張立証として十分とはいえず、これに原審の適法に確定したその余の事実関係を併せ考慮しても、上告人らに「正当な理由」があったと認めることはできない。』

【裁判例㉗】「正当な理由」があると認められる場合とは、真に納税者の責めに帰することのできない客観的な事情があり、過少申告加算税の趣旨に照らし、納税者に過少申告加算税を賦課することが不当又は酷になる場合をいい、納税申告を委任した税理士の隠ぺい仮装行為を予想し得ないとしても「正当な理由」があると認めることはできない（最高裁平成一八年四月二〇日第一小法廷判決・民集六〇巻四号一六一一ページ）

『⑴　過少申告加算税は、過少申告による納税義務違反の事実があれば、原則としてその違反者に対し課されるものであり、これによって、当初から適法に申告し納税した納税者との間の客観的不公平の実質的な是正を図るとともに、過少申告による納税義務違反の発生を防止し、適正な申告納税の実現を図り、もって納税の実を挙げようとする行政上の措置であり、主観的責任の追及という意味での制裁的な要素は重加算税に比して少ないものである。

国税通則法六五条四項は、修正申告書の提出又は更正に基づき納付すべき税額に対して課される過少申告加算税につき、その納付すべき税額の計算の基礎となった事実のうちにその修正申告又は更正前の税額の計算の基礎とされていなかったことについて正当な理由があると認められるものがある場合には、その事実に対応する部分についてはこれを課さないこととしているが、過少申告加算税の上記の趣旨に照らせば、同項にいう「正当な理由があると認められる」場合とは、真に納税者の責めに帰することのできない客観的な事情があり、上記のような過少申告加算税の趣旨に照らしても、なお、納税者に過少申告加算税を賦課することが不当又は酷になる場合をいうものと解するのが相当である。

(2)　これを本件についてみると、前記事実関係によれば、B税理士が前記のような態様の隠ぺい仮装行為をして脱税をするなどとは予想し得なかったとしても、被上告人は、税務署職員や長男から税額は八〇〇万円程度と言われながら、これが五五〇万円で済むとの同税理士の言葉を信じて、それ以上の調査、確認をすることなく、本件確定申告書の内容をあらかじめ確認せず、確定申告書の控えや納税に係る領収書等の交付を同税理士に要求したり、申告について税務署に問い合わせたりはしなかったというのであって、これらの点で被上告人には落ち度が見受けられ、他方、本件確定申告書を受理した税務署の職員が同税理士による脱税行為に加担した事実は認められないというのである。このような事実関係の下においては、真に納税者の責めに帰することのできない客観的な事情があり、過少申告加算税の趣旨に照らしてもなお納税者に過少申告加算税を賦課することが不当又は酷になるものとまでは認めることはできず、本件修正申告によりその納付すべき税額の計算の基礎となった事実が本件確定申告において税額の計算の基礎とされていなかったことについて、国税通則法六五条四項（編注＝現行五項）にいう「正当な理由」があると認めることはできない。』

4 「正当な理由」の主張・立証責任

(1) 課税処分取消訴訟における主張・立証責任

主張責任とは、訴訟当事者が権利又は法律関係の存否を主張し、自己に有利な判決を求めるために必要な事実を主張しなければならない責任若しくは負担をいう。また、立証責任とは、訴訟上一定の事実の存否が確認されない結果、不利な法律判断を受けるように定められている当事者の一方が負う危険又は不利益である。そして、訴訟当事者のいずれが主張責任を負担するかは、立証責任のそれと同一の基準によって定まるとされている。

立証責任の分配については、一般的には、権利関係の発生・変更・消滅等の法律効果を主張する者が、これを直接規定する法条の要件事実の立証責任を負うとされている(注8)。この考え方を課税訴訟において単純に当てはめてみれば、立証責任の分配については、租税債権の発生を主張する税務官庁がその債権の発生・存在を立証すべきこともいえる。しかしながら、租税法律関係は、大量的かつ反覆的に成立する関係であり、各個別の納税者に係る収入・経費の具体的内容等の個々の課税要件事実のすべてを当事者の一方である税務官庁側が承知することは所詮無理な話であるので（税務官庁がそれらの事実を網羅的に把握するためには膨大な職員と組織を必要とし、国家財政と国民経済を圧迫する）、私法上の法律関係とはその性格を異にしている。そのため、立証責任の分配についても、一般私法の原則の考え方をそのままあてはめると、かえって租税法の種々の目的に反することにもなる。

ところで、昭和五九年改正前の国税通則法一一九条一項では、「国税に関する法律に基づく処分に係る行政事件訴訟法第三条第一項（抗告訴訟）に規定する抗告訴訟においては、裁判所が相手方当事者となった国税庁長官、国税局長、税務署長、税関長その他の行政機関の長の主張を合理的と認めたときは、その訴えを提起した者がまず証拠の申出をし、その後に相手方当事者が証拠の申出をするものとする」と規定していた。この規定は、税務官庁の主張が合理的であると認められた場合には、原告である納税者等が、まず、最初に証拠を提出すべき責任を負担し、被告である税務官庁側は、原告が証拠を提出するまでは証拠を提出しなくても、証拠不提出による不利益を負わせられることはないとするものであり、前述の租税法律関係の特殊性を考慮して、納税者側への立証責任の傾斜をも期待するものであった。しかしながら、税務官庁の主張が合理的であるか否かは裁判所の判断に委ねられるものであること、証拠の提出順序が変わってもその立証責任に影響を及ぼすものではないという考え方があること等から、その規定は、必ずしも実効あるものとはいえなかった。

そこで、昭和五九年の税制改正で、納税環境の整備の一環として、国税通則法一一六条一項は、次のように改められた。

「国税に関する法律に基づく処分（更正決定等及び納税の告知に限る。以下この項において「課税処分」という。）に係る行政事件訴訟法第三条第二項（処分の取消しの訴え）に規定する処分の取消しの訴えにおいては、その訴えを提起した者が必要経費又は損金の額の存在その他これに類する自己に有利な事実につき課税処分の基礎とされた事実と異なる旨を主張しようとするときは、相手方当事者となった税務署長又は税関長が当該課税処分の基礎となった事実を主張した日以後遅滞なくその異なる事実を具体的に主張し、併せてその事実を証明すべき証拠の申出をしなければならない。ただし、当該訴えを提起した者が、その責めに帰することができない理由によりその主張又は証拠の申出を遅滞なくすることができなかったことを証明したときは、この限りではない。」

また、同条二項では、前項の訴えを提起した者が同項の規定に違反して行った主張又は証拠の申出は、民事訴訟法一五七条一項に規定する時機に後れて提出した攻撃又は防御の方法とみなすとしている。

かように、現行規定は、①課税処分（一項の「更正決定等」とは、更正若しくは決定又は賦課決定をいう（通則法五八①一イ））の取消訴訟に限り、②課税処分についての裁判所の合理性の判断を要することなく、③納税者に有利になる事実につき、納税者側の証拠提出の促進を促すものであり、更に、その実効を期すために、民事訴訟法一五七条を援用することにしている。

しかしながら、現行規定も、納税者に対する立証活動の円滑化を促すものの、立証責任の分配に関する税法上の特例を定めたものともいい難いので、税法上の立証責任の分配の問題は、依然として解釈論（一般私法の原則の適用の可否）の問題とされている。

(2) 主張・立証責任に関する判例の動向

かくして、税法上の立証責任の分配の究明は、学説の進展と判例の動向に委ねられることになるのであるが、本書で問題とする「正当な理由」の立証責任問題もその範ちゅうにとどまる。そこで、その判例の動向を概観することとする。

まず、最高裁昭和三八年三月三日第二小法廷判決（訟月九巻五号六六八ページ）は、所得税の課税処分について、所得の存在及び金額について決定庁が立証責任を負うことはいうまでもないとしており、これを引用する下級審判決も多い。

これに対し、最高裁昭和三九年二月七日第二小法廷判決（税資三八号六七ページ）は、納税者においていったん申告書を提出した以上その申告書に記載された所得金額が真実に反するとの主張・立証がない限り、その確定申告書に係る所得金額をもって正当なものと認めるのが相当であるとしている。この点に関しては、東京地裁令和五年五月一二日判決（令和元年（行ウ）第六〇七号）が、税務調査後当該職員の勧奨に従い一旦修正申告をしたものの、その後、更正の請求をした場合に、当該修正申告に反する主張は納税者が立証責任を負うべき旨判示している。(注9)また、推計課税が許される場合においては、所得の推計方法が合理的であり、その基礎となる数字が正確と認められるときは、相手方において真実の所得との不合致が証明されない限りその所得額は正当なものと推定されるとする判決（福岡高裁昭和三二年一〇月九日判決・行裁例集八巻一〇号一八〇ページ）や、税務官庁は、その推計について、例えばいちいち必要経費の明細を掲げてこれを主張・立証することを要するものではないとする判決（大阪高裁昭和三一年四月七日判決・行裁例集七巻四号五ページ）等がある。

次に、所得金額の立証上、その存在が納税者側に有利となる必要経費（又は損金）のみの立証責任については、必要経費の主張・立証責任は納税者たる原告にあるとする名古屋地裁昭和三八年二月一九日判決（訟月九巻四号五一一ページ）があり、一般経費の立証責任については、被告たる税務官庁側にあるとしつつも、特別の経費についてはその存在を主張する納税者は不存在の推定を破る程度の立証を要するとする大阪高裁昭和四六年一二月二一日判決（税資六三号一二三三ページ）、神戸地裁昭和五三年九月二二日判決（訟月二五巻二号五〇一ページ）等があり、資産増減法による課税処分において負債のような控除項目は納税者が主張・立証責任を負うものとした金沢地裁昭和三〇年一二月一六日判決（行裁例集六巻一二号二八三八ページ）、東京地裁昭和三三年二月一五日判決（行裁例集九巻二号一七三ページ）等がある。

更には、課税処分の無効確認訴訟における処分の無効事由の立証責任については、その処分の公定力を例外的に排除して無効を主張する者が、その処分の無効原因（重大かつ明白な瑕疵）を具体的事実に基づいて主張すべきとする最高裁昭和三四年九月二二日第三小法廷判決（民集一三巻一一号一四二六ページ）、最高裁昭和四四年二月六日第一小法廷判決（税資六五号七ページ）等があり、租税特別措置法上の所得計算の特例の適用を受けようとする者は、その要件に該当する事実につき、主張・立証責任を負うとした大阪地裁昭和五〇年二月五日判決（訟月二一巻四号八八九ページ）、大阪高裁昭和五二年一二月一四日判決（税資九六号四三四ページ）等がある。

以上の租税法律関係における主張・立証責任に関する判例の動向をみるに、私法の一般原則（すなわち、債権者はその債権の存在について主張・立証責任を負うとする原則）の影響を受けて、租税債権の存在を主張する税務官庁側に原則として立証責任を負わすべきとする傾向が強いのであるが、納税者にとって有利となる事項の存在や原則課税に対する特例非課税となる場合等の減免事由の主張・立証責任については納税者側に負わすべきであるとする傾向も根強い（前述の国税通則法一一六条の改正に当たっても、かかる傾向がくみとられたものと思われる）。

(3) 「正当な理由」の主張・立証責任

過少申告加算税に関する「正当な理由」の主張・立証責任の個別事例についても、前述した判例の動向の延長線の問題としてとらえることができる。

まず、横浜地裁昭和五一年一一月二六日判決（後掲、裁判例㉘）では、原告が、「国税通則法六五条の各項の規定を統一的にみれば、同法条にいう「正当な理由」の不存在、すなわち過少申告をしたことについて納税者に正当な理由がないことは過少申告加算税の課税要件を構成すると解されるので、課税庁はこの点について主張・立証責任を負うべきである」旨主張したところ、同判決は、「正当な理由」の規定は過少申告加算税を課さない旨を定めた例外規定であるから、納税者側に主張・立証責任があるとして、原告の主張を排斥している。そして、控訴審の東京高裁昭和五三年一二月九日判決（税資一〇三号七八八ページ）でも、原判決を支持している。

また、東京高裁昭和五五年五月二七日判決（後掲、裁判例㉙）では、控訴人（納税者）が控訴の段階で過少申告加算税の賦課決定処分の取消しを求め、「正当な理由」の主張・立証責任は課税庁側にあると主張したところ、同判決は、当該条文の文言上、「正当な理由」を主張する側に主張・立証責任がある旨判示して、控訴人の主張を排斥している。

かように、いずれの判決も、「正当な理由」の主張・立証責任を納税者側に求めているのであるが、「正当な理由」が過少申告加算税の課税要件事実でなく例外的にそれを非課税とする要件であること、「正当な理由」の存在は通常納税者側が承知していること等から、当然の帰結であるといえよう。

なお、最高裁平成一一年六月一〇日第一小法廷判決（前掲、裁判例㉖）は、係争中の財産を相続財産に含めなかった相続税事案につき、相続財産に属さないか又は属する可能性が小さいことを主張立証できれば、「正当な理由」がある旨判示している。

【裁判例㉘】　「正当な理由」を定めた規定は過少申告加算税を課さない例外規定であるから、その存在についての主張・立証責任は納税者側にある（横浜地裁昭和五一年一一月二六日判決・税資九〇号六四〇ページ）

『また、前述したように、同法六五条二項（編注＝現行通則法六五条五項）は、過少申告加算税の課税要件そのものを規定したものではなく、同条一項所定の課税要件を具備する場合であっても、同条二項所定の場合には当該事実に係る増差税額分については過少申告加算税を課さない旨を定めた例外規定であるから、納税義務者の側に右の場合に該当する事由の存在について主張・立証責任があると解するのが相当であるところ……。』

【裁判例㉙】　「正当な理由」に係る規定の文言上、正当な理由があると主張する者において主張・立証の責任を負うものと解するのが相当である（東京高裁昭和五五年五月二七日判決・税資一一三号四五九ページ）

『控訴人らは、右賦課処分に関し、国税通則法第六五条第二項（編注＝現行同条五項）に定める正当な理由がなかったことにつき、被控訴人が主張立証すべきである旨主張するが、右規定の文言上、正当な理由があると主張する者において主張立証の責任を負うものと解するのが相当であるから、被控訴人にその主張立証の責任はなく、したがって、控訴人らの右主張は理由がない。』

5 「正当な理由」に関する個別事例

(1) 税法解釈の疑義に関するもの

一般に、税法の解釈は極めて難解なものとされているが、税法が広範でかつ流動的な経済取引をその規制対象としているため、その条文数も多く、その法律構造も複雑で、改正の機会も多く、多大な行政通達によって運営されているので、その難解さは宿命的であるともいえる。そのため、税法解釈について誤解の生れることもままあることであり、その誤解をめぐって、「正当な理由」の存否が争われることが多い。

この点、前記3で述べたところによれば、税法の解釈問題に関しては、「税法の解釈に関して申告当時に公表されていた見解がその後改変されたことに伴い修正申告をし、又は更正を受けた場合」には、正当な理由があると解され、「納税者の税法の不知若しくは誤解に基づく場合」は、正当な理由に当たらないと解されている。もっとも、このような事例の前者については、確かに、税法の解釈問題に関する一事例であるといえようが、むしろ、後述するところの税務官庁の対応に関する問題としてとらえられるものであろう。また、後者の場合には、確かに納税者の単なる税法の不知・誤解は正当な理由に当たらないであろうが、そのような誤解においてやむを得ない事情があると認められる時には、それを無視することができない場合もあり得よう。そのことは、後述する税務官庁の対応において特に問題となる。

してみると、税法解釈の疑義に関して「正当な理由」が問題とされるのは、要するに、「税法の解釈に関し、納税者が税務官庁と異なる解釈をしたことにつき相当な理由（真にやむを得ない事情）がある場合」に限られることになろうが、それは、結局、具体的事案に即して判断せざるを得ないことになろう。そこで、具体的事案に沿って検討を進めて行くこととする。

イ　株主優待金

名古屋地裁昭和三七年一二月八日判決（後掲、裁判例㉚）では、いわゆる株主相互金融の方式により貸金業を営む原告会社が、昭和二七年六月一日から同二八年五月三一日までの事業年度分法人税について、その株主に対してその株式数に応じ会社資産を無償で交付するところのいわゆる株主優待金を損金の額に算入して確定申告したところ、被告税務署長は、昭和二八年三月三日付国税庁長官通達が株主優待金の損金不算入を宣明したことにより、当該株主優待金の損金算入を否認する更正と過少申告加算税の賦課決定を昭和二九年五月三一日付で行い、それにより、当該各処分の違法性が争われた。

本訴において、原告会社は、本件賦課決定の違法性について、従来よりいわゆる株主優待金については損金算入とされていたものであり、昭和二八年三月三日付通達でこれを突如課税対象とすることにしたものでそもそも租税法律主義に反するものであるが、そうでなくても本件事業年度において税務当局も原告会社とも株主優待金を損金に計上し得ると解していたものであるから、その申告には正当の事由があるものというべく、従ってこれに過少申告加算税を課すことは不当である旨主張した。

本判決は、株主優待金は実質的には利益の処分であるから損金算入を認められないとして、更正は適法であるとしたが、過少申告加算税の賦課決定については、株主優待金の損金性については当該確定申告の直前まで税務当局としても取扱いが確定せず、一般的にもこれを損金と解する傾向にあったと認められるから、これを損金に計上したことについて正当な事由が認められるとして、その部分に対応する賦課決定は違法である旨判示した。

いわゆる株主優待金の利益処分性（非損金性）は、最高裁判決でも認められ、現在では判例上確定しているのであるが、本件係争年度当時には、本判決が認定した事実があったものと認められる。かくして、本判決は、当該認定事実に基づき、原告会社の過少申告について正当事由を認めたものであるが、当時においては相当な判断と認められる。しかしながら、本件係争事業年度の期中である昭和二八年三月三日株主優待金を損金不算入とする旨の取扱通達が発遣されているところから、その通達の周知状態のいかん（その実態は本判決から読み取れないが）によって、原告会社は課税庁の取扱いの明確化を知りながらあるいは知り得る状態にありながらも当該株主優待金を損金算入としたことも想定し得ようし、かかる場合には、過少申告についての正当事由を認め難いことになろう。

（注10）

ロ　寄付金・役員賞与等

京都地裁昭和三九年四月二一日判決（後掲、裁判例㉛）では、更正処分に関しては、関係会社の負債を弁済するために支出した金員が寄付金に当たるか否か、使用人兼務役員に対する賞与のうち使用人分賞与の適正額、期末日前の帳簿締切に基づく決算の許否、リベートの計上時期等が争われたのであるが、当該更正に伴う過少申告加算税の賦課決定の違法性について、原告会社は、「仮に本件更正処分に違法はないとしても、次のような諸事情、すなわち、関係会社の債務支払を寄付と見るごときは常識外のことであって現に国税庁及び国税局がかく判断するまでに数カ月の検討を要していること、役員賞与が損金か否かについては解釈の分かれているところであること、帳簿締切後の売約利益の点については判例及び国税庁の見解が税務署長のそれと反対であること、未払リベートについての原告会社の計算は主務官庁が指示しかつ一般にも公正妥当と認められている基準に従ったものであること等により、原告会社としてはこれらの費用について更正処分を受けることを知り得るべくもなかったのであるから、本件過少申告について正当な事由がある」旨主張した。

これについて、本判決は、後述のように、国税庁の回答期間も長いとはいえず、本件弁済金を損金でないと判断することは原告会社にとって至難であったとはいえず、役員賞与や帳簿締切後の利益計上の処理については当時課税の取扱いが確定していたと認められ、未払リベートについても原告会社の処理が妥当な基準に従っていたとも認められないから、旧法人税法が過少申告加算税の賦課を免除する「正当な事由」は認められない旨判示した。

以上のように、本判決は、各事項の取扱いの実態をつぶさに検討した結果、それぞれ損金に落としたことについて「正当な事由」の存在を否定したのであるが、本件の実態からみて首肯することができよう。

ハ　収益計上時期等

東京地裁昭和四八年一月三〇日判決（後掲、裁判例㉜）では、宅地建物取引業を営む原告会社の仲介手数料の収益計上時期が争われた事案において、原告会社が、「本件における仲介手数料を本件事業年度の収益に計上しなかったことには、未収仲介手数料の収益認識時期いかんが、法律的にも会計学的にも困難な問題であること、右手数料を翌期の収益に計上したことにより国家の財政収入に何ら損害を与えるおそれがないことに鑑み、十分な合理性があるのであって、会計原則及び法人税法に反しないと解したことに相当の理由があるから、本件の過少申告加算税の賦課決定は国税通則法上の「正当な理由」の解釈を誤ったものとして違法というべきである」旨主張したところ、本判決は、過少申告が納税者の法律の誤解に基づく場合、このことのみをもって過少申告についての正当の理由とすることはできず、本件においては法人税の申告には公認会計士が関与していること等から、「正当な理由」があるとはいえない旨判示した。そして、控訴審の東京高裁昭和四八年八月三一日判決（税資七〇号九六七ページ）も、原判決を支持している。

かように、本件においては、過少申告が法律の誤解に基づく場合にも、その事実関係いかんによっては「正当な理由」のあり得ることを示唆しながらも、本件の事実関係の下ではその存在を否定している。本件のような宅建業者の基幹収益であってみれば、その収益計上についても相当の注意を払っていることであろうから、本判決の認定も当然のことといえよう。

札幌地裁平成元年九月二九日判決（税資一七三号一〇一六ページ）及び札幌高裁平成三年二月一九日判決（税資一八二号三三六ページ）では、請負契約による工事収入はその支払を受けた年度の益金に算入すれば足りると考え、過少な確定申告を行った場合に、「正当な理由」は存しない旨判示している。

また、東京地裁昭和五四年一二月一二日判決（税資一〇九号六八九ページ）では、収用裁決の取消訴訟を提起しているから収用に伴う補償金を収益に計上する必要はないという見解の下にその金額を申告しなかったことにつき、その見解は納税者の独自の見解であるから、その過少申告に「正当な理由」は存しないと判示している。そしてこの判決は、控訴審の東京高裁昭和五六年六月二九日判決（税資一一七号七八八ページ）及び最高裁昭和五七年四月二二日第一小法廷判決（税資一二三号一五四ページ）でも支持されている。

二　交際費等の範囲

東京地裁昭和五〇年六月二四日判決（後掲、裁判例㉝）では、国道沿いでドライブインを経営する原告会社が、自己の経営するドライブインに駐車した観光バスの運転手、バスガイドらに対し一〇〇円ないし三〇〇円のチップ（手数料）を交付し、その金員が広告宣伝費に当たるか交際費等に当たるかが争われた事案において、原告会社は、本件更正前は被告は原告会社の税務処理を是認していたものであり、本件手数料を交際費等と解するのは当該規定の不当な拡大解釈であるから、本件手数料を交際費等に当たらないと考えたことは真にやむを得ない事情がある旨主張した。

これに対し、本判決は、原告会社の見解は独自の見解であり、本件手数料を交際費等と解することは格別困難なことではない等と判示して、原告会社の請求を棄却した。

控訴審の東京高裁昭和五二年一一月三〇日判決（税資九六号三九一ページ）も、原判決と同様な理由によって、その控訴を棄却している。

ホ　譲渡所得の計算

まず、譲渡担保の目的とした資産を買い戻した場合にその買戻しに要した金員が当該資産の取得価額を構成するか否か等が争われた事案において、原審の東京地裁昭和四九年七月一五日判決（税資七六号五四ページ）が原告の請求を棄却したため、控訴審において原判決の適否が争われたのであるが、控訴人は、過少申告加算税の賦課決定についても、当該買戻金を取得価額に算入したことについては法的に素人である控訴人としてやむを得ない事情があるから「正当な理由」がある旨主張した。

これに対し、東京高裁昭和五一年五月二四日判決（前掲、裁判例㉒）は、「正当な理由」の意義を判示するとともに、本件のような納税者の税法の不知若しくは誤解に基づく場合には「正当な理由」に当たらないとして、控訴人の請求を棄却した。

また、横浜地裁昭和五一年一一月二六日判決（前掲、裁判例⑳、㉘）では、原告の土地の譲渡が、第三者の保証債務を履行するために行われたものか、自己の債務を弁済するために行われたものか（所得税法六四条二項の適用の有無）が争われたところ、原告は、本件の土地譲渡は名目上は自己の債務を弁済するために行われたように見えるが、その債務は訴外人が金銭を借り受けるに当たってその保証人若しくは物上保証人となるために生じたものであり、その借受けの際、貸主の要求により名目上原告が借主となり、そのような金銭消費貸借契約書を作成し、原告が提供した担保物件にもその趣旨の登記をしたにすぎないのであるから、かかる場合には誰しもが所得税法六四条二項の規定の適用があると考えるであろうし、その過少申告に行政上の制裁を科する非難性はないので、当該過少申告をしたことについて正当な理由がある旨主張した。

　これに対し、本判決は、前掲のように、「正当な理由」と租税法律主義との関係、「正当な理由」の主張・立証責任等を判示するとともに、本件の認定した事実によれば、本件の借受金の借主は原告であって訴外人でないことは明らかであるから、本件の土地譲渡に係る所得を所得税額の計算の基礎としなかったことにつき正当な理由があるものとは認められない旨判示した。

　また、控訴審の東京高裁昭和五三年一二月九日判決（税資一〇三号七八八ページ）も、原判決と同様の理由により、本件過少申告について正当な理由はない旨判示して、その控訴を棄却している。なお、上告審においては、更正の適否のみが争われた結果、最高裁昭和五四年九月二八日第二小法廷判決（税資一〇六号六八五ページ）は、当該更正は適法であるとして、その上告を棄却している。

　なお、和歌山地裁昭和六二年三月三一日判決（税資一五七号一四四四ページ）では、居住用財産の課税の特例の適用に関し、関係条項の解釈誤りについて「正当な理由」の有無が争われ、右判決は「正当な理由」を否定している。控訴審の大阪高裁昭和六三年一〇月二六日判決（税資一六六号三五八ページ）も、原判決を支持している。

　更に、浦和地裁昭和六三年一二月一九日判決（税資一六六号九三二ページ）及び東京高裁平成元年一一月三〇日判決（税資一七四号八〇七ページ）では、土地の交換の譲渡所得の適用誤りについて「正当な理由」の存否が争われたが、右各判決は、それを否定している。

次に、大阪高裁平成三年四月二四日判決（税資一八三号三六四ページ）では、主として重加算税の賦課の適否が争われたのであるが、隠ぺい又は仮装が認められない場合に、過少申告加算税相当部分の賦課の適否に関し、「所得税基本通達三六―一二に基づく、いわゆる契約ベースによる修正申告に対する過少申告加算税賦課の可否につき、本件農地の譲渡による所得を修正申告前の税額計算の基礎としなかったことについては、①当初期限内申告は申告時において適正であったこと、②本件譲渡による所得の原則的な課税年度（農地の引渡年度）は、係争年度の翌年度であること、③納税者本人は本件譲渡による申告・納付手続は、代理人の欺罔行為によりすべて終了したと考えていたこと等の事情があり、その事情は「正当な理由」に当たると判断している。

東京地裁平成四年三月一〇日判決（税資一八八号五七三ページ）は、相続財産である土地を遺産の一部として他の相続人へ移転したものであるから、譲渡所得が生じないとして申告したことに「正当な理由」がある旨の納税者の主張に対し、税務官署に問い合わせるなり、公正な第三者の意見を求めるなりして慎重な調査を尽すべきであったところ、そのような調査を尽したとは認められないから、「正当な理由」はない旨判示している。

へ　特別償却の対象資産

神戸地裁昭和五四年八月二〇日判決（前掲、裁判例㉓）では、織物の製造販売を業とする原告会社が織物作動能率及び品質管理上の必要から工場内に設置した冷房機が、機械設備として中小企業者等の機械の特別償却の対象となるか否かが争われた事案において、原告会社は、過少申告加算税は本来の意味の税でなく政策的あるいは懲罰的色彩の濃い税であるところ、本件申告においては、専門家である税理士に依頼し、同人が事実関係のみならず法令・通達を精査のうえ本件冷房機が織物設備に当たるとの判断に到達したものであるから、本件過少申告には正当な理由がある旨主張した。

本判決は、前掲、裁判例㉓のように「正当な理由」の意義を判示するとともに、本件申告において、原告会社が本件冷房機をあえて織物設備に該当すると判断したことにつき真にやむを得ない事情があったと認め得るに足る証拠はなく、各証言によれば、被告税務署管外において原告主張のように取り扱われている実例のあることが認められるとしても、他方、被告税務署管内ではその旨の修正申告を勧奨していることが認められ、なお全体的に判断して真にやむを得ない事情があったとは断じ得ないところである旨判示して、その請求を棄却した。

なお、控訴審の大阪高裁昭和五五年一一月二六日判決（税資一一五号六四一ページ）及び上告審の最高裁昭和六〇年四月二三日第三小法廷判決（税資一四五号九七ページ）では、専ら当該更正の附記理由の適否が争われ、控訴審では、附記理由に不備の違法があるとされ、上告審では、附記理由の違法性を否定して、原審へ差し戻した。

差し戻し後の大阪高裁昭和六一年三月一四日判決（税資一五一号一四九ページ）及び最高裁昭和六三年三月三日第一小法廷判決（税資一六三号六五〇ページ）とも、本件における「正当な理由」の存在を否定している。

ト　所得の種類の区分

東京地裁昭和五七年二月一日判決（税資一二二号一七〇ページ）では、弁護士である原告が、その顧問料収入を事業所得でなく給与所得として過少申告したことにつき、かかる所得区分の法律判断は裁判が確定するまで不明であるから結果的に過少申告となっても「正当な理由」がある旨主張したところ、同判決は、本件申告は原告の独自の理論に基づき法律解釈を誤ったものにすぎないから到底正当な理由が認められる場合に該当しない旨判示している。

なお、ストックオプション権利行使益が給与所得に該当するか一時所得に該当するかについては、多くの争訟事件で争われてきたが、最高裁平成一七年一月二五日第三小法廷判決（民集五九巻一号六四ページ）が給与所得に該当すると判示したことにより結着した。しかし、納税者が一時所得に該当するとして申告したことに「正当な理由」が存することについては、最高裁平成一八年一〇月二四日第三小法廷判決（民集六〇巻八号三一二八ページ）が、平成一四年の所得税基本通達改正までは認めるべきであるとした。この件については、後記(3)において詳述することとする。

チ　扶養控除の対象となる扶養親族

東京高裁平成元年九月一九日判決（税資一七三号七四四ページ）では、納税者が、内縁関係にある者との間の未認知の子及び右者の連れ子が所得税法上の扶養親族に当たらず、扶養控除が受けられないことを承知しながら、これを納得できないとして所得税を過少申告した場合に、「正当な理由」が認められない旨判示している。

裁決事例ではあるが、所得税の確定申告において扶養控除額を誤って過大に申告したことについて、正当な理由は認められないとした昭和五六年四月二〇日裁決（裁決事例集二二号一三ページ）がある。すなわち、会社員であった審査請求人は、昭和五四年八月三一日に勤務先を退職し、退職時までの所得金額を確定申告するに当たって、扶養親族三人について扶養控除の額を控除したところ、妻も前記扶養親族三人について扶養控除の対象にして確定申告したため、これを訂正するため修正申告書を提出したことにより、過少申告加算税の賦課決定を受けた。この処分に対し、請求人は、扶養控除については、請求人の中途退職の時点と妻の年末の時点でそれぞれ適用できると理解しており、これが違法であったことを知らなかったこと、扶養控除の額を過大にして所得税額の還付を受ける意思はなかったこと、原処分庁は請求人に対し扶養控除について何ら説明していないこと等から、本件過少申告には正当な理由がある旨主張した。これに対し、本裁決は、「過少申告加算税は、当初から正当に申告納税した者とこれを怠った者との間に生ずる不公正を是正するとともに、過少申告による納税義務違反の発生を防止しようとする行政上の措置であるところからすれば、請求人が税法の説明を原処分庁に求めずして、単に、税法の不知及びその誤解に基づくものであるというのみでは、その不知は請求人の責めに帰すべきものというべきで、これを真にやむを得ないものということはできない」と説示し、その審査請求を棄却している。

リ　その他

大阪高裁平成二年二月二八日判決（税資一七五号九七六ページ）では、資産所得合算制度のように複雑難解な制度でしかも税額等の計算誤りについては、過少申告加算税を賦課すべきでないか否かが争われたが、同判決（前掲、裁判例⑲参照）は、税額等の計算誤りについて過少申告加算税を免除する理由はないとして、本件過少申告については納税者の相当な過失による税法の不知に基づくものと認められるから、「正当な理由」にも当たらない旨判示している。また、上告審の最高裁平成二年一〇月二五日第一小法廷判決（税資一八一号一二九ページ）も、原判決を支持している。

東京地裁平成七年三月二八日判決（税資二〇八号一〇一五ページ）、東京高裁平成七年一一月二七日判決（税資二一四号五〇四ページ）及び最高裁平成一一年六月一〇日第一小法廷判決（判例時報一六八六号五〇ページ）では、納税者らが、相続税の申告に当たり、被相続人と第三者との間に所有権の帰属に争いのある不動産は申告すべき義務を負わないと誤解したとしても、それは、納税者らが法令解釈を誤解したことによるものにすぎないから、「正当な理由」に当たらない旨判示している。

大阪地裁平成九年三月二五日判決（税資二二二号二四二ページ）及び大阪高裁平成一〇年四月一四日判決（税資二三一号五九二ページ）は、土地取得に係る評価差益が事業所得の収入金額に当たらないと信じたこと等が「正当な理由」に当たらない旨判示している。

以上、税法解釈の疑義をめぐって「正当な理由」の存否を争う事例を概観してきたのであるが、そのほとんどの場合において「正当な理由」の存在が否定されているが、それらの事例の事実関係からみて、首肯し得るものであろう。

【裁判例㉚】　株主優待金を損金の額に算入して過少申告をしたことについては正当な理由がある（名古屋地裁昭和三七年一二月八日判決・行裁例集一三巻一二号二二二九ページ、税資三六号一〇七五ページ）

『次に過少申告加算税額の当否の点について判断するに、いわゆる株主相互金融業における株主優待金を法人所得計算上損金とすべきか否かについては税務当局においても昭和二十八年三月三日附通達によりこれを配当と解するものとされる迄は取扱が確定しておらず、これを課税対象としてはいなかったことは被告の明らかに争わないところであり、また成立に争いのない甲第六号証によれば、一般的にもこれを損金と解する傾向にあったものと認められ、右の事実によれば、原告が本件株主優待金を損金に計上しそれに基く税額を確定申告したことについては正当な事由があったと認めるのが相当である。』

【裁判例㉛】　関係会社の負債弁済に係る寄付金処理等を誤って過少申告をしても正当な事由はない（京都地裁昭和三九年四月二一日判決・行裁例集一五巻四号五七一ページ、訴月一〇巻八号一一八八ページ、税資三八号二六三ページ）

『そこで次に原告が確定申告において前記四費目の金額を当該事業年度の課税標準たる所得金額に含ましめなかったことにつき、法人税法（編注＝昭和三十四年改正前のもの）第四三条第一項にいう正当な事由があるか否かを検討するに、まず大沢商事債務の弁済金については、証人深川芳夫、同松井静郎の各証言によれば、右弁済金の取扱いに関し大阪国税局から国税庁になされた稟議に対し国税庁が回答を行うのに約五カ月の期間を要している事実が認められるが、他方、大阪国税局としては右弁済金が損金に当たらないとする点では疑問を持たずにただ益金処理をするについての理論構成を稟議したにすぎず、国税庁においても専ら右理論構成について検討したものであること、及び右回答に要した五カ月の期間は国税庁の回答処理としてはむしろ短期間であったこともまた前記各証言によって認めるに足り、この認定を覆すに足る証拠はなく、従って回答に五カ月を要したことが課税権者にとっても本件弁済金が損金でないと判断するのが容易でなかったことを示すものとする原告の主張は失当であり、また証人瀬古定舜の証言及び弁論の全趣旨によれば原告会社は税務計算に相当練達していたことが認められるから、原告にとっても右のような判断が不能又は至難であったということができず、他に原告が本件弁済金を損金として処理したことを止むを得ずとすべき事情は認められない。次に役員賞与が原則として損金と認められないこと、帳簿締切後の売約利益を原則として当期の益金に計上すべきことが、学説上一部異論はあるけれども、課税実務の上では当時確定した取扱いであったことは公知の事実であるから、原告が確定申告でしたような処理を正当と信じていたとしてもこれをもって正当の事由ということはできず、また支払リベート金についても原告がなしたような処理が課税実務において一般的であったと認むべき証拠はなく、しかも前記三の㈠の四で説明したところによって明らかなように、原告の処理が妥当な基準に従ったものということは到底できない。

してみると、重加算税に対比して認められる過少申告加算税賦課の趣旨に鑑み、たとえ原告が以上の各損金算入を正当と信じて為したものであるとしても、これを以て法人税法第四三条第一項にいう正当な事由ということができず、この点の原告の主張も理由がない。』

【裁判例㉜】　未収仲介手数料を収益に計上しないと解することに合理性はなく、収益を計上しないことに正当な理由は存しない（東京

地裁昭和四八年一月三〇日判決・税資六九号一九三ページ）

『さらに、原告は、本件における仲介手数料を本件事業年度の収益に計上しなかったことには合理性もあるから、これが本件更正前の税額の計算の基礎とされなかったことについて正当な理由がある旨主張する。

しかし、過少申告が納税義務者の法律の誤解に基づく場合、このことのみをもって過少申告についての正当の理由とすることはできない。また、証人岡利彦の証言によれば、原告の本件事業年度の法人税申告には公認会計士が関与しているうえ、原告は昭和三十九年以前からその申告中の期間計算の誤りなどについて所轄税務署長の税務指導もうけていたことが窺われるから、原告の本件事業年度の確定申告において前記仲介手数料の収益を計上しなかったことにつき、過少申告加算税を免れうるに足りる「正当な理由」があるということはできない。』

【裁判例㉝】　ドライブイン経営者が観光バスの運転手らに手交したチップが交際費等に当たらないと解して損金不算入の対象としなかったとしても正当の理由は存しない（東京地裁昭和五〇年六月二四日判決・税資八二号二二二ページ）

『原告は、本件手数料が交際費等に当たるとしても、国税通則法第六五条第二項（編注＝現行同条五項）の「正当な理由」があるから、過少申告加算税の賦課決定は違法であると主張する。

しかしながら、本件手数料が交際費等に当たらないと主張する原告の根拠は、右にみたようにいずれも独自の見解であって採用することができないものであり、本件手数料が交際費等に当たると解することは、法第六三条第五項の解釈上格別困難なことではない。証人大宮一郎の証言中には、本件と同種の事案において税法上の取扱いが区々である旨の供述がみられるが、証人田中嘉男の証言と対比して採用し難く、また被告がその見解を変更したため本件各更正をするに至ったことをうかがわしめる証拠もない。したがって、国税通則法第六五条第二項（編注＝現行第五項）の正当な理由があるとはいえないから、過少申告加算税の賦課決定にも原告主張の違法はないといわなければならない。』

(2) 事実関係の不知・誤認に関するもの

前記(1)で紹介した横浜地裁昭和五一年一一月二六日判決では、土地譲渡に関し所得税法六四条二項の規定を誤って適用して過少申告したことについて「正当な理由」の存否が問題とされたのであるが、その前提として、当該土地譲渡の起因となった借入金が自己のものであるか、あるいは第三者のもので自己が債務保証しているものであるかという事実関係が問題とされていた。かかる事実関係の誤認あるいは不知は、税法の適用に大きな影響を及ぼすことになるのであるが、その実態いかんが当該納税者にとって真にやむを得ないものであり、過少申告加算税を賦課することが不当若しくは酷になる場合には、「正当な理由」の存在が問題とされることになる。

イ　横領事実の不知

役員及び従業員が会社の金員を着服横領した場合、その損失の計上時期とその役員らに対する損害賠償請求権に係る収益の計上時期がいつになるかは種々と議論のあるところである。この点に関し、前代表取締役が架空経費を計上して会社資金を横領した場合にその横領に対する損害賠償請求権に係る収益をその横領が発覚した時に計上すべきかその横領損失を回収した時に計上すべきかが争われた事案につき、横浜地裁昭和四〇年四月八日判決（税資四一号三二三ページ）では、その損害賠償請求権の経済的価値は他の金銭債権と変わりはないからその発生時に益金に計上すべきである旨判示し、原告会社の請求を棄却した。そして、控訴審において、控訴会社は、過少申告加算税の賦課決定につき、控訴会社自体としては前代表取締役の会社財産横領の事実の一部を昭和三六年三月頃に至って初めて知り、その全体を知ったのは同年五、六月頃であるから、当該昭和三四〜三六年度には横領金額に相当する利益が計上されるべきことを知らなかったものであって、この旨申告し得ないことは当然というべく（納税適状にない）、これに対し制裁的な過少申告加算税を課することは憲法第三〇条に反することは明らかである旨主張した。

これに対し、東京高裁昭和四〇年一〇月一三日判決（後掲、裁判例㉞）は、横領者は控訴会社の営業・経理を担当していたばかりでなく、その代表取締役であったのであるから、同人の計上した架空経費が当初申告に際し損金算入されたとしても到底正当事由に基づくものとはいえず、当該処分が憲法三〇条に違反するということはできない旨判示し、控訴会社の当該請求を棄却した。また、上告審の最高裁昭和四三年一〇月一七日第一小法廷判決（後掲、裁判例㉟）も、同様な理由により、当該上告を棄却している。

ところで、前記3「正当な理由の意義」のところで述べたように、災害、盗難等に関し結果的に過少申告となったことを当該納税者が知り得なかった場合にはともかく、本件においては代表取締役で経理担当役員であった者が横領を働き、それに対応する架空経費を計上して結果的に過少申告が生じたものであるというのであり、当該代表取締役自身が当該会社の業務執行機関であってみれば、本件各判決が示すように、「正当な理由」を認め得る余地はないことになろう。この場合、従業員が横領等したことにより過少申告が生じたときには、「正当な理由」によって過少申告加算税を免れることはその事実関係によろう。

ロ　青色申告の有無

いわゆる青色申告は、所轄税務署長より青色申告書提出の承認を受けていることを前提としてその効力を発するのであるが、その承認の有無が争われ、かつ、その承認を経ずに青色申告書を提出してその特典を適用したことについての「正当な理由」の存否が争われた事案がある。

すなわち、訴外H会社を吸収合併してその会社の権利義務一切を承継した原告会社が、そのH会社が設立（昭和三七年九月）当初から青色申告法人であったとして、昭和四一年三月期分法人税について価格変動準備金の積立て等を行って確定申告を行ったが、当該申告は青色申告でないから価格変動準備金の積立て等は認められないとする課税処分が行われ、その適否が争われたところ、東京地裁昭和四五年一二月二一日判決（税資六〇号八五三ページ）は、H会社は第一事業年度以降法人税の確定申告にあたり青色申告書を使用していた事実は認められるが、青色申告書提出の承認申請書を被告税務署長に提出した事実は認められないとして、原告会社の請求を棄却した。

控訴審において、控訴会社は、仮に本件更正が適法であるとしても、H会社は昭和三七年一一月二五日被控訴人に対し青色申告書提出の承認書を提出した後六事業年度にわたって青色申告書を提出し、被控訴人によってこれが異議なく受理され、なんらの指示、注意がなされなかったものであるから、H会社が被告人によって青色申告法人として取り扱われていると信じてもやむを得ないものであり、当該過少申告については正当な理由があったというべきである旨主張した。

これに対し、東京高裁昭和四七年四月二七日判決（後掲、裁判例㊱）は、H会社において青色申告書提出の承認申請書を所轄税務署に提出した事実は認められないこと、所轄税務署備付の法人税事務原簿にはH会社は白色申告法人として登載されており、従ってH会社に対しては本件係争事業年度のみならず、第一事業年度（自昭和三七年九月八日至同年一一月三〇日）以降H会社が控訴会社に吸収された年度の前年度である第六事業年度（自昭和四一年四月一日至同四二年三月三一日）に至るまで各事業年度の確定申告期限前にその都度白色の確定申告書用紙が所轄税務署より郵送されていたこと、H会社は上記各事業年度の確定申告を送付された白色の確定申告書用紙を用いることなく市販の青色申告書用紙を用いていたこと等の事実を認定した上で、被告会社が自らを青色申告法人であると信じていたのは単なる誤解に止まるものであるから、本件過少申告については正当な理由は認められない旨判示して、その控訴を棄却した。

本件のような場合には、控訴会社が青色申告法人であると信ずることに被告税務署長が何らかの形で加担していた（例えば、税務署の方で青色申告書の用紙を送付していた場合等）というのであればともかく、本件においては、被告税務署長は毎期白色用の確定申告書用紙をH会社に送付していたというのであるから、その過少申告に「正当な理由」を認めるわけにはいかないであろう。

また、青色申告承認取消処分に基づく青色特典益否認の更正により納付すべきこととなった税額に対して「正当な理由」を認めるべきか否かについては、これを否定する東京地裁平成三年五月二八日判決（税資一八三号八二三ページ）及び東京高裁平成三年一〇月三〇日判決（税資一八六号一二四三ページ）と、これを認める岡山地裁平成六年三月十日判決（税資二〇〇号九〇〇ページ）に分かれているが、青色申告承認取消の事由の内容等からみて、「正当な理由」を認めることに疑問が残る。

ハ　交換における取得資産の所有期間

所得税法上、居住者が一年以上有していた土地、建物等の固定資産を他の者が一年以上有していたそれぞれに対応する固定資産と交換し、その取得資産を譲渡資産の直前の用途に供している場合には、その譲渡がなかったものとみなされ、譲渡資産の取得価額を取得資産の取得価額に引き継ぐことができるとされている（所法五八）。

この特例適用に関し、取得資産の前所有者が当該資産を一年以上所有していなかったことを知らなかったとして、「正当な理由」の存否を争った事例がある。すなわち、原告は自己の所有する山林と訴外Mが所有する山林とを交換したとし、登記簿上もその旨所有権の移転登記を済ませ、前記固定資産の交換の特例規定を適用して確定申告したところ、被告税務署長は、原告の交換先はMではなくK会社であり、K会社は当該山林を一年以上所有していないから、本件交換については前記課税の特例は認められないとする課税処分を行い、その適否が争われた。本訴において、原告は、仮に本件更正が適法であるとしても、本件交換により取得した山林は登記簿上の記載によりMが一年以上所有していたものであると信じていたし、K会社が所有権者となっていてその所有期間が一年未満であったことを知ることは全く不可能な事柄に属するから、過少申告加算税の賦課決定処分についてはその過少申告につき「正当な理由」がある旨主張した。

これに対し、千葉地裁昭和五一年六月七日判決（税資八八号九九一ページ）は、本件山林は、前主MからN、NからK会社に売り渡された後、K会社から原告に交換譲渡されたものであり、Mから原告にした所有権移転登記は中間省略の方法によったものにすぎず、K会社が本件山林を所有していた期間は一年未満であるから、本件交換については交換の場合の課税の特例適用は認められない旨判示し、原告は、本件交換取引に際して、終始K会社のTを交渉相手としており、Mとは会ったこともないし、本件山林に実地検分に行ったときにもMのもとを訪れることさえしなかったことが認められるから、原告が本件交換の相手方をK会社でなくMであると信じていたとするのは困難であり、そのように信じていたとの主張を前提とする原告の法律的主張はその当否を論ずるまでもなくその前提を欠き失当であるので、原告が確定申告に際して所有していた山林の交換譲渡を自らの税額計算の基礎としなかったことについては、本件全証拠によるも国税通則法六五条に定める「正当な理由」を認めるに足りないというべきである旨判示した。

かように、本件においては、交換における取得資産についての事実関係の不知を理由として、「正当な理由」の存否が争われたものであるが、本判決は、かかる不知を否定することにより、「正当な理由」は存しないとしている。「正当な理由」の主張の前提が否定されたのであるから、当然な結論といえよう。

二　その他

東京地裁平成八年一一月二一日判決（税資二二三号八〇九ページ）、東京高裁平成九年五月二一日判決（税資二二三号八〇九ページ）及び最高裁平成一〇年六月二二日第二小法廷判決（税資二三二号六七七ページ）は、譲渡資産の遺産分割が未了であり法定相続分を超える部分については納税者の収入として確定していないから、申告できなかったことに正当な理由がある旨の納税者の主張に対し、他の相続人との間で協議できるから正当な理由は認められない旨判示している。

神戸地裁平成一二年三月二八日判決（税資二四七号六二ページ）では、相続税の納税猶予額の計算誤りによって当初申告の納付すべき税額に過少が生じたが、他の共同相続人がその分過大に申告しているから、当該過少申告につき「正当な理由」の存否が争われたところ、右判決は、納税者側に事前に点検していれば容易に是正し得たものであるから、やむを得ない事情は認められず「正当な理由」に当たらない旨判示している。

【裁判例㉞】　代表取締役の横領を原因とする過少申告について正当な事由は認められず、過少申告加算税の賦課決定は憲法三〇条に違反しない（東京高裁昭和四〇年一〇月一三日判決・税資四一号一〇七七ページ）

『次に控訴人は本件の如き場合、過少申告加算税を課することは憲法第三〇条に違反すると主張する。しかも、法人税法（編注＝昭和四十年改正前のもの）第四三条の規定する過少申告加算税は、申告納税の実を挙げるため制裁的な意味で本来の税金に付加して課するものであるが、税率もさしたる率ではなく、しかも右法人税法第四三条第一項、法人税法施行規則第三六条規定のとおり、当初法人税額の計算の基礎とされなかったことについて正当な事由が認められるものについてはその事実に基く税額が控除されるのであるから、決して不当に重い課税ではなく、右法人税法第四三条の規定が憲法第三〇条に違反すると解する理由はなく、そして成立に争のない甲第一号証によると、東間幸雄は控訴会社の営業、経理会計を担当していたばかりでなく、その代表取締役でさえあったことが明らかであるから、同人の計上した架空経費が当初の申告に際し損金に算入されたことは到底正当事由に基くものとはいえず、被控訴人のなした更正処分が右憲法の規定に違反するということもできない。』

【裁判例㉟】　同旨（最高裁昭和四三年一〇月一七日第一小法廷判決・税資五三号六五九ページ）

『論旨は、要するに、前記東間幸雄の横領の事実は、係争各事業年度の法人所得の申告の当時上告会社には全く判明しなかったところであるから、適正な申告ができなかったとしてもやむをえないのであって、これに対し、被上告人が過少申告加算税を課したのを相当とした原判決は、憲法三〇条に違反するというのである。

過少申告加算税は、旧法人税法四三条により、法人の確定決算に基づく申告等に誤りがあったことにつき正当な事由がないと認められる場合に課せられたものであるから、右論旨は、結局本件係争の各事業年度の申告には同税を課せられない正当な事由の存したことを主張してその課税を論難するもの、すなわち違憲に名を藉りて同条の解釈適用を争うものにすぎない。そして、原判決の認定によれば、前記東間幸雄は上告会社の経理担当役員でかつ代表取締役の地位にあったというのであるから、それら申告について上告会社の責任者と認めうる者であり、しかも申告が適正を欠いたのは、同人の計上した仮装経費が損金に算入されたのによるのである。従って、これを上告会社には右東間の不正が判らなかったところとして同税を課しえないとする所論の到底肯認しがたいことは、原判示のとおりといわなければならない。論旨は採用できない。』

【裁判例㊱】　青色申告法人であると誤信し、その特典を適用して過少申告した場合であっても正当な理由があるとはいえない（東京高裁昭和四七年四月二七日判決・税資六五号八八一ページ）

『以上認定の事実によれば、不動美術は、法人税の確定申告について青色申告書提出の承認を得ておらず、所轄税務署からは白色申告法人として取り扱われていることを知りながら係争事業年度（第五事業年度）の法人税の確定申告をしたものと判断するのが相当である。なお、青色申告書提出の承認の申請がなされていない以上、たとえ所轄税務署が青色申告の用紙を用いてなされた確定申告を異議なく受理したとしても、そのことによって当該法人がいわゆる青色申告法人となるいわれはなく、本件においても不動美術が青色申告書用紙を用いてした第一事業年度から第四事業年度に至るまでの各年度の法人税の確定申告が所轄税務署によって異議なく受理されたことは、右確定申告が白色の確定申告として問題とすべき点がなかったことによるものであって、所轄税務署が右確定申告を青色申告として受理したことを意味するものと解することはできないのである。されば仮に不動美術が青色申告法人として取扱われているものと信じていたとの事実があったとしても、それは単なる誤解に止まるものというべく、本件係争過少申告については国税通則法第六五条第二項（編注＝現行同条五項）所定の正当の理由があるので本件過少申告加算税の賦課決定は違法として取消さるべき旨の控訴人の主張はこれを採用することができない。』

(3)　税務官庁の対応に関するもの

イ　税務官庁の言動と信義則

前述の(1)と(2)では、税法や事実関係の不知・誤認ということで主として納税者側の不注意等から過少申告が生じた場合の「正当な理由」の存否が争われた事例を整理してきたところであるが、逆に、税務官庁側の納税者に対する対応ぶりに問題があって過少申告が生じ、その場合に「正当な理由」の存否が争われることがままある。そのことについては、前記3「正当な理由の意義」のところで述べたように、旧所得税基本通達や各判決が、税法解釈に関する税務官庁の見解が変更されたため結果的に過少申告が生じた場合には「正当な理由」が存し得ることを述べているところでもある。また、税法の不知・誤解が「正当な理由」に当たらないと解されているが、税務官庁側の対応が納税者の誤解に加担していた場合には、「正当な理由」に当たると解される場合が多い。そして、実務では、このことが最も問題とされる。

ところで、税務官庁の言動が原因で納税者が過少な申告をし、又は申告を逸したとしても、税務官庁は租税法の定めるところに従い（すなわち租税法律主義に基づき）更正又は決定を行うことになろうが、かかる本税についての課税処分については、それが適法に行われている限り、それを取り消すべきことを定めた税法上の規定はない。そのため、納税者側は、その取消しを求めるためにはかかる課税処分の違法理由として、一般法理たる信義則（Treu und Glauben）あるいは禁反言（estoppel）を援用することになる。しかしながら、租税法の分野においては、租税法律主義上の合法性の原則に標榜されるように法律適合性が厳しく求められるため、信義則の適用については種々議論のあるところであるが、現状では、信義則の適用を認め得るとする方が多数説であるといえようし、筆者も、税務官庁と納税者との信頼関係を維持するため、その必要性を認めるものである。（注11）

そして租税法における信義則の適用要件については、未だ学説と判例の発展に委ねる部分も多いが、筆者は、かねてよりその適用要件を次の五つにまとめている。（注12）

なお、この適用要件については、最高裁昭和六二年一〇月三〇日第三小法廷判決（訟務月報三四巻四号八五三ページ）においてほぼ全面的に容認されているところである。

① 税務官庁が納税者に対し信頼の対象となる公的見解を表示したこと

② 納税者がその表示を信頼し、その信頼過程において責めらるべき事由を有しないこと

③ 納税者がその信頼に基づき何らかの行為をしたこと

④ 税務官庁が当初の信頼の対象となる公的見解の表示に反する行政処分をしたこと

⑤ 納税者がその行政処分により救済に値する経済的不利益を被ったこと

右記の各要件のうち、①の要件が最も重要視されるであろう。すなわち、税務官庁は、税務行政を執行するに際し、納税者に対し、法律上の各種の行政作用のほか、申告の指導や情報の提供等、多くの事実上の行政作用も行っているわけであり、その方法や内容も、公文書でなされるもの、電話、伝言でなされるもの、あるいはとりあえず職員の個人的見解を表示して参考に供するもの等、さまざまな形態があり得る。問題は、この行政作用のうち、何が「信頼の対象となる公的見解の表示」に該当するかであるが、租税法律主義の要請との兼ね合いから自ずから制限されることになろう。

また、②の要件については、納税者がその表示を信頼する過程に無理からぬことがあることを意味し、③の要件については、納税者がその信頼に基づき過少な申告を行い又は申告義務を怠ることを意味し、④の要件については、税務官庁が当初表示した公的見解に反する課税処分を行うことを意味し、⑤の要件については、その課税処分により被った納税者の経済的不利益を救済する方が租税法律主義の形式上の順守よりも租税正義に適うことを意味しよう。

以上のように、税務官庁の対応ぶりを違法事由として本税の課税処分の取消しを求めるには、一般法理たる信義

則の適用を援用するほかなく、その適用も、租税法律主義の要請との兼ね合いから厳しく制限されている。これに対し、加算税の賦課決定については、既に述べてきたように、その過少申告等について「正当な理由」が存すれば、税法上の規定に基づいてその取消しを求め得ることとされているので、当該過少申告等が税務官庁の対応に原因があると考えられる場合には、それを「正当な理由」の解釈の問題として当該賦課決定の違法性を争えば足りることになる。そして、かかる場合にも、前述した信義則の適用要件が一応参考とされようが、「正当な理由」が税法上の課税要件に係る解釈・適用の問題であるのに対し、信義則の適用が税法にとっては超法規的要請であることからすれば、同じく税務官庁の対応を問題として課税処分の違法性が争われるとしても、「正当な理由」に関する要件の方が一層弾力的に解釈されるべきことになるものと考えられる。すなわち、本税の課税処分に信義則が適用されなくても、当該本税に係る加算税の賦課決定が「正当な理由」によって違法となることがある。

ロ　税務職員の誤指導

申告納税制度は、本来納税者が税法の仕組についてある程度の理解を持つことを前提とし、納税者の自主申告、自主納税を建前とするものであるが、税法の仕組が複雑で難解であるだけに、その申告においては、申告相談等を通じての税務職員の指導や助言が介在することが非常に多い。かかる指導や助言が時には誤って過少申告の原因となることもあるであろうし、また、それらの指導等を納税者が誤解して過少申告をする場合もあるであろうし、更には、その申告相談の過程において納税者側が不十分な情報あるいは自己にとって都合の良い情報のみを提供することによって不適切な指導が行われる場合もあるであろう。そして、かかる誤指導、誤解、不十分な指導等をめぐって、「正当な理由」の存否が争われることになる。また、加算税通達においても、税務職員の誤指導について「正当な理由」の一事由として挙げている（前記3の(3)参照）。

まず、札幌地裁昭和五〇年六月二四日判決（後掲、裁判例㊲）では、裁判所の執行官がその職務から受領する手数料及び費用が事業所得に当たるか給与所得に当たるか、執行官が兼務庁勤務を命ぜられた場合の本務庁から兼務庁までの旅費、宿泊費が非課税所得に当たるか否か等が争われ、執行官が兼務庁勤務を命ぜられた場合の本務庁から兼務庁までの旅費、宿泊費が非課税所得に当たるか否か等が争われ、原告（執行官）は、仮に上記の旅費、宿泊費を事業所得の収入金額に計上しない点において誤りがあったとしても、原告は従前毎年の所得税確定申告時に際し、帳簿、資料（執行官統計表、同資料には手数料、旅費、宿泊料が明記されている）を被告係員に提示したうえその指導を受け、その際原告の受けた旅費、宿泊料を収入とする指示がなかったので、その指導に従いそれらを収入に計上しなかったところ、昭和四五年被告税務署長が交替するや、被告は従前の指導取扱いを変更し、本件各更正を行ったのであるが、右指導に従ったことについては原告は善意・無過失であったから、信義則上、本件各更正は違法であり、また、本件過少申告には「正当な理由」があるから本件過少申告加算税賦課決定も違法である旨主張した。

これに対し、本判決は、租税法においても納税者が税務官庁の表示を信頼しその信頼が裏切られることによって不測の損害を蒙った場合には信義則上その信頼利益は保護されなければならない旨判示し、本件更正は従来の誤った申告を是正したものであってそれ自体適法であり原告にとっても税法上格別な不利益を蒙ったことにならないから、本件においても信義則の適用により本件更正を無効ならしむことはできないが、原告が受領した旅費、宿泊費を事業所得の収入として申告しなかったことについては、原告が故意にこれを隠したものでなく、被告職員の助言に従ったものと認められるから、「正当な理由」が存するので過少申告加算税の賦課決定は不適法である旨判示した。

しかしながら、控訴審の札幌高裁昭和五一年一〇月一九日判決（後掲、裁判例㊳）は、控訴人は被控訴人担当職員の納税相談を受けた際、執行官の手数料収入は事業所得であり、その受け入れた旅費、宿泊費も収入として計上し、そのうちから実際に支出した額を必要経費として控除すべく行政指導を受けたにもかかわらず、右旅費、宿泊費は非課税所得である旨の自説に固執してこれに応じなかったものであることが認められるとし、信義則の適用による本件更正の違法性を否定するとともに、本件賦課決定に関する「正当な理由」の存在をも否定した。

さらに、上告審において、上告人は、過少申告加算税賦課決定を取り消した一審判決を失当とするのは明治時代よりの執行官旅費は課税対象にならないとする長い間の慣習法を無視したもので上告人の故意の申告とするのは法令違反である旨主張したのであるが、最高裁昭和五二年六月一四日第三小法廷判決（税資九四号六八七ページ）は、原判決は適法であり、論旨は独自の見解を主張して原判決を論難するものにすぎず採用できないとして、その上告を棄却した。

以上のように、本件においては、納税相談における税務職員の誤指導について、一審判決はこれを是認して「正当な理由」を認め賦課決定を取り消したものの、控訴審判決及び上告審判決は、当該誤指導の存在を否定して当該賦課決定を適法であるとした。かように、本件各判決においては、誤指導に関する事実認定の違いから、「正当な理由」の存否について結論を異にしている。また、他の類似の事案においても、その事実関係が争われ、事実認定により結着する場合が多い。

なお、一審判決が認定したように担当職員による誤指導があったとしても、当該納税者にとっては旅費や宿泊費が非課税所得に当たらないという期待利益が損なわれた程度の被害を蒙ったにすぎないであろうから、前述の信義則の適用要件に照らし、本税についての当該更正を違法にならしむことにはならないであろう。

次に、東京地裁昭和五四年一二月一二日判決（後掲、裁判例㊴）では、原告会社が土地収用裁決により土地・建物を収用されることになったが当該収用裁決を争いその取消訴訟を提起して当該補償金の受領を拒否している場合の当該補償金の収益計上時期が争われた事案につき、原告会社は、所轄税務署における本件法人税の申告相談をした際に、担当係官から、本件建物を仮勘定に振り替えておけば本件補償金を申告しなくてもよいとする指導を受けこれに従ったものであるから、本件更正処分を受けるいわれはなく、また、「正当な理由」があるから過少申告加算税の賦課決定処分も違法である旨主張したところ、右判決は、本件申告相談において担当係官はむしろ本件補償金を収益に計上すべきことを指導したものの原告会社代表者がこれに従わなかったので現存しない建物については少なくとも建物勘定に残して置くべきではないことを説明したこと等が認められるとし、本件過少申告は結局原告会社の独自の見解により生じたものであるから、本件過少申告に「正当な理由」が存するとは認められない旨判示している。

本件は、本件申告相談の事実関係が確認された上で、本件過少申告は結局原告会社が自己の見解に固執したところに起因する旨認定されたものであるが、申告納税制度下における担当係官による申告相談の限界を示した事件であるともいえる。

そして、右判決は、上訴審の東京高裁昭和五六年六月二九日判決（税資一一七号七八八ページ）及び最高裁昭和五七年四月二二日第一小法廷判決（税資一二三号一五四ページ）でも支持されている。

また、名古屋地裁昭和五五年三月二四日判決（後掲、裁判例㊵）では、被相続人がその生前農地を買い受けて手付金を売主に交付しその所有権を取得するために農地法三条所定の許可申請をしその申請中に死亡した場合に、相続財産となるのはその農地である（申告はこれによる）か、その手付金である（課税処分はこれによる）かが争われた事案において、原告は、本件相続税の申告に先だち、被告庁所属の相続税事務担当者に本件農地の売買契約の経緯、履行の状況等を説明してその指導を受け、その担当者より本件申告のような取扱いでもよいとの確信を得たのであるから、信義則上、その回答・指導に反する課税権の行使はなし得ないというべきであり、過少申告加算税の賦課決定に関しても「正当な理由」が存する旨主張した。

これに対し、本判決は、農地法三条所定の許可がない農地が買受人側の相続財産となり得ないことは相続税事務担当者間において周知の事実であったと認められ、原告はそのような法律関係を認識しながら当該事務担当者との相談の際には本件農地の売買契約の経緯、農業委員会の許可の有無等の詳細を説明しなかったものと窺われることなどからすると、当該担当者が原告に対し本件農地が相続財産に含まれる旨の指導をしたことは認め難い旨判示し、原告の請求を棄却した。

そして、控訴審の名古屋高裁昭和五六年一〇月二八日判決（税資一二一号一〇四ページ）も、原判決と同じ理由により、本件控訴を棄却している。

以上のように、本件の各判決は、本件の申告相談の経緯を分析・検討した上で、原告の主張する誤指導の存在を否定し、本件過少申告に「正当な理由」は存しないと判断したものである。

更に、千葉地裁昭和五八年四月二五日判決（後掲、裁判例㊶）では、原告の昭和五二～五三年分所得税について、租税特別措置法三七条と三七条の三の適用違いから過少申告が生じ修正申告したものの過少申告加算税の賦課決定が行われ、その賦課決定の適否が争われたところ、原告は、本件確定申告は被告担当職員に申告相談し当該職員に申告書を作成してもらい提出したものであり、その相談の際、特定資産の買換えの場合の課税の特例について同法三七条を適用した場合には同法三七条の三を適用して買換資産の取得価額を減額して減価償却費を計算することは知らなかったし当該担当職員から全く説明を受けていなかったものであるから、その指導に反して後日この見解を修正し過少申告加算税を賦課することは納税者の信頼を裏切るものであって禁反言の原則に反する旨主張していた。

これに対し、右判決は、①原告は、昭和五三年一月頃被告税務署長から「譲渡所得の申告についての御案内」等の文書を受け、担当職員と面接し、昭和五二年に譲渡した農地の譲渡所得について同法三七条の適用を受け得る旨説明を受け、当該職員に確定申告書を一部代筆してもらってその申告書を提出したこと、②昭和五三年分の農地等の譲渡所得についても同様な相談手続を経て確定申告書を提出したこと、③その後、被告税務署長において、本件各確定申告の調査をしたところ、原告は本件各年分の譲渡所得の金額の計算について同法三七条の適用を受けた者であるにもかかわらず、各年分の不動産所得の金額の計算上必要経費に算入すべき減価償却費の額の計算の基礎となる買換資産の取得価額について同法三七条の三第一項を適用しないで計算しており、当該所得金額が過少であったことが判明したので、担当職員が原告に対しその旨説明し、原告が本件各年分の修正申告をしたこと等の事実を認定した上で、本件各納税相談においては担当職員は原告に対する相談内容について適切な回答をしており、原告からの相談のなかった点についてまで指導しなかったからといってこれを不適切なものということはできないから、本件賦課決定は禁反言の原則に反するものではなく、本件過少申告に「正当な理由」はない旨判示した。

本件は、いわゆる特定資産の買換えの場合の課税の特例についての申告相談をめぐって、担当職員による誤指導（又は不適切な指導の有無）が問題とされたのであるが、本判決は、本件の申告相談の内容は譲渡所得における買換資産の取得価額の圧縮（減額）のみが問題とされたもので、その圧縮後の不動産所得に係る減価償却費の計算にまでは及ばないものであって、その圧縮に係る指導は適切に行われているから、「正当な理由」に当たるような誤指導等はなかった旨判断している。かように、本件においては、納税者側は買換資産の圧縮記帳のすべてに係る課税処理が相談されたものであると誤解したものであろうが、そこには、いわゆる圧縮記帳が非課税措置でなく減価償却費の額等の減額を通しての課税の繰延べであることを了知していなかったこと、すなわち法律の不知があったものと推認されるところである。従って、本件は、単なる法律の不知は「正当な理由」に結びつかないということにも相通ずることとなる。

　また、神戸地裁昭和五八年八月二九日判決（後掲、裁判例㊷）では、原告が昭和五四年分所得税（譲渡所得）の納税相談において担当職員から交付を受けた譲渡所得計算明細書に基づいて譲渡所得金額を計算して確定申告を行ったが、結果的に過少申告となり修正申告したものの過少申告加算税が課せられ、その適否が争われた事案において、原告は、本件明細書の⑦欄の「代りの資産の買取り価額」には「代りの資産の買取り価額のうち、その償却可能な部分の価額」を書くべきところ、同明細書にはその旨の説明は何も記載されておらずそもそも租税特別措置法三七条の適用を受けるための提出書類としては明らかに不完全なものである上、担当職員はこのような不完全な明細書について何ら説明せず単に「これに従って提出されたい」との指示をし「提出されたものについて検討する。」と述べたのみであるから、これは明らかに誤った指導というべきであって過少申告についての「正当な理由」に当たる旨主張した。

　これに対し、本判決は、本件納税相談の経緯を確認し、「正当な理由」の意義を判示するとともに、本件明細書は措置法三七条以外の特例措置の場合にも使用できるようになっているが、申告納税制度の趣旨、大量の納税申告の画一的処理の要請等に照らすと、本件明細書に係る各種の特例措置の記載方法が逐一記載されていないからといって、同明細書が不完全なものとはいえず、担当職員が何らの説明を行うことなく同明細書を原告に交付したとしても、これをもって誤指導があったと認めることはできないから、本件過少申告について「正当な理由」を認めることはできない旨判示した。

　以上のように、本判決は、税務署備付けの譲渡所得計算明細書が本件譲渡所得の計算には必ずしも適切なものでなく、それについて担当職員が何らの説明をせず、それが過少申告に結びついていたとしても、それらは、未だ誤った説明等に当たらない旨判示したものであるが、その根拠として、申告納税制度が第一次的には納税者自らが税額を計算して納付すべき体系を採っていること、納税相談が大量・画一的に行われざるを得ないこと等を挙げていることが注目される。

また、那覇地裁平成八年四月二日判決（税資二一六号一ページ）では、原告の株式売買による収入を所得として申告しなかったのは、三回にわたる税務署に対する照会に対し、誤った回答がされたことに原因があるか否かが争われたところ、右判決は、右誤りを認定し、本件において信義則の適用は認められないものの、「正当な理由」は存する旨判示している。

他方、税務官庁側の誤指導等の有無が争われたものの、その事実を認めず、「正当な理由」を否定した裁判例として、岡山地裁平成八年九月一七日判決（税資二二〇号七六一ページ）、広島高裁平成九年五月二九日判決（税資二二三号九四五ページ）、大分地裁平成一〇年一二月二二日判決（税資二三九号六一八ページ）等がある。

そのほか、東京地裁令和四年一〇月七日判決（令和三年（行ウ）六〇八号）では、所轄税務署に電話相談した際に誤った指導を受けたとしても、税務署長その他責任のある立場にある者の正式な見解と求められない以上、過少申告加算税を賦課することが不当又は酷になる場合に当たらない旨判示している。

【裁判例㊲】　執行官が受領した旅費・宿泊料を収入金額に加算した更正は、従来の誤った申告を是正したものであってそれ自体適法なものであり、当該納税者も格別税法上不利益を蒙ったとはいえないから、信義則違反として無効とはいえないが、それらの収入計上もれは故意に隠したものではなく、担当職員の助言に従ったものと認められるから、その過少申告に「正当な理由」があると認めるのが相当である（札幌地裁昭和五〇年六月二四日判決・税資八二号二三八ページ）

『2　次に原告は、仮に原告の本件各申告が誤りであったとしても、右各申告は被告からの指導によりなしたものであり、かつこの点について原告は善意、無過失であったのであるから、本件更正および過少申告加算税賦課決定は不適法である旨主張するので、以下この点につき検討する。

租税法は極めて多数の納税者を対象として公平かつ普遍的に課税することを企図するものであり、ことに画一的にこれを適用執行することを要するものであるから、一方当事者の意思によっては勿論、両当事者の合意によっても租税法の適用を左右することも許されず、租税は常に租税法の定めるところに従い、一律に、客観的かつ公正に課さなければならないのである。尤も信義誠実の原則はあらゆる分野における法に内在する法原則と考えられるのであって、これを租税法に限って、排除すべきものとする根拠はない。そうしてみれば租税法の分野においても行政庁の表示を信頼して行為することが一般的見地から無理からぬことと考えられる事情があること、その表示によって相手方が利害関係を変更したこと、その信頼を裏切られることによって相手方が不測の損害を蒙る場合には、信義則上右信頼利益は保護されなければならないから、右表示と異る事実を主張することは許されなくなるものというべきである。

原告が昭和三十二年以降毎年所得税確定申告の際にはその受ける旅費、宿泊料を収入として申告していなかったことは当事者間の争いがなく、原告本人尋問の結果によれば、原告は右毎申告に際しては、被告税務署長からの通知をまって、その指定の日時に指定の係員の許に赴き、同人に対し右旅費、宿泊料の記載のある執行官統計表、帳簿、控除証明書などを提示したうえ、その助言のもとに申告書を作成提出していたことが認められ、〈証拠〉によっては右認定を覆えすに足りず、他に右認定を妨げる証拠はない。右事実によれば、原告は昭和四十三年度および昭和四十四年度の所得税確定申告に当りその受けた旅費、宿泊料額を提示したうえ、被告係員からの助言のままに、右旅費、宿泊料を収入として計上しないで申告したものであることが明らかである。

しかしながら、被告の右措置は被告の事務上の便宜ならびに納税者たる原告に対する便宜供与のための事実上の行為であると解されるものの、それ以上被告がすすんで、執行者の受ける手数料、宿泊料が収入に計上すべきではない旨主張・指導したため、原告がこれに沿う如く申告を改めるにいたったことおよび原告が本件更正処分の結果不測の損害を蒙ることについては未だこれを認めるに足りる証拠はなく、又本件更正は従来の誤った申告を是正したものであってそれ自体適法なものであり、格別税法上不利益な結果を招来するものとはいえないものであること、若し仮に本件各更正処分が取消されるとした場合には、原告は課税を免れることとなる反面、法に従い正しい納税をしている一般国民との関係で原告だけを特に優遇した結果となって不均衡を生じることを併せ考慮すれば、本件更正を信義則違反ないし課税権の濫用にわたるものとして無効であると断ずることはできないものというべきである。ただ原告は前記の如く本件各申告に当りその受けた旅費、宿泊料を収入として申告しなかったこと、従ってこれを本件更正前の税額の計算の基礎とされていなかったことについては、原告は故意にこれを隠したものではなく、却って前示のごとく被告にその資料を提示したうえその助言のままにこれを収入として申告しなかったものであることに鑑みると、国税通則法六五条二項（編注＝現行同条五項）所定の正当な理由があるものというのが相当であり、してみると本件過少申告加算税の賦課はすべて不適法といわなければならない。』

【裁判例㊳】　執行官の旅費、宿泊料を収入金額に計上しなかったのは当該納税者が自説に固執したものにすぎないから、それらを収入金額に加算した更正は信義則に反するものではなく、その過少申告には「正当な理由」も認められない（札幌高裁昭和五一年一〇月一九日判決・税資九〇号二二七ページ）

『四　次に、第一審原告は、仮に第一審原告の本件各申告が誤りであったとしても、旅費、宿泊料を収入に計上しないでした右各申告は、第一審被告の指導によりなしたもので、この点につき第一審原告は善意無過失であるから、長年にわたる慣習に反してなされた本件各更正決定は、公正、信義の原則に反する違法なものである旨主張する。しかしながら、〈各証拠〉によれば、第一審原告は、昭和四十三年度及び四十四年度の各確定申告に当り、それぞれ室蘭税務署の担当職員の納税相談を受けた際に、執行官の手数料収入は事業所得であり、その受入れた旅費、宿泊費も費用として計上し、そのうちから実際に支出した額を必要経費として控除すべく行政指導を受けたにもかかわらず、右旅費、宿泊費は非課税所得である旨の自説に固執してこれに応じなかったものであることが認められ、これに反する原審における第一審原告本人尋問の結果は信用し難い。もっとも、第一審原告が昭和四十三年度以前一〇年近きにわたり各年度の所得税の確定申告に際し、旅費、宿泊費を収入として計上していなかったことは当事者間に争いがなく、原審における第一審原告本人尋問の結果によれば、第一審原告は、右各年度の申告に際し、その都度担当税務職員の納税相談を受け、その助言、指導のもとに申告していたものであることが認められる。ところで、右の如き取扱いが税務当局側の積極的な行政指導によるものか、単に第一審原告の申告が事実上黙認されていたにすぎないかは、右証拠によっても必ずしも明確ではないが、租税法規が著しく複雑化、専門化した現下の情況のもとにおいては、納税者は、その解釈適用等に関し、通達、行政指導等の事実上の行政作用を信頼し、これに依存して行動せざるを得ず、他面、税務当局も、適正円滑な税務行政を遂行するためには、このような事実上の行政作用を利用せざるを得ない面もあるところからすれば、このような事実上の行政作用により作出された事実状態の継続に対する信頼の保護も十分に配慮されなければならないということができるが、他方において、租税法律主義のもとにおける租税の公平負担の原則の要請からして、税務当局の処置に違法がある場合には、その違法是正の機会が与えられるべきこともまた当然の事理に属することであって、その非違を将来に向って改善することが妨げられる理由はない。したがって、前記認定の事情のもとにおいて、第一審被告がその行政指導に応ぜず、自己の誤った見解に固執して、自主申告をなした第一審原告に対し、更正決定をなして、その誤りを正すことは何ら違法はないから、第一審原告のこの点の主張は採用することはできない。

五　また、前記認定の事情のもとにおいては、第一審原告がその申請に当り、旅費、宿泊費を収入に計上して税額計算をしなかったことにつき国税通則法第六五条第二項（編注＝現行同条第五項）の正当な理由あるものということができないこともいうまでもないから、本件過少申告加算税賦課決定についても違法としてこれを取消すべき事由はない。』

【裁判例㊴】　係官は本件補償金を課税の対象とならない旨指導したのではなく、むしろ収益として計上すべきである旨説明した上でその処理を納税者の判断に任せたにすぎない（東京地裁昭和五四年一二月一二日判決・税資一〇九号六八九ページ）

『〈各証拠〉によれば、原告の代表取締役丸山幸輔は、昭和四十九年五月二十七日被告署長の所部係官に対して、本件収用裁決を受け代執行により本件建物は除去されたが、本件収用裁決に不服があったのでその取消しを求めて訴えを提起するとともに右建物の原状回復を求める訴訟も係属中であるから、本件補償金を収益として会計処理することは差し控えたいと説明したうえで、右建物についてとるべき会計処理の方法及び本件補償金を収益として計上しなかった場合に生ずる課税上の問題点について質問をしたところ、前記係官は、当初、本件補償金も課税の対象となるべきものであると説明したものの、右丸山が納得しなかったため、財務諸表の作成等の会計処理は最終的には原告の判断に基づいて行われるべきものであると考え、丸山の意向を尊重して、建物については、現存しないのであるから建物勘定を残しておくことは誤りであるが、原状回復を求めている経過に徴して仮勘定として計上すればよく、また、補償金については、原告があくまで収益と認めないのであればそのように処理するほかないが、訴訟中であっても本件補償金は収益に計上すべきものであるから、被告署長としては、将来原告の会計処理の誤りを正して更正処分を行うことになろうという趣旨の回答をしたことが認められこれを左右するに足る証拠はない。この事実によれば、被告署長の所部係官は、本件補償金が課税の対象にはならないと回答したわけではなく、かえって、収益として計上、申告すべきものであることを明らかにしたうえで具体的な経理処理や申告をどうするかについては強く自己の見解を押しつけることをせず、原告の判断に任せたにすぎないものというべきであるから、原告の主張は認めることができない。右の次第で、本件更正処分の所得の認定に原告主張の誤りがない以上、これを前提とした本件過少申告加算税賦課決定の税額の認定にも誤りはない。原告は、本件については国税通則法六五条二項（編注＝現行同条五項）の定める「正当な理由」があるから右賦課決定は違法であると主張するが、本件補償金が収益にならないとする原告の見解が独自のものであることは前記のとおりであり、また、右補償金を収益として申告したからといって本件収用裁決の適法性を自認したことになるものでないことも明らかである。要するに、本件の場合は、原告が本件収用裁決に不服があったため専ら自己の個人的な法的見解に従って本件補償金を所得として申告しなかったにすぎないというに帰するのであるから、「正当な理由」の存在を肯定することはできない。』

【裁判例㊵】　農地法三条所定の許可がない農地が買受人側の相続財産となり得ないことは相続税担当者間において周知の事実と認めら

れるから、担当職員が当該農地が相続財産に含まれる旨指導したとは認められない（名古屋地裁昭和五五年三月二四日判決・税資一一〇号六六六ページ）

『三、原告は、本件相続税の申告については、被告庁所属の相続税事務担当者の指導を受けて行ったものであるから、本件課税処分は信義誠実の原則あるいは禁反言の原則に反する違法なものであるのみならず、原告には、国税通則法六五条二項（編注＝現行同条五項）所定の「正当な理由」があるから、本件過少申告加算税の賦課決定処分は違法である旨主張するので、この点について検討する。

証人永谷博茂の証言及び原告本人の尋問の結果によれば、原告は、昭和四十九年三月七日頃被告庁所属の資産税担当係員に、本件相続税の申告をするについて本件土地の売買残代金債務を相続債務として計上してよいかどうか質問し、同係員より計上してもよい旨の回答を得たこと、さらに本件相続税の申告について原告より委任を受けた税理士訴外永谷博茂は同年三、四月頃被告庁所属の資産税担当係員より右と同様の回答を得ていることが認められる。しかし、証人倉地稔の証言によれば農地法三条所定の許可がない場合の農地について、これが買受人側の相続財産となり得ないことは相続税事務担当者間において周知の事実であったことが認められ、右事実と成立の争いのない〈各証拠〉及び原告本人尋問の結果を併せ考えると、原告及び訴外永谷博茂は、本件土地は農地法三条所定の申請手続が了されていれば、当然に忠作の相続財産に含まれるものと認識していて、前記質問の際、本件土地の売買契約の経緯、農業委員会の許可の有無等についての詳細は前記係員に説明しなかったものと窺われることなどからすると、前記係員が原告及び永谷博茂に対し、本件土地が忠作の相続財産に含まれ、しかも本件土地を「相続税財産評価に関する基本通達」による評価額に算入してもよい旨の指導をしたとは認め難く、本件申告について右の如き指導があったとする〈各証拠〉及び証人永谷博茂・原告本人の各供述部分は措信し難い。』

【裁判例㊶】担当職員が相談を受けなかったことについてまで指導しなかったとしても不適切とはいえない（千葉地裁昭和五八年四月二五日判決・税資一三〇号一八八ページ）

『3、以上の認定事実をもとに判断するに、原告の本件各年分の各種確定申告がいずれも過少申告となったけれども、本件各納税相談においては、山本調査官も宮田事務官も原告からの相談内容については適切な回答をしており、原告から相談のなかった点についてまで指導しなかったからといってこれを不適切なものということができない。

また、原告が納税相談において何ら指導・助言を求めなかった点についての過誤に基づき被告が後日修正申告を求め、あわせて過少申告加算税の賦課決定処分をしても禁反言の原則に反するものということができない。

……略……

以上の通りであるから、原告が過少な申告をしたことについて正当な理由はないものというべきであって、国税通則法六五条二項（編注＝現行同条五項）を適用することはできないから、本件過少申告加算税賦課決定処分が違法であるとはいえない。』

【裁判例㊷】税務署備付けの譲渡所得計算明細書に不明確な部分があって担当職員がそれについて説明をしなかったとしても、申告納税制度の趣旨等に照らし、誤った指導があったとはいえない（神戸地裁昭和五八年八月二九日判決・税資一三三号五二一ページ）

『㈠　所得税法は、いわゆる申告納税主義を採用し、納税者自らが課税標準を決定し、これに自らの計算に基づいて税率を適用して税額を算出し、これを申告して第一次的に納付すべき税額を確定させるという体系をとっている。

こうした申告納税主義のもとでは、適正な申告をしない者に対し、一定の制裁を加えて前記申告秩序の維持をはかることが要請されるが、このような行政上の制裁の一環として過少申告の場合について規定されたのが過少申告加算税（通則法六五条）である。

従って、こうした申告納税主義、過少申告加算税の趣旨及び別に重加算税（通則法六八条）が定められている点に照らすならば、通則法六五条二項（編注＝現行同条五項）にいう「正当な理由がある場合」とは、例えば、税法の解釈に関して申告当時に公表されていた見解がその後改変されたことに伴い修正申告し又は更正を受けた場合若しくは災害又は盗難等に関し、申告当時損失とすることを相当としたものが、その後予期しなかった保険等の支払いを受け又は盗難品の返還を受けたため修正申告し又は更正を受けた場合など申告当時適法とみられた申告がその後の事情の変更により、納税者の故意過失に基づかずして過少申告となった場合のように、当該申告が真にやむを得ない理由によるものであり、こうした納税者に過少申告加算税を課すことが不当又は酷になる場合を意味するのであり、単に過少申告が納税者の税法の不知又は誤解に基づく場合には、これに該当しないものと解するのが相当である。

(二)　そこで、これを本件についてみるに、前記認定の事実によれば、原告の本件確定申告が過少となったのは、原告において本件明細書の「代りの資産の買取り価額」欄についてこれを買取り価額そのものと解した原告の税法の解釈に関する誤解（〈各証拠〉によれば本件物件は昭和三十九年及び同四十年に取得した土地付賃貸事務所であったこと並びに原告が買換資産として取得した不動産は、京都市南区吉祥院御池町に所在するマンションであることが認められるから、措置法三七条の適用の対象となる買換資産は、同条一項の表一四号の下欄により事業用減価償却資産でなければならないことが明らかであり、従って、「代りの資産の買取り価額」欄には減価償却資産の買取り価額を記載すべきであった。）に基づくことは明らかである。

ところで、原告は、本件明細書は措置法三七条の特別措置を受ける場合に提出すべき書類としては不完全なものであり、しかも、これについては右京税務署職員から何らの説明を受けていないから、本件につき、なお、通則法六五条二項（編注＝現行同条五項）に該当する事由がある旨主張し、〈各証拠〉及び弁論の全趣旨を総合すれば、措置法三七条一項の表一四号に該当する場合には本件明細書の「代りの資産の買取り価額」欄に償却財産の価額のみを記載すべき旨の説明は記載されていないことが認められる。

しかし、弁論の全趣旨によれば、本件明細書は、措置法三七条の特別措置を受ける場合のほか、所得税法五八条（同種の資産を交換した場合）、措置法三三条（収用等に伴い代替資産を取得した場合）、同法三三条の四（収用等により譲渡し三、〇〇〇万円控除を受ける場合）、同法三五条（居住用財産を譲渡し三、〇〇〇万円控除を受ける場合）などがそれぞれの譲渡所得の課税の特例措置の場合にも使用できるよう定められていることが認められ、この事実に前述した申告納税制度の趣旨及び右京税務署における納税相談の実情並びに弁論の全趣旨により認められる大量の納税申告の画一的処理の要請に照らすならば、原告が前記第一項㈠記載の各説明書を実際に受領したかどうかはさておいても、本件明細書が使用されるすべての特例措置についての記載方法が逐一記載されていないことをもって、直ちに本件明細書が不完全ないし不備なものであるということはできない。

そして、原告本人尋問の結果によっても、本件明細書の作成の過程において、右京税務署職員が原告に対し、同明細書の記載方法についてことさら誤った説明又は教示をしたというようなことをうかがうことはできず、また、仮に本件について、原告が主張するように、同職員が何らの説明を行うことなく原告に対して本件明細書を交付した事実が存在するとしても、前記認定の事実をあわせ考えるならば、これをもって、同職員が原告に対し誤った説明又は教示したものと同視すべき事由とすることもできない。

㈢　従って、本件では原告につき通則法六五条二項（編注＝現行同条五項）所定の「正当な理由」を認めることはできない。』

ハ　税務官庁の不作為

税務官庁の対応の一つとして、納税者の納税申告、法律解釈の照会等に対して税務官庁側が何らの行動を起こさないことすなわち税務官庁の不作為があり、その不作為が納税者側に課税関係の誤解を生じせしめて過少申告の原因となることがある。

例えば、地方税の事案であるが、Y市が、原告の製造する金属マンガンを電気ガス税の非課税品目として一五年間黙認してきた後、地方税法の改正により課税品目と知り、遡及課税したことについて、信義則の適用が争われた事案につき、山形地裁昭和四六年六月一四日判決（訟月一八巻一号二二ページ）は、「約一五年間金属マンガンを非課税としたY市の措置は合金鉄は金属マンガンを含むとする一種の法的状態に類する事実状態を作出したものであり、これにより原告に対し同旨の内容の信頼を付与したものと言うべきである。従って、本件賦課は、右の事実状態と信頼を破壊し、長年培われた平地に波乱を生ぜしめるもので著しく原告の利益を損うものであるから、その決定は、合理的理由に基づき、かつ、慎重になされなければならず、これを欠く場合は信義則上違法であると解さなければならない。」と判示している（もっとも、控訴審の仙台高裁昭和五〇年一月二二日判決（行裁例集二六巻一号三ページ）は、本件においては、課税庁たるY市の何らかの明示の言動等があったというような具体的事実は存せず、本件のような不作為ないし事実状態をもって禁反言の法理にいう信頼の対象たる表示に該当しない旨判示し、更に、上告審の最高裁昭和五三年七月一八日第三小法廷判決（訟月二四巻一二号二六九六ページ）も、その控訴審判決を支持している）。このようなことが国税に関して生ずれば、信義則の適用はともかくとして、加算税に係る「正当な理由」の検討の対象となることであろう。

以上は地方税の本税に係る信義則の適用問題であるが、加算税の賦課決定に関しても類似の事態は起こり得るであろうし、そこに「正当な理由」の存否が問題となる。例えば、前記(1)で紹介したように、名古屋地裁昭和三七年一二月八日判決（前掲、裁判例㉚）では、税務官庁が株主優待金の損金算入の可否を長らく確定させなかったことを「正当な理由」として認定する一つの根拠としており、京都地裁昭和三九年四月二一日判決（前掲、裁判例㉛）では、原告が、税務官庁の回答が五カ月間要したことを「正当な理由」の一つに当たると主張している。

また、大阪地裁昭和六三年一一月二九日判決（税資一六六号五三〇ページ）では、資産所得合算を含む所得税の確定申告の申告内容の過誤について担当職員が指摘しなかったことが、右過少申告の「正当な理由」となるか否かが争われたが、右判決は、それを否定している。

東京地裁平成六年一月二八日判決（税資二〇〇号四三〇ページ）は、担当職員が租税特別措置法の特例適用がないことを指摘しなくても「正当な理由」には当たらない旨判示している。

次に、昭和五六年一〇月二日裁決（後掲、裁決例㊸）では、審査請求人は、昭和五四年分所得税の確定申告に当たって、例年配偶者控除の対象としていた妻に分離短期譲渡所得があったため、配偶者控除ができる所得制限等を聞くため納税相談会場において納税相談をしたが、結局結論を聞かないまま配偶者控除を行った上で確定申告書を提出したところ、原処分庁から配偶者控除はできない旨修正申告のしょうようを受け修正申告をしたものの過少申告加算税の賦課決定を受けたので、本件申告書提出後原処分庁が速やかに指導を行っていたらかかる誤りは生じなかったのであるから、本件過少申告には「正当な理由」がある旨主張した。

これに対し、本裁決は、本来確定申告は納税者の責任においてなすものであり、法定申告期限内に誤りを是正する適切な指導が行われないからといって当該賦課決定が違法となるものではないとして、その請求を棄却している。

次に、昭和五七年二月一七日裁決（後掲、裁決例㊹）では、審査請求人が相続により取得した土地に係る登録免許税を不動産所得の必要経費に算入して確定申告をしたところ、その当否が争われたが、本裁決は、過少申告加算税の賦課決定については、原処分庁がかつて本件の顧問税理士に対し本件のような登録免許税の損金算入について更正の請求を認めたことがあり、その後その誤りについて何ら是正も指導等もしていなかったから、その過少申告には「正当な理由」があると判断している。かように、本件においては税務官庁が別件の誤りを是正しなかったという不作為が「正当な理由」に当たると判断したものであり、「正当な理由」の認容事例として注目される。

【裁決例㊸】　確定申告の誤りは納税者自身の責任であり、その誤りを税務官庁が申告期限内に指導しなくとも不当ではない（昭和五六年一〇月二日裁決・裁決事例集二三号一ページ）

『請求人は、原処分がなされたそもそもの原因は、当初の確定申告書のように所得税の還付を求める申告については、原処分庁は確定申告書提出後早期に申告内容を審理し、誤りがある場合には、法定申告期限内に納税者が訂正できるよう措置を講じ、納税者が附帯税を負担する等の不利益を受けることのないよう適切な指導をすべきであるのに、これを怠り、請求人の確定申告書提出後相当期間経過後に前記趣旨に基づく修正申告のしょうようを行ったことにあるから、その責任は一に原処分庁が負うべきものと主張する。しかしながら、申告納税制度の下における所得税の確定申告は、本来、納税者自身の判断と責任においてなされるべきは当然のことであるから、当初の確定申告に誤りがあったとしても、それは納税者自身の責任であり、これについて原処分庁が法定申告期限内にその誤りについて請求人に適切な指導をしなかったからといって、そのことを理由に原処分を違法ないし不当視することはできない。

ところで、通則法第六五条に規定する過少申告加算税は、申告納税方式による国税の徴収に関し、申告納税の秩序を維持し、納税の実を挙げることを目的とするものであって、当初から正式に申告納税した者とこれを怠った者との間に生ずる不公平を是正するために、適法な申告をしなかった納税者に対し一定率の税を課する趣旨のものであるから、同条第二項（編注＝現行同条五項）に規定する正当な理由がある場合を除き、単に過少申告であるという客観的事実のみによって課されるべき性質のものと解するのが相当である。

これを本件についてみるに、請求人が本件修正申告の提出について、前記市役所及び同相談所に対し、配偶者控除の適用範囲等について問い合わせをするなどその提出の準備中であったとしても、原処分庁は同年八月下旬に修正申告書の提出をしょうようし、その後九月二日に修正申告書が提出されている事実に照らせば、請求人は既に更正を予知した上で修正申告書を提出したものというべきであるから、通則法第六五条第二項（編注＝現行同条五項）の規定の適用はなく、また同条第二項に規定するその他やむを得ない理由があったと認めるに足る証拠もないので、請求人の主張は採用することができない。』

【裁決例㊹】　他の同様な事案において登録免許税の損金算入が黙認されていたので、その旨申告したことに正当な理由がある（昭和五

七年二月一七日裁決・裁決事例集二三号七ページ）
『イ　本件審査請求に関する代理人であるB税理士の答述及び当審判所が請求人から提出された他の納税者の所得税の申告に係る資料（写）を調査したところによれば、次の事実が認められる。
(イ)　B税理士は、昭和五十年三月十日に、原処分庁に対し、同税理士に関与する某納税者の昭和四十八年分の所得税の申告について、その申告に係る所得金額の算定において、相続を原因とする所有権移転に係る登録免許税が必要経費に算入されていないから、その算入を求める趣旨の更正の請求書を提出したところ、原処分庁は、これに対し、昭和五十年五月六日付で、その請求の趣旨を認める更正をしていること。
(ロ)　同税理士は、その関与する原処分庁、C税務署及びD税務署管内に所在する四名の納税者の昭和四十九年分から昭和五十一年分の所得税の申告のうち、相続を原因とする登録免許税の支出があった年分の申告に当たり、当該登録免許税をそれに係る所得金額の計算上必要経費に算入しているところ、原処分庁等は、これらに対して、本件審査請求日現在までその算入についての是正又は指導等を行っていないこと。
(ハ)　同税理士は、上記のような事例を根基として、請求人に対し、昭和五十四年八月の同人の相続税の申告に関与した際、本件の登録免許税等が不動産所得の金額及び事業所得の金額の計算上必要経費に算入できるものであるとの指導をしたこと。
ロ　請求人は、前記のような事情の下に、本件の登録免許税を必要経費に算入したことが認められ、請求人がそれを必要経費に算入したことには相当の事情があったというべきであり、このことは国税通則法第六五条第二項（編注＝現行同条五項）に規定する正当な理由に該当するものとして取り扱うべきであるから、本件の過少申告加算税の賦課決定処分は、その全部を取消すべきである。』

二　税務官庁の見解の変更・通達の記載内容

既に述べたように、税法の解釈に関して申告当時に公表されていた税務官庁の見解がその後変更されたため、修正申告等を余儀無くされた場合が、正当な理由に当たることは、旧所得税基本通達や各判決が指摘するところである。実務上、そのような事例は極めて稀にしか生じないであろうが、それに類似する事例として、次のようなものを挙げることができる。

まず、名古屋地裁昭和三七年一二月八日判決（前掲、裁判例㉚）では、株主優待金の損金性についての取扱いが不確定であったところ、昭和二八年の通達制定でその損金性が否定されるに至って、過少申告が生じた場合に、正当な理由が認められて賦課決定処分が取り消されている。

また、東京地裁昭和五〇年六月二四日判決（前掲、裁判例㉝）では、ドライブインを経営する原告会社がそこに駐車する観光バスの運転手等に交付するチップが交際費等に当たるか否かが争われた事案につき、原告会社は、本件更正前は当該チップを交際費等に含めないとする税務処理を是認していたものであるから、それを交際費等に当たるとした本件更正は被告税務署長の見解の変更によるものであって、その過少申告には「正当な理由」がある旨主張したところ、同判決は、国税庁担当者の証言を採用し、被告税務署長がその見解を変更したために本件更正が行われたものとは認められない旨判示し、その請求を棄却している。

また、税務官庁の見解の変更とはやや趣を異にするが、長期譲渡所得に係る更正処分が国税庁広報課監修の文献の説明に反するということで、「正当な理由」の存否が争われた事例がある。すなわち、浦和地裁昭和六〇年三月二五日判決（後掲、裁判例㊺）では、特定市街化区域農地等を譲渡した場合の長期譲渡所得の課税の特例（措法三一の三）の適用に関し、原告は不動産登記簿上の地目が農地等であればその特例の適用が認められるとして申告したことに対し、被告税務署長が当該譲渡した土地は現況が農地でないからその特例適用を否認する課税処分を行い、その適否が争われた事案につき、原告は、仮に本件更正処分が適法であるとしても、本件申告は国税庁広報課監修「財協の税務教材シリーズ4　昭和五十五年度版やさしい譲渡所得　国税庁広報課監修」に示された国税庁の指針に副って行ったものであるから、その過少申告には「正当な理由」がある旨主張したところ、本判決は、同書には原告が指摘するような記載は存在せず、他に国税庁の指針に副って申告がなされたとは認められない旨判示して、その請求を棄却している。

本判決は、国税庁広報課監修の解説書には原告が主張するような記載は認められないとして「正当な理由」の存在を否定しているのであるが、本件のような解説書はいわゆる概説書であって詳細な記述はされていないこと、その解説書の説明は少なくとも信義則が適用される場合の公的見解の表示とは言い難い点を残していること等からみて、仮に同書に納税者に対し誤解を与えるような記述があったとしても、それが直ちに過少申告についての「正当な理由」となるかについては問題が残ろう。

なお、「正当な理由」の存否には直接関係ないが、通達に関する本税の課税処分に違法性があるとして、その処分を取り消した事例がある。すなわち、大阪地裁昭和四五年五月一二日判決（後掲、裁判例㊻）では、練習用ゴルフボールの修理業（又は製造業）を営む原告が物品税法上の課税物品たるゴルフボールを製造移出したとして物品税賦課決定処分が行われ、原告のゴルフボールに係る加工行為が「製造」に当たるか「修理」に当たるかが争われた事案につき、原告は、当該加工行為が仮に「製造」に当たるとしても、当該加工当時に適用されていた物品税基本通達では非課税とされていたものであり、被告税務署長はその後の通達改正により遡及して課税したものであるから、当該決定処分は信義則に反する旨主張したところ、同判決は、信義則の適用問題にはふれないで、通達に反する課税処分は租税法の基本原則の一つである公平負担の原則に違背するから違法となる旨判示し、本件加工の一部については、当時の旧通達の下においては「製造」として取り扱われていなかったと認められるから、その部分の課税処分は取消しを免れない旨判示している。

本件は、加算税に関する事案ではないが、通達は税務官庁の公的見解の最たるものであるところ、その見解の変更を遡及しての課税処分の違法性や、ひいては「正当な理由」の存否を考える上でも参考となろう。

次に、国税庁の通達の改正方法等に問題があったとして、当該過少申告について「正当な理由」を認めた事例がある。すなわち所得税法上のストックオプションの権利行使益の所得区分については、一時所得に当たるか給与所得に当たるかについて多くの訴訟事件で争われ、最高裁平成一七年一月二五日第三小法廷判決（民集五九巻一号六四ページ）が給与所得に当たるとしたことによって結着した。しかし、当該所得区分に関し、国税庁の取扱いである所得税基本通達が平成八年から平成一四年にかけて数回改正が行われたことが不適切であるとして、最高裁平成一八年一〇月二四日第三小法廷判決（後掲、裁判例㊼）は、平成一四年の最終改正までの年分について、一時所得として過少申告したことに「正当な理由」が認められる旨判示した。もっとも、当該事案においては、所得税の申告に当たって、所轄税務署長の職員から当該権利行使益が給与所得に該当する旨の説明を受けていながらも、課税当局と争うことを認識しながら「一時所得」として申告したというものであるから、他の事案に比して「正当な理由」を容認することに疑問が残る(注13)。

更に、通達の記載内容それ自体が納税者に誤解を与えたということで、「正当な理由」の存在が問題となることがある。例えば、福岡高裁平成二二年一二月二一日判決（税資二六〇号、順号一、一五七八）の事案では、医療法人が、生命保険会社との間で、保険期間五年、被保険者当該理事長の子、死亡保険金の受取人当該医療法人、満期保険金の受取人当該理事長とする養老保険契約を締結し、保険料全額を支払ったもののその二分の一を当該理事長の報酬とし、当該理事長が満期保険金を受領した場合に、当該満期保険金に係る一時所得の金額の計算上、当該保険料のうち当該医療法人の負担部分（二分の一）も控除し得るか否かが争われた。

当該福岡高裁判決は、一時所得の金額の計算上、当該医療法人負担部分の保険料は控除できないとした上で、当該過少申告加算税の賦課決定については、「基本通達三四—四は、本文のみを見れば、一時所得の金額の計算上、法人負担分を総収入金額から控除することができるようにも一面で考えられ、その意味内容に誤解を生じかねないものといわざるを得ないし、また、市販の解説本等の中にも、そのような見解が示されているものが複数存在する。そうすると、被控訴人において、その平成一七年分の一時所得の金額の計算上、法人負担分を総収入金額から控除したことはやむを得ないものであるから、国税通則法六五条四項（編注＝現行五項）所定の正当な理由があるというべきである。」と判示し、その全部を取り消した。

なお、上記判決にいう所得税基本通達三四—四の本文は、当該事案の申告当時次のように記載されていた。

「令第一八三条第二項第二号又は第一八四条第二項第二号に規定する保険料又は掛金の総額には、その一時金又は満期返戻金等の支払を受ける者以外の者が負担した保険料又は掛金の額（これらの金額のうち、相続税法の規定により相続、遺贈又は贈与により取得したものとみなされる一時金又は満期返戻金等に係る部分の金額を除く。）も含まれる。」

もっとも、この事案に関しては、上告審の最高裁平成二四年一月一六日第一小法廷判決（判例時報二一四九号五八ページ）において、当該過少申告加算税の賦課決定部分につき、原審に差し戻されることとなった。(注14) また、当該通達をめぐる同様な事案につき、最高裁平成二四年一月一三日第二小法廷判決（民集六六巻一号一ページ）は、原審の福岡高裁平成二一年七月二九日判決（税資二五九号順号一、一二五二）が、当該更正を取り消しただけで過少申告加算税の賦課決定に係る「正当な理由」の存否を審理していなかったため、当該「正当な理由」の存否を審理するよう原審に差し戻した。そして、福岡高裁平成二五年五月三〇日判決（平成二四年（行コ）第七・八号）は、納税者が申告前に税務当局に問い合わせることなく課税額が少額となるような申告処理をしたものであるから、納税者に過少申告加算税を賦課することが不当又は酷となるものとまでは認められない旨判示している。

また、東京高裁令和三年四月二一日判決（令和元年（行コ）第二八一号他）では、住宅用賃貸部分を含む建物の購入における控除対象仕入税額の算定における税務当局の回答につき、「税務当局として、従来の見解を変更したことを納税者に周知するなど、これが定着するような措置を講じるのが相当であったと解されるにもかかわらず、そのような措置を講じているとは認められない。」として、当該事案につき「正当な理由」を容認している。

【裁判例㊺】　国税庁広報課監修の解説書には不動産登記簿上の地目が農地であれば長期譲渡所得の課税の特例の適用が受けられる旨の指摘はなく、他に国税庁の指針に副って申告が行われたと認めるに足る証拠はない（浦和地裁昭和六〇年三月二五日判決・税資一四四号七〇四ページ）

『なお、原告は、国税庁の指針に副って確定申告をしたのであるからその税額計算の方法が誤っていたとしても、その誤りにつき国税通則法六五条二項（編注＝現行同条五項）にいう正当の理由がある旨主張するけれども、原告が、それに副って確定申告をなしたと主張する「財協の財務教材シリーズ4　昭和五十五年度版やさしい譲渡所得　国税庁広報課監修」（成立に争いのない甲第一九号証）には、「特定市街化区域の農地等を譲渡した場合の長期譲渡所得の税額の計算」について固定資産税について宅地なみの課税を受けるいわゆる特定市街化区域内のＡ農地及びＢ農地を昭和五十六年十二月三十一日までに宅地用等として譲渡した場合は、通常の場合より税率が軽減される制度として措置法三一条の三第一項に規定される内容が紹介されているが、そこに示された「農地」が不動産登記簿上の地目によるものであって、その現況を問わないとの指摘は存しない。

他に原告の確定申告における税額の計算が、国税庁の指針に副ってなされたものと認めるに足りる証拠はないので、原告の右主張は理由がない。』

【裁判例㊻】　通達に反する課税処分は公平負担の原則に違背することになり違法な処分といわなければならない（大阪地裁昭和四五年五月一二日判決・税資五九号八三一ページ）

『昭和三十四年七月一日物品税基本通達第三三条但書には、消費者提供の古物に加工又は改造を施す場合には製造として取り扱わない旨の規定がなされ、右通達実施後は製造業が消費者から直接古ゴルフボールの提供を受け、それに加工した場合には製造として取り扱わず従って物品税も課税されていなかったこと、原告の本件課税物品に対する製造行為が右通達の実施中になされたものであることは当事者間に争いがない。ところで、通達は上級行政庁が下級行政庁に対し、法令の運用方針又は取扱準則を示した法令の解釈規準を明らかにすることによって行政事務処理を統一的、合理的に、また円滑に処理することを目的とするものであって、下級行政庁を拘束するに止まり、法規たる性格を有するものでないことはもとよりのことである。

しかしながら通達によって示達された内容が税務行政の執行一般において実現されているに拘らず、しかも或る個別的具体的場合につき右通達が定める要件を充実しているものに対し、通達に反して納税者に不利益な課税処分をするならば、本件のごとき間接税たる物品税の場合においては税額は本取引価格の中に折り込まれるのであるから、通達に従い課税の対象とならないと信じて物品税を含まない価格で取引したにもかかわらず後に課税されることになって納税者に不測の損害を与えるばかりでなく、租税法の基本原則の一つである公平負担の原則にも違背することになり、違法な処分といわなければならない。』

【裁判例㊼】平成一一年分所得税のストックオプションの権利行使益を一時所得と申告したことに「正当な理由」がある（最高裁平成一八年一〇月二四日第三小法廷判決・民集六〇巻八号三一二八ページ）

『前記事実関係等によれば、外国法人である親会社から日本法人である子会社の従業員等に付与されたストックオプションに係る課税上の取扱いに関しては、現在に至るまで法令上特別の定めは置かれていないところ、課税庁においては、上記ストックオプションの権利行使益の所得税法上の所得区分に関して、かつてはこれを一時所得として取り扱い、課税庁の職員が監修等をした公刊物でもその旨の見解が述べられていたが、平成十年分の所得税の確定申告の時期以降、その取扱いを変更し、給与所得として統一的に取り扱うようになったものである。この所得区分に関する所得税法の解釈問題については、一時所得とする見解にも相応の論拠があり、最高裁平成十六年（行ヒ）第一四一号同十七年一月二十五日第三小法廷判決・民集五九巻一号六四頁によってこれを給与所得とする当審の判断が示されるまでは、下級審の裁判例においてその判断が分かれていたのである。このような問題について、課税庁が従来の取扱いを変更しようとする場合には、法令の改正によることが望ましく、仮に法令の改正によらないとしても、通達を発するなどして変更後の取扱いを納税者に周知させ、これが定着するよう必要な措置を講ずべきものである。ところが、前記事実関係等によれば、課税庁は、上記のとおり課税上の取扱いを変更したにもかかわらず、その変更をした時点では通達によりこれを明示することなく、平成十四年六月の所得税基本通達の改正によって初めて変更後の取扱いを通達に明記したというのである。そうであるとすれば、少なくともそれまでの間は、納税者において、外国法人である親会社から日本法人である子会社の従業員等に付与されたストックオプションの権利行使益が一時所得に当たるものと解し、その見解に従って上記権利行使益を一時所得として申告したとしても、それには無理からぬ面があり、それをもって納税者の主観的な事情に基づく単なる法律解釈の誤りにすぎないものということはできない。

以上のような事情の下においては、上告人が平成十一年分の所得税の確定申告をする前に同八年分ないし同十年分の所得税についてストックオプションの権利行使益が給与所得に当たるとして増額更正を受けていたことを考慮しても、上記確定申告において、上告人が本件権利行使益を一時所得として申告し、本件権利行使益が給与所得に当たるものとしては税額の計算の基礎とされていなかったことについて、真に上告人の責めに帰することのできない客観的な事情があり、過少申告加算税の趣旨に照らしてもなお上告人に過少申告加算税を賦課することは不当又は酷になるというのが相当であるから、国税通則法六五条四項にいう「正当な理由」があるものというべきである。』

ホ　公刊物における担当職員の見解

税法の解釈・適用が極めて困難であるが故に、納税者においては、納税官庁に直接赴いて疑問を質す以外に、多くの解説書に依存することが多い。この場合、その解説書が国税庁（国税局）の担当者によって執筆されている場合（多くの場合には、執筆者の上司等による監修等が行われることが多い）には、それらの担当者が直接取扱い通達の作成等に携わっていることもあって、納税者がその内容を一層信頼することになる。

かくして、このような解説書を信頼して過少申告をした場合に、信義則の適用の有無と「正当な理由」の存否が争われることになる。

例えば、東京地裁平成九年四月二五日判決（税資二二三号五〇〇ページ）では、会社経営者が自己が経営する同族会社に対して多額な無利息貸付けをし、所得税法一五七条の適用により受取利息の認定課税を受けた場合に、当時の国税当局の担当者の解説書によるとかかる場合には所得税の課税関係が生じない旨説明されていたため、信義則の適用の有無及び「正当な理由」の存否が争われた。

右判決は、かかる場合には公的見解の表示があったものと認められないから、信義則の適用も認められないし、かつ、「正当な理由」の存否は認められない旨判示した。

しかしながら、控訴審の東京高裁平成一一年五月三一日判決（後掲、裁判例㊽）は、信義則の適用は認められないものの、その解説書が税務当局の業務ないし編者等の職務関連性からみて、その内容を信頼することに無理からぬものが認められるから、「正当な理由」は認め得る旨判示している。これは、納税者の税法解釈の誤解等について税務官庁側（担当者）が加担した例とみることができる。

ところが、上告審の最高裁平成一六年七月二〇日第三小法廷判決（後掲、裁判例㊾）は、本件の各解説書で説明されている事案については、「不合理、不自然な経済的活動として本件規定が肯定される本件貸付けとは事案を異にするというべきである。」と判示し、更に、顧問税理士等も、本件について所得税法一五七条の規定が適用される可能性があることを疑って然るべきである旨判示し、本件における「正当な理由」を否定した。この最高裁判決については、課税実務における課税当局担当者の解説の影響力をいささか軽視しているものとも評価される。(注15)

へ　その他

国税通則法六八条一項は、隠蔽又は仮装したところに基づいて過少申告したときに、過少申告加算税に代えて重加算税を課すことにしているが、その場合に「正当な理由」による免除を認めていない。このことは、同条二項及び三項の規定とバランスを欠くことになる。そのことの当否はともかくとして、同条一項に基づく重加算税の賦課決定が取り消されてもなお「過少申告加算税部分の取消しを求めるには、国税通則法六五条五項に定める「正当な理由」を主張する必要がある。

このような問題が争われた事案につき、納税申告の委任を受けた税理士が隠蔽又は仮装したということで重加算税が課され、当該委任に納税者本人に過失等がないということで当該賦課決定の重加算税部分が取り消されたものの、過少申告加算税部分については、当該税理士と所轄税務署の職員とが結託して不正を働いている場合のみ「正当な理由」が認められるとした最高裁平成一八年四月二五日第三小法廷判決（後掲、裁判例㊿）がある。

【裁判例㊽】　税務当局の担当者が執筆等した解説書については、税務当局関係者がその編者等や発行者であることから判断して、その記載内容を信頼しても無理からぬところがある（東京高裁平成一一年五月三一日判決・税資二四三号一二七ページ）

『〈証拠〉（以下「本件解説書」という。）は、個人から法人に対する無利息貸付については課税されないとの見解が記載されている解説書であるが、いずれも編者及び推薦者又は監修者として東京国税局勤務者が官職名を付して表示されており、財団法人大蔵財務協会が発行したものである（各巻末に、財団法人大蔵財務協会は、大蔵省の唯一の総合外郭団体であり、財務、税務行政の改良、発達及びこれに関する知識の普及という使命に基づいて出版活動を続けている旨の記載がある。）。本件解説書は、正確にいえば私的な著作物であり、個人から法人に対する無利息貸付について本件規定の適用が一切ないことを保証する趣旨までは記載されていないが、各巻頭の「推薦のことば」、「監修のことば」等において、東京国税局税務相談室その他の税務当局に寄せられた相談事例及び職務の執行の際に生じた疑義について回答と解説を示す形式がとられていることが記載されており、税務当局の業務ないし編者等の税務当局勤務者の職務との密接な関連性を窺わせるものである。したがって、税務関係者がその編者等や発行者から判断して、その記載内容が税務当局の見解を反映したものと認識し、すなわち、税務当局が個人から法人に対する無利息貸付については課税しないとの見解であると解することは無理からぬところである。そして、〈証拠〉弁論の全趣旨によれば、控訴人の税務関係のスタッフも本件消費貸借をするに際し税務当局が個人から法人に対する無利息貸付については課税しないとの見解であると解していたことが認められ、これを単なる法解釈についての不知、誤解ということはできない。以下を総合すると、控訴人には本件各更正（ただし、前記違法と判断した部分を除く。）によって新たに納付すべき所得税があるが、過少申告加算税を課することが酷と思料される事情があり、国税通則法六五条（編注＝現行五項）の正当の理由があるというべきである。

【裁判例㊾】 税務当局の幹部が監修等した解説書を信頼して過少申告したとしても「正当な理由」は認められない（最高裁平成一六年七月二〇日第三小法廷判決・判例時報一八七三号一二三ページ）

『本件規定（編注＝所得税法一五七条）は、同族会社において、これを支配する株主又は社員の所得税の負担を不当に減少させるような行為又は計算が行われやすいことにかんがみ、税負担の公平を維持するため、株主又は社員の所得税の負担を不当に減少させる結果となると認められる行為又は計算が行われた場合に、これを正常な行為又は計算に引き直して当該株主又は社員に係る所得税の更正又は決定を行う権限を税務署長に認めたものである。このような規定の趣旨、内容からすれば、株主又は社員から同族会社に対する金銭の無利息貸付けに本件規定の適用があるかどうかについては、当該貸付けの目的、金額、期間等の融資条件、無利息としたことの理由等を踏まえた個別、具体的な事案に即した検討を要するものというべきである。そして、前記事実関係等によれば、本件貸付けは、三、四五五億円を超える多額の金員を無利息、無期限、無担保で貸し付けるものであり、被上告人がその経営責任を果たすためにこれを実行したなどの事情も認め難いのであるから、不合理、不自然な経済的活動であるというほかはないのであって、税務に携わる者としては、本件規定の適用の有無については、上記の見地を踏まえた十分な検討をすべきであったといわなければならない。

他方、本件各解説書は、その体裁等からすれば、税務に携わる者においてその記述に税務当局の見解が反映されていると受け取られても仕方がない面がある。しかしながら、その内容は、代表者個人から会社に対する運転資金の無利息貸付け一般について別段の定めのあるものを除きという留保を付した上で、又は業績悪化のため資金繰りに窮した会社のために代表者個人が運転資金五〇〇〇万円を無利息で貸し付けたという設例について、いずれも、代表者個人に所得税法三六条一項にいう収入すべき金額がない旨を解説するものであって、代表者の経営責任の観点から当該無利息貸付けに社会的、経済的に相当な理由があることを前提とする記述であるということができるから、不合理、不自然な経済的活動として本件規定の適用が肯定される本件貸付けとは事案を異にするというべきである。そして、当時の裁判例等に照らせば、被上告人の顧問税理士等の税務担当者においても、本件貸付けに本件規定が適用される可能性があることを疑ってしかるべきであったということができる。

そうすると、前記利息相当分が更正前の税額の計算の基礎とされていなかったことについて国税通則法六五条（編注＝現行五項）にいう正当な理由があったとは認めることができない。』

【裁判例㊿】 納税申告を委任した税理士と課税庁職員が共謀して不正工作を行ったため過少申告が生じた場合には「正当な理由」が認められる（最高裁平成一八年四月二五日第三小法廷判決・民集六〇巻四号一七二八ページ）

『本件においては、税理士が本件不正行為のような態様の隠ぺい仮装行為をして脱税をするなどとは通常想定し難く、一審原告としては適法な確定申告手続を行ってもらうことを前提として必要な納税資金を提供していたといった事情があるだけではなく、それらに加えて、本件確定申告書を受理した税務署の職員が、収賄の上、本件不正行為に積極的に共謀加担した事実が認められ、租税債権者である国の、しかも課税庁の職員のこのような積極的な関与がなければ本件不正行為は不可能であったともいえるのであって、過少申告加算税の賦課を不当とすべき極めて特殊な事情が認められる。このような事実関係及び事情の下においては、真に納税者の責めに帰することのできない客観的な事情があり、過少申告加算税の趣旨に照らしてもなお納税者に過少申告加算税を賦課することが不当又は酷になる場合に当たるということができ、本件修正申告によりその納付すべき税額の計算の基礎となった事実が本件確定申告において税額の計算の基礎とされていなかったことについて、国税通則法六五条（編注＝現行五項）にいう「正当な理由」があると認められるものというべきである。』

注

（1） 樋口陽一他「註釈　日本国憲法上巻」七一四ページ等参照

（2） 「正当な理由」の意義等については、拙著「最近の最高裁判決にみる「正当な理由」の意義とその問題点」T&Amaster 二〇〇七年五月二一日号二三ページ、同「税務官庁の対応に起因する「正当な理由」と最近の最高裁判決の問題点」山田二郎先生喜寿記念『納税者保護と法の支配』（信山社　平成一九年）所収二二一ページ等参照

（3） 日本税理士会連合会税制審議会の「「重加算税制度の問題点について」の諮問に対する答申」（平成一二年二月一四日）参照

（4）加算税通達の問題点については、拙著「租税法律主義と税務通達」（ぎょうせい　平成一五年）八二ページ以下参照

（5）大阪地裁昭和四三年四月二二日判決・税資五二号六七四ページ、札幌地裁昭和五〇年六月二四日判決・税資八二号二三八ページ、札幌高裁昭和五一年一〇月一九日判決・税資九〇号二二七ページ、東京地裁昭和五四年一二月一二日判決・税資一〇九号六八九ページ、神戸地裁昭和五八年八月二九日判決・税資一三三号五二一ページ、東京地裁平成九年四月二五日判決・判例時報一六二五号二三ページ、東京高裁平成一一年五月三一日判決・税資二四三号一二七ページ等参照

（6）名古屋地裁昭和五五年三月二四日判決・税資一一〇号六六六ページ、福岡地裁平成一〇年三月二〇日判決・税資二三一号一五六ページ等参照

（7）前出(4)八八ページ等参照

（8）後掲の最高裁昭和三八年三月三日第二小法廷判決（訟月九巻五号六六八ページ）等参照

（9）詳細については、拙著・同判決評釈 T&Amaster 二〇二四年六月一〇日号一四ページ参照

（10）最高裁昭和四三年一一月一三日大法廷判決・民集二二巻一二号二四四九ページ、同昭和四四年七月三日第一小法廷判決・税資五七号九四ページ、同昭和四五年七月一六日第一小法廷判決・税資六〇号九〇ページ等参照

（11）詳細については、拙著「税法における信義則の適用について」税務大学校論叢八号一ページ、拙著『租税法における信義則の適用要件』税研昭和六三年三月号四七ページ等参照

（12）拙著・前掲書税務大学校論叢二〇ページ以下等参照

（13）拙著「ストックオプション権利行使益の一時所得申告における「正当な理由」」T&Amaster 二〇〇七年一月一五日号二四ページ、同「最近の最高裁判決にみる「正当な理由」の意義とその問題点」同右二〇〇七年五月二十一日号二三ページ等参照

（14）本判決の内容と評釈については、拙著「重要租税判決の実務研究　第四版」（大蔵財務協会　令和五年）四二一ページ参照

（15）拙著・前掲(14)三一二ページ

四　減額更正後の増額更正

(1)　制度創設の趣旨

平成二八年度税制改正前の国税通則法の下では、過少申告加算税賦課の軽減措置については、前述の「正当な理由」の存否と後述の「更正の予知」の有無を論じれば足りた。ところが、平成二八年度税制改正において、期限内申告書を提出した後減額更正が行われ当該減額更正が行われた場合には、当該期限内申告書に係る税額に達するまでの税額について過少申告加算税額を課さない措置がとられた（通則法六五⑤二）。この措置については、第二章の方で述べた減額更正後に増額更正があった場合の延滞税の軽減措置に準じて設けられたものである。(注1)すなわち、延滞税の減額措置については、前述したように最高裁平成二六年一二月一二日第二小法廷判決（訟務月報六一巻五号一〇七三ページ）が、当該増額更正によって納付すべきとされた税額の納期限までの期間に係る延滞税の発生は法において想定されていないものとみるのが相当である旨判示して、国税通則法第六一条第二項の創設を導いた。

他方、各種加算税の「正当な理由」の取扱いにおいては、前記三の3の(3)で述べたように、所得税過少申告等通達については、「正当な理由」の一事由として、次のように定められていたのであるから、その取扱いによって対処してきたはずであり、その後もそのように処理することが可能であったはずである。

「所得税の確定申告書に記載された税額につき、国税通則法二四条の規定による減額更正（更正の請求に基づいてされたものを除く）があった場合において、その後修正申告又は国税通則法二六条の規定による再更正による税額が申告税額に達しないこと。

注　当該修正申告又は再更正による税額が申告税額を超えた場合であっても、当該修正申告又は再更正により納付することとなる税額のうち、申告税額に達するまでの税額は、上記の事実に基づくものと同様に取扱う。」

しかしながら、平成二八年度税制改正においては、延滞税の規定（通則法六一②）と平仄を合わすように国税通則法六五条五項において、「次の各号に掲げる場合には、第一項又は第二項に規定する納付すべき税額から当該各号に定める税額として政令で定めるところにより計算した金額を控除して、これらの項の規定を適用する。」と定め、その二号（一号は前記三の「正当な理由」）に次のように定めた。

「第一項の修正申告又は再更正に当該修正申告又は再更正に係る国税について期限内申告書の提出により納付すべき税額を減少させる更正その他これに類するものとして政令で定める更正（更正の請求に基づく更正を除く。）があった場合　当該期限内申告書に係る税額（還付金の額に相当する税額を含む。）に達するまでの税額」

なお、右の「政令で定める更正」については、「期限内申告書に係る還付金の額を増加させる更正又は期限内申告書に係る還付金の額がない場合において還付金の額があるものとする更正とする。」（通則法施行令二七③）と定められている。

このように、従前、通達の取扱いで実務で処理されていて、かつ、当該通達の取扱いが法令違反等の問題があったわけでもないのに、前述のような法令事項とすることは、近年の法令制定の風潮であるとはいえ、税制の簡素化の見地から賛同できないところがある。

注

（1）　詳細については、「平成二八年版 改正税法のすべて」（大蔵財務協会）八七一ページ参照

五　更正の予知

1　規定の趣旨

過少申告加算税の賦課については、令和五年税制改正以降、修正申告書の提出があった場合において、その提出が、その申告に係る国税についての調査があったことにより当該国税について更正があるべきことを予知してされたものでないときは、その税率が五％に軽減され（通則法六五①かっこ書）、かつ、修正申告書の提出が、その申告に係る国税についての調査があったことにより当該国税について更正があるべきことを予知してされたものでない場合において、その申告に係る国税についての調査に係る国税通則法七四条の九第一項四号及び五号に掲げる事項その他政令で定める所定の調査通知がある前に行われたものであるときは、課税されないこととされている（通則法六五⑥）。

また、かような納税者の自発的意思によって課税修正が行われた場合の過少申告加算税の軽減免除の趣旨は、他の加算税にも生かされている。すなわち、右国税通則法六五条六項の適用がある場合には、重加算税の賦課も免れることになっており（通則法六八①かっこ書）、無申告加算税及び不納付加算税についても、期限後申告書等の提出又は源泉徴収等による国税の期限後納付がその国税についての調査があったことにより当該国税について決定等又は告知があるべきことを予知してされたものでないときは、それらの加算税の額は、一五％又は一〇％から一〇％又は五％へと軽減されることになっている（通則法六六①、⑥、⑧、六七②）。

ところで、昭和二五年制定の旧法人税法四三条三項では、修正申告書又は期限後申告書の提出が、政府の調査により更正又は決定があるべきことを予知してされたものでなかったときは、過少申告加算税を賦課せず、無申告加算税を法人税額の五％減額することとしていた。この旧法下において、大阪地裁昭和二九年一二月二四日判決（後掲、裁判例㉛）では、被告税務署長が、「更正があるべきことを予知してなされたというのは納税義務者が申告をそのまま放置すれば、将来課税庁に隠ぺい又は仮装の事実を発見されて更正されるであろうということを予見して修正申告書を提出することをいうのであって、純然たる納税義務者の主観に係る問題であり課税庁が修正申告書の提出前に調査に着手するとか、また修正申告書の慫慂をすることなどを要件とするものではない」と主張したところ、同判決は、当該条項の規定からみて更正の予知の有無は政府の調査を前提として解すべきものであるから右被告の主張は採用できない旨判示している。また、名古屋地裁昭和四四年五月二七日判決（税資五六号七五一ページ）では、旧相続税法の同様な規定に関し、特別の宥恕規定であって、納税義務者の自発的申告又は修正を勧奨するものである旨判示している。

次に、加算税の諸規定が国税通則法に移行する前後においては、更正を予知しない修正申告に係る規定の趣旨は、次のように説明されている。すなわち、和歌山地裁昭和五〇年六月二三日判決（後掲、裁判例㉜）では、当該規定の趣旨は、加算税制度の趣旨にかんがみ、税務当局の徴税事務を能率的かつ合理的に運用し、申告の適正を維持するため、税務当局において先になされた申告が不適法であることを認識する以前に、納税義務者が自発的に先の申告を修正し適正申告を促すことにある旨判示している。

また、東京地裁昭和五六年七月一六日判決（後掲、裁判例㉝）は、「自発的に修正申告を決意し、修正申告書を提出した者に対しては例外的に加算税を賦課しないこととし、もって納税者の自発的な修正申告を歓迎し、これを奨励することを目的とするもの」と判示しており、控訴審の東京高裁昭和六一年六月二三日判決（後掲、裁判例㊸）も、右の考え方を支持すると共に、この非課税措置には、自ら進んで確定申告をなし適正な納税義務を果たしている者との間の公平保持を配慮しているものであることも付加している。更に、神戸地裁昭和五八年八月二九日判決（後掲、裁判例㊹）も、納税者が自発的に修正申告書を提出した場合に過少申告加算税を賦課しないことを定めたものである旨判示している。

更に、東京地裁平成七年三月二八日判決（税資二〇八号一〇一五ページ）、東京高裁平成七年一一月二七日判決（税資二一四号五〇四ページ）、最高裁平成一一年六月一〇日第一小法廷判決（判例時報一六八六号五〇ページ）及び東京地裁平成一四年一月二二日判決（税資二五二号順号九〇四八）は、右各判決と同様に、自発的に修正申告を決意し、修正申告書を提出した者に対しては、例外的に過少申告加算税を賦課しないことにより納税者の自発的な修正申告を奨励することを目的とするものである旨判示している。

なお、昭和五七年三月二六日裁決（裁決事例集二三号一五ページ）では、当該規定の趣旨を「過少申告加算税の本来の趣旨が申告秩序を維持し、適正な申告を期待するための行政制裁であることにかんがみ、課税庁において先になされた申告が不適法であることを認識する以前に、課税庁に手数をかけることなく納税者が自発的に先の申告が不適法であることを認め、新たな適法な修正申告書を提出した場合には、これに対し過少申告加算税を賦課しないこと」と述べている。

以上の各判決等は、調査により更正を予知せずに提出した修正申告書に係る加算税の減免措置の趣旨を加算税制度の趣旨に則って的確にとらえているものといえようが、特に、前掲東京地裁昭和五六年七月一六日判決等の判示が参考となろう。

なお、前述したように、更正を予知しない修正申告書の提出があった場合にも、平成二八年度税制改正によって調査通知の前後において、過少申告加算税の軽減措置の内容を異にすることにしているが、その趣旨等については、後記4において詳述することとする。

【裁判例51】 旧法人税法四三条三項の規定は政府の調査前における自発的申告を歓迎・慫慂せんとしたものである（大阪地裁昭和二九年一二月二四日判決・行裁例集五巻一二号二九九ページ、税資一六号四九〇ページ）

『被告は右法第四三条の二第三項に引用される法第四三条三項に規定する「法人に係る政府の調査に因り」というのは、更正又は決定の修飾語的な意味での用法にすぎず、修正申告書の提出前に政府の調査が開始されたかどうかは問題でないと主張する。

しかし右法第四三条第三項（第四三条の二第三項で引用する場合を含む）の規定は被告主張の通りとすれば特に「法人に係る政府の調査により」なる辞句を加える必要はないように考えられるし、また法人税法が基本的に申告納税主義を採っており、なお脱税の報告者に対する報償金の制度を採用しているところなどから考え、当該法人に対する政府の調査により更正又は決定のあるべきことを予知したものでなく、その調査の前に、即ち政府に手数をかけることなく自ら修正又は申告をした者に対しては、過少申告加算税額、無申告加算税額、重加算税額の如きもこれを徴収せず、政府の調査前における自発的申告又は修正を歓迎し、これを慫慂せんとして右の如き規定となったものと解するのが相当であるから、右被告の主張はこれを採用することはできない。』

【裁判例52】 更正を予知しない修正申告の加算税免除の趣旨は、税務当局の徴税事務を能率的かつ合理的に運用し、申告の適正を維持するため、税務当局が不適正申告を認識する以前に、納税義務者が自発的に適正申告を促すことにある（和歌山地裁昭和五

〇年六月二三日判決・税資八二号七〇ページ）

『加算税制度は、申告納税方式による国税の徴収に関し、その申告秩序を維持し、納税の実を挙げることを目的として、適法な申告をしない者に対し、一定率の税を課するものであるから、行政上の制裁としての実質を有する。これを過少申告についていえば、税務当局による更正あるいは納税義務者自身の修正申告により、先になされた納税申告が過少であることが判明した場合には、先の申告において、税額の計算の基礎とされていなかった事実につき、正当な理由があると認められない限り、所定の率による過少申告加算税が課せられ、さらにこれに加えて右税額等の計算の基礎となるべき事実について隠ぺいまたは仮装し、これに基いて納税申告書を提出していたときは、過少申告加算税に代え重加算税が課せられることとされている（旧法人税法四三条、四三条の二、国税通則法六五条、六八条）。このような制裁を背景として、適正に申告がなされることを促す一方において、税務当局の徴税事務を能率的かつ合理的に運用し、申告の適正を維持するため、税務当局において先になされた申告が不適法であることを認識する以前に、納税義務者が自発的に先の申告が不適法であることを認め、あらたに適法な修正申告書を提出したときには、これに対し右加算税を賦課しないこととされているのである。』

【裁判例53】　国税通則法六五条三項（現行一及び六項）の規定の趣旨は、納税者の自発的な修正申告を歓迎し、これを奨励することを目的とする（東京地裁昭和五六年七月一六日判決・税資一二〇号一二九ページ、東京高裁昭和六一年六月二三日判決・税資一五二号四一九ページ）

『ところで、国税通則法第六八条第一項、第六五条第一項及び第三項によれば、過少申告がなされた場合であってもその後修正申告書の提出があり、その提出がその申告に係る国税についての調査があったことにより当該国税について更正があるべきことを予知してされたものでないときには過少申告加算税、重加算税を賦課しないこととされている。そもそも加算税制度の趣旨は、適法な申告をしない者に対し所定の率の加算税を課することによって右のような納税義務違反の発生を防止し、もって申告納税制度の信用を維持しその基礎を擁護するところにある。この加算税制度の趣旨にかんがみれば、前記法条の趣旨は、過少申告がなされた場合には修正申告書の提出があったときでも原則として加算税は賦課されるものであるが、「申告に係る国税についての調査があったことにより当該国税について更正があるべきことを予知」することなく自発的に修正申告を決意し、修正申告書を提出した者に対しては例外的に加算税を賦課しないこととし、もって納税者の自発的な修正申告を歓迎し、これを奨励することを目的とするものというべきである（なお、右例外的措置が、自ら進んで確定申告をなし、以て適正な納税義務を課している者との間に公平が保持されるべきであるとの課税政策上の配慮に由来することも論をまたない）。（編注＝（　）内は控訴審判決で付加）。』

【裁判例㊺】　国税通則法六五条三項（現行一及び六項）は、納税者が自発的に修正申告書を提出した場合に限って、過少申告加算税を賦課しないことを定めたものである（神戸地裁昭和五八年八月二九日判決・税資一三三号五二一ページ）

『こうした申告納税主義のもとでは、適正な申告をしない者に対し、一定の制裁を加えて、前記申告秩序の維持をはかることが要請されるが、このような行政上の制裁の一環として、過少申告の場合について規定されたのが過少申告加算税（通則法六五条）である。

……略……

前述した過少申告加算税の制度、趣旨に照らすならば、修正申告書の提出があった場合には当初適正な申告がなかったものとして、原則として過少申告加算税が課されることになる（通則法六五条一項）。しかし、通則法六五条三項は、この場合の例外として右修正申告書の提出がその申告に係る国税の調査があったことにより、その国税について更正があるべきことを予知してされたものではないとき、すなわち、納税者が自発的に修正申告書を提出した場合に限って、過少申告加算税を賦課しないことを定めたものである。』

2　更正を予知しないでした修正申告の意義

(1)　解釈上の論点

既に述べたように、修正申告書の提出につき過少申告加算税が軽減される場合は、「その申告に係る国税についての調査があったことにより当該国税について更正があるべきことを予知してされたものでないとき」においてである。この規定からすると、過少申告加算税が軽減されるためには、「……調査があったこと」と「……更正があるべきことを予知してされたもの」の二つの要件の充足が必要である（以下「二段階要件説」という）と解される。しかしながら、国税についての調査の有無についてはこれを前提とすることなく、当該納税者についての更正の予知（又は調査の予知）という主観的要素のみ論ずれば足りるとする見解（以下「一段階要件説」という）もかつては存したのであるが、その見解については、前掲大阪地裁昭和二九年一二月二四日判決が、当該条項の規定からみて更正の予知の有無は政府の調査を前提として解すべきである旨判示し、それを否定しており、当該規定の文言上からも支持し難いものと解される。その後、平成一二年に公表された加算税通達では、後記(3)で述べるように、一段階要件説を採用しているようにも考えられる。このような解釈論の違いは、当該条項の文理解釈における相対的なものとも位置付けられるので、本稿では、一応、二段階要件説を前提にして論を進めることとする。

もっとも、「その申告に係る国税についての調査があったこと」とは、いかなる意味の調査であるか等については種々議論のあるところであり、また、かかる調査により、「更正があるべきことを予知してされたものでないとき」の意義も問題とされる。結局、これらの問題は、前述した当該規定の趣旨を踏まえて解釈せざるを得ないであろうが、以下各裁判例等の判示等を概観して、整理して行くこととする。

(2)　「調査があったこと」の意義

まず、「調査」とは、それ自体何を意味するかが問題である。同じ国税通則法でも、二四条には、「税務署長は、納税申告書の提出があった場合において、その納税申告書に記載された課税標準等又は税額等の計算が国税に関する法律の規定に従っていなかったとき、その他当該課税標準等又は税額等がその調査したところと異なるときは、その調査により、当該申告書に係る課税標準等又は税額等を更正する。」と定められているところ、ここにいう「調査」とは、「課税標準等または税額等を認定するに至る一連の判断過程の一切を意味すると解せられる。すなわち課税庁の証拠資料の収集、証拠の評価あるいは経験則を通じての課税要件事実の認定、租税法その他の法令の解釈適用を経て更正処分に至るまでの思考、判断を含むきわめて包括的な概念である。(注1)」と解されるので、外部調査はもちろんのこと、いわゆる机上調査や準備調査のような外部からは認識することのできない税務官庁内部の調査手続もそこに含まれるものと解されていた。

ところが、国税庁は、第七章の二「国税の調査」の各条項に定められている「調査」の意義について、平成二三年の国税通則法の改正に対応し、新たな定義を設けている。すなわち、国税庁は、改正国税通則法の執行にあたり、「国税通則法第七章の二（国税の調査）関連通達の制定について（法令解釈通達）」（平成二四年九月一二日付、課総五―九他、以下「調査通達」という。）を発出し、関係条項の解釈を指示した。そして、調査通達一―一は、「調査」の意義について、次のように定めている。

「(1) 法第七章の二において、「調査」とは、国税（法第七四条の二から法第七四の六までに掲げる税目に限る。）に関する法律の規定に基づき、特定の納税義務者の課税標準等又は税額等を認定する目的その他国税に関する法律に基づく処分を行う目的で当該職員が行う一連の行為（証拠資料の収集、要件事実の認定、法令の解釈適用など）をいう。

(注) 法第七四条の三に規定する相続税・贈与税の徴収のために行う一連の行為は含まれない。

(2) 上記(1)に掲げる調査には、更正決定等を目的とする一連の行為のほか、異議決定や申請等の審査のために行う一連の行為も含まれることに留意する。

(3) 上記(1)に掲げる調査のうち、次のイ又はロに掲げるもののように、一連の行為のうちに納税義務者に対して質問検査等を行うことがないものについては、法第七四条の九から法第七四条の一一までの各条の規定は適用されないことに留意する。

イ 更正の請求に対して部内の処理のみで請求どおりに更正を行う場合の一連の行為

ロ 期限後申告書の提出又は源泉徴収に係る所得税の納付があった場合において、部内の処理のみで決定又は納税の告知があるべきことを予知してなされたものに当たらないものとして無申告加算税又は不納付加算税の賦課決定を行うときの一連の行為。」

この調査通達一―一では、その(1)において、まず、「調査」の意義について、「法第七章の二において」と限定しているのであるが、国税通則法の他の規定において定められている「調査」との関係が確かではない。

もっとも、その(2)において、「更正決定等を目的とする一連の行為のほか異議決定や申請等の審査のために行う一連の行為も含まれる。」と定めているのであるが、それらは、国税通則法二四条ないし二六条、あるいは八三条等に定められている事項であるから、第七章の二とは直接関係がないことになる。

さらに、(3)において、更正の請求については、法二三条四項の規定によって「調査」をしなければ更正等ができないこととなっているが、法七条の二の「調査」との関係が不明になる。また無申告加算税及び不納付加算税の賦課決定について、決定等を予知していないということで軽減税率を適用することを定めているが、これも、三三条、六六条及び六七条に規定する「調査」及び「決定又は納税の告知」の問題であり、しかも、これらの更正を含めた「予知」の問題については、国税庁が平成一二年七月三日付けで発出した各税目のいわゆる加算税通達に定められているところであるので、それらの通達との関係も整合性があるとも考えられない。

また、調査通達一—一(1)に定めている「調査」の意義については、前述した大阪地裁昭和四五年五月一二日判決の考え方を踏襲しているようにも見えるが、前述した(3)の取扱いにおいてその考え方を異にしており、次の調査通達一—二においては、一—一(1)に定義する「調査」の概念と共通するものであっても、「調査」に該当しないものとして取り扱っている。そのことが、国税通則法全体を通じての「調査」の意義を一層混乱させているものと考えられる。(注2)

このような解釈上の混乱はともかくとして、本書では、国税通則法第六章（附帯税）第二節（加算税）に関する「調査」の定義を論じているところであるので、従前の解釈論についてまず整理しておく。

すなわち、国税通則法六五条一項及び六項にいう「調査」には、従前から、その制度の趣旨に鑑み、前述の大阪地裁昭和四五年九月二二日判決のような税務官庁内部の調査手続は含まれないものと解すべき見解もあり、(注3)昭和四六年三月二五日裁決では、「仮に内部的に何らかの調査検討を行なったとしても、上記法条（編注＝国税通則法六五条一項及び六項）の趣旨に照らし、実地あるいは、面接調査など外部からこれを認識しうべき具体的な調査等が行なわれていない限り、ここにいう「調査」があったとは解することができないものというべきである。」としている。

しかしながら、国税通則法という一つの法律の中で、二四条にいう「調査」と六五条等にいう「調査」を別異に解することについては、解釈の整合性を欠くことになる。したがって、国税通則法二四条の「調査」に係る前記解釈は、同法六五条一項及び六項の「調査」にも共通するものと解すべきこととなる。この点、更正の予知に係る静岡地裁平成一一年二月一二日判決（税資二四〇号六六一ページ）、東京高裁平成一一年九月二九日判決（税資二四四号九三四ページ）、鳥取地裁平成一三年三月二七日判決（税資二五〇号順号八八六五）等においても、両条項にいう「調査」の意義を同義に解している。

他方、その調査によって当該納税者が更正を予知するという認識の有無が過少申告加算税の免除の要件とされている以上、その「調査」が当該納税者によって認識される必要があるとも考えられる。そのため、その「調査」のうち、更正の予知の対象となるのは、実地あるいは面接調査など外部（納税者）からこれを認識することができる具体的な調査に限定されるべきであるとする見解を導くことになろうが、その場合にも、更正の予知の対象となる「調査」には、当該納税者が認識できれば足りるものであるから、当該納税者に対する実地調査に限定する必要はなく、間接的に当該納税者が認識できる取引先等に対する反面調査、銀行調査、税目の異なる調査等も含まれるものと解されるべきであろう。（注4）換言すると、納税者が認識できない「調査」（通常、内部調査）が行われていても、納税者は、「更正を予知」できないことになるというだけのことである。

なお、東京地裁平成一四年一月二二日判決（税資二五二号順号九〇四八）は、「当該納税者が関与した取引につき、その相手方又は金融機関等の第三者に対する調査が行われている場合は、当該調査は客観的にみれば当該納税者を対象とするものと評価することができるから、同取引が客観的にみて当該納税者の課税要件を更正する事実に該当し、かつ、当該納税者が調査を受けた第三者から調査の状況を聴取するなどしてこれを知り得る状態となっているときは、本件規定（編注＝国税通則法六五条一項及び六項）にいう調査に該当するというべきである。」と判示している。

次に問題となるのは、税務官庁が準備調査等によって調査対象者を選定し具体的調査に入る前に当該納税者に対しその都合等を確認する意味で調査をする旨を事前通知した場合、あるいは問題事項を質すために当該納税者に対しいわゆる呼出しが行われた場合であろう。右のようないわゆる事前通知が行われた後、臨場調査が行われる前に修正申告書が提出された場合には、調査があったことに該当しないものと解する説がある。(注5) また昭和五七年三月二六日裁決（裁決事例集二三号一五ページ）では、昭和五六年四月一三日に審査請求人に対し所得税調査のための在宅日時等の照会があり、その臨場調査（四月一七日）を待たずに四月一五日に修正申告書が提出された事案につき、その修正申告書が提出された時点では、原処分庁が審査請求人の当初の申告が適正でないことを既に把握したものと同人が察知していたと認めることはできないから、その修正申告書を提出したのは更正があるべきことを予知したことによるものではないと判断している。更に、昭和四六年三月二五日裁決（裁決事例集二号一ページ）でも、相続税法五八条に基づく通知書により当該相続人に申告義務ありと見込んで申告案内書と申告書用紙を送付しても、「調査があったこと」にはならないと判断している。かように、単なる調査の事前通知や照会・呼出しがあったのみでは、それらをもって「調査があったこと」にはならないと解するのが一般的のようではあるが、それらの調査手続の事前に又は併行して取引先調査、銀行調査、概況調査、同業種調査等が行われている場合には、それらの事実関係を総合した上で「調査があったこと」の有無が判断されるべきであるから、事前通知や呼出し調査であっても、場合によっては「調査があったこと」が肯定されることもあり得る。特に、最近のように、納税者の増加につれていわゆる実調率が低下している現状においては、いわば〝バレモト〟的に過少申告をしておき、調査の事前通知があった時に即修正申告を行う風潮も見られるところから、当該事案の事実関係いかんによっては、「事前通知」又は「呼出し」自体が「調査」の一環であると解すべき必要があるとも思われる。このような点に関し、大阪高裁平成二年二月二八日判決（税資一七五号九七六ページ）は、担当職員が確定申告書を検討し資産所得合算制度が適用もれとなって過少申告が生じていることを発見し、その納税者に告げて修正申告をしょうようした場合に、右検討を国税通則法六五条一項及び六項の「調査」に当たると判示している。

また、東京地裁平成九年一〇月二八日判決（税資二二九号四一八ページ）は、譲渡所得の課税の特例を受けるための代替資産取得期間後に受領した来署依頼通知をもって「調査」が開始されたものと判示している。平成八年九月三〇日裁決（裁決事例集五二号三二ページ）も、申告もれの土地譲渡について具体的に指摘した来署依頼状の送付後に修正申告書が提出された場合に、調査があったことにより更正があるべきことを予知したものと判断している。

更に、調査の主体が誰であるべきかということが問題となったり、修正申告の対象となる税目と調査の対象となる税目が同じである必要があるかどうかというようなことが問題となる。これらの点については、調査と更正とが相互に関連し同じ税目であることを要件とすべきであって、法人税の調査があってその法人の代表者が所得税の修正申告書を提出したとしても更正を予知したことにはならないと解する説も見受けられるが、(注6) そのような解釈は狭きに失するものといえるであろう。かかる場合には、納税者の自発的な修正申告の判断要素として両者の関係をもっと広く解すべきであろう。(注7)

ところで、昭和二六年制定の旧所得税基本通達「七〇三」では、「法第五七条第五項の「政府の調査に因り第四六条の規定による更正若しくは決定又は第四三条第一項の規定による徴収があるべきことを予知してなされたもの」とは、当該納税義務者又は徴収義務者に対する所得税、法人税その他直接税に関する実地又は呼出等の具体的調査により当該所得金額又は所得税額に脱漏があることを発見された後になされた申告又は納付として取り扱うものとする。」と定めており、法人税等の調査により所得税の過少申告が発覚した場合の修正申告については、更正等があるべきことを予知してなされたものであることを明らかにしていた。かかる解釈は、直接税の税務調査の性格（法人税の調査においては、いわゆる認定賞与の存在等によりその法人の代表者等の所得税関係が明らかにされることが多い）、真に自発的な修正申告を救済しようとする本制度の趣旨等に鑑み、妥当なものといえよう。

かかる解釈論を背景とし、前掲大阪地裁昭和二九年一二月二四日判決（前掲、裁判例51）は、同業者の業種調査が行われ、原告会社についても使用電力量や仕入材料高の調査が取引先において行われ、原告会社の第二会社について税務調査が行われた等の後で修正申告書が提出された場合に、政府の調査に因り更正があるべきことを予知してされたものであると認めるのが相当である旨判示している。そして、控訴審の大阪高裁昭和三三年一一月二七日判決（税資二六号一一二四ページ）も、原判決を支持している。

次に、調査の主体に関しては、昭和三七年国税通則法制定前の相続税法五三条三項において、加算税の減免につき、「期限後申告書又は修正申告書の提出があった場合において、その提出が、当該申告書又は修正申告書を提出した納税義務者に係る当該職員の調査に因り第三五条の規定による決定又は更正があるべきことを予知してなされたものでなかったとき」と定め、所得税法や法人税法が「政府の調査に因り」と定めていたことに対し、「当該職員の調査に因り」と定めていた。他方、同法六〇条（現行法に同じ）では、税務職員による質問検査権の行使の主体となる者を「国税庁、国税局又は税務署の当該職員」と定めていた。そして、当時の相続税法基本通達では、

「法第五三条第三項に規定する「予知してなされたもの」であるかどうかは、直接納税義務者について当該職員の調査がなされたものであるかどうかにより判定するものとし、納税義務者以外の者に対する資料の収集その他書面による調査中のものは予知してされたものに該当しないものとして取り扱うものとする。」（昭和三四年直資一〇第二六〇条）と定め、「法第六〇条に規定する「当該職員」とは、国税庁、国税局または税務署において相続税または贈与税に関する事務に従事している職員をいうものとする。」（昭和三四年直資一〇第二六四条）と定めていた。

かくして、かかる法令の規定及び取扱い通達の解釈・適用に関し、名古屋地裁昭和四四年五月二七日判決（後掲、裁判例55）は、法五三条三項の「当該職員」と法六〇条の「当該職員」とは同一に解すべきである旨の原告の主張に対し、「当該職員の調査に因り」というのは、所得税法等にいう「政府の調査に因り」とあるのと同一の意味であって広くすべての税務担当職員を指称するものと解すべきであり、質問検査権の行使に関して規定する「当該職員」の場合と同様に限定して解釈しなければならない筋合のものではない旨判示している。

また、その控訴審において、控訴人は、「当該職員」とは相続税又は贈与税に関する事務に従事している税務職員を指称するものと相続税法基本通達により各税務官庁において解釈・取扱いが統一されているにもかかわらず、原判決がこれを別異に解したことは租税公平負担の原則に反する旨主張したのであるが、名古屋高裁昭和四五年七月一六日判決（後掲、裁判例56）は、旧相続税法において「当該職員」の解釈が統一されていたとの立証はなく、旧法五三条三項にいう「当該職員」とは、期限後申告又は修正申告の原因たる事実を調査した職員を指称するものと解するのが相当であり、国税通則法の規定も、調査をした職員が当該国税の担当職員であることを要するものと定めているのではないと解すべきである旨判示している。

本件においては、法律解釈上、同一法律において別々の条項で用いられた同一用語たる「当該職員」の概念を同義に解すべきか、別異に解すべきかが問題とされたのであるが、本件各判決は、それぞれ異なった制度の趣旨に応じ、別異に解すべきことを判示したものである。特に、右の名古屋高裁判決は、旧相続税法五三条三項の文意からみれば、「当該職員」の「当該」は直接にはその後に続く「調査」の語に関係すると解すべきであるとして、その具体的論拠も明らかにしている。いずれにせよ、かかる同一用語の解釈問題は、その後の国税通則法の制定により一応は解消されているのであるが、右の名古屋高裁判決は、国税通則法の当該条項についても、調査をした職員が当該国税の担当職員であることに限定する必要のないことを明らかにしている。

なお、質問検査権に関する規定に関しては、平成二三年までは各税法に「当該職員」の用語が用いられていた（平成二三年改正前の相法六〇①、所法二三四①、法法一五三、酒法五三①、消法六二①等参照）ところであるが、これらの規定は同年一二月の改正によって、国税通則法に統合されることになった（通則法七四の二〜七四の六）。この改正前の「当該職員」については、「国税庁、国税局又は税務署の当該職員とは、国税庁部内の職員のうち、大蔵省設置法及びその附属法令等に基き所得税（法人税）に関する調査を担当する部門（課・係等）に所属する職員をいう。[注8]」と解されていた。

ところで、いわゆる税務調査は、課税手続上定められている質問検査権規定（通則法七四の二等）に基づく税務調査（いわゆる任意調査）と犯則事件を調査するために国税犯則取締法に基づいて行われる税務調査（いわゆる強制調査）に区分し得るところ、この強制調査が、国税通則法六五条五項にいう「調査」に該当するか否かについて問題がないわけではない。この点に関し、昭和四六年八月九日裁決（後掲、裁判例㊼）では、当該納税者（法人）に係る法人税法違反けん疑のための国税査察官による調査があった場合に、国税通則法六五条一項及び六項にいう「調査があったこと」になることを肯定している。なお、国税通則法上、国税庁又は国税局の当該職員の調査があったときは、その調査に基づいて更正又は決定をすることができ（通則法二七）、その場合には、更正通知書又は決定通知書にその旨を附記しなければならない（通則法二八②③）とされているところ、右裁決は、国税査察官の調査は、当該条項にいう「調査」に当たらないことを明らかにしている。

以上のような、任意調査と強制調査との区分については、確かに両者の調査目的は異なるものであり、強制調査は刑事訴追のための犯則調査を行うものであって直接には課税標準の調査を行うものではないが、強制調査により犯則所得金額は確定され、かつ、その調査を受けた納税者の課税修正（修正申告、更正又は決定）が当該国税査察官の調査結果に基づいて行われる以上（そのこと自体の違法性は存しないと解する）、国税査察官の調査をもって国税通則法六五条一項及び六項にいう「調査があったこと」と解する方が、加算税制度の目的や同条項の趣旨に適うと思われる。

なお、最高裁昭和六三年三月三一日第一小法廷判決（税資一六三号一一二二ページ）は、犯則調査により収集された資料を課税処分に利用し得ると判示し、同旨の原審（東京高裁昭和六二年四月三〇日判決・税資一五八号四九九ページ）の判断を正当としている。

以上のように、国税通則法六五条一項及び六項にいう「調査」の意義については、多面的な検討が行われることになるが、それらを総合的に考察してみるに、国税通則法内における統一的解釈を重視して、同法二四条にいう「調査」と同義に解すべきであると考えられる。この場合、納税者が認識できない内部調査が行われている段階では、二段階要件説を重視し、後述の「更正があるべきことを予知」の解釈によって「納税者の自発的修正」を判断すればよいものと考えられる。

【裁判例55】　旧相続税法五三条三項にいう「当該職員の調査に因り」とは、「政府の調査に因り」と同一の意味に解すべきである（名

古屋地裁昭和四四年五月二七日判決・税資五六号七五一ページ）

『次に、原告らは旧相続税法第五三条第三項にいう「当該職員」とは「相続税又は贈与税に関する事務に従事している職員」に限るものであるにかかわらず、本件においてはかかる職員による調査は全くなく、法人税担当係官による訴外会社の法人税の調査がなされた後、第二次修正申告があったのであるから、重加算税を課することはできないと主張する。およそ重加算税賦課制度の主眼とするところは、隠蔽又は仮装したところに基づく過少申告又は無申告に対し、その部分に高率の重加算税を課することによって右のような納税義務違反の発生を防止し、もって申告納税制度の信用を維持しその基礎を擁護するところにあるのであるが、たとい隠蔽又は仮装に基づく過少申告、又は無申告がなされた場合であっても、その部分につき税務署長の決定又は更正を予知しないで自ら任意に修正又は申告した者に対して重加算税を徴収しないこととし、これを特別の宥恕事由として旧相続税法第五四条第三項（第五三条第三項）に規定し、もって、納税義務者の自発的申告又は修正を勧奨することとしたのである。従って、同法第五三条第三項の「当該職員の調査に因り」というのは、国税通則法の施行に伴い削除される前の法人税法第四三条第三項および同じく所得税法第五六条第五項に「政府の調査に因り」とあるのと同一の意味であって広くすべての税務担当職員を指称するものと解すべきであり、原告主張の如くこれを限定すべき合理的根拠は全く存しないのである。（なお、相続税法基本通達第二六四条は旧相続税法第六〇条の「当該職員」を、「相続税又は贈与税に関する事務に従事している職員」に限定しているが、右通達は、右法案に規定する質問検査をなしうる職員の範囲を、右質問検査が相続税、贈与税徴収の際になされる強制処分たることに鑑みて、特に制限を加えただけのことであって、旧相続税法第五三条第三項の「当該職員」も右通達と同じように限定して解釈しなければならない筋合いのものではない。）』

【裁判例㊻】　旧相続税法五三条三項にいう「当該職員」とは、期限後申告又は修正申告の原因たる事実を調査した職員を指称し、国税通則法上の規定も調査をした職員が当該国税の担当職員であることを要するものではない（名古屋高裁昭和四五年七月一六日判決・税資六〇号八〇ページ）

『(イ)　控訴人らの主張する「当該職員」の意義に関する国税庁長官の通達（昭和三十四年一月二十八日直資一〇号相続税法基本通達第二六四条）は旧相続税法第六〇条に関するものであって、同法第五四条第一項、第三項、第五三条第三項に関するものでないことは、原判決理由説示のとおりであり、同法第五三条における「当該職員」の意義を右基本通達第二六四条のとおりに解する取扱いが各税務官庁において行なわれていることについては、主張も立証もない。

(ロ)　旧相続税法において「当該職員」の語が統一用語として用いられているとは解し得ない。元来「当該」の語は他の語、句または文章との関連性を示すために用いられる語であって、同法第五三条第三項の文章からみれば、「当該職員」の「当該」は直接にはその後に続く「調査」の語に関係し（なお、「納税義務者に係る」も、同じく「調査」に関係すると解すべきである）、したがって同条項の「当該職員」とは、期限後申告または修正申告の原因たる事実を調査した職員を指称するものと解するのが相当である。

(ハ)　ちなみに国税通則法第六五条第三項（編注＝現行同条四項）の規定も、調査をした職員が当該国税の担当職員であることを要するものと定めているのではないと解すべきである。

……略……

右認定事実と原判決認定事実を併せてみるときは、本件各重加算税賦課決定に関する旧相続税法第五三条第三項所定の「当該職員の調査」は税務署長自らによってなされたことが明らかである。税務署長は配下の職員を指揮監督するほか自らも相続税の調査をする権限を有することは同法第五三条第一項ないし第三項の各規定によっても明らかであるから、同法第五三条第三項所定の「当該職員」中には当然税務署長も含まれると解すべきであって、右と反する控訴人らの見解は採用し得ない。』

【裁決例㊼】　国税通則法六五条にいう「調査があったこと」の「調査」には国税査察官の調査も含まれる（昭和四六年八月九日裁決・裁決事例集三号一ページ）

『(3)　本件の場合、事実関係については、三の(1)に述べたとおりであるが、請求人は国税査察官の調査を受けたが、それは、あくまで当社に対する調査ではなく、資料収集等のため臨場されたものと考えていると主張し、また、国税査察官の調査に際しては、当社の法人税法違反けん疑のために調査に臨場した旨を明確に申し渡したと主張する。これを判断するに請求人が昭和四十四年七月三十一日に当該法人税修正申告書を提出する前に国犯法により収税官吏としての権限を有する国税査察官が請求人の備え付け帳簿を具体的に調査（編注＝請求人に対しては、昭和四十四年二月十七日及び十八日に国犯法一条に基づく国税査察官による調査が実施されている。）しており、その調査により昭和四十三年十二月三十一日に提出された当初申告の所得金額に脱漏があることが発見されているところから見て、請求人の右主張は是認し難く、その後に提出された当該法人税修正申告書は法（編注＝国税通則法、以下同じ）第六五条第三項（編注＝現行一項及び六項）の規定に該当するものと認めることはできないので、重加算税を賦課決定した原処分は相当である。

なお、請求人は、国税査察官の調査は、法第二七条に規定する調査であり、したがって法第二八条第二項による重加算税賦課決定通知書にその旨の附記を要する（請求人の引用する法第二八条第二項は更正通知書にかかる条文であってその引用は誤りであり、重加算税賦課決定通知書に、法第二七条の調査に基づくものである旨の附記を要するのは法第三二条第五項の定めによる。）と主張するが、国税査察官の調査は、法第二七条にいう「国税局の当該職員の調査」には該当しない（法第二七条にいう当該職員とは、特定の国税につき調査権限を与えられている職員をいうものであり、現行制度上これに該当する職員としては、国税庁および各国税局に置かれる国税調査官のみである。）から、法第三二条第五項の適用もなく、本件重加算税賦課決定通知書には請求人の主張するような手続上のかしは存しない。』

(3) 「更正があるべきことを予知」の意義

イ 旧通達の取扱い

過少申告加算税等の加算税の賦課が軽減されるのは、修正申告書の提出が、「その申告に係る国税についての調査があったことにより当該国税について更正があるべきことを予知してされたものでないとき」においてであるが、ここにいう「更正があるべきことを予知してされたものでないとき」、換言すれば、「更正を予知したこと」又は「更正を予知しないこと」が、何を意味し、あるいは何をもってそれを認定し得るかについては、種々議論のあるところである。すなわち、「調査があった」後において、税務官庁と納税者との当事者間で脱漏税額が明らかになった時点で当該納税者が更正を予知するであろうことは誰しも疑わないことであろうが、その時点前においても、当該納税者において更正を予知することはあり得ることであり、むしろ、過少申告した納税者においては、調査の開始により即更正を予知する方が通常であると思われる。しかしながら、「更正を予知する」ということは、元々納税者の知覚・主観に依存することになるので、調査開始後どの時点で当該納税者が更正を予知したかは、客観的にはなかなか判断し難いといえよう。

かくして、かかる問題については、従来にも種々議論があり、多くの事件で争われてきたところであるが、それらの見解を整理すると、次のとおりとなる。

昭和二六年に制定された旧所得税基本通達（以下「旧通達」という）「七〇三」では、当時の所得税法上の加算税の賦課規定に対応し、「更正等があるべきことを予知してなされたもの」の意義について、次のように規定していた。

「法第五七条第五項の「政府の調査に因り第四六条の規定による更正若しくは決定又は第四三条第一項の規定による徴収があるべきことを予知してなされたもの」とは、当該納税義務者又は徴収義務者に対する所得税、法人税その他直接税に関する実地又は呼出等の具体的調査により当該所得金額又は所得税額に脱漏があることを発見された後になされた申告又は納付として取り扱うものとする。」

右の規定は、国税通則法が制定（昭和三七年）され各種加算税の賦課規定が同法に定められたこと等によりその後廃止されたが、その後の国税通則法上の解釈にも大きな影響を及ぼしている。

すなわち、国税通則法の制定に関する答申（昭和三六年七月）では、前記旧通達について、「この解釈はほぼ妥当であると認められるので、この趣旨をできるだけ法令上明確にするのが適当であると考える」(注9)と述べている。また、学説的にも、かかる解釈は現行法上も妥当することが積極的に解されるとする見解、(注10)現行法上の「予知されたもの」の意義について、旧通達の規定をそのまま引用している見解等が見受けられる。(注11)

なお、右の見解に類似するものとしては、「税務職員による調査において、帳簿書類の点検や突合を行ったならば、いわゆる過少申告したことが判明する結果となると認められるとき、……略……調査が進展するにつれ所得金額が過少であることが予想される場合には、具体的な過少額が判明していないときでも、更正を予知したことに該当する」とする見解[注12]も見受けられる。

次に、旧通達の取扱いに類似する考え方を示した裁判例としては、「更正があるべきことを予知」とは、税務当局が、税務調査によって収集した具体的資料に基づき、先の納税申告が適正なものでないことを把握するに至ったことを要するものと解すべきであるが、それ以上に、申告もれ所得金額を正確に把握しなければならないものではない旨判示した和歌山地裁昭和五〇年六月二三日判決（後掲、裁判例㊿）がある。

なお、昭和五七年三月二六日裁決（裁決事例集二三号一五ページ）では、「同項（編注＝現行国税通則法六五条一項及び六項）に規定する「更正があるべきことを予知」とは、課税庁が当該納税申告に疑惑を抱き、調査の必要性を認めて、現実に納税者に対する質問、帳簿調査等の実地調査又は呼出調査等により当該申告が適正でないことを把握するに至ったことを前提として、これにより納税者が修正申告書を提出する時点で更正のあることを察知していたことを指すものと解すべきである。」と述べている。

ロ　その後の国側の主張

前記の旧通達が廃止された実質的理由、あるいは現行法における課税庁の取扱い等は、後述するように、平成十二年までは明らかにされることはなかった。しかし、平成一二年前、国側は、加算税賦課決定取消訴訟において、次のように主張してきた。

まず、前掲の和歌山地裁昭和五〇年六月二三日判決（後掲、裁判例㊿）の審理において、国側は、次のように主張している。

「元来、納税義務者たる法人は、申告納税制度を採る法人税法に基き、自らの所得を適正に計算し、法定納期限までに真実の課税標準等および税額等を申告し納付すべき義務を負っているものであり、重加算税等に関する右規定も、右制度のもとにおいて、たとえいったんは不正の確定申告をした場合においても、課税庁の調査の前に、自ら修正または申告をした者に対しては、過少申告加算税、無申告加算税、重加算税はこれを徴収せず、政府の調査前における自発的申告または修正を歓迎し、これを慫慂せんとする趣旨に出たものと解されているのである。したがって、確定申告において、仮装・隠ぺいの不正行為により、不実の申告をして税を免れておき、その後課税庁の調査を受け、調査の進展を窺いながら、いか程の不正額が発見されたか、ないしは発見される見込みであるかに応じて、更正処分通知の到達前までに修正申告書を提出することにより、重加算税の課税等を免れるがごとき解釈は、明らかに右法意を滅却するものであり失当である。」

右の主張は、要するに、税務調査が開始された後に提出された修正申告書については、更正を予知して提出されたものと推認し得ることを意味するものと解せられるが、国は、後掲の東京地裁昭和五六年七月一六日判決（後掲、裁判例⑥⓪）及び東京高裁昭和六一年六月二三日判決（後掲、裁判例⑥①）の審理の中で、次のようにその見解を更に明確にしている。

「すなわち、国税通則法第六五条第三項（編注＝現行同条一項及び六項）に規定する「調査があったことにより当該国税について更正があるべきことを予知してされたものでない」とは、税務職員による調査が開始されたことにより、納税義務者が従前の申告をそのまま放置すれば、いずれ当局によってその申告が不適正で、申告漏れの存することが発覚し、更正がなされるであろうということを予見して修正申告書を提出すること、換言すれば、税務職員の調査の手が入る前に自ら従前の申告に誤りがあることを認識し、これを一切修正申告することを進んで決意して修正申告書を提出することと解すべきであり、納税義務者の国税に対する調査が開始された以上、当該調査の進展状況すなわち申告が適正か否かの把握の程度により差異が生ずるものではないというべきである。」

以上のような国側の主張に沿う見解としては、「この「予知してされたもの」とは、納税者に対する当該国税に関する実地又は呼出等の具体的調査がされた後にされた修正申告をいう(注13)」等がある。この見解は、国税通則法の立法担当者による解説だけに、傾聴に価しよう。

また、裁判例の中では、最高裁昭和五一年一二月九日第一小法廷判決(後掲、裁判例㊾)が、修正申告書が税務調査を受けた後に提出されたものであれば、更正を受けるべきことを予知したことになる旨判示している。

なお、大阪地裁昭和二九年一二月二四日判決(行裁例集五巻一二号二九九二ページ、税資一六号四九〇ページ)は、①国税局が原告会社の同業のパチンコ球製造業者一般が脱税をしているとの情報によりこれら業者につき調査を開始したこと、②その頃原告会社についてもその所有機械及び製造能力について調査が行われ、取引先において原告会社の使用電力量及び仕入材料高の調査が行われたこと、③その頃原告会社の第二会社も調査を受けその旨通報を受けていること、④その頃同業者が脱税の嫌疑で強制調査を受けたことが新聞、ラジオ等で報道されたので、その直後原告会社は架空名義の預金を全部引き出しその通帳を焼却したこと等の事実を総合して、原告会社の提出した修正申告書は更正があるべきことを予知してなしたものと認めるのが相当である旨判示している(注14)。

この判決なども、修正申告書の提出の前に脱漏所得の発見の有無を問題としていないので、前掲の最高裁判決の考え方と同じものであると解せよう。

ハ　裁判例の動向

「更正があるべきことを予知」の意義の解釈については、前述したように、それを二つの流れに区分することができよう(注15)。その一つである前記ロで述べた国側の主張に対し、東京地裁昭和五六年七月一六日判決(後掲、裁判例⑩)は、税務職員が、その調査により、先の申告が不適正であることを発見するに足るかあるいはその端緒となる資料を発見し、これにより先の申告の申告漏れの存することが発覚し更正に至るであろうということが客観的に相当程度の確実性をもって認められる段階に達した後に、納税者がやがて更正に至るべきことを認識したうえで修正申告を決意することが、更正を予知したことになる旨判示している。

そして、その控訴審の東京高裁昭和六一年六月二三日判決（後掲、裁判例㊶）は、原判決の考え方を踏襲するとともに、国側が主張するように、税務調査開始後の修正申告がすべて更正を予知してなされたものと解することは、国税通則法六五条一項及び六項の文理に反することであり、かつ、調査着手以前に修正申告を決意していた納税者に対しては、たまたま調査が着手されたときには、その後に修正申告書を提出してみても加算税が課せられることになるから、むしろ修正申告することをやめ、調査により発覚した分のみ申告し、未発覚部分の申告をとりやめてしまうことが容易に考えられる旨判示している。

このように、東京地裁及び東京高裁の判決は、更正の予知について、税務職員が調査によって脱漏所得を発見するに足るかあるいはその端緒となる資料を発見することを前提とし、さらに、更正に至ることが客観的に相当程度確実性をもって認められる段階に達した後、納税者がやがて更正に至るべきことを認識して修正申告書を提出することを要件としている。従って、この考え方は、調査による脱漏所得の発覚を必ずしも要件としていないだけに、前記イの旧通達の考え方よりも早い時点で更正の予知があり得ることを示唆したものとも受け取れよう。（注16）

このような東京地裁判決等の考え方は、東京地裁平成七年三月二八日判決（税資二〇八号一〇一五ページ）、東京高裁平成七年一一月二七日判決（税資二一四号五〇四ページ）、最高裁平成一一年六月一〇日第一小法廷判決（判例時報一六八六号五〇ページ）等にも受け継がれている。

更に、東京地裁平成一四年一月二二日判決（後掲、裁判例㊷）では、その調査の進展段階を問うことなく、調査着手後になされた修正申告書の提出が更正を予知したものと解することは適切な解釈ではないとした上で（国側の主張の排斥）、税務職員がその申告に係る国税の課税要件事実についての調査に着手してその申告が不適正であることを発見するに足るかあるいはその端緒となる資料を発見した後の修正申告書の提出が更正を予知したことになる旨判示している。

この判決は、国税通則法六五条一項及び六項の解釈について二段階要件説を明確にするとともに、前掲東京地裁昭和五六年七月一六日判決等の考え方を一層具体的に判示したものと評価し得る。[注17]

次に、鳥取地裁平成一三年三月二七日判決（後掲、裁判例63）では、所得税の高額納税者の公示を避けるために確定申告段階では過少申告を行い、後日修正申告書を提出する予定でいたものの、その提出前に調査が開始されたため修正申告書を提出した場合に、更正の予知の有無が争われたところ、右判決は、国税通則法六五条一項及び六項の解釈につき、客観的要件として「調査なければ修正申告なし」という相当因果関係の存在が必要であるとし、本件においては、原告らが当初から修正申告をする意図（動機）を有しているのであるから、右客観的要件を充足していないとして、当該過少申告加算税の賦課決定を取り消している。そして、控訴審の広島高裁平成一四年九月二七日判決（税資二五二号順号九二〇六）においても、原判決を支持している。[注18]

このような判決は、国税通則法六五条一項及び六項の解釈において「更正の予知」の認定についていささか異例な判断を示したものと注目されるが、当該事案において問題となった所得税等の公示制度が廃止されているので、検討する必要性を減じている。

二　現行通達の取扱い

国税庁が公表している加算税通達においては、国税通則法六五条一項及び六項等に規定する「更正の予知」に関しても、各税目ごとにその取扱いが定められている。もっとも、これらの取扱いにおいては、各税目とも形式的には同様な定め方をしている。

例えば、平成一二年発出当時の所得税過少申告等通達では、次のように定めている（同通達第1、2）。

「通則法第六五条第五項の規定を適用する場合において、その納税者に対する臨場調査、その納税者の取引先に対する反面調査又はその納税者の申告書の内容を検討した上での非違事項の指摘等により、当該納税者が調査のあったことを了知したと認められた後に修正申告書が提出された場合の当該修正申告書の提出は、原則として、同項に規定する「更正があるべきことを予知してされたもの」に該当する。

（注）臨場のための日時の連絡を行った段階で修正申告書が提出された場合には、原則として、「更正があるべきことを予知してされたもの」に該当しない。」

このような取扱いは、税務訴訟における従前の国側の主張を要約したものであろうが、次のような問題がある。すなわち、当該条項によって各種加算税が免除又は軽減されるためには、前述のように「調査があったこと」と「更正があるべきことを予知してされたものでないこと」の二つの要件（二段階要件説）を満たす必要があるが、前記取扱いでは、前者について具体的に述べていない。

ただ、前述の取扱いの文脈から、「納税者に対する臨場調査」、「取引先の反面調査」、「申告書の内容を検討した上での非違事項の指摘」等が「調査があったこと」に含まれるが、「臨場のための日時の連絡を行った段階」では、原則として、「調査があったこと」に該当しないものとしている。

しかし、従前の裁判例等において問題とされていた他税目の調査や査察調査等についてどのように取り扱うかについては明らかにされていない。また、「臨場のための日時の連絡を行った段階」だけでは、「調査があったこと」

に該当しないことは制度の趣旨からみて当然であると言えるが、何故「原則として」が条件とされるのかが理解に苦しむ。仮に、「日時の連絡」以外に付加される要件があるのであれば、当該通達の本文に言う「非違事項の指摘等」の「等」で処理すれば足りるように考えられる。

次に、「更正があるべきことを予知してされたもの」の解釈については、加算税通達では、「調査があったことを了知したと認められた後」の修正申告書の提出等がすべてそれに該当するとしている。この考え方は、前掲の最高裁昭和五一年一二月九日第一小法廷判決（後掲、裁判例㊾）の考え方に依拠しているようにも考えられるが、納税者が「調査があったことを了知したと認められた」ことを要件としているところに、「調査があったこと」と「更正があるべきことを予知してされたもの」を混同ないし後者を無視している節が認められる。

これらの不明確な諸点については、従来の解釈論の混迷を解決したことにはならない。いずれにしても加算税通達が、「調査」即「更正があるべきことを予知」したことになることを明確にしたことにはなるが、前述のような解釈上の問題は残る。(注19)

なお、法人税過少申告等通達の令和五年六月二三日改正では、次のように定めている。

「通則法第65条第1項又は第6項の規定を適用する場合において、その法人に対する臨場調査、その法人の取引先の反面調査又はその法人の申告書の内容を検討した上での非違事項の指摘等により、当該法人が調査のあったことを了知したと認められた後に修正申告書が提出された場合の当該修正申告書の提出は、原則として、これらの規定に規定する「更正があるべきことを予知してされたもの」に該当する。

（注）　臨場のための日時の連絡を行った段階で修正申告書が提出された場合には、原則として「更正があるべきことを予知してされたもの」に該当しない。」

このような取扱いについても前述のような問題が残ることになる。

ホ　小　括

以上のように、「修正申告書の提出が更正があるべきことを予知してされた」ことの解釈については、①調査により脱漏所得が発見された後に出された修正申告（具体額発見説）、②調査後に出された修正申告（調査開始説）、及び③調査により脱漏所得を発見するに足るかあるいはその端緒となる資料が発見され、更正に至るであろうことが客観的に相当程度の確実性をもって認められる段階に達した後に、納税者が更正に至るべきことを認識したうえで修正申告を決意して出した修正申告（客観的確実性説）の三つの説に区分することができる。そしてこれらの説は、①と②の説が調査の進行過程において両極端に位置付けられ、③の説がその中間に位置付けられるが、それぞれの問題点については既に述べた。

ところで、「更正があるべきことを予知」するかしないかは、そもそも当該納税者の知覚・主観に属することであるが、当該納税者にとって、調査が開始されたことを知り得ても、その調査の進展過程において当該調査官が脱漏所得を発見したか否か、あるいはその端緒となる資料を発見したか否かを常に知り得るところではない（通常の税務調査においては、調査官は脱漏所得やその端緒となる資料を発見してもそれを直ちに納税者に知らしめて調査の手の内を明かすようなことはしないであろうから、納税者側にとっては、せいぜい調査官からの質問のはしばしにおいて脱漏所得等を発見されたであろうことを推測できるにすぎないであろう）。

してみると、「更正があるべきことを予知」することの解釈としては、税務官庁側における脱漏所得の発見あるいはその端緒となる資料の発見を要件とすることはそもそも無理なことであり、前述の旧通達の取扱いが廃止された実質的根拠もそこに見出すことができようというものであろう。

更に、前掲の東京地裁昭和五六年七月一六日判決等は、「更正に至るであろうということが客観的に相当程度の確実性をもって認められる」ことを更正の予知の要件の一つとして挙げているが、この意味するところも税務調査の実態に照らし判然としない。けだし、税務調査においては、その調査内容（脱漏所得やその端緒となる資料の発見）が客観的に明らかにされることは税務職員に課せられた守秘義務等からみて考えられないことであり（もっとも、納税者にとって推測も可能であろうが）、また、調査結果に基づいて通常修正申告のしょうようが行われ、その時点で当該納税者は更正されることを確実に知ることになろうが、その時点において更正を予知すると解することは当該条項の立法趣旨からみてあまりに時期が遅すぎるであろうし、前掲東京地裁判決等もその時点を示唆したものとも考えられないからである。

他方、課税段階での加算税賦課の要否については、国税通則法六五条一項及び六項の規定からみて、税務官庁の判断に委ねられることになろうが、税務官庁側においても、修正申告書が提出された時点において当該納税者が更正を予知していたか否かという主観的事実を完全に知ることは極めて困難な事柄である。また、最近の調査事績においては、調査した事実の約八〇パーセントについて脱漏所得が発見されているという事実も認められる。

以上の検討の結果、そもそも課税の実務においては、調査開始後に提出された修正申告書については、特段の事情のない限り、当該納税者が更正があるべきことを予知して提出したものと推定せざるを得ないものと思われる。そしてそのことが、自発的な修正申告を奨励し、かつ、自ら進んで適正な確定申告をなし納税義務を果たしている者との権衡を図ろうとしている本制度の立法趣旨にも適うものと解される。

また、前掲の東京高裁昭和六一年六月二三日判決が指摘する文理解釈の問題については、税務官庁側は納税者の「予知」を推定して加算税の賦課を行い、納税者側はその推定を破る程度の特段の事情を立証することによりその賦課を免れることができるから、調査開始後の修正申告について更正の予知を推定し一律に加算税を賦課することではないという意味で文理解釈に適うことになるであろう。更には、調査により過去の各年分について脱漏所得が発覚したもののそれが偽りその他不正の行為によるものでない場合には、平成二三年改正までは更正の期間制限は、原則として、三年（通則法七〇①）であったが、その場合に納税者が国税の徴収権の消滅時効（五年）までに五年分の修正申告をした場合には過少申告加算税の賦課決定の本来の期間制限は五年（通則法七〇④二）であるものの、更正の期間制限との差の二年分については、更正を予知しない修正申告ということで過少申告加算税は賦課されないであろうから、その場合にも、国税通則法六五条一項及び六項の文理に適うことであろう。(注20)

なお、前掲の東京高裁昭和六一年六月二三日判決が指摘するところの調査による未発覚脱漏所得に係る申告意欲の消失の問題については、課税実務にそれほどの重要性を有しないものと解される。けだし、課税実務上、修正申告書の提出は、税務官庁の調査結果による修正申告のしょうように基づいて行われるのが原則であり、調査開始後直ちに修正申告書の提出がまま行われることもあるが、それはむしろ税務官庁の調査に対し機先を制するために行われることが多く、東京高裁判決が懸念するような事態は極めて稀であると考えられるからである。よしんば、調査開始前に修正申告をすることを決意していてたまたま調査開始後直ちに修正申告書を提出するに至ったような特段の事情が存するような場合には、当該納税者がその旨を主張・立証することにより国税通則法六五条一項及び六項の適用を受ければ足りるものと解される。もっとも、前掲鳥取地裁平成一三年三月二七日判決の事案のように、税務官庁から過少申告についての具体的な再三の照会（調査）があって、その調査開始後一月近く過ぎて提出された修正申告書に関しては、「特段の事情」を認める余地はないであろう。

これに類似する問題として、鳥取地裁平成四年三月三日判決（税資一八八号五三九ページ）は、「調査があったことにより更正があるべきことを予知して修正申告をせざるを得ない状況に追い込まれたことによって、納税者が、より正確な新たな事実を明らかにしたという関係がある場合は、右新たな事実について納税者の側から申告し、これによって修正申告書を提出したとしても、右は同法六五条一項及び六項に該当するとはいえないと解すべきである。」と判示している。

以上のことを総合的に考察した場合には、具体額発見説については、過少申告加算税の制度の趣旨と国税通則法六五条一項及び六項が過少申告加算税賦課の例外規定にあることに照らし、採用し難いものと解され、調査開始説についても、右条項の文理解釈上採用し難いものと解される。かくして、客観的確実性説が国税通則法六五条一項及び六項の文理解釈に最も適うものと解されるが、同説は、前述したように、「特段の事情」を厳格（正確）に解すると、調査過程における時間的位置付けとしては調査開始説に限りなく近づくことになるものと解される。

【裁判例㊳】　更正があるべきことを予知してなされたものとは、調査により収集した具体的資料に基づき、先の納税申告が適正でないことを把握するに至ったことを要する（和歌山地裁昭和五〇年六月二三日判決・税資八二号七〇ページ）

『「……調査に因り……更正又は決定があるべきことを予知してなされたもの」あるいは「……調査があったことにより……更正があるべきことを予知してなされたもの」というのは、税務当局が、当該納税申告に疑惑を抱き、調査の必要を認めて、納税義務者に対する質問、帳簿調査等の実施調査に着手し、これによって収集した具体的資料に基き、先の納税申告が適正なものでないことを把握するに至ったことを要するものと解すべきである。しかしそれ以上に、税務当局が、申告もれの所得金額を正確に把握し、更正をなすに足りる全資料を収集していなければならないものでもない。そして、先の申告が不適正であり、かつ、申告もれが存することが明らかになれば、いずれ当局によって更正がなされることは当然であるから、納税義務者において、当局の調査進行により先の納税申告の不適正が発覚することを認識しながら、修正申告書を提出することは、他に特段の事情のない限り、右にいう「調査があったことにより……更正があるべきことを予知してなされたもの」と推認することができるものと解すべきである。』

【裁判例㊾】　調査を受けた後に修正申告書を提出した場合には更正を受けるべきことを予知して提出したことになる（最高裁昭和五一年一二月九日第一小法廷判決・税資九〇号七五九ページ）

『過少申告加算税は、修正申告書の提出があったときでも、原則としては、賦課されるのであり（国税通則法六五条一項）、その提出が、その申告に係る国税についての調査があったことにより当該国税について更正があるべきことを予知してされたものでないときに、例外的に課せられないこととされているにすぎないのである（同条三項）。原審が確定した事実によれば、亡正夫が嘆願書を提出したのは、すでにその申告にかかる昭和三十九年分の所得税について調査を受けたのちであったというのであり、仮に、税務職員の適切な指導・助言により、亡正夫が、嘆願書を提出した時期に修正申告書を提出していたとしても、更正処分を受けるべきことを予知してこれを提出したことになるものというべきであって、過少申告加算税の賦課を免れないところであるから、亡正夫が所論の事由により修正申告をすることができなかったことと本件過少申告加算税の賦課の適否とは、無関係というべきである。』

【裁判例㊿】　更正を予知した修正申告とは、税務職員が調査に着手してその申告が不適正であること等を発見し、更正に至ることが客観的に相当程度の確実性をもって認められる段階に達した後に、納税者がそれを認識して修正申告書を提出することをいう（東京地裁昭和五六年七月一六日判決・税資一二〇号一二九ページ）

『修正申告書の提出が「調査があったことにより……更正があるべきことを予知してされたものではない

とき」というのは、税務職員がその申告に係る国税についての調査に着手してその申告が不適正であることを発見するに足るかあるいはその端緒となる資料を発見し、これによりその後調査が進行し先の申告が不適正で申告漏れの存することが発覚し更正に至るであろうということが客観的に相当程度の確実性をもって認められる段階に達した後に、納税者がやがて更正に至るべきことを認識したうえで修正申告を決意し修正申告書を提出したものでないこと、言い換えれば右事実を認識する以前に自ら進んで修正申告を確定的に決意して修正申告書を提出することを必要とし、かつ、それをもって足りると解すべきである。原告は調査により申告に係る所得金額ないし税額に脱漏があることが発見され、過少申告が把握されるに至った後になって更正を予知してされた修正申告についてのみ加算税を賦課することが許される旨主張するようであるが、そのように解すると、税務職員の調査において前記のような資料を発見された後であっても所得金額ないし税額の脱漏を具体的に把握される前に修正申告を決意し、修正申告書を提出すれば加算税の賦課をのがれうる場合もあることになって前記法条の趣旨に反することになる。』

【裁判例61】 調査着手後の修正申告がすべて更正を予知してなされたと解するのは適切でない （東京高裁昭和六一年六月二三日判決・税資一五二号四一九ページ）

『修正申告書の提出が「調査があったことにより……更正があるべきことを予知してされたものでないとき」というのは、被控訴人が主張するように、税務職員が納税者の申告に係る国税について調査に着手しさえすれば、その調査の進展段階を問うことなく、調査着手後になされた修正申告は、たとえ調査着手以前に修正申告を決意していた場合であっても、すべて更正を予知してなされたものでないとはいえないと解するのは適切な解釈とはいえない。文理上、右条項は調査着手以前に申告書が提出された場合を問題とするものではなく、調査着手後に提出された場合にその適用の有無を問題としているものであることは明白である。従って、調査着手後の提出はすべて予知してされたものであると解するのは、明らかに右の文理に反することになる。又、実際問題としても、被控訴人のような解釈をとると、調査着手以前に修正申告を決意していた納税者も、たまたま申告書提出以前に調査の着手があったときは、折角その後に申告書を提出してみても重加算税を課せられてしまうのであるから、むしろ申告書を提出するのをやめ、調査の結果を見守り、発覚した分についてのみ重加算税を支払うにとどめ、未発覚分があるときはその分の申告をやめてしまうであろうことが容易に考えられる。』

【裁判例62】　調査開始後の修正申告書の提出即更正の予知と解することは適切な解釈といえず、調査着手後に当該申告が不適正であることを発見するに足るかあるいはその端緒となる資料を発見した後の修正申告書の提出が更正の予知の対象となる（東京地裁平成一四年一月二二日判決・税資二五二号順号九〇四八）

『ところで、本件規定は、「修正申告書の提出があった場合において、その提出が……調査があったことにより当該国税について更正があるべきことを予知してされたものでないとき」と規定しているところ、文理上、本件規定は、調査着手以前に修正申告書が提出された場合に限らず、調査着手後に修正申告書が提出された場合にもその適用の有無を問題としているものであることは明白である。そうすると、被告が主張するように、税務職員が納税者の申告に係る国税について調査を開始さえすれば、その進展段階を問うことなく、調査着手後になされた修正申告書の提出は、本件規定の適用を受けられないと解することは適切な解釈とはいえない。

他方、納税者側の脱漏所得に対する隠ぺい・仮装が巧妙、悪質であればあるほど、税務職員において所得脱漏の事実を把握することが困難となるから、調査進展の段階として過少申告が確実に把握される段階まで調査が進むことを必要とするならば、悪質な納税者ほど調査を受けてもこれに協力しないで何とか所得脱漏の事実を隠ぺいしてあわよくば追加税額と重加算税の双方を免かれようとし、いよいよ同事実を発見されそうになったとき、その寸前に申告をして重加算税を免かれ得ることになるから、その不当なことは明らかである。

以上によれば、本件規定の解釈としては、税務職員がその申告に係る国税の課税要件事実についての調査に着手してその申告が不適正であることを発見するに足るかあるいはその端緒となる資料を発見し、これによりその後調査が進行し先の申告が不適正で申告漏れの存することが発覚し更正に至る可能性が生じたと認められる段階に達した後に、納税者がやがて更正に至るべきことを認識した上で修正申告を決意し修正申告書を提出したものでないこと、言い換えれば同事実を認識する以前に自ら進んで修正申告を確定的に決意して修正申告書を提出することを必要とし、かつ、それをもって足りると解すべきである。』

【裁判例㊸】「……更正があるべきことを予知してされたもの」の解釈上、客観的要件として、「調査なければ修正申告なし」という相当因果関係の存在が必要である（鳥取地裁平成一三年三月二七日判決（税資二五〇号順号八八六五））

『まず、国税通則法六五条五項に規定する「その提出が、その申告に係る国税についての調査があったことにより当該国税について更正があるべきことを予知してされたもの」という要件について検討するに、同条項が「その提出が、……調査があったことにより……更正があるべきことを予知してされたもの」と規定されていることからすると、①客観的要件としては、「調査なければ修正申告なし」という関係（相当因果関係）の存在が必要であり、②主観的要件としては、修正申告者において、調査があったことを認識し、その認識に基づいて、将来において更正がなされる可能性があると予測したことが必要であると解するのが相当である。そして、右②の更正可能性を予測したか否かの判断基準時については、修正申告がなされた時点における修正申告者の内心は、通常、修正申告の意図（動機）を最もよく表しているものといえ、修正申告がいかなる認識のもとに提出されたのかを解明するためには、その時点における当事者の内心を探求するのがもっとも合理的であるといえること、同条項は「修正申告書の提出があった場合において、その提出が、……予知してされたものでないときは、」と規定されており、現実になされた修正申告の提出が予知してなされたものであるか否かを問う形式となっていることなどからすると、修正申告書の提出時を基準として、当該修正申告者が、更正の可能性を予測して修正申告書を提出したものであるか否かを判断するのが相当である（なお、右②の更正可能性の予測の有無の判断は、結局のところ、修正申告者が、過少申告の状態にあることを認識していたか否か、課税庁の調査の段階ないし程度についてどのような認識をしていたか、などの事情を総合的に勘案した上でせざるを得ない。）そして、過少申告であることを認識していた者については、調査があったということさえ認識すれば、その調査の段階ないし程度について認識がどのようなものであったとしても、通常は、将来の更正の可能性を予測したものといえるが、過少申告であることを過誤等により認識していなかった者については、その者が認識した調査の段階ないし程度の内容により、将来の更正の可能性を予測したか否かが分かれるといえる。また、右①と②の要件の関係については、②の主観的要件が充たされる場合には、通常、①の要件があることが推認されるが、特段の事情がある場合、例えば、調査とは無関係に修正申告を提出する意思を確定的に有していてそれに基づいて申告書を提出した場合や調査とは無関係に修正申告をせざるを得ない客観的状況下において修正申告を提出した場合等、調査がなくても修正申告がなされたであろうということが推認できる場合には、「調査なければ修正申告なし」という関係が認められないから、①の要件が充たされたことにはならないというべきである。)。』

3 「更正の予知」の主張・立証責任

既に、「正当な理由」の主張・立証責任に関して述べてきたように、租税法律関係における主張・立証責任は、原則として、租税債権の存在を主張する税務官庁側に負わすべきであるとするのが判例の傾向であるが、納税者にとって有利となる事項の存在や原則課税に対する特例非課税となる場合等の減免事由の主張・立証責任については、納税者側に負わすべきであるとする傾向にある。

かくして、加算税の賦課が免除されることとなる「修正申告書の提出が更正があるべきことを予知してされたものでない」ことの主張・立証責任についても、これら判例の動向の延長線上の問題としてとらえることができよう。この点に関し、東京地裁昭和五六年七月一六日判決(後掲、裁判例64)は、かかる場合の主張・立証責任は納税者側にあると判示しており、その控訴審の東京高裁昭和六一年六月二三日判決(後掲・同前)も、その判示を支持している。

この問題をさらに掘り下げてみるに、前述したように、国税通則法六五条一項及び六項の解釈上、調査開始後に提出された修正申告書については、特段の事情のない限り、当該納税者が更正のあるべきことを予知して提出したものと推定すべきであると解されるところ、かかる解釈においても、特段の事情すなわち調査開始前に修正申告をすることを決意していてたまたま調査開始後に修正申告書を提出するに至った事情については、納税者側に主張・

立証責任を負わすべきとするのが論理に適うであろう。

なお、前掲の東京高裁昭和六一年六月二三日判決は、当該申告に申告漏れの存することが発覚し更正に至るであろうということが客観的に相当程度の確実性をもって認められる段階に達した後に提出された修正申告書が更正の予知の対象となるとしつつも、「例外的には、調査の右の段階後に修正申告書が提出された場合でも、申告の決意は右の段階以前になされていたということはあり得る訳であるが、立証の問題としては、経験則上、申告書の提出が調査の右の段階後になされたときは、申告の決意は右の段階後になされたものと事実上推定すべきであり、この推定を破るためには、例えば、調査の着手後でかつ調査が右の段階に至る前に、申告の決意とその内容を税務職員に進んで開示することが必要である。」と判示している。この判示は、更正が行われることが確実になったと認められる段階を前提としているものであるが、右判示中、「段階後」を「調査後」と読み替えた場合には、前記私見と相通ずる考え方であるともいえよう。

【裁判例64】　調査により更正があるべきことを予知して修正申告がされたものでないことの主張・立証責任は納税者にある（東京地裁昭和五六年七月一六日判決・税資一二〇号一二九ページ、同旨東京高裁昭和六一年六月二三日判決・税資一五二号四一九ページ）

『修正申告書の提出が更正があるべきことを予知してされたものでないときに例外的に加算税を賦課しないこととした前記法条の趣旨からすれば、右の点については、調査により更正があるべきことを予知して修正申告がされたものでないことの主張・立証責任は原告にあるというべきである。』

4　事前通知の法制化とその影響

⑴　法制化の意義

平成二三年改正前の国税通則法六五条五項の規定に関する従前の解釈論は、以上のとおりであるが、平成二三年一二月の税務調査をめぐる国税通則法の改正がどのような影響を及ぼすかが注目されてきた。すなわち、当該改正では、従前、各税法に定められていた質問検査権の規定を国税通則法に統合するとともに（通則法七四の二～七四の六）、納税義務者に対する調査の事前通知等を法制化した。まず、国税通則法七四条の九第一項は、税務署長等は、当該職員に納税義務者に対し実地の調査において質問検査等を行わせる場合には、あらかじめ、当該納税義務者に対し、①実地の調査を開始する日時、②調査を行う場合、③調査の目的、④調査の対象となる税目、⑤調査の対象となる期間、⑥調査の対象となる帳簿書類その他の物件、及び⑦その他調査の適正かつ円滑な実施に必要なものとして政令で定める事項（調査の相手方である納税義務者の氏名及び住所又は居所、調査を行う当該職員の氏名及び所属官署等（通則令三〇の四））を通知する、ものとしている。そして、税務署長等は、当該通知を受けた納税義務者から合理的な理由を付して前記①又は②に掲げる事項について変更するよう求めがあった場合には、当該事項について協議するよう努めるものとする（通則法七四の九②）ことになっている。そして、前記2で述べたように、平成二四年の調査通達の発出において「調査」の意義の取扱いも変更されることとなり、加算税の実務等にも影響を及ぼしている。

このような詳細な事前通知等が行われると、その後に提出された修正申告書に関しては、前記2の⑶のニで述べた加算税通達の取扱いにより、全て「更正を予知」したものとして取り扱われるものと一応考えられる。しかしながら、当該国税通則法改正を契機に、修正申告をした全てについて過少申告加算税を軽減すべきとする見解[注21]も存するから、このような問題は今後一層紛糾することも予測される。もっとも、右の見解は、申告納税制度における「バレモト」を容認することになるから、加算税制度の趣旨に照らし許容し難いであろう。

(2) 調査通知との関係

前述したように、「調査があったことにより更正があるべきことを予知してされたものでない」場合においても、国税通則法六五条一項かっこ書における税率を五％にする軽減措置と同条六項における免除措置に区分されることになった。このような区分については、平成二八年度税制改正において設けられたものであるが、新たに区分された国税通則法六五条六項は、詳細には、次のように定められている。

「第一項の規定は、修正申告書の提出が、その申告に係る国税についての調査があったことにより当該国税について更正があるべきことを予知してされたものでない場合において、その申告に係る国税についての調査に係る第七四条の九第一項第四号及び第五号（〈略〉）に掲げる事項その他政令で定める事項の通知（次条第六項第二号及び第八項において「調査通知」という。）がある前に行われたものであるときは、適用しない。」

そして、国税通則法施行令では、「政令で定める事項」につき、同法七四条の九第一項に規定する実地の調査を行わせる旨とし（同令二七④）、「通知」には、同法七四条の九第五項に規定する場合に該当する場合において同項に規定する税務代理人に対してする通知を含むものとされている（同令二七⑤）。

上記のような措置がとられた趣旨について、立法担当者は、次のように説明している[注22]。

「税務調査を行う場合には、税務当局は納税者に対し原則として事前通知をすることが平成二三年一二月改正により法令上義務化されていますが、加算税制度において、調査による更正等を予知しないでされた修正申告等については、過少申告加算税が課されない（無申告加算税の場合には五％に軽減される）ことから、事前通知直後（更正等の予知前）に多額の修正申告又は期限後申告を行うことにより加算税の賦課を回避している事例が散見されていたところです。

先述のとおり、これまでは申告納税制度の普及を図るため自発的な修正申告等を奨励する目的で過少申告加算税等を調査による更正等の予知までの間は課さない（軽減する）こととされていましたが、今回の改正においては、こうした状況に対応し、当初申告のコンプライアンスを高める観点から、調査通知から更正等の予知までの間については、更正等の予知後の通常の加算税よりも一段低い水準の加算税を課すこととされました。

（注）上記の「通常の加算税よりも一段低い水準」とする加算税の賦課については、調査通知により、その調査による更正等が行われる可能性が発現するものの、上記の加算税が更正等の予知に至る前の自発的な修正申告等を促す段階において課されることを踏まえたものです。」

このような措置がとられたことは、前述したような「修正申告書の提出が、更正があるべきことを予知してされた」この意義をめぐる判例・学説が分かれていることに対処し、「更正があるべきことを予知してされたものでない場合」であっても、調査通知の前後において、前であれば過少申告加算税を免除し、後であれば過少申告加算税を軽減することになる。また、このような措置は、後述するように、他の加算税にも影響を及ぼすことになる。

(3) 調査通知に関する留意事項

更正を予知しない場合の過少申告加算税の減免措置については、前述のように、「調査通知」の前後において、その取扱いを異にすることになったが、当該「調査通知」に関する留意事項について、令和五年法人税改正通達では、次のように定めている。

「4　通則法第65条第6項に規定する調査通知（以下「調査通知」という。）を行う場合の同項の規定の適用については、次の点に留意する。

(1)　通則法第65条第6項の規定は、納税義務者（通則法第74条の9第5項に規定する場合に該当するときは、納税義務者又は同項に規定する税務代理人）に対して調査通知を行った時点から、適用されない。

（注）

1　この場合の税務代理人とは、調査通知を行う前に提出された通則規則第11条の4第1項に規定する税務代理権限証書（同項に規定する納税義務者への調査の通知は税務代理人に対してすれば足りる旨の記載があるものに限る。）に係る税務代理人（以下「同意のある税務代理人」という。）をいう。

2　同意のある税務代理人が数人ある場合には、いずれかの税務代理人（通則法第74条の9第6項に規定する代表する税務代理人を定めた場合は当該代表する税務代理人）に対して調査通知を行った時点から、通則法第65条第6項の規定は適用されない。

(2)　調査通知を行った場合において、調査通知後に修正申告書が提出されたときは、当該調査通知に係る調査について、実地の調査が行われたかどうかにかかわらず、通則法第65条第6項の規定の適用はない。

(3)　調査通知後の修正申告書の提出が、次に掲げる場合には、調査通知がある前に行われたものとして取り扱う。

①　当該調査通知に係る調査について、通則法第74条の11第1項の通知をした後又は同条第2項の調査結果の内容に基づき納税義務者から修正申告書が提出された後若しくは通則法第29条第1項に規定する更正若しくは通則法第32条第5項に規定する賦課決定をした後に修正申告書が提出された場合

②　納税義務者の事前の同意の上、同一事業年度の法人税の調査について、移転価格調査とそれ以外の部分の調査に区分する場合で、当該調査通知に係る調査の対象としなかった部分に係る修正申告書が提出され

た場合。

ただし、当該修正申告書に当該調査通知に係る調査の対象としている部分が含まれる場合には、当該調査通知に係る調査の対象としている部分は、調査通知がある前に行われたものとして取り扱わない。

③ 事前確認（平成13年6月1日付査調7―1ほか3課共同「移転価格事務運営要領の制定について」（事務運営指針）又は平成28年6月28日付査調7―1ほか3課共同「恒久的施設帰属所得に係る所得に関する調査等に係る事務運営要領の制定について」（事務運営指針）に定める事前確認をいう。）の内容に適合させるための修正申告書が提出された場合。
ただし、当該修正申告書に当該事前確認の内容に適合させるための部分以外の部分が含まれる場合には、当該事前確認の内容に適合させるための部分以外の部分は、調査通知がある前に行われたものとして取り扱わない。

④ 当該修正申告書が、例えば、消費税及び地方消費税について更正の請求に基づく減額更正が行われたことに伴い提出された場合。
ただし、当該修正申告書に当該減額更正に係る部分以外の部分が含まれる場合には、当該減額更正に係る部分以外の部分は、調査通知がある前に行われたものとして取り扱わない。」

5 「更正の予知」に関する個別事例

⑴ 裁判例

以下に紹介する裁判例については、前記4の事前通知の法制化前のものであるので、それ以前の学説、判例に影響を及ぼしてきた事例である。そのため、裁判例の中には、平成二四年の調査通達の取扱いに適合しないものがあることに留意する必要がある。

①　大阪地裁昭和二九年一二月二四日判決（税資一六号四九〇ページ）では、パチンコ球等の製造販売業を営む原告会社の修正申告に対する重加算税賦課決定処分の適否が争われた事案につき、原告会社が、本件修正申告は、国税局が同社の調査に着手する前に、従前の申告に誤りがあることを発見し、一切を是正するために自ら進んで行ったものであり、その調査に因り更正があるべきことを予知していたものでないことはもちろん、全くその更正を予想せず自発的に行ったものであるから、本件賦課決定処分は違法である旨主張したのであるが、本判決は、次のように判示して原告会社の請求を棄却している。

「〈各証拠〉を総合すれば、大阪国税局は、パチンコ球製造業者一般が多額の脱税をしているという情報を探聞し、昭和二十七年八月初頃からこれらの業者につき調査を開始し、原告会社については同月四日から同月八月までの間にその所有機械及び製造能力を調査し、関西電力株式会社において原告会社の使用電力量を、また取引先たる梅鉢鋼業株式会社よりの仕入材料高を調査し、同月五日頃には原告会社の第二会社である大阪鋼球株式会社についても調査を実施したこと、また原告会社においては、その頃大阪国税局より右大阪鋼球株式会社の営業所の所在につき電話で尋ねられ、社員服部麟哉がその応待に当り、なお右大阪鋼球に対する調査についてもその当日直ちに通報を受けていること、大阪国税局が同業者天一鋼球株式会社に対し法人税法違反の嫌疑により同月十一日強制捜査を行い、このことが新聞ラジオ等により報道され原告会社においてこれを知り、なおその翌日である同月十二日には原告会社代表取締役津田義光は原告会社が安田源十郎及び安田肇の架空名義で大阪銀行布施支店に有していた普通預金残額全部を払出し、その預金通帳を焼却したことを認めることができるのであり、以上の認定した事実を綜合して考えると、同年九月二日原告会社が修正申告書を提出したのは同会社に対する政府（大阪国税局）の調査に因り更正があるべきことを予知してしたものであると認めるのが相当であり、……」

また、控訴審の大阪高裁昭和三三年一一月二七日判決（税資二六号一一二四ページ）も、原判決と同じ理由により、原判決を支持している。

本事案は、原告会社に対して直接調査が実施される前になされた修正申告であっても、取引先調査等が実施されている場合等には、調査により更正を予知したことになる旨判示したものであるが、「調査」の範囲を明示したものであり、かつ、既述したように、調査後の修正申告が即更正を予知したものと推定し得るとした一事例といえよう。

② 名古屋地裁昭和四四年五月二七日判決（税資五六号七五一ページ）では、原告の相続税の第二次修正申告に係る重加算税の賦課に関し更正の予知の有無が争われたところ、原告は、被相続人が代表取締役をしていた訴外会社についての被告担当職員による法人税調査において発見された架空名義預金の帰属（訴外会社のものか被相続人のものか）が問題となり、当該預金を被相続人が所有していたものとして相続財産に含めて本件修正申告を行ったものであるから、当該職員の調査により修正があるべきことを予知して修正申告をしたものではない旨主張したが、本判決は、原告は被相続人の生前から本件預金の存在を知悉しており、これを第一次修正申告の際隠蔽し、被告が本件預金を探知して約半年経過した後に修正しなければ更正する旨の警告を受けたため、本件修正申告をしたのであるから、原告の主張は採用できない旨判示した。

また、控訴審の名古屋高裁昭和四五年七月一六日判決（税資六〇号八〇ページ）も、原判決と同じ理由により、その控訴を棄却している。

なお、本件においては、法人税の調査の際に相続税に係る仮名預金の存在が発覚し、それにより修正申告がなされたため、更正の予知の前提となる「調査」の存否が問題となったのであるが、本件各判決は、前掲、裁判例55及び56に引用したように、旧相続税法が「当該職員の調査」と規定していたとしても、「調査」があったことになることに変わりはない旨判示している。

以上のように、本件においては、法人税に係る調査でも相続税の調査があったこととされ、その調査により税務官庁側が修正申告の基因となる仮名預金を把握し修正申告を促したというのであるから、更正の予知自体問題とならないであろう。

③　神戸地裁昭和四七年七月三一日判決（税資六六号一〇二ページ）及び大阪高裁昭和四九年一一月二一日判決（税資七七号四五八ページ）では、事業用資産の買換えの場合の課税の特例の適用の有無に関し、確定申告書に当該特例適用の記載等をしなかったことにやむをえない事情があるか否か、調査後特例適用を求めて提出した嘆願書に指導・助言をしなかったことが更正の違法事由となるか否か等が争われ、それらの請求がいずれも棄却されたので、その上告審において、上告人が本件においては特例適用を受け得るものとの前提のもとに嘆願書の提出をしたものであるから、かかる場合は任意の修正申告書の提出は期待し得ないもので少なくとも過少申告加算税の賦課決定は違法である旨主張したところ、最高裁昭和五一年一二月九日第一小法廷判決（前掲、裁判例59）は、前述のように、仮に本件嘆願書の提出が修正申告書の提出前であったとしても調査後の修正申告は更正を予知してなしたものとなるから、過少申告加算税の賦課は免れない旨判示している。

かように、本件においては、更正の予知の有無がまともに争われたものでないが、最高裁判決が更正の予知に関する考え方を明示したため、注目されたものである。

④　和歌山地裁昭和五〇年六月二三日判決（税資八二号七〇ページ）では、製材、ホテル業等を営む原告会社の昭和

三六・三七年度分法人税に係る重加算税賦課決定処分の適否が争われた事案につき、原告会社は、「更正を予知してされたもの」とは納税者に対する当該国税に関する実地又は呼出等の具体的調査により申告不足額が発見された後にされた修正申告をいうものと解すべきであり、本件においては被告が調査を開始したものの未だその脱税の事実を把握していない段階で修正申告したものであるから、本件賦課決定は違法である旨主張したところ、本判決は、前掲、裁判例58で引用したように、更正を予知したといえるには税務当局が調査により先の申告が不適正であることを把握することを要する旨判示したものの、本件の事実を次のように認定し、その請求を棄却している。

「原告が第一回修正申告書を提出した昭和三十八年十一月二十一日当時においては、すでに被告の関係係官は、代表者内田利司に対する質問、帳簿書類の検査、銀行調査等の多角的な実地調査を行っていたこと、しかも調査の当初から、ホテルの手板、手帳および架空名義の普通預金口座を発見する等原告の納税申告が不適法で、極めて巧妙な手段を弄した脱税事件であることを経験上推測するに足りる資料を収集していたこと、同年九月中旬、原告が不正経理を全面的に認め、さらに同年十月二十五日には、右脱税にかかる金員の資産化を裏付ける定期預金通帳等を提出し、これによって不正経理のほぼ全貌を把握し終えたこと、公認会計士海老が修正申告をするか否かについて代表者に相談したとき制裁が課されることについても説明したこと、さらに、原告代表者本人尋問の結果によれば、原告は昭和三十五年度の法人税につき更正処分を受けており、代表者もその意味を知っていたこと等から判断すると、原告において、被告の調査進行を知悉しながらなされた修正申告書の提出は、まさに「……調査があったことにより……更正があるべきことを予知してなされたもの」というべきである。」

本件の認定された事実の下では、本件修正申告について更正の予知ありとされたことは当然のことといえよう。

⑤　大阪地裁昭和五一年六月二三日判決（税資八九号九ページ）では、原告の被相続人の所得税に係る重加算税賦

課処分の適否が争われた事案につき、原告が、被相続人は被告の勧めによりそのとおりの修正申告をしたのであるから、当該賦課処分は違法である旨主張したところ、本判決は、関係人の証言によれば、本件修正申告をした昭和四三年一〇月三一日には、被相続人は被告が当該年分の所得税調査に着手していることを知り、もし、修正申告しなければ早晩被告が修正するであろうことを十分認識していたものと認められるから、本件賦課処分は免れることはできない旨判示した。

本件では、調査後修正申告をしょうようされた後に修正申告をしたというのであるから、当然に更正の予知はあったといえるであろう。

⑥　札幌地裁昭和五三年一二月二六日判決（税資一〇三号九七六ページ）では、飲食業等を営む原告の所得税に係る重加算税賦課決定処分の適否が争われた事案につき、原告が、本件修正申告は被告の要請に応じ任意に行ったものであるから、更正があるべきことを予知してされたものではなく、かかる場合には重加算税を賦課しない取扱いが一般になっている旨主張したところ、本判決は、国税通則法六五条及び六八条の適用上、単に任意の修正申告及び納税義務の履行があれば重加算税を賦課しないとの取扱いが一般であるという事実は認めるに足る証拠はなく、また、各証言を総合すると、本件の修正申告書の提出は被告の調査により更正のあるべきことを予知してされたものであると認められる旨判示した。

また、控訴審の札幌高裁昭和五六年五月二八日判決（税資一一七号四九二ページ）も、原判決同様、その控訴を棄却している。

本判決摘示の事実関係からは修正申告に至った経緯は定かでないが、修正申告が更正を予知してされた一事例として紹介する。

⑦　浦和地裁昭和五五年一二月二四日判決（税資一一五号九二〇ページ）では、ダイカスト各種機器の製造販売を営む原告会社の法人税の修正申告に係る重加算税賦課決定処分の適否が争われた事案につき、本判決は、原告会社の本件修正申告書の提出が国税局の調査結果に基づき同局担当者の度重なる勧告、指示に従ったものであることは認められるが、そうであったとしても、それがために売買を仮装する意思がなかったものということはできないし、いわんや、原告会社が本件確定申告について修正申告書を提出する際更正を予知しなかったものということもできないから、本件賦課決定処分は適法である旨判示している。

本件も、単に判決上更正の予知が指摘された事案である。

⑧　東京地裁昭和五六年七月一六日判決（前掲、裁判例⑥⓪）については、既に「更正があるべきことを予知したこと」の意義に関しるる述べてきたところであるが、当該判決における事実関係は、次のとおりである。

本件は、雑豆類の輸入貿易等を業とする原告会社の昭和四四事業年度ないし昭和四六事業年度分法人税の修正申告に係る重加算税賦課決定処分の適否が争われたものであるが、その修正申告が行われるに至った経緯は、次のとおりである。

まず、昭和四七年三月二三日、東京国税局の職員がT銀行Y支店において訴外人の税務調査を実施した際、原告会社の匿名預金一、一〇〇万円の存在が発見され、同日その事実が同支店職員から原告会社に通報があった。次いで、同年四月三日、被告所部職員二名は、原告会社の法人税調査の目的で原告会社事務所に臨場して調査を実施し、原告会社の簿外商品取引に係る取引内容が記載されていた帳簿、昭和四七年三月末現在の銀行別の預金残高が記載されたメモ等を発見し、同月五日、同職員の一人が、K銀行M支店の原告会社の貸金庫を調査した。そして、同月六日、原告会社は、本件修正申告書を被告へ提出した。

この修正申告について、原告会社は、「更正があるべきことを予知してされたもの」とは、具体的調査により所得金額（税額）に脱漏があることが発見された後に更正を予知してされたものと解すべきところ、本件においては、昭和四七年三月二三日にT銀行職員から匿名預金が東京国税局の職員に見られた旨の通報を受けたことから、翌二四日雑豆の簿外取引による保留利益について修正申告書の提出を決意し、翌二五日顧問税理士に修正申告書の作成を依頼し、同年四月三日午前中までに（本件調査着手直前）顧問税理士に本件修正申告書作成のための資料一切を交付し、その作成完了を待って同月六日に自発的に本件修正申告書を提出したものであるから、本件修正申告は更正を予知したものではない旨主張した。これに対し、被告は、既に述べたように、更正の予知の意義を争うとともに、本件においては、修正申告書が提出される前の四月三日、被告職員が原告会社に臨場して実地調査に着手し、その際、税務調査担当官としての経験上、原告会社には不正計算があることを推認するに足りる資料を収集するとともに、これを収集する際の被調査者らの応答態度から原告会社に不正があるとの心証を形成して、それ以降も調査を継続する旨原告会社に了知せしめる等したものであり、仮に、本件修正申告書提出の経緯が原告会社主張のとおりであるとしても、三月二三日の国税局職員の調査により不正が発覚し、いずれ当局によって更正がなされるであろうことを認識していたものということができるから、本件修正申告は更正を予知してなしたものである旨主張した。

以上の事実と当事者の主張に対し、本判決は、前掲、裁判例⑸⑼のとおり更正の予知の意義を判示し、被告が昭和四七年四月三日の原告会社に対する法人税調査において発見した資料及びその際の常務取締役Oの態度等からすれば、その後調査が進行し先の申告が不適正で申告漏れの存することが発覚し更正に至るであろうということが客観的に相当程度の確実性をもって認めるに足りる段階に達したというべきであり、かつ、原告会社は、右被告の四月三日の調査以前に本件修正申告に係る申告書の提出を確定的決意をしていなかったことが各証拠により認められるから、本件修正申告書の提出は「調査があったことにより……更正があるべきことを予知してされたもの」ということができる旨判示した。

そして、控訴審の東京高裁昭和六一年六月二三日判決（前掲、裁判例㉑）も、更正の予知の意義に関しては前述のように判示するとともに、本件の事実関係の下では、原判決と同様、更正を予知して修正申告をしたと認められる旨判示している。

本件各判決は、更正の予知に関する重要判決であるが、更正の予知の意義に関する判示の問題点については既に述べた。かくして、本件各判決とも、本件においては、原告会社は本件法人税調査が実施された昭和四七年四月三日以降において更正を予知して修正申告を決意したものと認定しているのであるが、仮に、四月三日の調査以前に原告会社において修正申告について確定的決意が認められたときには、当該修正申告について更正の予知を否認し得ることも示唆している。

本件の事実関係の下では、本件各判決が判示するように、原告会社が更正を予知して修正申告を確定的に決意したのは、本件法人税調査が実施された昭和四七年四月三日以降であると認定することも相当であろう。しかしながら、仮に、原告会社が主張するように、本件修正申告が昭和四七年三月二三日の国税局職員の銀行調査により当該銀行職員の通告をきっかけとして決意されたものであるとしても、原告会社が認識し得た税務調査（国税通則法六五条にいう「調査」の範囲については、既に述べた）が実施されたのであり、それにより国税当局が原告会社の不正を知ったことを原告会社自身認識していたというのであるから、その場合にも、更正の予知を是認することも可能であろう。もっとも、第三者のための銀行調査においてたまたま当該納税者の仮名預金が発覚したとしても、通常そのこと自体は公にされ得ないものであろうから、当該納税者がその事実を知ったことが客観的に確認されることがない限り、更正の予知を否定する方が相当と思われる。

⑨　神戸地裁昭和五八年八月二九日判決（税資一三三号五二一ページ）では、原告の特定資産の買換えに係る代替資産の取得価額の誤りからその所得税に過少申告が生じ、その修正申告に係る過少申告加算税賦課決定処分の適否が争われた事案につき、原告は、本件修正申告は被告担当職員の指摘により行ったものであるが、もともと当初申告が担当職員の誤った指導に基づくものであり、その際還付金が還付されたものであるから、原告としては当初の確定申告が適正であったと信ずるほかはなく自ら修正申告することは期待不可能であって更正を予知する余地はなかった旨主張したところ、本判決は、「原告は、本件確定申告の誤りを発見した右京税務署の担当職員からの呼び出しに応じて出頭し、その場で計算の誤りを指摘された結果、本件修正申告を行ったものであるから、本件修正申告書の提出は、原告が自発的に行ったものということはできない。」と判示し、更に、当初申告において源泉徴収税額の控除不足から還付金が還付されたからといって、これがためにその後の修正申告が不可能になるわけではなく、また、被告において原告の自発的修正申告をことさら妨害したというようなこともなく、原告において自発的に修正申告があったものとみなすべき事由もない旨判示して、原告の請求を棄却している。

本件においては、税務署からの呼出しにより所得計算の誤りを指摘されて修正申告をしたものであるから、そのこと自体において更正の予知が否定されることはないであろうが、当初申告に係る還付金の還付が自発的申告を妨害したか否かの問題は、むしろ「正当な理由」の問題として検討されるべきであろう。

⑩　長野地裁昭和六二年七月一六日判決（税資一五九号一七二ページ）及び東京高裁昭和六三年四月二八日判決（税資一六四号三二七ページ）では、税務調査後修正申告のしょうようがあった場合に、更正の予知を是認している。ま

た、大阪地裁昭和六三年一一月二九日判決（税資一六六号五三〇ページ）、大阪高裁平成二年二月二八日判決（税資一七五号九七六ページ）及び最高裁平成二年一〇月二五日第一小法廷判決（税資一八一号一二九ページ）では、確定申告書を精査検討した上で修正申告のしょうようがあった場合に、右精査を調査と認め、更正の予知を是認している。

⑪　東京地裁平成七年三月二八日判決（税資二〇八号一〇一五ページ）、東京高裁平成七年一一月二七日判決（税資二一四号五〇四ページ）及び最高裁平成一一年六月一〇日第一小法廷判決（判例時報一六八六号五〇ページ）では、税務調査後、申告内容が不適正であることを指摘され、修正申告のしょうようを受けて修正申告した場合に、更正に至るであろうことが客観的に相当程度の確実性をもって認められる段階に達した後になされたものであるから、「更正があるべきことを予知してされたものでないとき」には該当しないと判示している。

⑫　大阪地裁平成九年一一月二五日判決（税資二二九号七四〇ページ）では、所轄税務署から譲渡所得における減価償却費の計算の誤りを指摘された後に修正申告書が提出された場合に、右判決は、右修正申告は、更正があることを予知してなされたものと判示している。

⑬　東京地裁平成九年一〇月二八日判決（税資二二九号四一八ページ）では、収用等に伴う代替資産を取得した場合の課税の特例を受ける場合に、代替資産取得期間と当該期間を経過した場合の修正申告書提出期限後に、所轄税務署から代替資産の取得状況を尋ねる来署依頼状を受領し、その後に修正申告書を提出した場合の「更正の予知」の有無が争われたところ、右判決は、原告が更正に向けての調査のための来署依頼であることを十分認識し得たとして、当該来署依頼状が単なる修正申告のしょうように過ぎないとする原告の主張を排斥している。

この判決は、来署依頼状の受領も事案の内容によっては「調査」の開始であること、それによっての修正申告書の提出が「更正があるべきことを予知してされたもの」になることを判断したものとして、評価される。

⑭　神戸地裁平成一二年三月二八日判決（税資二四七号六二ページ）及び大阪高裁平成一二年一一月一七日判決（税資二四九号一一三三ページ）では、納税者は、相続税の納税猶予額の基礎控除額の計算誤りを含めて更正されるであろうことを客観的に相当程度の確実性をもって認められる段階に修正申告書を提出した旨（客観的確実性説）の被告の主張に対し、右判決は、共同相続人全員の相続税の申告につき委任を受けた税理士が、税務調査開始後、計算誤りに気付き、調査担当職員からの指摘を受ける前に、計算誤りを是正した納税者の修正申告書を提出する旨を決意し、その意思を調査担当職員に対し黙示的にせよ表明していたものということができるから、「更正があるべきことを予知してされたものでないとき」に該当するとし、右被告の主張を排斥している。

この判決は、事実関係を明らかにし、納税者側の主張を認めた事例として参考になる。

⑮　名古屋地裁平成一二年七月一二日判決（税資二四八号一三一ページ）は、納税者に対して調査担当者が調査の経過を説明し、申告漏れ財産につき指摘を受けた後に、修正申告書が提出された場合に、当時の国税通則法六五条五項の適用はない旨判示している。

⑯　鳥取地裁平成一三年三月二七日判決（税資二五〇号順号八八六五）では、「調査なければ修正申告なし」という命題の下に、所得税の高額納税者の公示を避けるために過少申告を行い、調査開始後約一月経過して修正申告書が提出された場合に、当該納税者は当初から修正申告する予定であったとして、当時の国税通則法六五条五項の適用を認めている。また、控訴審の広島高裁平成一四年九月二七日判決（税資二五二号順号九二〇六）も、原判決を維持している。

これらの判決は、独自の見解に基づくものと解され、先例として位置付けられるか否かは疑問である。

⑰　東京地裁平成一四年一月二二日判決（税資二五二号順号九〇四八）は、前述のように、当時の国税通則法六五条

五項の解釈について判示するとともに、原告が申告していなかった絵画取引に係る所得について、取引先に対する一連の調査が開始され、そのことが新聞にも報道された後、原告が国税庁長官を訪れ修正申告を行う意思があることを説明し、その後修正申告書が提出された場合に、「更正があるべきことを予知してされたものでないとき」に該当しない旨判示している。

この判決は、当該納税者に対する実地調査が開始される以前に関連先（取引先）に調査が開始された場合の「更正の予知」を判断する場合の参考となる。

⑱　無申告加算税に係る事案であるが、静岡地裁平成一一年二月一二日判決（税資二四〇号六六一ページ）及び東京高裁平成一一年九月二九日判決（税資二四四号九三四ページ）では、地価税の予納はしていたものの期限内申告をしなかった納税者に対し、税務署担当職員が、内部の資料で作成した無申告者リストに基づき、関与税理士事務所に申告書提出の有無を確認し、その後期限後申告書が提出された場合に「正当な理由」の存否が争われた。これに対し、右各判決は、税務職員が調査に着手して無申告が不適正であることを発見するに足るかあるいはその端緒となる資料を発見し、これによりその後の調査が進行したことから、当該納税者も期限後申告書を提出したものと認め、「正当な理由」は存しないと判断した。

本件は、税務署からの照会に対応して申告書を提出したものであるが、それが単なる照会ではなく、非違事項が納税者に解るような照会であったため、前記各判決の結論となったものであり、税務署からの照会が「調査があったこと」となる事例として参考になる。

⑲　さいたま地裁平成一六年二月一八日判決（税資二五四号順号九五六一）では、被告係官から確定申告書記載の税額が過少である旨の電話連絡を受けた後に提出された修正申告書につき、当該係官が確定決算書、決算書等を精査

とにより当該国税について更正があるべきことを予知してされたもの」に該当する旨判断している。この判決では、いわゆる内部調査も「調査」に該当することを明確にしたことに意義がある。

(2) 裁決例

① 昭和四六年三月二五日裁決（裁決事例集二号一ページ）では、原処分庁が、被相続人が居住する市長からの相続税法五八条所定の通知書により、審査請求人が相続した財産につき申告義務ありと見込んで法定申告期限の約一〇日前に申告案内書と申告用紙を送付し、当該法定申告期限経過一週間後に提出された期限後申告書に係る無申告加算税の賦課決定処分について更正の予知の有無が争われたところ、本裁決は、本件申告案内書等の送付をもって直ちに「調査があった」ものとすることは文理上採用し難く、審査請求人はかねてより自主申告の準備をしていたというのであるから、本件期限後申告は結論として自発的に行われた申告とみるのが相当である旨判断している。かように、本件においては、主として、「調査があった」ことを否定することにより、更正の予知を否認したものである。

② 昭和四六年八月九日裁決（裁決事例集三号一ページ）では、国税犯則取締法一条に基づく国税査察官による調査の後に提出された修正申告書に係る重加算税の賦課決定処分につき、更正の予知の有無が争われ、審査請求人は、国税査察官の調査は受けたが、それはあくまで当社に対する調査ではなく、資料収集等のため臨場されたものと考えている旨主張したところ、本裁決は、請求人は昭和四四年二月一七日及び一八日の両日にわたって国税査察官の臨場調査を受けていること、同調査が国税犯則取締法一条に基づき行われたものでその際国税査察官は請求人の経理担当責任者から不正経理のてん末書を徴していること、請求人が昭和四四年七月三一日に昭和四三年度分法人税

の修正申告書を提出したこと、所轄税務署長は国税査察官の同調査資料を引き継ぎ、同署の職員が昭和四四年一〇月六日から調査を行っていること等の事実を認定し、請求人が昭和四四年七月三一日に本件修正申告書を提出する前に国税犯則取締法により収税官吏としての権限を有する国税査察官が請求人の備付け帳簿を具体的に調査しており、その調査により昭和四三年一二月三一日に提出された当初の申告書の所得金額に脱漏が発見されているところから見て、本件修正申告は、「更正があるべきことを予知してされたもの」に該当する旨判断している。

本件においては、結局、査察調査が国税通則法六五条一項及び六項にいう「調査」に含まれるか否かが最も問題とされたものであるが、その問題については、既にふれた。また、その調査により脱漏所得が発見されたというのであるから、更正の予知の是認についても、特に問題はないであろう。

③　昭和五六年一〇月二日裁決（裁決事例集二三号一ページ）では、還付申告に係る申告指導が適切さを欠くか否かに対し、更正の予知の有無が争われた。

すなわち、審査請求人は、昭和四五年分所得税の確定申告に当たり、例年、配偶者控除の対象としていた妻に分離短期譲渡所得があったため、A市B会館内に設置された税務相談会場において、配偶者控除を適用できる所得の基準等について税務相談したが、結論を聞かないまま配偶者控除を行って法定申告期限内に確定申告を済ませた。その後、請求人は、市民税の納税通知書において配偶者控除がなされていないことを知り、市役所及び国税局税務相談室に対し、本件の配偶者控除の取扱いについて照会し、その回答を待っていたところ、昭和五五年八月下旬に至って、原処分庁より、配偶者控除を除いたところによる修正申告のしょうようがあったので、不本意ながら本件修正申告書を提出したが、その申告に係る過少申告加算税の賦課決定を受けた。

かくして、請求人は、本件処分を不服として審査請求を行い、本件処分がなされることとなった原因はすべて原処分庁の事務上の怠慢によるものであって、修正申告書の提出についても、あらかじめ修正申告をするための準備を進めていたもので、原処分庁のしょうようによるものではない旨主張した。

これに対し、本裁決は、「請求人が本件修正申告書の提出について、前記市役所及び同相談室に対し、配偶者控除の適用範囲について問い合わせをするなどその提出の準備中であったとしても、原処分庁は同年八月下旬に修正申告書の提出をしょうようし、その後九月二日に修正申告書が提出されている事実に照らせば、請求人は既に更正を予知した上で修正申告書を提出したものというべきである」と判断している。

本件においては、原処分庁の修正申告のしょうようの後に修正申告が行われたのであるから、その限りにおいては更正の予知を否認する理由もないであろうが、本件の事実関係に照らし、そもそもその前提となる「調査」が行われたといえるか否かについてなお議論の余地があるようにも思われる。

なお、本件においては、「正当な理由」の存否も争われたが、その点についても否定されている。

④　昭和五七年三月二六日裁決（裁決事例集二三号一五ページ）では、所得税調査の事実通知の直後になされた修正申告につき、更正の予知が否定されている。

すなわち、整形外科医を営む審査請求人は、昭和五五年分所得税の確定申告を概算で法定申告期限内に行ったところ、昭和五六年四月一三日に原処分庁の調査担当者から電話で調査のための事前通知を受けたので、同月一五日に修正申告書を提出した。なお、右の調査は、同月一七日に行われ、その調査に係る修正申告は同年五月一九日になされた。

かくして、当初修正申告に係る過少申告加算税の賦課決定処分につき、更正の余地の有無が争われたが、本裁決は、四月一三日の電話連絡は請求人に対する調査日時の取決めに終っており、その電話の詳しい内容がどうであったか、また、具体的に確定申告書に記載された所得金額等の非違にふれたか否か等を認定するに足りる資料もなく、同日又は翌一四日に調査に着手したと断定することは困難であること、本件修正申告書が提出された四月一五日以降特に実地調査が行われた四月一七日以降の調査時において本件修正申告するに至った事情等について質問調査等をした事実が認められないこと、請求人は昭和五四年分所得についても概算で確定申告を行い後日修正申告を行っているが、このことだけで本件修正申告時点で、原処分庁がその調査によって請求人の当初申告が適正でないことを既に把握したものと請求人が察知していたと認めることはできないこと等の点を考慮すれば、本件修正申告書の提出は更正があるべきことを予知したものではないと判断している。

本件においては、調査の事前通知が当時の国税通則法六五条五項の「調査」に該当するか否かが問題とされるべきであろうが、本裁決は、本件の事実関係からみて、単なる事前通知であって、「調査」にまで達しない行為と判断したものであろう。なお、本裁決は、原処分庁が不適正所得を把握したことを請求人が察知したことを更正の予知の要件と考えているようであるが、それは既に述べたように推定で足りるであろう。

⑤　平成八年九月三〇日裁決（裁決事例集五二号三二ページ）は、申告もれの土地の譲渡について具体的に指摘した来署依頼状の送付後に修正申告書が提出された場合に、課税庁が確定申告書を検討して納税者の過少申告を把握し、これを当該納税者に連絡したときには「調査があったこと」に該当するとし、右修正申告は調査があったことにより更正があるべきことを予知してされたというべきである旨判断している。

⑥　平成一四年二月五日裁決（裁決事例集六三号二〇ページ）は、所得税の税務調査を受け、法定申告期限から三年を経過した年分の修正申告につき、「偽りその他不正の行為」が存しないので、「更正があるべきことを予知してされたもの」でない旨判断している。これは、更正の期間制限後の修正申告の効力に関わるものである。

注

（1）大阪地裁昭和四五年九月二二日判決・行裁例集二一巻九号一一四八ページ
（2）詳細については、拙著「国税通則法の理論と実務」（ぎょうせい 平成二八年）一三四ページ、一四一ページ、同「節税と税務否認の分岐点」（ぎょうせい 令和六年）三一五ページ等参照
（3）池本征男「加算税制度に関する若干の考察」税務大学校論叢一四号一九一ページ、酒井克彦「附帯税の理論と実務」（ぎょうせい 平成二二年）七七ページ、一四四ページ等参照
（4）大阪地裁昭和二九年一二月二四日判決・行裁例集五巻一二号二九九二ページ、昭和四六年八月九日裁決・裁決事例集三号一ページ、名古屋地裁昭和四四年五月二七日判決・税資五六号七五一ページ、名古屋高裁昭和四五年七月一六日判決・税資六〇号八〇ページ等参照
（5）後藤喜一「加算税について」会計ジャーナル一九八二年五月号一一九ページ
（6）前出（5）一二〇ページ
（7）前出（3）池本征男・一九〇ページ参照
（8）植松守雄「税務調査」全国地方銀行協会テキスト。なお、柴田勲「質問検査権行使の主体と客体」税理昭和四八年一〇月号掲載等を参照
（9）税制調査会「国税通則法の制定に関する答申及びその説明」一〇一ページ
（10）前出（3）池本征男・一八九ページ
（11）武田昌輔監修「ＤＨＣコンメンタール国税通則法」（第一法規）三五五三ページ
（12）前出（5）一二〇ページ
（13）志場喜徳郎他「国税通則法精解」（大蔵財務協会　平成一九年）六六七ページ
（14）同旨大阪高裁昭和三三年一一月二七日判決・税資二六号一一二四ページ
（15）野崎悦宏・評釈・別冊ジュリスト七九号一三六ページ参照
（16）上田幸穂「本件東京高裁判決の評釈」税務事例一八巻九号二二ページ参照
（17）本判決については、拙著の解説（ＴＫＣ税研情報二〇〇二年二月一日号二六ページ、税研二〇〇二年一月号一〇〇ページ）を

参照

(18) 拙著「重要租税判決の実務研究　第四版」（大蔵財務協会　令和五年）一一五ページ参照

(19) 拙著「租税法律主義と税務通達第八回」税理四四巻九号九ページ、同「租税法律主義と税務通達」（ぎょうせい　平成十四年）九〇ページ等参照

(20) 平成二三年の国税通則法の改正により、当該期間制限は五年に延期された。

(21) 酒井克彦「主体的納税者観の確立と調査における税理士の役割」東京税理士界（東京税理士会機関誌）平成二四年五月一日号一〇ページ参照

(22) 「改正税法のすべて　平成二十八年版」（大蔵財務協会）八七三ページ

第五章　無申告加算税

一　規定の概要

1　無申告加算税の成立と確定

申告納税方式により納付の確定することとなる国税について、法定申告期限後に納税申告書を提出した場合若しくは申告をしないため決定があった場合又は期限後申告書の提出又は決定があった後に修正申告書の提出若しくは更正があった場合において、これらにより納付すべき税額があるときは、原則として、その税額の一五％相当額が無申告加算税として、賦課決定されることになる（通則法六六①）。

そして、この無申告加算税の成立及び確定は、過少申告加算税の場合と同様に規定されている（通則法一五②一四、同一六①二）。

2　無申告加算税の課税要件

無申告加算税が課される要件は、次のとおりである（通則法六六①）。

①　まず第一の要件は、申告納税方式による国税について、次に掲げる申告書の提出又は決定若しくは更正があったことである。

㋑　期限後申告書の提出又は決定があった場合

すなわち、申告納税方式による国税について、納税申告書が法定申告期限後に提出された場合又は納税申告書の提出がなく国税通則法二五条に基づく決定があった場合である。また、申告期限の延長を受けている場合には、その延長を受けた日後に納税申告書が提出された場合である。

なお、期限内申告書の提出がなかったことについて正当な理由があると認められる場合には、無申告加算税は課されない（通則法六六①但し書）。

㋺　期限後申告書の提出又は決定があった後に修正申告書の提出又は更正があった場合

すなわち、納税申告書の提出が期限後にされた場合又はその提出がないため決定された場合には、その納税者についてその後修正申告書の提出なり更正がなされた場合にも、無申告加算税が課されることになる。なお、この場合に、当初の期限後申告書の提出について、それが期限内に提出されなかったことにつき、正当な理由があると認められる場合又はその申告に係る国税について調査があったことにより決定があるべきことを予知してされたものでない場合に所定の要件に該当し法定申告期限から一月以内に措置された場合には、無申告加算税ではなく、過少申告加算税が課されることになる（通則法六六①但し書、⑨、六五①かっこ書二）。

②　第二の要件は、前記の期限後申告書の提出若しくは決定又はこれらの後にされる修正申告書の提出若しくは更正により、納付すべきこととなる税額があることである。

なお、納付すべき税額には、還付金（純損失の繰戻し等による還付金については、その還付加算金を含む）相当額を税として徴収する場合におけるその追徴税額を含むものである。

3　無申告加算税の課税割合と計算

無申告加算税は、期限内申告書を提出しなかった納税者（そのことにつき、正当な理由を有する者等を除く）に対して、期限後申告書の提出若しくは決定又はこれらの後の修正申告書の提出若しくは更正により納付すべき税額を基礎とし、これに対し原則として一五％の割合を乗じて計算される。このように、無申告加算税の税率は、無申告であることに着目して、過少申告加算税の基本税率に対し、五％上積みされている。この税率については、期限後申告書等の提出が、その申告に係る国税についての調査があったことにより当該国税について更正又は決定があるべきことを予知してされたものでないときは、一〇％に軽減され（通則法六六①かっこ書）、また、後述の所定の要件をみたすときには課税されないこととなる（通則法六六⑨）。また、次に述べるように、納付すべき税額が多額なとき等には、その部分について、五％、一〇％又は一五％加重されて最高三〇％となる（通則法六六②、⑤、⑥）。

なお、無申告加算税が課されるべき基礎税額に一万円未満の端数があるとき、又はその基礎税額の全額が一万円未満であるときは、その端数金額又はその全額を切り捨てて計算し、その無申告加算税に一〇〇円未満の端数があるとき、又はその全額が五、〇〇〇円未満であるときは、その端数金額又はその全額を切り捨てて計算する（通則法一一八、一一九）。

以上の国税通則法の規定のほか、第八章の四で述べるように、国外財産調書等の提出の有無等により、税率の軽減又は加重の措置が設けられている。

4　無申告加算税の加重

(1)　無申告税額が多額な場合

無申告加算税についても、過少申告加算税の場合と同様に、納付すべき税額が多額の場合には、その税率が五％加重されることになっている。すなわち、平成一九年一月一日以後法定申告期限が到来する国税については、無申告加算税の賦課要件に該当する場合において、納付すべき税額（期限後申告又は決定後に修正申告書の提出又は更正があったときは、その国税に係る累積納付税額を加算した金額（加算後累積納付税額））が五〇万円を超えるときは、その申告等により納付すべき税額に一五％の割合を乗じて計算した金額に、その超える部分に相当する税額（その申告等により納付すべき税額がその超える部分に相当する税額に満たないときは、その納付すべき税額）に五％の割合を乗じて計算した金額を加算した金額とされる（通則法六六②）。

この加重措置に関し、国税通則法六六条三項は、更に高額な無申告に対し、次のように定めている。この措置は、令和五年度税制改正において設けられてものである。(注1)

「3　第一項の規定に該当する場合において、加算後累積納付税額（当該加算後累積納付税額の計算の基礎となった事実のうちに同項各号に規定する申告、更正又は決定前の税額（還付金の額に相当する税額を含む。）の計算の基礎とされていなかったことについて当該納税者の責に帰すべき事由がないと認められるものがあるときは、その事実に基づく税額として政令で定めるところにより計算した金額を控除した税額）が三百万円を超えるときは、同項の無申告加算税の額は、前二項の規定にかかわらず、加算後累積納付税額を次の各号に掲げる税額に区分してそれぞれの税額に当該各号に定める割合（期限後申告書又は第一項第二号の修正申告書の提出が、その申告に係る国税についての調査があったことにより当該国税について更正又は決定があるべきことを予知してされたものでないときは、その割合から百分の五の割合を減じた割合。以下この項において同じ。）を乗じて計算した金額の合計額から累積納付税額を当該各号に掲げる税額に区分してそれぞれの税額に当該各号に定める割合を乗じて計算した金額の合計額を控除した金額とする。

一　五〇万円以下の部分に相当する税額　百分の十五の割合

二　五〇万円を超え三百万円以下の部分に相当する税額　百分の二〇の割合

三　三百万円を超える部分に相当する税額　百分の三〇の割合」

右の「納税者の責に帰すべき事由がないと認められるものがあるとき」には、過少申告加算税に係る「正当な理由」があると認められる事実があるときに該当する（令和五年改正通達第二の三）。

そして、国税通則法六六条二項及び三項にいう累積納付税額とは、同条一項二号の修正申告書の提出又は更正前にされたその国税についての次に掲げる納付すべき税額の合計額をいう（通則法六六④）。

①　期限後申告書の提出又は決定に基づき納付すべき税額

②　修正申告書の提出又は更正に基づき納付すべき税額

⑵　帳簿不提示等があった場合

過少申告加算税の場合（第四章二・2）と同様、無申告加算税についても納税環境整備の一環として、当該職員に対する帳簿不提示等があった場合には、無申告加算税の加重措置を設けている。すなわち、国税通則法六六条五項は、次のとおり定めている。

「第一項の規定に該当する場合において、当該納税者が、帳簿に記載し、又は記録すべき事項に関しその期限後申告書若しくは修正申告書の提出又は更正若しくは決定（〈略〉）があつた時前に、当該職員から当該帳簿の提示又は提出を求められ、かつ、次に掲げる場合のいずれかに該当するとき（当該納税者の責めに帰すべき事由がない場合を除く。）は、第一項の無申告加算税の額は、同項から第三項までの規定にかかわらず、これらの規定により計算した金額に、第一項に規定する納付すべき税額（〈略〉）に百分の十の割合（第二号に掲げる場合に該当するときは、百分の五の割合）を乗じて計算した金額を加算した金額とする。

一　当該職員に当該帳簿の提示若しくは提出をしなかつた場合又は当該職員にその提示若しくは提出がされた当該帳簿に記載し、若しくは記録すべき事項のうち、特定事項の記載若しくは記録が著しく不十分である場合として財務省令で定める場合

二　当該職員にその提示又は提出がされた当該帳簿に記載し、又は記録すべき事項のうち、特定事項の記載又は記録が不十分である場合として財務省令で定める場合（前号に掲げる場合を除く。）」

そして、この規定の適用においては、過少申告加算税に係る「帳簿不提示等があった場合」の取扱いが準用されることになる（令和五年法人税改正通達第二の五）。

このような措置は、調査非協力等に対する一種の制裁措置であろうが、調査非協力等に対しては、本来、課税庁側の調査能力の向上と推計課税によって対処すべきことになっているはずである。よって、「調査非協力即加算税の加重」という措置に問題があるものと考えられる。

(3)　**無申告等について前科がある場合**

前記(2)と同様に、納税環境整備の一環として、無申告等についていわゆる前科がある場合には、それを理由に無申告加算税の加重措置がとられている。すなわち、国税通則法六六条六項は、次のとおり定めている。

「第一項の規定に該当する場合において、次の各号のいずれかに該当するときは、同項の無申告加算税の額は、同項から第三項までの規定にかかわらず、これらの規定により計算した金額に、第一項に規定する納付すべき税額に百分の十の割合を乗じて計算した金額を加算した金額とする。

一　その期限後申告書若しくは第一項第二号の修正申告書の提出〈略〉又は更正若しくは決定があった日の前日から起算して五年前の日までの間に、その申告又は更正若しくは決定に係る国税の属する税目について、無申告加算税〈略〉又は重加算税〈略〉を課されたことがある場合

二　その期限後申告書若しくは第一項第二号の修正申告書の提出〈略〉又は更正若しくは決定に係る国税の課税期間の初日の属する年の前年及び前々年に課税期間が開始した当該国税〈略〉の属する税目について、無申告加算税〈略〉若しくは第六十八条第二項の重加算税（以下この号及び同条第四項第二号において「特定無申告加算税等」という。）を課されたことがあり、又は特定無申告加算税等に係る賦課決定をすべきと認める場合」

この規定の適用について、令和五年法人税改正通達第二の六は、次の留意事項を定めている。

「6　通則法第66条第6項の規定の適用に当たっては、次の点に留意する。

(1)　通則法第119条第4項の規定により無申告加算税又は重加算税の全額が切り捨てられた場合には、無申告加算税等（通則法第66条第6項第1号に規定する無申告加算税等をいう。以下6において同じ。）を課されたことがある場合に該当せず、通則法第119条第4項の規定により無申告加算税又は重加算税の全額が切り捨てられた、又は切り捨てられる場合には、特定無申告加算税等（通則法第66条第6項第2号に規定する特定無申告加算税等をいう。以下6において同じ。）を課されたことがあり、又は特定無申告加算税等に係る

賦課決定をすべきと認める場合に該当しない。

(2) 被合併法人の各事業年度の法人税について、無申告加算税等を課されたことがある場合又は特定無申告加算税等を課されたことがあり、若しくは特定無申告加算税等に係る賦課決定をすべきと認める場合には、これらの無申告加算税等又は特定無申告加算税等が合併法人の行為に基因すると認められるときに限り、当該合併法人について、無申告加算税等を課されたことがある場合又は特定無申告加算税等を課されたことがあり、若しくは特定無申告加算税等に係る賦課決定をすべきと認める場合に該当するものとして取り扱う。

また、連結納税の承認を取り消され、又は連結納税の適用の取りやめの承認を受ける前の各連結事業年度の法人税について、無申告加算税等を課されたことがある場合又は特定無申告加算税等を課されたことがあり、若しくは特定無申告加算税等に係る賦課決定をすべきと認める場合には、連結親法人であった法人について、無申告加算税等を課されたことがある場合又は特定無申告加算税等を課されたことがあり、若しくは特定無申告加算税等に係る賦課決定をすべきと認める場合に該当するものとして取り扱う。

(注) 無申告加算税等又は特定無申告加算税等を課された一の法人について、その後分割が行われた場合であっても、分割承継法人について、無申告加算税等を課されたことがある場合又は特定無申告加算税等を課されたことがある場合には該当せず、分割前の期間が含まれる分割法人の各事業年度の法人税について特定無申告加算税等に係る賦課決定をすべきと認める場合であっても、分割承継法人について特定無申告加算税等に係る賦課決定をすべきと認める場合には該当しない。

(3) 通則法第66条第6項第2号の「課税期間の初日の属する年」の前年中又は前々年中に開始した各課税期間(事業年度)が1年未満のものがある場合には、同項(同号に係る部分に限る。)の規定は、当該前年中に課税期間(事業年度)が開始した法人税のうちのいずれか及び当該前々年中に開始した課税期間(事業年度)

の法人税のうちのいずれかについて特定無申告加算税等を課されたことがあり、又は特定無申告加算税等に係る賦課決定をすべきと認める場合に該当するときに適用されるものであり、当該前年中及び当該前々年中に開始した各課税期間（事業年度）の法人税の全てについて特定無申告加算税等を課されたことがあり、又は特定無申告加算税等に係る賦課決定をすべきと認める場合に該当することは要しない。」

このような規定は、かっこ書を省略しているので正確ではないが、要するに、五年以内に無申告加算税又は重加算税の前科があれば、無申告加算税の加重措置をとるというもので、加算税制度を一層複雑にしている。

5　無申告加算税の減免

(1)　正当な理由がある場合

既に述べたように、期限内申告書の提出がなかったことについて正当な理由があると認められる場合には、無申告加算税は課税されないが（通則法六六①但し書）、その後に更に修正申告書の提出又は更正があったときには、過少申告加算税が課税される（通則法六五①かっこ書）。

また、期限後申告書の提出又は決定があった後に修正申告書の提出又は更正があった場合には、国税通則法六五条五項一号の規定が準用されることになっている（通則法六六①）。すなわち、期限後申告書の提出又は決定があった後に修正申告書の提出又は更正があった場合において、それにより納付すべき税額の基礎となった事実のうちにその修正申告書の提出又は更正前の税額（還付金の額に相当する税額を含む）の計算の基礎とされていなかったことについて正当な理由があると認められるものがあるときは、無申告加算税の基礎となるべき納付すべき税額からその正当な理由があると認められる事実のみに基づいて修正申告書の提出又は更正があったものとした場合におけるその提出又は更正に基づき納付すべき税額を控除して、無申告加算税の対象となる基礎税額を計算することにしている。

つまり、期限後申告書の提出又は決定があった後、その期限後申告等が過少であって更に修正申告なり更正を余儀なくされる場合には、その納税不足額について正当な理由があるときには、その部分については加算税が課されないことになる。

以上の場合の「正当な理由」の意義等については、過少申告加算税の場合と同様に解せられるのであるが、無申告の特殊性を考慮し、それらの事例については、後述することとする。

(2) 更正を予知しないでした申告の場合

期限後申告書の提出又はその提出若しくは決定後にされた修正申告書の提出が、その申告に係る国税の調査があったことにより、その国税について決定又は更正があるべきことを予知してされたものでない場合において、その申告に係る国税についての調査通知がある前に行われたものであるときは、無申告加算税の額は、その基礎税額の五％相当額とされる（通則法六六⑧）。

この場合の「更正又は決定があるべきことを予知してされたもの」及び「調査通知」の意義等については、過少申告加算税の場合と同じであり（令和五年法人税改正通達第二の七参照）、それらの事例についても既に述べた。

(3) 法定申告期限内申告の意思があったと認められる場合

平成一九年一月一日以後に法定申告期限が到来する国税について期限後申告書の提出があった場合において、その提出が、その申告に係る国税についての調査があったことにより決定があるべきことを予知して提出されたものでなく、期限内申告書を提出する意思があったと認められる一定の場合に該当してされたものであり、かつ、当該期限後申告書の提出が法定申告期限から一月を経過する日までに行われているものであるときは、無申告加算税を課さない（通則法六六⑨）。

右の一定の場合とは、次のいずれにも該当する場合をいう（通則令二七の二①）。

① 自主的な期限後申告書の提出があった日の前日から起算して五年前（一定の税目については一年前まで）の日までの間に、その期限後申告書に係る国税について期限後申告書の提出又は決定を受けたことにより無申告加算税又は重加算税を課されたことがない場合で、かつ、国税通則法六六条九項の規定の適用を受けていない場合

② ①の期限後申告書に係る納付すべき税額の全額が法定納期限（一定の場合には当該期限後申告書を提出した日）までに納付されていた場合

このような特例は、後述する大阪地裁平成一七年九月一六日判決（税資二五五号順号一〇一三四）の影響を受けてのことであろうが、そのような事案について無申告加算税を課す必要がないというのであれば、「正当な理由」の一事由として認めれば足りるはずである。その点では、当該条項の立法の必要性については疑問を感じるところである。

6　他の法律による特例

無申告加算税については、国税通則法以外の国税に関する法律において、次のような特例が設けられている（なお、国外財産調書及び財産債務調書に関するものについては、第八章で述べる。）。

(1) 租税特別措置法による特例

租税特別措置法においては、収用換地に伴って取得した代替資産又は事業用資産の買換えによって取得した資産の取得価額が見積価額に達しなかった場合等における所得税等の修正申告書の提出を義務づけているが、その修正申告書の提出が後発的理由によって行うこととされているから、これを確定申告書の提出と同視することとしており、他方、その修正申告書が期限後に提出され、又は更正があったときは、それによって納付すべき税額に対しては、無申告加算税ではなく、過少申告加算税が課されることとされている（措法三三の二⑩等）。

(2) 相続税法による特例

相続税法上、特別縁故者として分与を受けたことにより、既に確定した相続税額に不足を生じた場合等には、その事由が生じたことを知った日の翌日から六カ月以内に修正申告書を提出しなければならないが、これらの修正申告書についても、無申告加算税は課されず、過少申告加算税が課されることになる（相法五〇②）。

(3) 輸入品に対する内国消費税の徴収等に関する法律による特例

輸入品に対する内国消費税の徴収等に関する法律第一九条においては、保税地域からの引取りに係る課税物品に対する内国消費税については、無申告加算税は課されないこととされている。

注

（1） この立法趣旨については、「改正税法のすべて　令和五年版」（大蔵財務協会）六二〇ページ以下参照

二　正当な理由

1　「正当な理由」に関する解釈論

既に述べたように、期限内申告書の提出がなかったことについて正当な理由があると認められる場合には、無申告加算税は課されず、期限後申告書の提出又は決定があった後に修正申告書の提出又は更正があった場合に、当初の期限後申告等が過少であったことについて正当な理由があると認められる場合には、その修正申告又は更正の部分については過少申告加算税が賦課されることになる。かかる場合の「正当な理由」に関する解釈論についても、既に述べた過少申告加算税の場合と同様なことがいえる。

すなわち、①「正当な理由」の内容が不確定概念であるということから、当該規定が租税法律主義なり罪刑法定主義に反するか否かという問題、②「正当な理由」の意義、あるいはいかなる要件を満たした場合に「正当な理由」があるといえるかという問題、③「正当な理由」の主張・立証責任の問題等については、過少申告加算税について議論したこととほぼ同じことがいえよう。

これらの問題について、特に、無申告加算税の賦課決定処分の取消訴訟に関して判示された内容等を整理すると、次のとおりである。

まず、「正当な理由」の意義について、大阪地裁昭和四三年四月二二日判決（行裁例集一九巻四号六九一ページ、税資五二号六七四ページ）は、「昭和三七年当時施行の旧所得税法五六条三項によると、無申告加算税額の決定については、納税義務者が決定期限内に確定申告書を提出せず、かつ、そのことについて正当な理由がないことを要するものとされているところ、右法条にいわゆる正当な理由とは、無申告加算税が租税債権確定のために納税義務者に課せられた税法上の義務の不履行に対する一種の行政上の制裁であるところからすれば、かような制裁を課することを不当若しくは酷ならしめるような事情を指すものと解するのが相当である」と判示している。また、長崎地裁昭和四四年二月五日判決（訟月一五巻三号三六六ページ、税資五六号二三ページ）、広島地裁平成二年二月二八日判決（税資一七五号九四三ページ）、広島高裁平成二年七月一八日判決（税資一八〇号八九ページ）、神戸地裁平成五年三月二九日判決（税資一九四号一〇九一ページ）、東京地裁平成六年二月一日判決（税資二〇〇号五〇五ページ）等も、同旨の判示をしている。

更に、仙台地裁昭和六三年六月二九日判決（税資一六四号九八九ページ）は、「無申告加算税制度は、申告の適正を担保し申告納税制度を確保するために行政上の制裁として設けられたものであり、国税通則法六六条一項但書の「正当な理由」とは、期限内に申告書を提出できなかったことに宥恕すべき事情があり、行政上の制裁を課することが相当でない場合を意味する」旨判示している。右のような意義に加え、東京地裁平成三年六月二六日判決（税資一八三号九九三ページ）及び東京高裁平成四年三月一九日判決（税資一八八号七九八ページ）は、納税者の法の不知や法令解釈の誤解により期限内申告書の提出がなかったというような事情は「正当な理由」に当たらない旨判示している。

また、浦和地裁平成五年一〇月一八日判決（税資一九九号二七四ページ）では、消費税導入当時には税務署が管内の課税事業者と見込まれる者に対して消費税確定申告書の用紙等を送付していたのであるが、当該納税者に右送付がなく無申告があった場合に、「正当な理由」の存否が争われたところ、「被告が、消費税の適正な申告及び納付を促進するため納税者サービスの一環として事実上行ったものであって、消費税法その他の関係法令上の義務としてしたわけではないのであるから、たまたま、何らかの事情で原告に対する送付がもれたからといって、原告の申告が期限後となったことについて正当の理由があるということはできない。」と判示している。

なお、旧所得税基本通達では、交通・通信のと絶、通信機関の故障等により期限内に申告書を提出できなかった場合、申告時の身体上の都合で申告ができず、かつ、他人をしても申告書を提出できなかった場合等を「正当な理由」の事由にあげている（同通達五一八）。

次に、過少申告加算税の場合の「正当な理由」の主張・立証責任が納税者側にあることは既に述べたが、大阪地裁昭和三九年一〇月一六日判決（訟月一一巻二号三三八ページ、税資三八号七〇七ページ）は、「原告が無申告加算税の免除を求める（具体的な無申告加算税債務の不発生の主張）ためには原告が確定申告書を期限内に提出しなかったことについて正当な理由があったことを主張しなければならない」と判示し、無申告加算税の場合もその理は同じであることを明らかにしている。また、神戸地裁平成五年三月二九日判決（税資一九四号一〇九一ページ）も同旨の判示をしている。

2　「正当な理由」に関する個別事例

(1)　税法解釈の疑義に関するもの

①　大阪地裁昭和三三年一一月一七日判決（行裁例集九巻一一号二四二四ページ、税資二六号一一〇五ページ）では、建物収去土地明渡の調停事件に係る譲渡所得の課税時期につき、原告は当該代金の完済時である昭和三一年分として申告したところ、被告は当該調停成立日の属する昭和三〇年分とする課税処分を行い、その処分のうち、所得税無申告加算税及び再評価税無申告加算税の決定処分の適否が争われた。

本判決は、本件譲渡所得の課税時期は被告の見解が相当である旨判示した上で、「さらに右の無申告または期限後申告が原告の主張するような法律の不知ないし誤解にもとづくものであるとしても、単にその主張のかぎりでは所得税法五六条三項および資産再評価法八〇条一項所定の無申告加算税を免れうべき真にやむをえないものとしての正当事由とはなりえず、」と判示して、本件決定に違法はないとしている。

過少申告なり無申告となった事由が「納税者の税法の不知若しくは誤解に基づく場合」には、「正当な理由」が存しないことについては、既に述べてきたところであるが、本件もその例に当たるといえよう。

② 高松高裁昭和四五年一一月一六日判決（税資六〇号六九〇ページ）では、控訴会社の訴外会社吸収合併に係る清算所得の課税処分の適否が争われた事案（当該合併において営業財産の譲受けが行われたのか、訴外会社の全株式の取得が行われたのか等が争われたもの）につき、控訴会社は、当該無申告加算税の賦課決定について、本件合併においては単に営業権の譲受けが行われたのであって、仮に、株式の買取りが行われたとしてもかかる取引から納税義務が生ずることは何人にとっても到底考えも及ばないことであるから、その無申告には「正当な理由」が存する旨主張した。

本判決は、本税に係る課税処分を適法である旨判示した上で、本件無申告加算税の賦課決定の適否につき、次のように判示して、控訴会社の請求を棄却している。

「原判決の認定した事実に従えば、控訴会社代表者は本件取引を株式の売買であると認識していたものと認められ、当審証人木村秀太郎（編注＝控訴会社代表者）の証言中、右認定に反する部分は信用できない。また、控訴会社代表者が株式を買受ければ納税の義務が発生することを知らなかったとしても、それは法令の不知にほかならず、清算所得についての確定申告書を法定の期間内に提出しなかったことについての正当の事由となるものではない。」

かように、本件においては、控訴会社は本件のような課税関係は法律の専門家たる弁護士においても通常知り得ることのない解釈上の疑義がある旨主張したのであるが、本判決は、本件無申告は結局納税者側の法令の不知に帰するものであるとして、その請求を棄却したものである。

なお、本判決の原判決である松山地裁昭和四一年四月一八日判決（税資四四号三四一ページ）及び上告審判決である最高裁昭和四九年六月二八日第三小法廷判決（税資七五号一一一五ページ）においては、加算税の問題は審理の対象となってはおらず、本件清算所得課税が適法であることのみが判示されている。

③　大阪地裁昭和五四年一月三〇日判決（税資一〇四号一五五ページ）では、原告が土地の交換を行い非課税と誤信して無申告でいたところ、譲渡土地と譲受土地との用途が異なるということで所得税の決定と無申告加算税の賦課決定を受けたので、原告は、当該賦課決定につき、不動産の等価交換の場合は一般に非課税との認識があり、原告もそのように誤信したため、確定申告をしなかったにすぎないから、その無申告については「正当な理由」がある旨主張した。しかしながら、本判決は、原告の主張する無申告の理由は要するに法の不知であるから、そのような事情は「正当な理由」に該当すると解せない旨判示し、原告の主張を棄却している。

また、控訴審の大阪高裁昭和五四年五月二九日判決（税資一〇五号四九五ページ）も、原判決と同様に、控訴人の請求を棄却している。

④　東京地裁昭和五七年四月二二日判決（行裁例集三三巻四号八三八ページ、税資一二三号一〇九ページ）では、大陸棚が法人税法上の「施行地」に当たるか否かという解釈上の疑義に関し、「正当な理由」の存在が争われた。すなわち、本件審理において外国法人である原告会社は、日本国沿岸の大陸棚が施行地に当たらないということで、当該大陸棚における鉱物資源の探索等に係る昭和四六年から同四八年にかけての所得は国内源泉所得に当たらないとして法人税を申告しなかったが、これは、かかる所得について日本に課税権があることを明示した法令がなく、課税

実例もなく、国税当局がこの問題を検討したのは昭和四八年に入ってからであり、原告自身当初から当該所得について納税義務がないと確信していたからであり、かつ、そのように信じても過失がないといえるから、本件無申告についても少なくとも無申告加算税を免れ得る「正当な理由」が存する旨主張した。

これに対し、本判決は、本件の事実を認定した上で、「以上の事実を総合すれば、原告会社は、本件掘削作業を行った大陸棚において、鉱物資源の探索・開発に関しては日本の法律が施行され、本件掘削作業につき法人税納付義務の問題があることを認識していたものと認められ、それにもかかわらず税務当局に対し確認もせず（その上、昭和四十八年の段階では税務当局から納税申告を行うよう指導されたにもかかわらず）、納税申告書の提出を怠ったのであるから、期限内申告書を提出しないことにつき正当な理由があるものと認めることはできない」と判示し、原告会社の請求を棄却した。

原告会社は、更に控訴し、原審における主張のほか、本件係争年度当時法人税法上の「施行地」は領土内と統一して解釈されていたから、その「施行地」に大陸棚を含めることは将に解釈の変更であって、「正当な理由」が存することはあきらかであること、仮にそうではなく、当時税務当局において「施行地」に大陸棚が含まれると解釈されていたとしても、それは一般納税者にとって予測を超えた解釈であること、当時税務当局の指導に対し法律上の根拠に基づいた反論を主張した陳述書を提出したが、何ら内容のある回答は得られなかったこと等を総合すれば、本件無申告には、「正当な理由」がある旨主張した。

これに対し、東京高裁昭和五九年三月一四日判決（後掲、裁判例⑥⑤）は、後述のように、大陸棚が「施行地」に含まれるか否かの解釈論の経緯を認定し、本件係争年度当時国税当局が本件所得は課税される旨回答していること等を認定した上で、本件無申告に「正当な理由」はない旨判示している。

本件は、大陸棚が法人税法上の「施行地」に当たるか否かという法律解釈上注目すべき議論を呼んだ事案につき、それを否定して申告しなかったことについて「正当な理由」の有無が争われたものであるが、本件問題が法人税法の基本的事項でありながら従来それが公けに問題にされたこともなく、課税庁側の見解も公表されていなかったため、「正当な理由」の存否も注目すべきところがあった。結局、本件各判決は、本件解釈論の経緯等を認定した上で、当該無申告について「正当な理由」を否定しているが、一つの先例にして参考となる事案といえよう。

⑤ 東京地裁昭和五七年六月一一日判決（税資一二三号六〇一ページ）では、外国法人で国際運輸業を営む原告会社が京浜外貿埠頭公団等の発行する債券に係る利子収入が旧日米租税条約五条の規定により免税とされる「船舶の運用によって取得する所得」に当たるか否かが争われた事案において、原告会社は、当該利子収入が免税所得に当たるとして法人税を申告しなかったことにつき、本件のように判断が困難で先例もない事案については、仮に原告が免税との判断を誤ったとしても、それは真にやむを得ない事態であったといわざるを得ないから、当該無申告には「正当な理由」がある旨主張した。

これに対し、本判決は、「本件利子収入が旧条約五条の免税所得に該当するか否かについて適切な先例がなかったことは弁論の全趣旨からも認められるところではあるが、本件全証拠によるも、右以外に、原告が本件利子収入を課税所得として申告することが期待できなかったような事情を認めるに足る証拠はなく、本件は畢竟するに、原告が右条約の解釈を誤ったに過ぎないものというべきであるから、……正当の理由があるものと認めることはできない。」と判示して、その請求を棄却した。

本件も、法律解釈の疑義をめぐって「正当な理由」の存否が争われたものであるが、解釈事例として稀な事案であるだけに参考となろう。

⑥　東京地裁平成六年二月一日判決（税資二〇〇号五〇五ページ）では、外国人が我が国の法令の解釈を誤って申告期限を徒過したとしても、「正当な理由」には当たらない旨判示している。

【裁判例㊺】大陸棚を施行地に含める解釈は一般納税者の予測を超えたものではなく、右解釈を公表していなくとも税務取扱上妥当を欠いたともいえない（東京高裁昭和五九年三月一四日判決・税資一三五号二八七ページ）

『日本国沿岸の大陸棚は、その海底及びその地下の鉱物資源を探索・開発する目的・範囲内において沿岸国の主催的権利が及ぶものとする確立した慣習国際法が成立したことによって、新たに日本国の課税対象区域になったものであることは、前述したとおりである。しかし、右大陸棚は、右慣習国際法の成立により、法人税法の改正をまたずとも、当然に同法の「施行地」となったものであり、右「施行地」が単に日本国の領土内のみであるとする統一された解釈があったと認めるに足りる証拠はなく（〈略〉）、昭和四十四年二月二十六日の衆議院予算委員会第一分科会において、外務省条約局法規課長は、「大陸棚の地下鉱物資源の開発、探査について、沿岸国が主催的権利を行使し得るという点は一般国際法となった。」と答弁し、同年三月二十四日の衆議院予算委員会において、外務大臣も同旨の答弁をしたこと、課税権は右主権的権利のうち重要な基本的権利であること、控訴人の掘削作業は、日本国政府が大陸棚を鉱業法の施行地と認定し、同法に基づき西日本石油開発株式会社及び帝国石油株式会社に対し設立した試掘権を基礎とするものであること、控訴人は本件掘削作業に用いるためオデコ本社から取り寄せた機械等について、関税法による関税を納付し、本件掘削作業に従事させるために雇用した従業員にかかる源泉所得税を納付したこと、原判決理由七4に認定のとおり、本件法人税の課税決定等の前に、パナマ共和国法人二社が国税庁に対し、日本国沖合の大陸棚において石油探索のため提供される役務等の対価が国内源泉所得に該当するかどうか照会したのに対し、同庁は該当する旨回答したこと、昭和四十八年に東京国税局は控訴人に対し本件各係争年度の国内源泉所得に対し税務申告をするよう指導したこと、その他原判決が理由七に認定する諸事情を総合すると、日本国沿岸の大陸棚を法人税法の「施行地」に含める法律解釈が、控訴人等の外国法人をも含めて一般納税者の予測を超えたものとはいえない。そうすると、法人税の「施行地」に大陸棚を含む旨を、税務官庁が基本通達の発布などの措置により公表しなかったとしても、税務取扱上、妥当を欠いたともいえない。

したがって、控訴人が本件各係争年度の国内源泉所得について税務申告しなかったことについて「正当な理由」があったとは認められず、控訴人の主張三も理由がない。』

(2) 税務官庁の対応に関するもの

① 大阪地裁昭和四三年四月二二日判決（後掲、裁判例㊻）では、居住用財産の買換えに関して税務職員の申告指導に不行届きがあったとして、当該無申告について「正当な理由」を認容している。すなわち、原告は、昭和三六年中に自己居住の土地建物を譲渡し、同三七年二月下旬、被告の呼出しに応じて同税務署に出頭し、被告係員に対し居住用財産の買換えの特例の適用を受けたい旨申し出たところ、同係員が当該買換えに必要な申請書の代行記載をしたものの確定申告書の提出等については何ら指導をしなかったため、買換えに必要な申告手続は終了したものと誤信した。その後、原告は、昭和三七年五月に建物を取得したのであるが、同三八年四月同建物が倒壊したため、同六月売買契約を解除した。結局、取得した資産を一年以内に居住の用に供さなかったということで、昭和三九年二月に至り、原告は、昭和三六年分所得税について決定を受けることになったのであるが、本件無申告には、被告側の申告指導に不行届きがあったから、「正当な理由」がある旨主張した。

これに対し、本判決は、後述のように、担当係員の申告指導に不行届きがあり、原告が確定申告書を提出しなかったことは無理からぬことであるとして、本件無申告について「正当な理由」を認容した。

本件は、無申告事案につき「正当な理由」を認容した数少ない事例であるが、原告が確定申告書を法定期限内に提出しなかったのはつまるところ法律の不知に起因するのであろうが、その不提出が担当係員の行動から誤解させられたことを強調したものであろう。

② 長崎地裁昭和四四年二月五日判決（税資五六号二三ページ）でも、譲渡所得の無申告事案につき、「正当な理由」を認容している。すなわち、不動産業を営む原告は、譲渡担保の不履行により取得した土地について、昭和三六年中にその一部を譲渡し、被告の係官より何回かの申告指導を受けたものの結論が出ずそのままにしていたところ、同三八年九月に至り、当該年分の所得税の決定と無申告加算税の賦課決定を受けた。原告は、この賦課決定につき、本件申告指導においては、所得計算が複雑であったため、昭和三七年二月に当該係官より「本件土地の全部が売却できてから所得税を決めます。」といわれ、同年四月に同係官に預けていた関係書類も返戻されていたのであるから、本件無申告には「正当な理由」がある旨主張した。

これに対し、本判決は、関係証拠からみて原告の主張する事実は認め得るとし、かかる事実と、申告納税制度は本来納税者が税法の仕組みについてある程度の理解を前提とするものの、税法の内容が複雑であるため、多くの納税者が税務係員の指示に頼っている実状を併せ考えると、原告が期限内に確定申告書を提出しなかったのは誠に無理からぬところであるとし、当該無申告には「正当な理由」がある旨判示した。

本件は、結局、税務職員の誤指導（又は誤解を招く指導）を認定し、それを「正当な理由」と認めたものであるといえよう。

③　東京地裁昭和四六年五月一〇日判決（税資六二号六五八ページ）でも、贈与税の無申告事案につき、「正当な理由」を認容している。すなわち、父親から借地権付家屋の贈与を受けた原告は、被告の来署依頼に応じ、弁護士である代理人と共に出頭したのであるが、その際、原告側は本件不動産は生活費に充当する非課税財産である旨主張したところ、被告係官は当初は課税財産である旨反論したもののその後原告側の主張を認めるような発言をしたものであるから、本件無申告には「正当な理由」が存する旨主張した。

これに対し、本判決は、原告の主張する事実を概ね認めた上で、「本件不動産が非課税財産であるかどうかの法解釈に関し、原告の側に速断のそしりを免れない点があったにもせよ、原告側から被告に宛て提出された書面によれば、被告係官の説明が原告側に十分伝達、了解されていないことが明白であるにもかかわらず、被告および被告の所部係官が原告らの誤解をとき、申告書の提出を促す等の措置を講ずることなく、納税相談における面接日より三箇月余り経過した後、突如として本件賦課決定処分をしたことは、贈与税が申告納税制度であるとはいえ、被告側のとった右措置は納税者たる原告側の被告に対する期待を著しく裏切るものと評するほかはない。」と判示し、「正当な理由」を認容した。

しかしながら、控訴審の東京高裁昭和四八年三月九日判決（税資六九号六二八ページ）は、本件納税相談の経緯について原判決と異なった事実認定を行い、本件無申告における「正当な理由」を否定している。すなわち、本判決は、本件納税相談においては、被控訴人側は単に自説に固執したにすぎないのであって、控訴人側は再三課税される旨説明していたこと、その後、被控訴人側が書面で提出した非課税理由についても、控訴人側は、その理由も前記納税相談と同じであるから根拠はないとし、期限内に申告書を提出するよう原告に勧めていたこと、その勧めに対しても、被控訴人側は非課税であるから申告する必要はない旨答えていたこと等を認定している。

本件は、一審判決と控訴審判決では、その事実認定の違いから、「正当な理由」の存否についての結論を異にしているのであるが、控訴審判決の事実認定が正当であるとすれば、被控訴人（原告）は単に自説に固執して贈与税申告書を期限内に提出しなかったものであるから、到底、「正当な理由」は認め難いといえることになろう。

④　京都地裁昭和四九年三月一日判決（税資七四号五八七ページ）では、原告は、昭和三六年中に土地を譲渡したが、その譲渡所得を無申告でいたところ、昭和四一年三月に所得税の決定と無申告加算税の賦課決定を受けたので、本件無申告は、昭和三七年三月の納税相談において被告係官から本件土地の登記手続完了後に申告するよう指示され、確定申告書を受理してもらえなかったからである旨主張した。

本判決は、①本件土地の一部については昭和三六年九月に、残部については翌年八月にそれぞれ登記手続は終了しているが、本件譲渡所得を申告していなかったこと、②原告は本件納税相談において契約書、登記簿等の資料を持参して説明したと供述しているが、そのような資料を持参していなかったこと、③原告は昭和三六年中に不動産所得が五〇万円ほどあったことを認識していたにもかかわらず、費用がかかっているから申告の必要はないと考え、申告をしなかったこと、④当初本件土地の譲渡において損失が生じた旨主張していたこと等の事実が認められるから、原告が確定申告書を提出しなかったのは、被告係官の指示のためでなく、同人が申告すべき譲渡所得はないと速断したためと考えられる旨判示し、本件無申告において「正当な理由」は存しないと判断した。

以上のように、本判決は、事実認定により、申告指導における被告担当官の指導が不十分であるとの主張を排斥したものである。

⑤　広島地裁昭和五一年三月一六日判決（税資八七号七六〇ページ）でも、無申告は被告係官の指示に従ったものである旨の主張を排斥している。すなわち、原告は、実用新案権の譲渡等に係る所得について申告しなかったのは被

告係官より申告書を提出しなくてもよいとの承認を得たからである旨主張したのであるが、本判決は、関係人の各証言により、原告の主張事実は認め難いとし、各証拠により、被告係官は原告の申告書の不提出を承認していなかったことが認められる旨判示している。

⑥　福岡地裁平成元年六月二日判決（税資一七〇号六三〇ページ）及び福岡高裁平成三年二月二八日判決（税資一八二号五六〇ページ）では、原告は、被告係官から各年分の分離短期譲渡所得金額が赤字になる旨指導を受けたので、申告をしなかったものである旨主張したところ、本判決は、当該指導の事実は認定したものの、原告が当該納税相談に当たり正確な資料を提示したとは到底考えられないから、当該指導誤りはむしろ原告自身に帰すべきものと推認されるので、正当な理由の存在は認められない旨判示している。

⑦　浦和地裁平成五年一〇月一八日判決（税資一九九号二七四ページ）及び東京高裁平成六年三月一六日判決（税資二〇〇号一一〇二ページ）では、税務署が消費税の確定申告書の用紙等を送付しなくても、消費税の無申告に「正当な理由」はない旨判示している。

⑧　福岡地裁平成一〇年三月二〇日判決（税資二三一号一五六ページ）では、生命保険契約に係る保険料の負担者によって当該死亡保険金の課税方法が異なるところ、被告の対応及び担当者の説明が不十分であったとして、信義則の適用は認められないものの、期限内申告書を提出できなかったことにつき「正当な理由」が認められるから、無申告加算税の賦課決定は違法である旨判示している。しかしながら、控訴審の福岡高裁平成一二年三月二八日判決（税資二四七号三七ページ）は、「仮に、税務職員に誤指導ないしこれに類する行為があったとしても、その行為に至ったことについて、納税者の、正確な資料を提出しない等何らかの責めに帰すべき事由が関与しているときは、「正当な理由」の存在は認められない」旨判示し、原判決を取り消している。

これらの判決については、信義則の適用と「正当な理由」の相違を区分していることと、税務官庁側の対応について、一審判決と控訴審判決とで事実認定を異にしていることが参考になる。

【裁判例㊻】 居住用財産の買換えの特例適用の申告相談において、申請書の事務代行にとどまり申告書の提出指導をしなかったのは不行届きであるから、その無申告には「正当な理由」が存する（大阪地裁昭和四三年四月二二日判決・税資五二号六七四ページ）

『租税特別措置法三五条二項三項（編注＝三六条の二）によると、自己所有の居住用財産を譲渡し、その譲渡の日の属する日の翌年で譲渡の日から一年以内に居住用買換資産を取得し、かつ、当該取得の日から一年以内に居住の用に供する見込みであった者は、所轄税務署長の承認を受けた上、居住用財産買換の特例の適用を受けようとする旨その他所定の事項を記載した当該譲渡の日の属する年分の確定申告書を提出しなければならないとされており、かつ、居住用買換財産の取得価額の見積額等を記載した前記申請書は、右税務署長の承認を求めるために提出されるものであり、また、前記承認書はこれを承認する旨を記載した書面であって右確定申告書とともに提出すべきものにほかならないのである。そうだとすると、本件土地建物が原告より訴外上田喜一に譲渡された事実を察知して原告を西宮税務署に呼出した被告もしくは同税務署の担当係員が、原告が居住用財産の買換の特例の適用を受けたい旨の意向を示したのに対して、買換財産の取得価額の見積額等を記載すべき前記申請書の提出事務のみを代行したにとどまらず、これとともに確定申告書用紙を原告に交付もしくは送付し、所定の記載をなして右承認書とともにこれを期限内に提出するよう指導し説明することはもちろん、確定申告書の提出についてなんら言及するところがなかったのは、担当係員として行き届いた態度であったとはとうてい認めることができず、また、原告が前記(ハ)において認定したように思い込んで、期限内に確定申告書を提出しなかったのは誠に無理からぬところであるといわざるをえないのであって、したがって、右確定申告書の提出がなかったことを理由に、これが税法上の義務の不履行にあたるものとして行政上の制裁を課することは原告にとってきわめて酷であるといわなければならない。』

(3) 事実関係の誤認等に関するもの

① 東京地裁昭和三四年五月一三日判決（税資二九号四三六ページ）では、事業所得の総収入金額の計上時期に係る解釈の相違から所得金額に欠損が生じたと誤認して無申告であったことにつき、「正当な理由」の存否が争われた。すなわち、原告は、昭和二六年分所得税を法定申告期限内に申告しなかったことについて、旧所得税法九条一項の文理上当然の解釈により同年中に受領した金額を総収入金額として計算したところ欠損が生じたので申告しなかったのであるから、過失もなく税法違反の責任を負う理由もない旨主張した。

これに対し、本判決は、「前認定の如く、原告の昭和二十六年中の事業については所得があったのであるから、その事業について、仮に原告が欠損を生じたと思っていても、このことのみを以て無申告についての正当理由となすことを得ない。何となれば所得税法上の課税対象たるべき所得とは、客観的に適正な所得であって、納税者の主観のみによる損益によるべきでないからである。」と判示した。本件においては、その事実関係からみて、「正当な理由」が否定されるのは当然であろう。

② 大阪地裁昭和三九年一〇月一六日判決（税資三八号七〇七ページ）では、企業組合である原告法人が、昭和三〇年六月期分法人税の確定申告書を期限後（昭和三〇年一〇月一一日）に提出した事案につき、「正当な理由」の存否が争われた。すなわち、原告法人は、本件確定申告書を法定申告期限内に提出しなかったのは事実であるが、本件事業年度の所得金額算定の根拠となる決算書類はその年度の法定申告期限内に提出していたから、無申告加算税

を賦課するのは違法である旨主張した。

これに対し、本判決は、原告法人の主張では法定申告期限内に確定申告書を提出しなかったことについて正当な事由があったことを具体的に主張したことにはならず、本件弁論の全趣旨によっても正当な事由はなかったものと推認されるとしつつ、原告法人の主張に対し、「法人税の確定申告は確定申告書の提出をもってする要式行為であり、かかる申告書が法定申告期限内に提出されない以上、たとえ原告主張のように右申告書作成の基礎となる決算書類が法定の申告期限内に提出されたとしても、申告期限内に確定申告があったものとはいえない。」と判示して、その請求を棄却している。

本件は、確定申告書は期限後に提出したがその基礎となる決算書類は法定申告期限内に提出しているから、その期限後申告には「正当な理由」が存する旨の主張が排斥されたものであるが、確定申告が申告書の提出という要式行為である以上、やむを得ないことといえよう。
③ 大阪地裁昭和五〇年一〇月二二日判決（税資八三号一四〇ページ）では、相続税の期限後申告につき、相続人らの病気により相続人間において遺産分割の協議ができなかったことが、「正当な理由」に当たるか否かが争われた。
すなわち、原告ら（一〇名）は、昭和三七年三月一〇日、被相続人の死亡により同人の財産を相続し、同年一〇月に至って被告に対し、それぞれ納付すべき相続税額を零円とする相続税申告書を提出したものの、昭和四十年八月五日付で相続税の決定（実質は更正）と無申告加算税の賦課決定を受けたので、期限内申告書の提出ができなかったことについては、被相続人の長男らが破傷風等にかかって遺産分割の協議ができなかったという真にやむを得ない事情（正当な理由）があった旨主張した。

これに対し、本判決は、「〈各証拠〉によれば、原告東野由春（編注＝被相続人の長男）が昭和三十七年八月ごろ破傷風にかかり、同月一日から同年十月一日まで大阪府立病院に入院し、また同原告の娘である訴外東野美智代が同年四月十日から二十六日まで右病院に入院していた事実を認めることができるけれども、仮に右事情によって遺産分割の協議ができなかったとしても、相続税の申告においては、実際に遺産が分割されていることを必要としない（昭和三十七年法六七号による改正前の相続税法五五条）のであるから、右原告らの間において遺産分割の協議ができなかったことは国税通則法六六条一項但書にいう正当な理由たりえず、また前記認定事実だけでは期限内申告書の提出がなかったことにつき正当な理由があったとは認めることができず、他にこれを認めるにたる事実の主張立証はない。」と判示して、原告らの請求を棄却した。

本件は、納税義務者の病気等により期限内申告書を提出できなかったとしても、そのことのみでは、「正当な理由」となるやむを得ない事情に当たらないことを明らかにしたものといえよう。もっとも、本件のように、申告税額零円の申告書を法定申告期限後約一カ月後に提出するぐらいなら法定申告期限内に提出することも可能であったと思われる。

④　千葉地裁昭和五九年一〇月九日判決（税資一四〇号七ページ）では、所得税の確定申告書の提出は法定の期限後であるが、その申告に係る第一期分の納税は期限内に完了していたのであるから、右申告につき無申告加算税を賦課するのは違法である旨の納税者の主張を排斥している。また、上訴審の東京高裁昭和六二年三月一〇日判決（税資一五七号八五九ページ）及び最高裁昭和六二年九月二四日第一小法廷判決（税資一五九号八〇八ページ）も、原判決を指示している。

⑤　昭和四七年六月一六日裁決（東国裁例集五号一五二ページ）では、税務署から確定申告書の用紙が送付されてこなかったこと等が期限後申告についての「正当な理由」に当たるか否かが争われた。すなわち、審査請求人は、昭

和四五年分所得税について所得金額を九四万円余（不動産所得七八万円余、給与所得一六万円）として、昭和四六年六月二八日に確定申告書を提出したところ、無申告加算税の賦課決定を受けたので、期限内に申告書を提出できなかったことについては、①例年確定申告書用紙が原処分庁から送付されていたが、昭和四五年分についてはその用紙の送付がなかったので、所得税の確定申告を要しないものと思ったこと、②昭和四五年分の収入金額は前年に比し、二〇万円余り増加したが、必要経費の増加、所得控除額の引上げ等があったので、課税所得がなくて確定申告を要しないものと思ったこと、③請求人の就職問題、家庭の経済問題、息子の結婚問題等のことに忙殺されて確定申告を準備する余裕がなかったこと等の「正当な理由」がある旨主張した。

これに対し、本裁決は、次の㋑から㋩のとおり判断して、本件において期限内申告書の提出がなかったことについては「正当な理由」は存しないとしている。

㋑　請求人は、原処分庁から、用紙を送付されなかったために期限後申告となったと主張するが、原処分庁が用紙を送付するのは、納税者に対するサービス等の一環として行っているものであるから、用紙の送付がなかったことは、期限内に申告書の提出がなかったことについての正当な理由とはならない。

㋺　請求人は必要経費の増加、所得控除額の引上げ等があったので、請求人には、課税所得がなく、従って、確定申告を要しないものと思ったと主張するが、課税所得がないものとしたことは請求人の独自の判断といわざるを得ず、このこともまた正当な理由には当たらない。

㋩　請求人は、請求人の就職問題、家庭の経済問題、息子の結婚問題等に忙殺され、原処分庁まで用紙をとりに行くことを考えるゆとりがなかったと主張するが、同項ただし書の規定は納税者に真にやむを得ない理由があったときに無申告加算税賦課決定をしない旨規定したものであるところ、請求人の右主張は真にやむを得ない理由に該当するとは解されないので、請求人には正当な理由があったものとは認められない。

本件の事実関係からみて、本裁決の判断は当然であるといえよう。

⑥　昭和五五年四月二四日裁決（裁決事例集二〇号一ページ）では、相続で取得した財産を未分割のまま譲渡した場合の所得税を法定申告期限までに申告しなかったことにつき、「正当な理由」の有無等が争われている。すなわち、審査請求人七名は、昭和四十年三月四日に母（又は祖母）の死亡により相続した立木及び土地を昭和五十年ないし五二年に譲渡し、その譲渡に係る三年分の所得税について昭和五三年一一月六日に至って期限後申告書を提出したのであるが、期限内に申告できなかった理由として、本件譲渡資産は未分割のまま譲渡したもので、各年分の所得税の法定申告期限までに売却代金の分配につき共同相続人間の協議がまとまらず、従って、各請求人の各年分に帰属すべき収入金額も確定できなかったものであって、そのことは代理人を通じて原処分庁に説明し申告期限の延長について承認を得ているものであるから、本件期限後申告には「正当な理由」がある旨主張した。

これに対し、本裁決は、国税通則法一一条に規定する申告等の期限の延長は、災害その他やむを得ない理由が生じた場合に認められるものであって、本件のような場合には本来認められないものであって、本件において、申告期限の延長が認められた事実は認められないと判断した上で、「請求人は、本件処分の対象となった山林所得及び譲渡所得は未分割の相続財産の売却によるものであるから、その売却時においては、請求人のこれらの所得に係る収入金額は確定していないものと主張するが、請求人らが固有財産及び遺産分割済の相続財産については勿論のこと、本件未分割財産についても第三者に対してはこれを適法に売渡している以上、当該売買代金については、前者については当該相続財産にかかる請求人の持分について、また、後者については本件未分割財産にかかる請求人の法定相続分について、いずれも各帰属年分における所得金額の計算上における収入金額は確定しているものといわざるを得ず、したがって、この点についての請求人の主張は失当である。」と判断して、本件期限後申告に「正当な理由」は存しないとしている。

本件の事実関係は、前記③の大阪地裁昭和五〇年一〇月二二日判決のそれに類似するものであろうが、本裁決が示すように、未分割財産であっても、そのこと自体はその譲渡に係る所得税を法定申告期限内に申告することの妨げにはならないであろう。

⑦ 神戸地裁平成五年三月二九日判決（税資一九四号一〇九一ページ）及び大阪高裁平成五年一一月一九日判決（税資一九九号八三四ページ）では、相続財産の全容が判明しなくともその一部の判明により基礎控除額を超えている場合には、相続税の申告は可能であるから、「正当な理由」は存しない旨判示している。

⑧ 平成九年三月二七日裁決（裁決事例集五三号八八ページ）では、納税申告書をその法定申告期限（末日）に郵便ポストに投函して郵送したが、郵便の取り集め時間後であったため納税申告書の通信日付が翌日となり、期限後申告となった場合に課せられた無申告加算税賦課決定の適否が争われたところ、右裁決は、納税申告書を提出するに当たり当然払うべき注意義務を怠ったことによって生じたものであり、真にやむを得ない事情は認められず、「正当な理由」は存しない旨判断している。

また、千葉地裁平成一二年四月二六日判決（税資二四七号五一一ページ）においても、納税申告書の郵便物に付された通信日付によって期限内申告の有無を判断せざるを得ないとして、同様な事案につき、「正当な理由」を否定している。

これらの事例は、国税通則法二二条の解釈等についても参考となる。

⑨ 大阪地裁平成一七年九月一六日判決（税資二五五号順号一〇一三四）では、原告が、消費税の当該課税期間の法

定申告期限及び法定納期限が平成一五年六月二日であったことから、同日、取引銀行に対し、納付書を添えて合計二四七億円余の消費税額を納付したものの、同日までに納税申告書を提出することを担当者が失念し、同月一二日に所轄税務署係官が原告担当者に納税申告書の提出確認を行ったため、翌一三日に納税申告書が提出された場合に、「正当な理由」の存否が争われた。本判決は、「以上の事実経過に照らせば、原告が本件課税期間に係る消費税等についてその法定申告期限内に納税申告書（期限内申告書）を提出しなかったのは、原告が同申告書の提出を失念していたということに尽きるのであって、これは納税者である原告の責めに帰すべき事由に基づくものにほかならず、このように失念して期限内に納税申告書を提出しなかった原告に対し行政制裁として無申告加算税を課すことは、前記法の趣旨に照らして何ら不当と評価されるものではない。」と判示し、当該無申告につき、「正当な理由」を否定した。しかし、この判決は、前記一の5の(3)で述べたように、国税通則法六六条九項を制定する契機となっている。

第六章　不納付加算税

一　規定の概要

1　不納付加算税の成立と確定

不納付加算税は、源泉徴収等による国税がその法定納期限までに完納されなかった場合において、納税の告知（通則法三六①二）を受け、又はその法定納期限後に当該告知を受けることなく当該国税を納付したときに、当該納税者（源泉徴収義務者）から徴収されるものであって、その額は、原則として、納税の告知に係る税額又は当該告知を受けることなく納付された税額に一〇％を乗じて計算した金額である（通則法六七①）。また、ここにいう「源泉徴収等による国税」とは、源泉徴収に係る所得税、有価証券取引税法に規定する証券会社が同法の規定により徴収して納付すべき有価証券取引税及び通行税（これらの税に係る附帯税を除く）をいう（通則法二・二）。

この場合、不納付加算税は、法定納期限の経過の時に成立する（通則法一五②一四）が、法定納期限とは、国税に関する法律の規定により国税を納付すべき期限をいう（通則法二・八）。不納付加算税の対象となる源泉徴収等による国税に係る法定納期限については、例えば、源泉徴収に係る所得税については、原則として、その税額を徴収した日の翌月一〇日であり（所法二二二①③）、有価証券取引税については、有価証券を譲渡した月の翌月末日であり（有価証券取引税法一一①、一一の二）、通行税については、運賃又は料金を領収した月の翌月末日である（通行税法八）。

次に、不納付加算税は、他の加算税と同様に賦課課税方式（通則法一六①二）により確定する（通則法一六②二）こととされているが、具体的には、税務署長が、その決定に係る課税標準及び納付すべき税額を記載した賦課決定通知書を送達することによって確定する（通則法三二③）。もっとも、他の加算税（過少申告加算税、無申告加算税及び過少申告又は無申告に係る重加算税）の納付が、賦課決定通知書が発せられた日の翌日から起算して一カ月以内に自主的に行われるのを原則としているのに対し（通則法三五③）、不納付加算税及び不納付に係る重加算税は、その徴収に先立って納税の告知が行われる（通則法三六①一）。また、この納税の告知は、法律上は徴収処分とされているが、実務的には賦課決定と同様に行われる。

かくして、不納付加算税の賦課決定に不服がある者は、その取消しを求めて課税庁と争うことになる。これに対し、不納付加算税の本税たる源泉徴収等による国税の納付額に不服がある者は、原則として、給与等の支払の存否等を争うことになるが、納税の告知（通則法三六①二）の違法性についても争うことができると解されている。(注1)

2 不納付加算税の課税（徴収）要件

不納付加算税が徴収される要件は、源泉徴収等による国税について、次に掲げるいずれかの事実に該当する場合である。

① 税務署長により納税の告知処分があった場合

すなわち、税務署長は、源泉徴収義務者が納付すべき源泉徴収等による国税をその法定納期限までに納付しなかった場合には、職権により、その納付すべき税額について納税の告知の処分をすることとされている（通則法三六①二）が、その告知の処分があった場合である。

②　源泉徴収等による国税をその法定納期限後に納税の告知処分を受けないで納付した場合

すなわち、源泉徴収等による国税をその法定納期限内に納付せず、その後自発的に納付した場合である。法定納期限内に一部を納付して、その余の残額を法定納期限後に納付した場合にも、その法定納期限後に納付した税額を対象として不納付加算税が徴収される。

なお、不納付加算税については、過少申告加算税又は無申告加算税の場合に「課する」（通則法六五①、六六①）と規定されていることと異なり、「徴収する」（通則法六七①）と規定されているが、これは、自主的な納付が期待されている申告納付方式による国税に係る過少申告加算税等と異なり、不納付加算税については、納税の告知の処分によって徴収することとされているからである（通則法三五③、三六①一参照）。

3　不納付加算税の課税割合と計算

不納付加算税の額は、源泉徴収等による国税についての納税の告知によって納付すべき税額又はその法定納期限後に当該告知を受けることなく納付される税額を基礎として、その基礎税額に一〇％の割合を乗じて計算した金額である。この一〇％の税率は、昭和六二年までは無申告加算税の場合と同率であったが、同年に無申告加算税の税率が一五％に引き上げられても、据え置かれることになった。これは、源泉徴収制度が国の徴収事務を代行していることを配慮したものと解される。

なお、不納付加算税の税額計算に係る端数計算についても、他の加算税の場合と同様であり（通則法一一八、一一九)、昭和六二年一〇月一日以降法定納期限が到来する国税に係るものについては、その税額につき、一、〇〇〇円未満の端数は切り捨てられ、その全額が五、〇〇〇円未満であるときは、その全額が切り捨てられることとなった。

4 不納付加算税の減免

(1) 正当な理由がある場合

前述のように、不納付加算税は、源泉徴収等による国税がその法定納期限までに完納されなかった場合に徴収されるのであるが、その国税を法定納期限までに納付しなかったことについて正当な理由があると認められる場合には、不納付加算税の徴収は免除されることになる（通則法六七①ただし書）。

この「正当な理由」の意義等については、過少申告加算税の場合と同様に解せられるのであるが、源泉徴収という特殊性を考慮し、その意義、事例等については、後述することとする。

(2) 告知を予知しないでした納付の場合

源泉徴収等による国税が国税通則法三六条一項二号の規定による納税の告知を受けることなくその法定納期限後に納付された場合において、その納付が、当該国税についての調査があったことにより当該国税について当該告知があるべきことを予知してされたものでないときは、その納付された税額に係る不納付加算税の額は、当該納付された税額に対して五％の税率を乗じて計算される（通則法六七②）。すなわち、源泉徴収等による国税がその法定納期限までに完納されなかった場合にも、その未納付額を納税者が自主的意思によって納付したときには、不納付加算税の税率は、半分に減額されることになる。

この場合の「調査」や「告知があるべきことを予知してされたもの」の意義等については、過少申告加算税の場合と概ね同様である。

(3) 法定納期限前に納付する意思があったと認められる場合

平成一九年一月一日以後に法定納期限が到来する国税について源泉徴収による国税が納税の告知を受けることなくその法定納期限後に自主的に納付された場合において、その納付が法定納期限までに納付する意思があったと認められる一定の場合に該当するものであり、かつ、当該納付がその法定納期限から一月を経過する日までに納付されたものであるときは、不納付加算税が課されないこととされる（通則法六七③）。

この場合の一定の場合とは、その納付に係る法定納期限の属する月の前月の末日から起算して一年前までの間に法定納期限が到来する源泉徴収による国税について、次のいずれの場合にも該当する場合をいう（通則令二七の二②）。

① 納税の告知を受けたことがない場合（法定納期限までに納付しなかったことについて正当な理由があると認められる場合における納税の告知を除く。）

② 納税の告知を受けることなく法定納期限後に納付された事実がない場合（法定納期限までに納付しなかったことについて正当な理由があると認められる場合における法定納期限後納付の事実を除く。）

このような免税規定は、平成一八年税制改正により、前記第五章一の5の(3)で述べた国税通則法六六条六項と同時に設けられたものであるが、内容的には、従前「正当な理由」の一事由として通達によって取り扱われていた事柄であるから、国税通則法六六条六項同様、法制化する必要はなかったはずである。

注

（1）最高裁昭和四五年一二月二四日第一小法廷判決（民集二四巻一三号二二四三ページ・後掲、裁判例⑳）等参照

二　正当な理由

1 「正当な理由」に関する解釈論

(1) 他の加算税との異同

既に述べたように、源泉徴収等による国税をその法定納期限までに納付しなかった場合においても、そのことについて「正当な理由」があると認められるときには、不納付加算税は徴収されないことになるのであるが、かかる場合の「正当な理由」に関する解釈論については、既に述べた過少申告加算税や無申告加算税の場合とほぼ同様に論じられる。

すなわち、①「正当な理由」の内容が不確定概念であるということから、当該規定が租税法律主義なり罪刑法定主義に反するか否かという問題、②「正当な理由」の意義、あるいはいかなる要件を満たした場合に「正当な理由」があるといえるかという問題、③「正当な理由」の主張・立証責任の問題等については、過少申告加算税等について論じたこととほぼ同じことがいえよう。

もっとも、これらの解釈論のうち、「正当な理由」の意義等については、不納付加算税が源泉徴収等による国税に係るものであるだけに、当該源泉徴収が源泉徴収義務者に対して国税の徴収事務を代行させるという特殊性に応じて、当該事務代行に配慮した若干の特性（弾力的な取扱い）が見られる。

(2) 旧通達の取扱い

旧通達の下においては、次に掲げるような事由があった場合には、源泉所得税を法定納期限内に納付できなかったことについて「正当な理由」があるものとして取り扱われていた(注1)。この取扱いは、その後の実務や裁判例に影響を及ぼしてきた。

① 税法の解釈に関し、給与等の支払の当時、公表されていた見解がその後改変されたため徴収しなければならなくなった場合

② 給与等の支払の当時、扶養親族、身体障害者等に該当するものとして源泉徴収義務者において過失なくして扶養控除等をしたものが、その後の税務官庁の監査等により、それに該当しないことが判明したため追徴を要するに至った場合

③ 徴収した税金を法定納期限内に収納機関に持参したが、収納機関の締切り計算の都合上、翌日の日付をもって領収の整理をした等のため、期限後納付となったことが証明された場合

④ 最寄りの収納機関が遠隔の地にあるため、源泉徴収義務者が収納機関以外の金融機関に税金の納付を委託した場合において、通常であれば、当該委託が法定の納付期限内に納付されるに足りる日時の余裕をもってされる等、委託した源泉徴収義務者に責むべき事由がないにもかかわらず、委託を受けた金融機関の手落ちその他により、収納機関への納付が期限後となったことが証明されたとき

⑤ 税務官庁としての指導に誤りがあり、又は税務官庁において疑問があって源泉徴収義務者からの照会に対して明確な回答を行い得なかったため、納付すべき税額を徴収して納付していなかった場合において、徴収されるべきであったことを知った後、速やかに当該税額を納付したとき

⑥　税法の改正、取扱いの変更等があったため新たに税額を源泉徴収すべきこととなったが、源泉徴収義務者が、故意又は重大な過失なくしてこれを知らずに所得税の徴収納付をしなかった場合において、徴収すべきであったことを知った後、速やかに当該税額を納付したとき

⑦　いわゆる認定賞与、現物給与等について課税もれがあり、源泉徴収義務者が当該給与等の課税について疑問を抱いたことに相当の事由があると認められ、かつ、その疑問を解明しなかったことに源泉徴収義務者の故意又は重大な過失がなかったと認められる場合において、徴収すべきであったことを知った後、速やかに当該税額を納付したとき

⑧　給与の支払者に資金が不足して、給与そのものの支払にも支障をきたし、当該月中に支給すべき給与（賞与を除く）の五〇％以上を翌月以降に繰り越して分割支給をしているような場合において、当該月中の給与に対する税額の全部を納付したとき。ただし、古い月分の給与の支払が完了しないにもかかわらず、新しい月分の給与を先に支払う等、給与の支払の完了を不当に遅延せしめているような場合を除く（なお、この場合における五〇％以上を翌月に繰り越しているかどうかの判定は、当該月中に支給すべき税込給与の額の五〇％未満の額を当該月中に支給し、その残余の額を翌月以降に繰り越しているかどうかによる）。

⑨　既往における納付事績が良好な者がたまたま納付を遅延した場合であっても、当該遅延した日数が一カ月以内であり、かつ、納付が遅延したことについて宥恕すべき相当の事由があると認められるとき。この場合において、既往における納付事績が良好な者とは、過去六カ月分について、納付遅延（上記①から⑧までに掲げる事由により、不納付加算税を徴収されなかった場合の納付の遅延を除く）のない者とする。

⑩　その他真にやむを得ない事由がある場合

(3) 裁判例の動向

不納付加算税の賦課に関して「正当な理由」の意義が判示されたものとして、東京地裁昭和五一年七月二〇日判決（後掲、裁判例⑰）がある。同判決は、「正当な理由」について、過少申告加算税に関して述べてきたように、「制裁を課すことが不当あるいは過酷とされるような事情」をいうとし、単なる法律の不知あるいは錯誤に基づくようなものはこれに当たらないとしつつも、「必ずしも納税義務者のまったくの無過失までも要するものではなく、……その者のみに不納付の責を帰すことが妥当ではないような場合を含む」として、若干のアローアンスを認めている。

ここにいう「不納付の責を帰すことが妥当ではないような場合」とは、結局は当該事実関係に基づいて判断せざるを得ないところであるが、具体例としては、前述した旧通達に示された事由等があげられるであろうし、既に述べた過少申告加算税や無申告加算税における「正当な理由」に関する事例が参考となろう。

本判決の考え方は、その控訴審の東京高裁昭和五二年二月二八日判決（税資九一号三〇七ページ）においても、支持されている。

また、神戸地裁平成二年五月一六日判決（後掲、裁判例⑱）は、源泉徴収制度の特殊性に着目して、後述のように、受給者の申告内容に特に不審な点がなく、これに基づき納付税額を正しく算出している限り、後に納税告知を受けても「正当な理由」がある旨判示している。

【裁判例⑰】　不納付加算税における「正当な理由」には、単なる法律の不知等は含まれないが、必ずしも納税者の全くの無過失までも要するものではない（東京地裁昭和五一年七月二〇日判決・訟月二二巻九号二二九五ページ、税資八九号三四〇ページ）

『国税通則法六七条一項ただし書にいう「正当な理由」とは、同条に規定する不納付加算税が適正な源泉徴収による国税の確保のため課せられる税法上の義務の不履行に対する一種の行政上の制裁であることにかんがみ、このような制裁を課すことが不当あるいは過酷とされるような事情をいい、法定納期限までの不納付の事実が単に納税義務者の法律の不知あるいは錯誤に基づくというのみでは、これにあたらないというべきであるが、必ずしも納税義務者のまったくの無過失までをも要するものではなく、諸般の事情を考慮して過失があったとしてもその者のみに不納付の責を帰することが妥当でないような場合を含むものと解するのが相当である。』

【裁判例㊳】　源泉徴収制度の特性に鑑み、受給者の申告内容に特に不審な点がなく、それに基づき納付税額を正しく算出している場合には、「正当な理由」がある（神戸地裁平成二年五月一六日判決・税資一七六号七八五ページ）

『源泉徴収に係る所得税は、特別の確定手続きを経ることなく、法律上当然にその納付税額が確定するとさだめる現行の源泉徴収制度は、徴税・納税の能率と便宜に資するが、他方、源泉徴収義務者（支払者）に対し、給与の支払いの際に納付税額を確保することの困難から派生する不利益を課するものであるから、課税要件法定主義（憲法八四条）の法意に照らし、源泉徴収義務者が給与の支払の際にその納付税額をできる限り明確に把握することができるように配慮すべきである。加えて、源泉徴収義務者は、通常、多数の受給者（被用者）を抱えているため処理すべき源泉徴収の事務が膨大であるうえに、課税要件の充足について実質的に調査する強制的権限を全く有しない現状を鑑みると、受給者の申告内容に特に不審な点がない場合、これに基づき納付税額を正しく算出している限り、後に納税告知を受けた場合でも、この告知に係る税額を法定納期限までに納付しなかったことについて正当の理由（国税通則法六七条一項但書）があると言うべきである。』

(4) 現行通達の取扱い

平成一二年に加算税通達の一つとして、「源泉所得税の不納付加算税の取扱いについて（事務運営指針）」（課法七―九ほか）通達（以下「不納付加算税通達」という）は、源泉所得税を法定納期限までに納付しなかった場合の「正当な理由」を次のように取り扱うとしている（同通達第1、1・2）。

イ　正当な理由があると認められる場合

国税通則法六七条の規定の適用に当たり、例えば、源泉徴収義務者の責めに帰すべき事由のない次のような場合は、同条一項ただし書きに規定する正当な理由があると認められる場合として取り扱う。

① 税法の解釈に関し、給与等の支払後取扱いが公表されたため、その公表された取扱いと源泉徴収義務者の解釈とが異なることとなった場合において、その源泉徴収義務者の解釈について相当の理由があると認められるとき。

（注）税法の不知若しくは誤解又は事実誤認に基づくものはこれに当たらない。

② 給与所得者の扶養控除等申告書、給与所得者の配偶者特別控除申告書又は給与所得者の保険料控除申告書等に基づいてした控除が過大であった等の場合において、これらの申告書に基づき控除したことにつき源泉徴収義務者の責めに帰すべき事由があると認められないとき。

③ 最寄りの収納機関が遠隔地であるため、源泉徴収義務者が収納機関以外の金融機関に税金の納付を委託した場合において、その委託が通常であれば法定納期限内に納付されるに足る時日の余裕をもってされているにもかかわらず、委託を受けた金融機関の事務処理誤り等により、収納機関への納付が法定納期限後となったことが、当該金融機関の証明書等により証明されたとき。

④　災害、交通・通信の途絶その他法定納期限内に納付しなかったことについて真にやむを得ない事由があると認められるとき。

ロ　偶発的納付遅延等によるものの特例

国税通則法六七条の規定による不納付加算税を徴収する場合において、その基礎となる同条一項の税額（納税の告知に係るものを除く）がその法定納期限の翌日から起算して一カ月以内に納付され、かつ、次のいずれかに該当するときは、同条一項ただし書の正当な理由があると認められる場合に該当するものとして取り扱う。

①　その直前一年分（所得税法二一六条の規定による納付の特例の承認を受けている者にあっては、今回の納付の目的となった最終月の直前一年分の月を含む納期に係る分）について納付の遅延（前記イに該当する納付の遅延を除く）をしたことがないこと。

②　新たに源泉徴収義務者になった者の初回の納期に係るもの（当該源泉徴収義務者が給与等その他の源泉徴収の対象となるものの支払をすることにより徴収して納付すべきこととなった所得税の額で、最初の法定納期限に係るものをいう）であること。

（注）　新たに源泉徴収義務者になった者とは、その税務署の管轄区域において新たに給与等の支払事務を取り扱う事務所、事業所その他これらに準ずるものを設けた者（給与等の支払事務を取り扱う事務所等の移転に伴い他の税務署の管轄区域から転入した者を除く）をいう。

以上の取扱いにおいては、所得税の源泉徴収制度がいわば国の徴収事務を代替している面も有していることあるいは間接的な納税義務者であることのため、それに配慮した取扱いとなっているものと評価できる。そのため、扶養親族の把握、偶発的不納付等については、過少申告加算税等の場合に比して弾力的な取扱いとなっている。また、前記取扱いの口については、前述のように法定化されている（通則法六七③）。

2 「正当な理由」に関する個別事例

① 東京地裁昭和五一年七月二〇日判決（前掲、裁判例㊲）では、風俗営業を営む原告会社の従業員であるホステスに支払った報酬等に係る源泉所得税（昭和四五年一月分ないし昭和四七年五月分）の不納付に関しての不納付加算税の賦課決定の適否が争われたところ、原告会社は、ホステス等の報酬等に係る所得税は昭和四二年所得税法の改正により従来の申告制から源泉徴収制に変更されたが、原告会社は同業者組合に加入していなかったため税務署主催の説明会等の案内も説明も受けたことはなく、その改正の事実は知らなかったのであり、また、原告会社の昭和四二年度分法人税の確定申告書上ホステスの報酬について所得税を源泉徴収していなかったのが明らかであったにもかかわらず、被告は何ら指導、説明をしてくれなかったのであるから、本件源泉所得税の不納付には正当な理由がある旨主張したため、その正当な理由の存否が審理された。

本判決は、前述のように、「正当な理由」の意義を判示すると共に、各証拠により、①被告は毎年末管内対象者に対して年末調整及び法定調書提出に関する説明会を開催していること、②右説明会の開催に当たっては、事前に管内の法人、個人及び官公庁に対しその日時の案内と共に年末調整及び法定調書提出に関する説明書を送付していたこと、③右送付の対象となった法人は被告管内すべての法人であったこと、④法人に送付された法定調書提出に関する明細書には、昭和四二年の法改正後はホステス等の報酬等の支払者が被告に提出すべき所得税法二二五条所定の支払調書についての説明が含まれており、その記載を見ればホステス等に報酬等を支払った者がその所得税について源泉徴収及び納付義務を負っていることが明瞭に解る内容のものであること、⑤原告会社は昭和四二年に設立され、爾来法人税の確定申告書を被告に提出しており、被告が原告会社を前述の説明書の送付の対象となる法人として把握していたことが推認できること等を認定した上で、「原告は、前記の法改正によりホステスに支払った報酬等の所得税が源泉徴収制となり、原告が徴収及び納付義務を負うことになったことについて、遅くとも本件処分の対象たる源泉所得税のうち最初に法定納期限が到来する昭和四十五年一月分の報酬等の支払のときまでには、これを知り得る機会が十分あったものであり、その後も同様であったと推認できるのであって、仮に原告が本件処分の対象たる源泉所得税についての徴収及び納付義務の存在を、その報酬等を支払った当時知らなかったとすれば、この点について原告に過失のあることは到底否定できないものというべきである。」と判示し、本件における「正当な理由」の存在を否定している。

また、本判決は、被告が、原告会社が法人税の確定申告書を提出し始めた初期の段階において、ホステスの報酬に係る源泉所得税の納付義務が原告会社にあることを指導していなかったことを認めつつも、原告会社が本件処分の対象となった所得税の源泉徴収義務をその最初の法定納期限までに十分知り得べき状況にあったものであることを否定し得ない以上、被告が不納付を指摘しなかった事実は本件不納付の正当理由の有無の判断についてさほどの影響を与えるものではない旨判示し、原告会社の主張を排斥している。

また、控訴審の東京高裁昭和五二年二月二八日判決（税資九一号三〇七ページ）も、原判決を全面的に支持し、その控訴を棄却している。

本件においては、税法改正により所得税の源泉徴収義務の内容に変更があった場合に、その改正内容を税務官庁側が適切に知らしめたか否かが「正当な理由」の一つの事由になるか否かが争われたものであるが、申告納税制度あるいは源泉所得税に係る自主納付制度の下においては、税法改正の内容はむしろ納税者側が自主的に承知して置くべきことであろうから、税務官庁側の税法改正についての説明の有無が即「正当な理由」の有無にかかわることでもないと解せられよう。

また、右事例とは反対に、大阪高裁平成三年九月二六日判決（税資一八六号六三五ページ）は、支払者が受給者の申告に従って扶養親族等に該当するものとして扶養控除等をして源泉徴収している限り、後の税務調査により扶養親族等に該当しないことが判明し、納税告知を受けたとしても、それに係る税額を納付しなかったことについて「正当な理由」がある旨判示している。

② 昭和五五年三月一一日裁決（裁決事例集一九号六二ページ）では、ストリップショウの出演料に係る所得税を源泉徴収しなかったことについて、「正当な理由」の有無が争われたが、この場合にも正当な理由が認められている。すなわち、ヌード劇場を営む審査請求人は、昭和五三年四月から同五四年四月までの各月にヌードショウの出演者に出演料を支払ったが、それに係る所得税を徴収及び納付しなかったため、昭和五四年五月三〇日付で源泉所得税の納税の告知及び不納付加算税の賦課決定を受けたので、本件審査請求において、ヌードショウは単なる見せ物であって所得税法施行令三二〇条四項に規定する「舞踊」に当たらないから、同法二〇四条一項に規定する所得税の源泉徴収義務は生じない旨主張した。

これに対し、本裁決は、本件における所得税の源泉徴収義務を認めて本件納税の告知を適法と判断したものの、①請求人は、昭和四八年分の所得税から青色申告により確定申告を行い、同年以降昭和五三年三月分まで出演者に対する支払報酬について所得税の源泉徴収・納付を怠ったことがないこと、②昭和五三年四月のＦ演劇場協会の会合の席上、Ｇ税理士から「ストリップショウの実態はわいせつ行為であると国家機関自ら判定しており、税法もその出演料について源泉徴収をすべき旨を具体的に明示して規定していないから、源泉徴収・納付の必要はない。」

との説明を受け、この説明を信じて、昭和五三年四月以降所得税の源泉徴収を中止したこと、③請求人は、その後なお法解釈の妥当性について疑義を感じたので、昭和五三年一〇月一二日、G税理士から有償配布された「ストリップ劇場経営の法研究」と題するパンフレットを携えて原処分庁を訪ずれ、当該パンフレットを担当職員に提出し、源泉徴収の必要性について検討して欲しい旨申し出ていること、④請求人は、担当職員から何らの連絡もなかったので、更に、昭和五四年五月七日付で、「ストリップショウの出演者に対する支払報酬、料金が所得税法第二〇四条第一項第五号に規定する報酬、料金に該当するかどうかの取扱いが所轄税務署により異なることについて」なる上申書を原処分庁に提出したこと、⑤その後、同月二五日に原処分庁の担当職員による調査が行われ、同月三〇日に本件原処分が行われたこと等の事実を認定した上で、「再度にわたる源泉徴収すべきかどうかの請求人の問い合せに対して、何ら原処分庁の指導が行われなかったことに起因する本件源泉徴収に係る所得税の不納付は、国税通則法第六七条第一項ただし書の「正当な理由」に当り、本件不納付加算税はこれを取消すのが相当である。」と判断した。

本裁決においては、納税者が税法の解釈を誤解したことにやむを得ない事情があったと認められ、かつ、納税者の税法解釈の疑義に関する照会に対し何らの返答もせず課税処分を行うことについて税務官庁側の落度が認められたものであるが、「正当な理由」の認容事例として参考となろう。

③　昭和五六年三月三一日裁決（裁決事例集二一号八ページ）では、天候不順による交通機関の遅延によって源泉所得税を法定納期限までに納付できなかったことにつき、「正当な理由」の有無が争われた。すなわち、弁護士業を営む審査請求人は、昭和五四年七月から同年一二月分までの源泉所得税の額を法定納期限である昭和五五年一月一〇日（所得税法二一六条の特例適用）の翌日に納付してしまったが、これには、①請求人は、昭和五四年一二月二

七日から外国旅行に出ていたが、同五五年一月一〇日午前中に住所地（C市）に到着する予定であったところ、途中天候事情悪化のため飛行機の到着が後れ、一〇日午後三時三〇分にC市の事務所に到着したため、銀行の営業時間を経過し、やむなく翌一一日に本件源泉所得税額を納付したこと、②請求人の預金払戻請求に必要な印鑑は同人が常時所持しており、代人に納付を依頼することはできなかったこと等の事由があるから、本件不納付には「正当な理由」がある旨主張した。

これに対し、本裁決は、①請求人は飛行機が遅延し、預金の払戻しが不可能であった旨主張するが、預金の払戻しができず、納付することができなかったということは、請求人の個人的な事情にすぎないと認められること、②請求人は気象条件の悪化等により交通機関が途絶することを考慮して事前の措置を講ずることは通常人には期待し得ない旨主張するが、少なくとも週一度以上航空機を利用しているという請求人にとっては、気象条件の変化、特に積雪期における航空機の遅延・欠航等は通常発生し得るものであることを当然予想し得たものと判断されることから、あらかじめ法定納期限内に納付できるよう必要な措置を家族ないし事務所員に指示しておくことは、むしろ社会通念上当然のことと認められることから、本件においては、「正当な理由」が存するとは認められない旨判断した。

本件においては、天候不順によって納付遅延が生じた場合でも、「正当な理由」が否定されたのであるが、「天候の不順」自体はやむを得ないものであるとしても、それに対する対処を怠ったものであるから、本裁決の結論は妥当なものといえよう。

④　昭和五七年五月三一日裁決（裁決事例集二四号七ページ）では、源泉徴収義務者に対する納付書の送付の有無をめぐって、「正当な理由」の存否が争われている。すなわち、非鉄金属製造業を営む審査請求会社は、昭和五六年

一月から六月までの給与等に係る源泉所得税を法定納期限内に納付できなかった理由として、①原処分庁から昭和五六年七月一〇日納期限分の納付書が送付されていないこと、②当該用紙は税務署又は金融機関の窓口に備え付けられていることを全く知らなかったこと等を主張したところ、本裁決は、①審査請求会社は昭和五三年分ないし同五五年分源泉所得税については、税務署より送付を受けた納付書により納付していること、②同社は原処分庁より昭和五五年分年末調整に関する説明書等の送付を受け、翌年分の用紙に不足等があるときには税務署等で用意されていることが知らされていること等からみて、同社は源泉徴収義務者として源泉所得税を法定納期限内に納付しなければならないことを承知していたと認められ、かつ、納付書等は常に源泉徴収義務者に送付されなければならないものではないから、本件において「正当な理由」は有しない旨判断した。

本件の事実関係からみて、本裁決の結論は当然なものといえよう。

⑤　大阪地裁平成二〇年三月一四日判決（後掲、裁判例⑲）及び控訴審の大阪高裁平成二〇年一〇月一五日判決（税資二五八号順号一一〇五〇）（注2）では、破産管財人である原告が個人としての破産管財人に対してその報酬を支払うとともに破産会社の元従業員らに対して退職金等を配当（支払）をし、いずれも所得税の源泉徴収をしなかったことにつき、「正当な理由」が認められるか否かが争われた。両判決とも、前者については「正当な理由」を否定したが、後者については、破産裁判所において所得税の源泉徴収を要しない旨の手引書が出されていたこと等を重視して、「正当な理由」を容認した。しかし、上告審の最高裁平成二三年一月一四日第二小法廷判決（民集六五巻一号一ページ）は、当該退職金等の配当（支払）について、所得税の源泉徴収義務を必要としない判断を示した。

【裁判例⑲】破産管財人が破産会社の従業員に対する退職給与等の支払（配当）に際し、裁判所の手引書を信頼し所得税の源泉徴収をしなかったことに「正当な理由」がある（大阪地裁平成二〇年三月一四日判決・判例タイムズ一二七六号一〇九ページ）

『前記認定事実によれば、破産債権の配当に係る破産管財人の源泉徴収義務については、課税庁が個別の事案においてこれを肯定する見解を表明した例が過去にあったことが認められる上、これを否定する旨の見解を通達や課税庁の職員が監修等をした公刊物において表明したこともなかったものの、課税庁によって破産管財人に対する源泉所得税の納税告知等の処分がされた例は従前ほとんどなかった。また、上記源泉徴収義務につき、学説上は見解が分かれているものの、破産管財業務に携わってきた弁護士等によってこれを否定する見解を採るべきとする論稿が複数発表されるとともに、平成五年九月ころ以降、この見解を採る旨が東京、大阪、名古屋の各地方裁判所の破産事件担当部から公表され、破産実務において、これに従った取扱いが長期にわたりされてきており、関連判決以前に破産債権の配当に係る破産管財人の源泉徴収義務について判示した裁判例も存在しなかったのである。これらによれば、遅くとも平成五年以降、破産債権の配当について破産管財人は源泉徴収義務を負わないという実務慣行が形成され、破産裁判所も破産管財人もその旨の共通認識の下に破産管財業務を遂行ないし監督し、課税庁においてもこれに対する態度を明確にしないままこのような実務慣行をいわば黙認してきたものということができる。このことに加えて、個別的執行手続等における配当については源泉徴収義務がないと解する余地があることなどからして、破産手続においても破産債権の配当について破産管財人には源泉徴収義務はないとする見解にも相応の論拠があるといい得ることをも併せ考えると、破産管財人において、破産債権の配当について破産管財人に源泉徴収義務はないとして、これに係る源泉所得税の徴収及び納付をしなかったとしても、それには無理からぬ面があり、それをもって当該破産管財人の主観的な事情に基づく法律解釈の誤りにすぎないものということはできない。

以上のような事情の下においては、破産債権の配当に係る源泉所得税の徴収及び納付の権限を有する原告が本件退職金に係る源泉所得税を法定納期限までに納付しなかったことについて、真に原告の責めに帰することのできない客観的な事情があり、上記のような不納付加算税の趣旨に照らしてもなお破産者（X建設）に不納付加算税を賦課することが不当又は酷になるというのが相当であるから、国税通則法六七条一項ただし書にいう「正当な理由」があるというべきである。』

注

（1）旧所得税基本通達（昭和二六年一月一日付直所一―一）「七〇一」、昭和二八年二月三日付国税庁長官通達直所二―一四参照

（2）拙著「重要租税判決の実務研究　第四版」（大蔵財務協会　令和五年）一〇七ページ参照

三　告知の予知

不納付加算税の額が五％に軽減されることとなる「その納付が、当該国税についての調査があったことにより当該国税について当該告知があるべきことを予知してされたものでないとき」とは、過少申告加算税等の更正の予知に準じて解されることになるが、「正当な理由」と同様源泉徴収の特殊性を考慮する必要がある。そこで、不納付加算税通達は、次のように定めている（同通達第1、3）。

国税通則法六七条二項の規定を適用する場合において、その源泉徴収義務者に対する臨場調査、その源泉徴収義務者の取引先に対する反面調査等、当該源泉徴収義務者が調査のあったことを了知したと認められる後に自主納付された場合の当該自主納付は、原則として、同項に規定する「告知があるべきことを予知してされたもの」に該当する。

（注）次に掲げる場合は、原則として「告知があるべきことを予知してされたもの」には該当しない。

①　臨場のための日時の連絡を行った段階で自主納付された場合

②　納付確認（臨場によるものを除く）を行った結果、自主納付された場合

③　説明会等により一般的な説明を行った結果、自主納付された場合

四　不納付加算税等の負担者

所得税の源泉徴収制度は、源泉徴収義務者たる給与等の支払者が、受給者（従業員等）が本来納付すべき所得税を受給者に代わって納付するものであり、また、受給者の不正（横領等）によって未納税額が生じることもあるところから、その納付懈怠に対して課せられる不納付加算税等は、本来、誰が負担すべきであるかが問題となることがある。

名古屋地裁昭和四一年一二月二二日判決（税資六二号一ページ）では、課税処分の取消訴訟ではなく、民事事件（金員支払請求事件）の中で、その問題が争われた。すなわち、原告会社は、所轄税務署長より、役員らに対する資産の低額譲渡等について賞与の支給を認定され、その認定賞与に係る納税の告知を受け、その告知に係る所得税、不納付加算税及び旧利子税を納付したので、当該役員（代表取締役及び取締役）らを被告として、納付した税額全額の支払を請求した。本訴において、被告らは、本件資産譲渡等において所得税の納税義務は生じないにもかかわらず、原告が当該所得税等を納付したのは重大な過失に基づくものである等主張したのであるが、本判決は、被告らの主張を排斥し、被告らに対し、本件納付税額全額と商法所定の年六分の割合による利息の支払義務のあることを認めた。

その控訴審である名古屋高裁昭和四二年一二月一八日判決（税資六二号一一ページ）も、原判決とほぼ同様な理由により、控訴人らの請求を棄却した。

本事件は結局上告審で争われることになったのであるが、最高裁昭和四五年一二月二四日第一小法廷判決（後掲、裁判例⑩は、「源泉徴収による所得税は、納税者の申告や税務署長等の処分を要しないで法令の定めるところに従って当然にその税額が確定するのであり、源泉所得税についての納税の告知は、税額の確定した国税債権につき納期限を指定して納税義務者等に履行を請求する徴収処分であって、支払者（源泉徴収義務者）の納税義務、受給者（納税義務者）の源泉徴収義務の存否・範囲を確定するものではない。」旨判示し、源泉徴収による所得税の納税者は、「受給者ではなく、支払者であるから、附帯税を負担すべき者は支払者である。」旨判示して、下級審とはその判断を異にして、被上告会社の金員支払請求のうち、所得税本税額を上回る部分の請求は認められないと判示した。

なお、本判決は、所得税の源泉徴収に係る法律関係を詳細に判示したもので、むしろその点においてリーディング・ケースとして重視されているものであるが、その一環として、源泉所得税不納付に係る附帯税の負担者についても明らかにしたものである。

【裁判例⑩】　源泉所得税に係る附帯税を負担すべき者は源泉徴収義務者である（最高裁昭和四五年一二月二四日第一小法廷判決・民集二四巻一三号二二四三ページ、税資六一号一五ページ）

『源泉徴収による所得税の納税者は、支払者であって受給者ではないから、法定の納期限にこれを国に納付する義務を負い、それを怠った場合に生ずる附帯税を負担すべき者は、納税者（源泉徴収義務者）たる支払者自身であって、右の附帯税相当額を旧所得税法四三条二項（新法二二二条）に基づいて受給者に請求しうべきいわれはない。すなわち、被上告会社の本訴請求中、上告人中村卯助につき八六万二、二六六円、上告人藤本玉枝につき三八万一一〇円の、いずれも源泉徴収による所得税の本税相当額の支払を求める部分は正当であるが、不納付加算税（旧源泉徴収加算税）および新旧利子税相当額の支払を求める部分は失当たるを免れない。また、被上告会社が上告人らに対して請求しうる所得税の本税相当額に対する遅延損害金は、原判示のような商事法定利率によるべきではなく、一般の原則に従い、年五分の民事法定利率によるものと解すべきである。』

第七章　重加算税

一　規定の概要

1　重加算税の成立と確定

過少申告加算税、無申告加算税及び不納付加算税が、それぞれいかなる場合に課税（徴収）され、いかなる時点で成立・確定するか等の問題については、既に述べたところであるが、それぞれの加算税が課税（徴収）される場合において、隠蔽・仮装の不正行為を伴うときには、高税率による重加算税が課税（徴収）されることになる。

すなわち、過少申告加算税が課税される場合（通則法六五①）、無申告加算税が課税される場合（通則法六六①）又は不納付加算税が徴収される場合（通則法六七①）において、納税者がその国税の課税標準等又は税額等の計算の基礎となるべき事実の全部又は一部を隠蔽し、又は仮装し、その隠蔽し、又は仮装したところに基づき納税申告書又は更正請求書を提出等していたときは、それぞれの隠蔽又は仮装に対応する部分について、前記各加算税に代えて、原則として、三五％（過少申告又は不納付の場合）又は四〇％（無申告の場合）の税率による重加算税が課税（徴収）されることになる（通則法六八①～③）。

そして、重加算税の成立の時は、過少申告加算税又は無申告加算税に代えて課す場合には、法定申告期限の経過の時であり（通則法一五②一四）、不納付加算税に代えて徴収する場合には、法定納期限の経過の時である（通則法一五②一五）が、その確定手続等については、過少申告加算税、無申告加算税及び不納付加算税に対応して、それぞれの加算税の場合と同様に取り扱われる。

しかしながら、重加算税の場合には、不正行為がいつ行われたか等が重加算税の課税成立に論議を呼ぶことになるので、それらの論議については別節で整理することとする。

2 重加算税の課税要件

(1) 過少申告加算税に代えて課す場合

この場合の課税要件は、次の二つの要件を満たすことである（通則法六八①）。

① 第一に、過少申告加算税が課される要件を満たしていることである。

この要件については、既に詳述した。

なお、法定申告期限後に納税申告書の提出があった場合には、原則として、無申告加算税の対象となるのであるが、その期限内に納税申告書を提出しなかったことについて正当な理由があると認められるときには、無申告加算税は課されず、その後の他の事由による更正等については、過少申告加算税の課税対象とされる（通則法六五①かっこ書）。従って、かかる場合には、次の②の要件を満たすときには、過少申告加算税に代えて重加算税が課されることになる。

② 第二に、納税者が、その国税の課税標準等又は税額等の計算の基礎となるべき事実の全部又は一部を隠蔽し、

又は仮装し、その隠蔽し、又は仮装したところに基づき納税申告書を提出していることである。すなわち、課税要件事実の全部又は一部を隠蔽又は仮装することによって納付すべき税額（還付を受けるべき金額を含む）を過少に計算して、納税申告書を提出している場合がこれに該当することになる。

なお、右にいう「課税標準等」とは、国税に係る課税標準、課税標準から控除する金額及び純損失等の金額をいい（通則法一九①、二・六イ～ハ）、「税額等」とは、国税に係る納付すべき税額、還付金の額に相当する税額及び納付すべき税額の計算上控除する金額又は還付金の額の計算の基礎となる税額をいう（通則法一九①、二・六ニ～ヘ）。

右の点について、京都地裁平成四年三月二三日判決（税資一八八号八六九ページ（平成元年（行ウ）第八号）、八九四ページ平成元年（行ウ）第九号）は、「ここにいう「課税標準等又は税額等の計算の基礎となるべき事実」は、各税法の申告規定との対比によって明らかにされる。所得税に関しては、所得税法二二条、一二〇条一項にいう課税標準である総所得金額、退職所得金額及び山林所得金額の計算の基礎となった各種所得の金額、所得控除額並びに税額控除額等、同法二一条所定の所得税額の計算の基礎となる事実を指す。」と判示している。

(2) 無申告加算税に代えて課す場合

この場合の課税要件も、次の二つの要件を満たすことである（通則法六八②）。

① 第一に、無申告加算税を課される要件を満たしていることである。

この要件については、既に「無申告加算税」のところで述べたとおりであり、また、期限後申告書の提出後に更正等があった場合には、場合によっては、過少申告加算税に代えて重加算税が課されることは、前述のとおりである。

② 第二は、納税者が、その国税の課税標準等又は税額等の計算の基礎となるべき事実の全部又は一部を隠蔽し、又は仮装し、その隠蔽し、又は仮装したところに基づき法定申告期限後に納税申告書を提出していることである。

すなわち、課税要件事実の全部又は一部を隠蔽又は仮装することによって納付すべき税額を納税申告書を提出しないで納付せず、又は納税申告書を期限後に提出して納付すべき税額（還付を受けるべき金額を含む）を過少に申告・納付している場合がこれに該当する。

(3) 不納付加算税に代えて徴する場合

この場合の徴収する要件も、次の二つの要件を満たすことである（通則法六八③）。

① 第一に、不納付加算税を徴収する要件を満たしていることである。

この要件については、既に「不納付加算税」のところで詳述したとおりである。

② 第二は、納税者（源泉徴収義務者）が、事実の全部又は一部を隠蔽し、又は仮装し、その隠蔽し、又は仮装したところに基づきその国税をその法定納期限までに納付しなかったことである。

すなわち、課税要件事実の全部又は一部を隠蔽又は仮装することによって源泉徴収等による国税をその法定納期限までに納付せず、又は法定納期限後に納付したことである。

以上の課税要件に関しては、「隠蔽・仮装」の意義、故意の要否、その行為者等が解釈・適用上問題となるところであるが、それらの問題は、別節で整理することとする。

(4) 更正請求書を提出している場合

前記(1)から(3)までにおいては、いずれも過少申告加算税、無申告加算税又は不納付加算税を課すべき事実があって、かつ、当該納税申告書の提出若しくは不提出又は不納付において隠蔽又は仮装の事実があった場合に重加算税が課せられることになっている。これらの場合において、従前は、納税申告書の提出又は決定があった後に、納税者が課税標準等の計算の基礎となる事実を隠蔽・仮装して更正の請求をし、税務署長が、一旦、当該更正の請求どおりに税額を還付（減額更正）した後に当該不正に気付いて増額更正をしても、過少申告加算税又は無申告加算税しか課税されることはなかった。

そこで、令和六年度税制改正において、前記のような隠蔽・仮装した更正請求書を提出している場合にも、過少申告加算税又は無申告加算税を課す事実が生じたときには重加算税を課すこととし、令和七年一月一日から施行することにした。この改正について、立法担当者は、次のように説明している(注1)。

「平成23年12月の国税通則法の改正により、更正の請求期間が1年から5年に延長されたことに伴い、その改正前と比べて更正の請求の処理件数が増加しており、隠蔽・仮装に基づく更正請求書が提出される蓋然性が高まっていると考えられる一方、税務当局では限られた人員等で効果的・効率的な税務調査の運営を行っており、更正の請求の全件に対して、反面調査を行う等の実地調査と同等の事務量を投下した調査を行うことには限界があることから、隠蔽・仮装に基づく更正の請求による納税義務違反の発生を調査により未然防止することが困難な事例が把握されていました。

そのため、こういった税務行政の環境の変化に対応し、更正の請求に係る隠蔽・仮装行為を未然に抑止するための制度上の対応が課題とされていました。

こうした課題等を踏まえ、財務省において有識者をメンバーとして開催された「納税環境整備に関する研究会」において議論が行われ、以下のとおり更正の請求に係る隠蔽・仮装行為に対応するための重加算税制度の整備の必要性について指摘がされています（納税環境整備に関する研究会における主な意見等の整理（令和5年11月））。

・現行では仮装・隠蔽に基づく更正の請求に対して重加算税を課すことができないが、更正の請求も申告納税方式の一部であり、申告秩序を維持する観点から、重加算税を課すことは理論的に問題はない。不納付についても重加算税が課されており、狭義の申告秩序に限らず重加算税が法制化されている。

・一般論として、現行法が前提としている立法事実が変化すれば合理的な範囲内で修正することはよくある話であり、仮装・隠蔽に基づく更正の請求に対して重加算税を課すことに賛同する。

・適正な課税所得や税額を明らかにすることについて欺罔的な行為が行われているのであれば、バランスという観点で、仮装隠蔽に基づく更正の請求に対しても重加算税を課す仕組みを導入することは合理的である。」

このような隠蔽又は仮装に基づく更正の請求が行われた場合には、「偽りその他不正の行為により」（所法二三八①等）所得税等を免れたということで逋脱罪で処理することも可能であろうが、(注2) 前記のような改正は、行政制裁の必要性から措置されたものと解される。もっとも、このような措置も、過少申告加算税又は無申告加算税に関して帳簿不提示等の調査非協力に対し各加算税の税率を加重した場合と同様、不正な更正の請求を見抜くことが困難になっているという調査能力の低下を補完する苦肉の策であるとも考えられる。

なお、国税通則法第一二八条一号が、「第二十三条第三項（更正の請求）に規定する更正請求書に偽りの記載をして税務署長に提出した者」に対し、一年以下の懲役又は五〇万円以下の罰金に処する旨定めているところ、当該規定を積極的に活するのか否かということも問題になってくるものと考えられる。

3　重加算税の課税割合と計算

(1)　過少申告加算税に代えて課す場合

この場合に課される重加算税は、課税要件事実を隠蔽し、又は仮装したところに基づいて納税申告書が提出された場合等に、その過少申告加算税の額の計算の基礎となるべき税額（申告不足税額等）に対して三五％相当額が課される（通則法六八①）。この三五％の課税割合は、前記2の⑷で述べた更正請求書を提出している場合も同じである。

この重加算税額の計算については、留意すべきことが二点ある。

一つは、右の「過少申告加算税の額の計算の基礎となるべき税額」（基礎税額）の計算の基礎となるべき事実で隠蔽し、又は仮装されていないものに基づくことが明らかであるものがあるときは、当該隠蔽し、又は仮装されていない事実に基づく税額として政令で定めるところにより計算した金額を控除した税額を新たな基礎税額とし（通則法六八①かっこ書）、その基礎税額の三五％相当額が重加算税の額とされる。この場合、「……政令で定めるところにより計算した金額」とは、「過少申告加算税の額の計算の基礎となるべき税額のうち当該事実のみに基づいて修正申告書の提出又は更正があったものとした場合におけるその申告又は更正に基づき法第三五条第二項（修正申告等による納付）の規定により納付すべき税額とする。」（通則令二八①）とされている。すなわち、いわゆる過少申告があった場合に、その過少申告の内容が隠蔽又は仮装に基づくものとそうでないものとに区分できるときには、重加算税の計算の基礎となる税額は、修正申告又は更正があった後の税額から隠蔽又は仮装されていない事実だけに基づいて計算した税額を控除して計算される（隠蔽又は仮装をした事実に基づく部分が上積み計算される）ことになる。

もう一つは、「過少申告加算税」のところで述べたように、国税通則法六五条二項の規定により、過少申告加算税の対象額のうち、期限内申告税額相当額又は五〇万円のいずれか多い金額を超える部分の税額に対しては、過少申告加算税が五％加重されるのであるが、かかる場合に重加算税が課されるときには、重加算税は、まず、加重対象税額に対する過少申告加算税に代えて課すものとされている（通則令二七の二）。

以上の計算関係を具体例で図示すれば、次のようになる。

〔設　例〕

期限内申告により納付すべき税額　二、〇〇〇万円
更正等により納付すべき税額　九、〇〇〇万円
　うち重加算税対象税額　一、〇〇〇万円

九、〇〇〇万円	一、〇〇〇万円	一五%の過少申告加算税に代えて三五%の重加算税	
	六、〇〇〇万円	一五%	過少申告加算税
	二、〇〇〇万円	一〇%	
二、〇〇〇万円	期限内申告税額		

(2)　**無申告加算税に代えて課す場合**

この場合に課される重加算税は、課税要件事実を隠蔽し、又は仮装したところに基づき法定申告期限までに納税申告書を提出しなかった場合等に、その無申告加算税の額の計算の基礎となるべき税額（無申告税額）に対して四

〇％相当額が課される（通則法六八②）。この四〇％の課税割合は、前記2の(4)の更正請求書を提出している場合も同じである。

また、無申告加算税の額の計算の基礎となるべき税額に、隠蔽又は仮装されている事実に対応するものとそうではない事実に対応するものとがある場合には、重加算税の基礎税額は、その無申告加算税の基礎税額から、隠蔽又は仮装されていない事実のみに基づいて期限後申告書若しくは修正申告書の提出又は決定若しくは更正があったものとした場合におけるその申告又は決定若しくは更正に基づき納付すべき税額を控除して計算される（通則法六八②かっこ書、通則令二八②）。この計算方法は、前記(1)の場合と同じである。

(3)　不納付加算税に代えて徴する場合

この場合に徴収される重加算税は、事実を隠蔽し、又は仮装したところに基づきその国税をその法定納期限までに納付しなかった場合に、その不納付加算税の額の計算の基礎となるべき税額（不納付税額）に対して三五％相当額が徴収される（通則法六八③）。この場合の重加算税の課税割合は、昭和六二年の税制改革で改正されなかったため、無申告加算税に代えて課される場合と課税割合を異にすることとなった。

また、不納付加算税の額の計算の基礎となるべき税額に、隠蔽又は仮装されている事実に対応するものとそうではない事実に対応するものとがある場合には、重加算税の基礎税額は、その不納付加算税の基礎税額から、隠蔽又は仮装されていない事実のみに基づいてその国税の法定納期限までに納付しなかった税額を控除して計算される（通則法六八③、通則令二八③）。この計算方法も、前記(1)の場合と同じである。

4 課税割合の加重

無申告加算税に関しても述べたように（第五章1の4参照）、重加算税に関しても、過去において無申告加算税又は重加算税（両税を以下、「無申告加算税等」という）が課されている場合には、重加算税の税率を加重することにしている。すなわち、国税通則法第六八条四項は、次のように定めている。

「4　前三項の規定に該当する場合において、次の各号のいずれか（第一項又は前項の規定に該当する場合にあつては、第一号）に該当するときは、前三項の重加算税の額は、これらの規定にかかわらず、これらの規定により計算した金額に、これらの規定に規定する基礎となるべき税額に百分の十の割合を乗じて計算した金額を加算した金額とする。

一　前三項に規定する税額の計算の基礎となるべき事実で隠蔽し、又は仮装されたものに基づき期限後申告書若しくは修正申告書の提出、更正若しくは決定又は納税の告知（第三十六条第一項（第二号に係る部分に限る。）（納税の告知）の規定による納税の告知をいう。以下この号において同じ。）若しくは納税の告知を受けることなくされた納付があつた日の前日から起算して五年前の日までの間に、その申告、更正若しくは決定又は告知若しくは納付に係る国税の属する税目について、無申告加算税等を課され、又は徴収されたことがある場合

二　その期限後申告書若しくは修正申告書の提出又は更正若しくは決定に係る国税の課税期間の初日の属する年の前年及び前々年に課税期間が開始した当該国税（課税期間のない当該国税については、当該国税の納税義務が成立した日の属する年の前年及び前々年に納税義務が成立した当該国税）の属する税目について、特

定無申告加算税等を課されたことがあり、又は特定無申告加算税等に係る賦課決定をすべきと認める場合」

このような規定は、令和五年度税制改正において設けられたものであるが、その立法趣旨等について、立法担当者は次のように説明している。(注3)

「現行、過去5年以内に無申告加算税又は重加算税を課された者について、再び調査を受けて無申告又は仮装・隠蔽に基づく申告等が行われた場合への対応として、上記1(4)の短期間に繰り返して無申告又は仮装・隠蔽が行われた場合の無申告加算税等の加重措置（旧通法66⑤、68④）が整備されていますが、無申告行為を繰り返し行う者について一度に是正をする場合には適用がないことや、調査通知があったことを契機として、期限後申告書を提出すれば、この加重措置の適用を回避することが可能であることから、意図的に無申告行為を繰り返す者に対する牽制効果は限定的であり、繰り返し行われる悪質な無申告行為について未然に抑止するための更に実効的な措置の整備が課題とされていました。

このような課題を踏まえ、自主的に申告を促し、納税コンプライアンスを高める観点から、前年及び前々年の国税について、無申告加算税又は重加算税（無申告加算税に代えて課されるものに限ります。以下同じです。）を課される者が行う更なる無申告行為に対して課される無申告加算税又は重加算税を10％加重する措置が整備されました。

具体的には、期限後申告書若しくは修正申告書の提出（調査による更正又は決定を予知してされたものでない場合において、調査通知がある前に行われたものを除きます。）又は更正若しくは決定（以下(2)において「期限後申告等」といいます。）に係る国税の課税期間の初日の属する年の前年及び前々年に課税期間が開始したその国税（課税期間のないその国税については、その国税の納税義務が成立した日の属する年の前年及び前々年に納税義務が成立したその国税）の属する税目について、無申告加算税（期限後申告書又は修正申告書の提出が、調査による更正又は決定を予知してされたものでない場合において、調査通知がある前に行われたものであるときに課されたものを除きます。）若しくは重加算税（以下「特定無申告加算税等」といいます。）を課されたことがあり、又は特定無申告加算税等に係る賦課決定をすべきと認める場合におけるその期限後申告等に基づき課する特定無申告加算税等の額は、通常課される無申告加算税の額又は重加算税の額に、その期限後申告等に基づき納付すべき税額に10％の割合を乗じて計算した金額を加算した金額とされました（通法66⑥二、68④二）。

なお、本措置は、無申告行為を繰り返す悪質性に着目して無申告加算税等を加重する措置ですが、無申告加算税等が課される国税の課税期間が1年に満たない場合にも配意し、実質的に、3年連続無申告行為が行われた場合（1年間に無申告行為を最低1度行い、それを3回繰り返した場合）を適用対象とするものです。

これは、無申告行為を行った納税者に等しく、自らの無申告行為を是正する機会を与え、真に悪質な無申告行為を加重対象とする観点から、過去に特定無申告加算税等を課されたことがあるかどうか等の判定を期限後申告等に係る国税の課税期間の初日の属する年の前年及び前々年に課税期間が開始した国税等について行い、1度の無申告行為の判定期間は「1年間」とするものです。」

以上のような課税割合の加重措置とその立法趣旨からみても、平成二三年の国税通則法改正の弊害（特に調査能力の低下）に対する措置であることも読み取れる。

5 重加算税の適用除外

(1) 過少申告加算税に代えて課す場合

過少申告加算税については、納税者が自発的に修正申告書を提出した場合には、その内容に応じ、税率を軽減するか（通則法六五①かっこ書）、課税しないこととしている（通則法六五⑥）ところから、過少申告について納税者に隠蔽又は仮装の事実があっても、納税者が、その事実を認めて自発的に修正申告書を提出した場合には、重加算税についても、課税しないこととしている。すなわち、事実を隠蔽又は仮装したところに基づいて法定申告期限内に税額を過少に申告・納付した後、正当額について修正申告書を提出した場合において、その提出がその申告に係る国税についての調査があったことにより当該国税について更正があるべきことを予知してされたものでないときは、重加算税を課さないこととしている（通則法六八①かっこ書）。

なお、「更正の予知」等に関する解釈論については、「過少申告加算税」のところで述べたとおりである。

(2) 無申告加算税に代えて課す場合

無申告加算税は、納税者が期限内申告書を提出しなかったことについて正当な理由がある場合又は期限後申告書若しくは修正申告書の提出が、その申告に係る国税についての調査があったことにより当該国税について更正又は決定があるべきことを予知してされたものでない場合には、課税されないか（通則法六六⑨）、又は課税割合が五％又は一〇％に軽減される（通則法六六①但し書、六六⑧）ことになっているが、重加算税についても、それが無申告加算税に代えて課されるものであるところから、無申告加算税が課されない場合又は軽減される場合に該当するときは、重加算税も課税しないこととされている（通則法六八②かっこ書）。

なお、「更正の予知」等の解釈論については、「無申告加算税」のところで述べたとおりである。

(3) 不納付加算税に代えて徴する場合

不納付加算税は、源泉徴収等による国税がその決定納期限までに納付されなかった場合でも、その納付されなかったことについて正当な理由があると認められる場合には、徴収されないこととされ（通則法六七①但し書）、また、法定納期限後において納付したことが、その国税について調査があったことにより当該国税について納税の告知があるべきことを予知してされたものでない場合には、その課税割合が五％に軽減される（通則法六七②）が、重加算税についても、それが不納付加算税に代えて徴収するものであるところから、不納付加算税が徴収されない場合又は軽減される場合には、重加算税も徴収されないこととされている（通則法六八③かっこ書）。

なお、「告知の予知」等の解釈論については、「不納付加算税」のところで述べたとおりである。

(4) 正当な理由についての差異

ところで、前述してきた重加算税の適用除外に関しては、各加算税に代えて課す場合において「正当な理由」をめぐって差異がある。すなわち、過少申告加算税に代えて課す場合には、適用除外は「更正の予知」に関するもののみであるので（通則法六八①）、正当な理由の存否とは関係なく重加算税が賦課されることになる。

これに対し、無申告加算税及び不納付加算税に代えて課（徴）する場合には、期限内申告書の提出がなかったことについて正当な理由があると認められるとき（通則法六八②かっこ書）又は国税を法定納期限までに納付しなかったことについて正当な理由があると認められるとき（通則法六八③かっこ書）には、重加算税は賦課されないことになる。

このような重加算税賦課における「正当な理由」をめぐる差異については、観念的には区分できるようにも考えられるが、必ずしも合理的な区分でないように考えられる。

例えば、東京高裁平成一四年一月二三日判決（後掲、裁判例㊟）では、納税申告を受任した税理士と税務職員が共謀して隠蔽・仮装行為を行った場合に、過少申告加算税に代えて課された重加算税賦課決定の適否が争われた。これに対し、右判決は、「……税理士の脱税及び部内の共犯者の行為に長年気づいておらず、どちらかといえば、加害者と同視されるべき立場にある。この事実をも踏まえると、控訴人の過少申告に対する重加算税の賦課は、前記のとおり、事実の裏付けを欠いて是認することができないだけでなく、税務署員及び元税務署員（編注＝右税理士）の悪行について甘受すべき非難を納税者に転嫁して免れようとするに等しく、課税法規の適正な適用の見地からも大きな疑問がある。」と判示し、当該賦課決定を過少申告加算税部分を含めて全部取り消している。

この事件は、税務署員が隠蔽・仮装行為に加担した特殊な事例ではあるが、右の判示内容は、「隠蔽・仮装行為」の否定というよりも過少申告について「正当な理由」を認めたに等しい。その意味では、国税通則法六八条一項の規定の解釈を誤っているように考えられる。そのため、最高裁平成一八年四月二五日第三小法廷判決（前掲、裁判例㊿）では、右の当該事由を国税通則法六五条五項の「正当な理由」に該当するとしている。

ともあれ、右のような事件等を考察するに、国税通則法六八条において、一項と二項及び三項において「正当な理由」を区分する合理的理由は見出し難く、立法政策的に「正当な理由」を認めるべきでないというのであれば二項及び三項において認めないようにすべきであり、そうでなければ、一項についても正当な理由を認めるべきであると考えられる。

6　間接国税に係る重加算税の導入

酒税等の間接国税（酒税、たばこ税及びたばこ特別税、揮発油税、地方揮発油税、石油ガス税並びに石油石炭税をいう）については、通告処分の対象とされ、重加算税の対象から除外されていたが、平成二九年度税制改正において、関税法の改正を理由にこれらの税目についても重加算税の対象にすることとなり、平成三〇年四月一日以後に法定申告期限が到来する国税について適用されている。（注4）

7　他の法律による特則

租税特別措置法においては、収用交換等に伴って取得した代替資産又は事業用財産の買換えによって取得した資産の取得価額が当初の見積価額に達しなかった場合等において、所得税等の修正申告書の提出を義務づけているが、それらの見積り違い等の事由が後発的に生じるところから、その修正申告書が所定の期限後に提出されたとき、又はその修正申告書を提出しなかったため更正を受けたときには、無申告加算税の規定は適用されず、過少申告加算税が適用されることになる。（注5）従って、かかる修正申告や更正に関して、隠蔽又は仮装の事実があった場合にも、過少申告加算税に代えて重加算税が課されることになる。

注

（1）「改正税法のすべて　令和六年版」（大蔵財務協会　令和六年）八三三ページ参照

（2）筆者の東京地方裁判所刑事部調整官時代（昭和五九年～六一年）には、かかる事案が詐欺罪か逋脱罪かが問題になったが、後者の結論が出されたことがある。

（3）「改正税法のすべて　令和五年版」（大蔵財務協会　令和五年）六二一ページ参照

（4）詳細については、「改正税法のすべて　平成二九年版」（大蔵財務協会　平成二九年）一〇三四ページ参照

（5）措法二八の三⑨、三〇の二⑦、三一の二⑩、三三の五③、三六の三④、四一の三③、六九の三④⑤等参照

二　重加算税の性質

既に述べてきたように、重加算税は、過少申告の場合、無申告の場合又は不納付の場合に課される加算税であるという点において過少申告加算税、無申告加算税又は不納付加算税と異なる点はないが、単に、申告が過少、申告がない若しくは納付がない又は更正の請求をしているという事実のみではなく、その国税の課税標準等又は税額等の計算の基礎となるべき事実の全部又は一部を「隠蔽」又は「仮装」したという納税者の脱税的不正行為があることを要件として、その脱漏税額に対して課される点が他の加算税と異なっており、その課税割合も、三五％ないし五〇％と他の加算税と比較して相当に高率となっている。

そのため、重加算税の性質自体が議論されることが多く、特に、脱税に係る刑事罰との関連が問題とされるのであるが、それらの問題を解明することが、重加算税の課税要件たる「隠蔽」又は「仮装」の意義、「隠蔽」又は「仮装」と脱税の要件たる「偽りその他不正の行為」との関連等も明らかにされるものと解される。

そこで、まず、国税通則法制定時の立法当事者が重加算税の性質をどのように考えていたかについて調べてみるに、「国税通則法の制定に関する答申の説明」では、次のように述べている。(注1)

「重加算税の性質について、それが税として課されるところから形式的には申告秩序維持のためのいわゆる行政罰であるといえようが、その課税要件や負担の重さからみて、実質的に刑罰的色彩が強く、罰則との関係上二重処罰の疑いがあるのではないかという意見がある。

前記一の1にみたように重加算税は、詐欺行為があった場合にその全部について刑事訴追をすることが実際問題として困難であり、また必ずしも適当でないところから、課されるものであることは否定できない。しかし、そのことから同一事件に対し懲役又は罰金のような刑事罰とを併科することを許さない趣旨であるということはできないであろう。

むしろ、重加算税は、このような場合において、納税義務の違反者に対してこれを課すことにより納税義務違反の発生を防止し、もって納税の実をあげようとする行政上の措置にとどまると考えるべきであろう。したがって、重加算税は、制裁的意義を有することは否定できないが、そもそも納税義務違反者の行為を犯罪とし、その不正行為の反社会性ないしは反道徳性に着目して、これに対する制裁として科される刑事罰とは、明白に区別すべきであると考えられる。

このように考えれば、重加算税を課すとともに刑事罰に処しても、二重処罰と観念すべきではないと考える。」

このような考え方は、既に、国税通則法制定前の判例の傾向からも窺われるところである。すなわち、いわゆるシャウプ税制（昭和二五年）前に現行の重加算税に相当する追徴税制度が設けられていた頃の事案につき、長野地裁昭和二六年一月二五日判決（税資一八号四六四ページ）は、「追徴税を課せられた者に対し同一事実について脱税の公訴を提起したとしても、追徴税の徴収は刑事上の責任を問うものでなく犯罪に対するものではないから、憲法三九条（編注＝一事不再理・二重処罰の禁止）の精神に反しない。」旨判示した。(注2) また、大阪地裁昭和二七年四月二六日判決（税資一一号二〇八ページ、行裁例集三巻三号五五二ページ）は、「旧法人税法四二条にいう追徴税は、納税義務者が法の規定に従って適時適正な申告納税を怠ったことに対し徴税庁により、租税法上の手続によって賦課徴収せられる行政上の秩序罰であって、同法四八条一項の刑罰とはその性質目的を異にするから、これと併科しても、憲法三九条に違反するものではない。」旨判示するに至り、これらの考え方は、最高裁昭和三三年四月三〇日大法廷判決（後掲、裁判例⑪）で、一層明確にされるに至った。

すなわち、同判決は、後掲するように、①追徴税は、申告納税を怠ったものに対し制裁的意義を有することは否定し得ないが、脱税者の不正行為の反社会性ないし反道徳性に着目し、これに対する制裁として科される罰金とはその性質を異にする、②追徴税は、これによって過少申告、不申告による納税義務違反の発生を防止し、もって納税の実を挙げんとする趣旨に出た行政上の措置である、③従って、憲法三九条の規定は、刑罰たる罰金と追徴税を併科することを禁止する趣旨を含むものではない旨判示している。

そして、この判決の考え方は、その後の最高裁判所の各判決にも受け継がれており、国税通則法制定後の現行重加算税についても、最高裁昭和四五年九月一一日第二小法廷判決（後掲、裁判例⑫）は、同じ考え方を示している。[注3]

また、京都地裁平成元年九月二二日判決（税資一七三号八三一ページ）は、重加算税は他の加算税とともに申告納税制度の秩序と信頼を担保するために設けられたものである旨判示し、「申告納税制度が維持されるためには申告が適正でなければならず、不適正な申告がなされたときは速やかにその是正及びこれに対する制裁の措置が講じられなければならない。そこで、不適正な申告に対する行政上の制裁措置として加算税の制度を設け、更に、事実の隠ぺい又は仮装という不正手段を用いるなど悪質な場合は重加算税というより重い制裁を課すこととしたものである。」と判示している。

神戸地裁平成五年三月二九日判決（税資一九四号一一一二ページ）及び大阪高裁平成六年六月二八日判決（税資二〇一号六三一ページ）では、納税義務の違反行為が、「課税要件事実を隠ぺいし、又は仮装するという申告納税方式の趣旨を没却するような不正な手段を用いて行われた場合に、行政機関の行政手続によって、違反者に対して、各種の加算税におけるよりも重い一定比率を乗じて得られる金額の制裁を課すこととしたもので、これによってこのような方法による納税義務違反の発生を防止し、もって自主的な申告納税方式による徴税の実を挙げようとする趣旨に出た行政上の措置である。」と判示している。

右各判決と類似の判決として、大阪高裁平成五年四月二七日判決（税資一九五号一六九ページ）がある。

なお、その後の最高裁判所の判断としては、最高裁平成七年四月二八日第二小法廷判決（後掲、裁判例⑲）が、「この重加算税の制度は、納税者が過少申告をするについて隠ぺい、仮装という不正手段を用いていた場合に、過少申告加算税よりも重い行政上の制裁を科することによって、悪質な納税義務違反の発生を防止し、もって申告納税制度による適正な徴税の実現を確保しようとするものである。」と判示している。この考え方は、最高裁平成一八年四月二〇日第一小法廷判決（後掲、裁判例⑯）、最高裁平成一八年四月二五日第三小法廷判決（民集六〇巻四号一七二八ページ）等にも受け継がれている。

更に、横浜地裁平成一〇年六月二四日判決（税資二三二号七六九ページ）及び東京高裁平成一一年二月二四日判決（税資二四〇号八九五ページ）は、「重加算税は納税義務に違反した者に対する行政上の制裁措置であり、刑事責任を定めたものではないから、その手段としての仮装隠ぺい行為と結果としての過少申告の事実とがあれば成立するものであり、手段行為・結果・その間の因果関係のすべてを認識して仮装隠ぺい行為に及んだ場合に初めて成立するというまでのものではないと解するのが相当である。」と判示し、前掲最高裁昭和四五年九月一一日第二小法廷判決と後掲最高裁昭和六二年五月八日第二小法廷判決（後掲、裁判例⑧）の考え方を統合している。

以上のように、重加算税の制度は、隠蔽又は仮装したところに基づく過少申告又は無申告による悪質な納税義務違反の発生を防止し、もって申告納税制度の信用を維持し、その基礎を擁護するところの行政上の措置であり、納税者本人の刑事責任を追及するものではない、という考え方は、判例上確立されたといえるので、重加算税の課税要件が充足されるための、「隠蔽又は仮装」の意義、その行為者の範囲、課税原因の成立時期等の問題については、かかる重加算税の性質を考慮した上で判断されるべきであろう。

【裁判例㉛】　追徴税は、申告納税を怠った者に対して制裁的意義を有する行政上の措置であって、刑罰ではないので、刑罰たる罰金と追徴税とを併科することは憲法三九条に違反しない（最高裁昭和三三年四月三〇日大法廷判決・民集一二巻六号九三八ページ、税資二六号三三九ページ）

『法人税法（昭和二十二年法律二八号。昭和二十五年三月三十一日法律七二号による改正前のもの。以下単に法という）四三条の追徴税は、申告納税の実を挙げるために、本来の租税に附加して租税の形式により賦課せられるものであって、これを課することが申告納税を怠ったものに対し制裁的意義を有することは否定し得ないところであるが、詐偽その他不正の行為により法人税を免れた場合に、その違反行為者および法人に科せられる同法四八条一項および五一条の罰金とは、その性質を異にするものと解すべきである。すなわち、法四八条一項の逋脱犯に対する刑罰が「詐偽その他不正の行為により云々」の文字からも窺われるように、脱税者の不正行為の反社会性ないし反道徳性に着目し、これに対する制裁として科せられるものであるに反し、法四三条の追徴税は、単に過少申告・不申告による納税義務違反の事実があれば、同条所定の已むを得ない事由のない限り、その違反の法人に対し課せられるものであり、これによって、過少申告・不申告による納税義務違反の発生を防止し、以って納税の実を挙げんとする趣旨に出でた行政上の措置であると解すべきである。法が追徴税を行政機関の行政手続により租税の形式により課すべきものとしたことは追徴税を課せられるべき納税義務違反者の行為を犯罪とし、これに対する刑罰として、これを課する趣旨でないこと明らかである。追徴税のかような性質にかんがみれば、憲法三九条の規定は刑罰たる罰金と追徴税とを併科することを禁止する趣旨を含むものでないと解するのが相当であるから所論違憲の主張は採用し難い。』

【裁判例⑫】 重加算税は、納税義務違反の発生を防止し、徴税の実を挙げようとする行政上の措置であり刑罰と異なるから、重加算税のほかに刑罰を科しても、憲法三九条に違反しない（最高裁昭和四五年九月一一日第二小法廷判決・刑集二四巻一〇号一三三三ページ、税資六四号二八六ページ）

『所論は、重加算税のほかに刑罰を科することは、憲法三九条に違反する旨主張する。

しかし、国税通則法六八条に規定する重加算税は、同法六五条ないし六七条に規定する各重加算税を課すべき納税義務違反が課税要件事実を隠ぺいし、または仮装する方法によって行なわれた場合に、行政機関の手続により違反者に課せられるもので、これによってかかる方法による納税義務違反の発生を防止し、もって徴税の実を挙げようとする趣旨に出た行政上の措置であり、違反者の不正行為の反社会性ないし反道徳性に着目してこれに対する制裁として科せられる刑罰とは趣旨、性質を異にするものと解すべきであって、そのゆえ、同一の租税ほ脱行為について重加算税のほかに刑罰を科しても憲法三九条に違反するものでないことは、当裁判所大法廷判決の趣旨とするところである（昭和三十三年四月三十日大法廷判決・民集一二巻六号九三八頁参照。なお、昭和三十六年七月六日第一小法廷判決・刑集一五巻七号一〇五四頁参照）。そして、現在これを変更すべきものとは認められないから、所論は、採ることができない。』

注

（1） 同説明第六章第二節二・三―三

(2) 同旨名古屋高裁金沢支部昭和二六年一二月一〇日判決・税資一八号一六二ページ、広島高裁松江支部昭和二五年八月三〇日判決・税資八号三二八ページ等参照

(3) 最高裁昭和三三年八月二八日第一小法廷判決・税資二六号八一五ページ、最高裁昭和三六年五月二日第三小法廷判決・刑集一五巻五号七四五ページ・税資三二号三〇ページ、最高裁昭和三六年七月六日第一小法廷判決・刑集一五巻七号一五四ページ・税資三二号二一〇ページ、最高裁昭和三八年七月一九日第二小法廷判決・税資四〇号四三二ページ、最高裁昭和三九年三月一三日第二小法廷判決・税資四二号三三二ページ、最高裁昭和三九年十一月二七日第二小法廷判決・税資四三号七三七ページ、最高裁昭和四四年四月一日第三小法廷判決・税資五八号三一三ページ、最高裁昭和四四年七月三日第一小法廷判決・税資五八号七八三ページ等参照

三　隠蔽又は仮装の行為

重加算税は、納税者がその国税の課税標準等の計算の基礎となるべき事実の全部又は一部を隠蔽し、又は仮装し、その隠蔽し、又は仮装したところに基づき納税申告書を提出していたとき等に課せられるものであるが、その課税に当たっては、「事実を隠蔽し、又は仮装すること」すなわち「隠蔽又は仮装の行為」が何を意味するかが、最も問題となる。

他方、「偽りその他不正の行為」により所得税等を免れた者は、五年以下の懲役又は五〇〇万円以下若しくは脱税額に相当する金額以下の罰金に処せられ、又はこれを併科される（所法二三八、法法一五九、相法六八等）。かかる脱税に係る刑事罰との性質の違いについては、既に述べたところであるが、重加算税における「隠蔽又は仮装の行為」と脱税罰における「偽りその他不正の行為」との異同もまた問題とされるところである。

更に、「隠蔽又は仮装の行為」の概念に関しては、所得税法及び法人税法において、青色申告の承認申請の却下又は青色申告の承認の取消しの一事由として、「帳簿書類の取引の全部又は一部を隠ぺい（蔽）し又は仮装して記載していること」（所法一四五・二、一五〇①三、法法一二三・二、一二七①三）を挙げており、また、隠蔽仮装行為に基づき確定申告書を提出していること等の場合には、所定の経費の必要経費又は損金に算入しないことを定めている（所法四五③、法法五五①）。また、「偽りその他不正の行為」の概念については、国税通則法上、国税の更正、決定等の期間制限に関し、「偽りその他不正の行為」により税額を免れた場合には、その期間制限は、当該国税の法定申告期限等から七年間に延期されている（通則法七〇⑤）。

なお、国税通則法一二八条は、同法二三条三項に規定する更正の請求書に「偽り」の記載をして提出した者に対し、一年以下の懲役又は五〇万円以下の罰金に処するとしているが、この場合の「偽り」とは何を意味するかも問題となる。

かくして、以上の諸規定の関連をも考慮しつつ、重加算税における「隠蔽又は仮装の行為」の解釈論を明らかにしていくこととする。

1 「隠蔽又は仮装」の意義

(1) 旧通達の取扱い

まず、旧所得税基本通達（昭和二六年一月一日付直所一―一）においては、『隠ぺい又は仮装して申告書を提出しなかった場合等』と題して、次の場合を挙げていた（同通達「七〇四」）。

「法第五七条の二第一項から第四項までの「事実の全部又は一部を隠ぺいし又は仮装して、これに基き申告書を提出し、若しくは提出せず、又は徴収して納付すべき所得税を納付しなかった場合」とは、たとえば、いわゆる二重帳簿を作成し、故意に架空の取引を記載し、若しくは事実の取引を脱漏し、又は故意に科目を偽る等故意に総所得金額若しくは課税総所得金額又は源泉徴収にかかる給与等の金額を減額する事実があって、過少の総所得金額若しくは課税総所得金額を記載した申告書の提出があり、若しくはなかった場合又は徴収して納付すべき所得税の納付がなかった場合等をいうものとして取り扱うものとする。」

この通達においては、二重帳簿の作成、架空取引の記載、事実の取引の脱漏等、「隠蔽又は仮装」の典型的な例を例示していたものであるが、税額を減額して申告等することに「故意」を強調しているところが問題であるといえよう。かくして、昭和二九年に至り、所得税の重加算税の取扱いは、次のように改められることとなった。

すなわち、当時の通達では、「法第五七条の二第一項から第四項までの規定の適用については、次に掲げるような所得に対応する税額のみを所得税額計算の基礎となるべき事実を隠ぺいし、又は仮装したところに基くものとして取り扱うもさしつかえないものとする」（旧通達昭和二十九年直所一―一「八三」）としている。

① いわゆる二重帳簿を作成して所得を隠ぺいしていた場合における当該隠ぺいされていた部分の所得

② 売上除外、架空仕入れ若しくは架空経費の計上その他故意に虚偽の帳簿を作成して所得を隠ぺいし、又は仮装していた場合における当該隠ぺいし、又は仮装されていた部分の所得

③ たな卸資産の一部を故意に除外して所得を隠ぺいしていた場合における当該隠ぺいされていた部分の所得

④ 他人名義等により所得を隠ぺいし、又は仮装していた場合における当該隠ぺいし、又は仮装されていた部分の所得

⑤ 虚偽答弁、取引先の通謀、帳簿又は財産の秘匿その他の不正手段により故意に所得を隠ぺいし、又は仮装していた場合における当該隠ぺいし、又は仮装していた部分の所得

⑥ その他明らかに故意に収入の相当部分を除外して確定申告書を提出し、又は給与所得その他についての源泉徴収を行っていた場合における当該除外されていた部分の所得

以上の事実に該当する場合には、現行法の下においても、隠蔽又は仮装の行為に該当することになろうと解されようが、かかる所得税についての取扱いから、法人税の税務処理の特殊性を考慮し、法人税については、次のような場合には隠蔽又は仮装の行為に該当するものと解されている(注1)。

① 損金算入又は税額控除の要件とされている証明書その他の書類を偽造し、又は変造した場合

例えば、輸出証明書を変造して所得控除（技術等海外取引に係る所得の特別控除）の適用を受けた場合等である。また、合理化機械等の特別償却の対象資産である旨の主務大臣等の証明書を偽造して、その規定の適用を受けている場合も同様である。

② 虚偽の申請に基づいて、①の証明書その他の書類の交付を受けている場合

③ 簿外支出により、損金不算入費用を支出した場合

例えば、簿外売上等による資金を基として支出した役員賞与金の額等である。また、簿外による資金を基として支出した交際費若しくは寄付金でその損金算入限度額を超過する部分に相当する金額がある場合におけるその損金不算入額、つまり、簿外支出の交際費等で損金不算入が認められなかった金額については、この範ちゅうに属する。

④ 同族会社であるにもかかわらず、その判定の基礎となる株主等の所有する株式等を名義人に分割する等の方法により、非同族会社とし、いわゆる同族会社の留保金課税を免れようとした場合

(2) 裁判例の動向

隠蔽又は仮装の意義を総論的に判示したものとして、和歌山地裁昭和五〇年六月二三日判決（後掲、裁判例⑦③）は、「隠蔽又は仮装」することとは、不正手段による租税徴収権の侵害行為を意味し、「事実を隠蔽」するとは、事実を隠匿しあるいは脱漏することを、「事実を仮装」するとは、所得・財産あるいは取引上の名義を装う等事実を歪曲することをいい、いずれも行為の意味を認識しながら故意に行うことを要するものと解すべきである旨判示している。

また、名古屋地裁昭和五五年一〇月一三日判決（後掲、裁判例⑦④）でも、前掲和歌山地裁判決に歩調を合わせながら、「事実を隠蔽する」とは、課税標準等の計算の基礎となる事実を隠蔽しあるいは故意に脱漏することをいい、

「事実を仮装する」とは、所得・財産あるいは取引上の名義等に関し、それが事実であるかのように装う等、故意に事実を歪曲することをいう旨判示している。

次に、京都地裁平成元年九月二二日判決（税資一七三号八三一ページ）は、重加算税制度の趣旨について、「不適正な申告に対する行政上の制裁措置として加算税の制度を設け、更に、事実の隠ぺい又は仮装という不正手段を用いるなど悪質な場合は重加算税というより重い制裁を課すこととしたものである。」と判示し、納税者が事実の隠匿又は歪曲などという不正手段を用いて申告書を提出したときは、隠蔽し又は仮装をしたことに当たる旨判示し、控訴審の大阪高裁平成三年四月二四日判決（後掲、裁判例⑮）も、重加算税制度の趣旨等をも踏まえて後述のように判示している。右大阪高裁判決においては、故意の必要性、行為の主体にふれていることも注目される。

また、神戸地裁平成五年三月二九日判決（税資一九四号一一二ページ）は、重加算税制度の趣旨に鑑み、「隠ぺい行為等とは、納税者の取引状況などの所得を基礎づける事実を隠ぺい又は仮装するなど申告納税主義の趣旨を没却する行為をいうと解するのが相当である。」と判示している。控訴審の大阪高裁平成六年六月二八日判決（税資二〇一号六三二ページ）は、原判決を引用しながらも「隠蔽」とは、納税者がその意思に基づいて、特定の事実を隠匿しあるいは脱漏することを、「仮装」とは、納税者がその意思に基づいて、特定の所得、財産あるいは取引上の名義を装う等事実を歪曲することをいい、積極的に税務調査を困難にするような「操作」をすることを必要としないものと解するのを相当としている。

更に、大阪高裁平成五年四月二七日判決（税資一九五号一六九ページ）では、「重加算税を課すためには、納税者が故意に課税標準等又は税額等の計算の基礎となるべき事実の全部又は一部を隠ぺい、仮装し、右行為に基づいて過少申告の結果が発生することが必要であり、事実としての隠ぺい、仮装行為と過少の納税申告書の提出行為とは別々であることが必要であるとともに、右隠ぺい、仮装行為と過少申告行為が存在しているだけで重加算税の要件を充足するものではなく、右両者の間に因果関係が存在することが必要である。」と判示している。この判決では、隠蔽行為等と過少申告行為間に因果関係が存在する必要を指摘していることが注目される。

最高裁判所の判断としては、最高裁平成七年四月二八日第二小法廷判決（後掲、裁判例⑲、前掲大阪高裁平成六年六月二八日判決の上告審判決）が、「重加算税を課するためには、納税者のした過少申告行為そのものが隠ぺい、仮装に当たるというだけでは足りず、過少申告行為そのものとは別に、隠ぺい、仮装と評価すべき行為が存在し、これに合わせた過少申告がされたことを要するものである。しかし、右の重加算税制度の趣旨にかんがみれば、架空名義の利用や資料の隠匿等の積極的な行為が存在したことまで必要であると解するのは相当でなく、納税者が、当初から所得を過少に申告することを意図し、その意図を外部からもうかがい得る特段の行動をした上、その意図に基づく過少申告をしたような場合には、重加算税の右賦課要件が満たされるものと解すべきである。」と判示している。この判決は、株式売買による多額の雑所得を顧問税理士に秘匿して過少申告（一種のつまみ申告又は一部不申告）した事案に係るものであるが、顧問税理士に対する所得の秘匿が過少申告の意図を外部からうかがい得る特段の行動として評価し、隠蔽、仮装行為の要件を満たしていると判示していることが注目される。

このような最高裁判決の考え方は、東京地裁平成一一年一月二二日判決（税資二四〇号四〇ページ）、横浜地裁平成一一年四月一二日判決（税資二四二号八六ページ）、長野地裁平成一二年六月二三日判決（税資二四七号一三六〇ページ）等においても引用されている。

なお、以上のように、隠蔽又は仮装の意義を総論的に判示したものではないが、それらの意義を具体的に又は部分的に判示したものとしては、多くの裁判例を数えることができる。

例えば、福島地裁昭和四六年四月二六日判決（税資六二号五九八ページ）は、「重加算税は、前記のように課税標準等の計算の基礎となるべき事実の全部または一部を隠ぺいした場合に課税されるが、右の課税標準等の基礎となるべき事実には、これを推認せしめる間接事実も含まれるものと解すべき」であると判示し、営業権の譲渡に関し、当該譲渡先から金員（譲渡代金の一部）を受領することは、営業権を譲渡したことを推認せしめる間接事実に該当するから、当該金員を原告会社の収入として計上しなかったことは課税標準等の計算の基礎となるべき事実の一部を隠蔽したものというべきである旨判断している。

また、岡山地裁昭和四二年一月一九日判決（税資四七号四九ページ）では、青色申告書提出承認の取消事由であり、かつ、重加算税の課税要件たる「仮装」の意義が争われ、原告会社が、「仮装」の文言には相手方との通謀を要する趣旨と解すべきである旨主張したところ、同判決は、「仮装」なる文言は、その文理上原告会社主張の如き通謀を要件とするものとは解されない旨判示し、原告会社が立木代金の一部を借入金として帳簿処理したことについて、取引の一部につき会社帳簿に作為的に不実記載をなした「仮装」行為であると判断している。

東京地裁平成元年四月二五日判決（税資一七〇号一二〇ページ）では、株式取引の架空名義等の使用に関し、「課税の対象となる所得を生ずべき株式等の取引を他人名義又は架空名義で行った者が、右取引により所得を得ていることを認識しながら、これを申告していない場合には、特段の事情がない限り、右所得の発生又は帰属を隠ぺいすることを一つの目的として右のような名義を使用したものと推認することが相当である。」と判示している。

京都地裁平成四年三月二三日判決（後掲、裁判例㉗）は、後掲のように、隠蔽又は仮装の意義を判示し、申告書の提出時に課税庁が既にその隠蔽又は仮装の事実を知っていたとしても、あるいは納税者が課税庁を抱き込む等をして何らかの合意をしていたとしても、重加算税の賦課要件に消長をきたすものではない旨判示している。

なお、大阪地裁昭和二九年一二月二四日判決（税資一六号四九〇ページ）は、「たとえ仮装名義を用いた取引であっても、それが事業年度末にかかり経過的資産（仮払金、前渡金、未収利息等）であるため確定申告に際して見落したものと認められるような場合には、これを故意に隠ぺい又は仮装したものと認めることはできない」旨判示している。

次に、重加算税の納税義務の成立の時は、当該国税の法定申告期限の経過の時又は法定納期限の経過の時とされている（通則法一五②一四、一五）ため、通常、確定申告時において、帳簿操作等の隠蔽又は仮装の行為があったか否かが問題とされる。そのため、原則として、法定申告期限経過後に実施される税務調査等において、納税者が課税庁に対し虚偽の答弁等を行って自己の申告を正当化したような場合に、それが隠蔽又は仮装といえるか否かについては、問題なしとはしない。

この点については、既に述べた旧通達の取扱いにおいては、これを隠蔽又は仮装の一行為としてとらえているところであるが、裁判例においても同様に考えられており、その論拠づけもなされている。

例えば、東京地裁昭和五二年七月二五日判決（後掲、裁判例⑯）では、原告会社が、家賃収入や定期預金利息収入を帳簿に記載せず、確定決算上収益の額に計上しなかったことにつき、課税庁の調査に際し、家賃収入についての質問にはことさらにその事実を隠し調査を拒み、定期預金については原告会社に帰属しないもので訴外人のものである旨等を主張したところ、同判決は、当該事実によれば、原告会社には、家賃収入等に対する課税を回避しようとする意図が当初からあったものと推認できるから、当該事実を隠蔽して確定申告をしたことになる旨判示している。

また、東京地裁昭和五三年八月二四日判決（税資一〇二号一六五ページ）は、不動産仲介業者である原告会社が特定の取引先の売上金額を帳簿に記載せず申告しなかった事案につき、「当該売上取引が会計帳簿に記載されていなかったとしても、原告会社が調査の際に売買代金の一部について自供している場合には、当該売上取引額全部について故意による隠ぺいがあったとすることはできず、原告会社が自供しなかった部分についてのみ隠ぺいがあったと認むべきである」旨判示している。この判決は、調査段階において、申告しなかった売上金額の一部を自供している場合には、その自供部分を重加算税の課税対象から除外するとしたものである。

更に、札幌地裁昭和五三年一二月二六日判決（税資一〇三号九七六ページ）は、他の隠蔽・仮装行為のほか、原告が、被告税務署長の調査に対し虚偽の答弁をし、また資料の提出を拒んだりする等の非協力的な態度をとった場合には、その虚偽答弁等も隠蔽・仮装の行為の一部となる旨判示している。

なお、大阪地裁昭和五〇年五月二〇日判決（後掲、裁判例⑱）では、重加算税の課税要件の充足に当たって、刑法の不能犯（行為がその性質上、結果を発生することのおよそ不能である場合をいう、例えば、丑刻詣のような迷信犯）の理論が適用されるか否かが争われたことがある。すなわち、原告は、昭和四三年五月二一日その所有地を譲渡したのであるが、その年分の所得として申告せず、昭和四四年分所得税から適用される新土地税制の適用を受けるために、昭和四五年一月七日に至って当該土地について昭和四四年一二月二五日付の売買契約証書を別途作成したところ、それが、重加算税の課税原因となったというものである。しかしながら、原告は、同人が代表取締役として主宰する訴外会社に対する昭和四四年一〇月一四日の法人税法違反嫌疑の査察調査の際、国税局査察官によって本件土地に係る昭和四三年五月二一日付の売買契約証書が発見され、これによって被告税務署長は当該売買の事実を確知したものであるから、当該事実の隠蔽・仮装はもはや客観的に不可能であり、刑法の不能犯の理論によって、いかなる所為も隠蔽・仮装に該当しない旨主張した。

これに対し、本判決は重加算税の賦課は刑罰とはその性質を異にするから、不能犯のごとき刑法の理論は当然には重加算税の課徴に適用されないとし、本件重加算税は、原告が本件土地の譲渡所得を隠蔽して昭和四三年分所得として申告しなかったことに付し賦課されるのであって、その後の原告の所為は、確定申告時において原告が隠蔽又は仮装の意思を有していたか否かを判定する資料となるにすぎない旨判示した。

また、東京地裁令和二年一〇月二九日判決（平成三〇年（行ウ）第四二二号）では、被相続人が生前土地の売買契約を締結し、引き渡し直前に死亡した場合に、相続人らが、当該売買契約が生前に解約されたものであることを確認し、相続開始後改めて買主との間で同様の売買契約を締結しその旨履行し、相続財産は当該土地である旨の相続税を申告したところ、当該売買契約の解約は仮装であるとする重加算税の賦課決定を適法と認めている。

【裁判例⑬】「隠蔽」とは、事実を隠匿しあるいは脱漏することを、「仮装」とは、所得・財産あるいは取引上の名義を装う等事実を歪曲することをいう（和歌山地裁昭和五〇年六月二三日判決・税資八二号七〇ページ）

『右法条（編注＝国税通則法六八条及び旧法人税法四三条の二）の各一項に規定する「……の計算の基礎となるべき事実（の全部又は一部――ただし国税通則法のみ）を隠ぺいし、又は仮装し」たとは、不正手段による租税徴収権の侵害行為を意味し、「事実を隠ぺい」するとは、事実を隠匿しあるいは脱漏することを、「事実を仮装」するとは、所得・財産あるいは取引上の名義を装う等事実を歪曲することをいい、いずれも行為の意味を認識しながら故意に行なうことを要するものと解すべきである。』

【裁判例⑭】「隠蔽」とは、隠蔽又は故意に脱漏することをいい、「仮装」とは、名義等を真実であるかのように装う等、故意に事実を歪曲することをいう（名古屋地裁昭和五五年一〇月一三日判決・税資一一五号三一ページ）

『国税通則法六八条は、不正手段による租税徴収権の侵害行為に対し、制裁を課することを定めた規定であり、同条にいう「事実を隠ぺいする」とは、課税標準等又は税額等の計算の基礎となる事実について、これを隠ぺいしあるいは故意に脱漏することをいい、また「事実を仮装する」とは、所得財産あるいは取引上の名義等に関し、あたかも、それが事実であるかのように装う等、故意に事実を歪曲することをいうと解するのが相当である。』

【裁判例⑦⑤】「隠蔽・仮装」とは、租税を脱税する目的をもって、故意に納税義務の発生原因である計算の基礎となる事実を隠匿し、又は作為的に虚偽の事実を付加すること等をいう（大阪高裁平成三年四月二四日判決・税資一八三号三六四ページ）

『重加算税は、過少申告加算税、無申告加算税及び不納付加算税が賦課されるべき場合に、納税義務者がその国税の計算の基礎となるべき事実の全部又は一部を隠ぺいし、もしくは仮装し、これらの行為に基づいて申告をし、又は、申告をせず、あるいは税金の納付をしなかったときに、これらの加算税に代えて、一定の過重された負担を課する租税である。ところで、法六八条一項に定める重加算税の課税要件である「隠ぺい・仮装」とは、租税を脱税する目的をもって、故意に納税義務の発生原因である計算の基礎となる事実を隠匿し、又は、作為的に虚偽の事実を付加して、調査を妨げるなど納税義務の全部または一部を免れる行為をいい、このような見地からは、重加算税の実質は、行政秩序罰であり、その性質上、形式犯ではあるが、不正行為者を制裁するため、著しく重い税率を定めた立法趣旨及び「隠ぺい・仮装」といった文理に照らし、納税者が、故意に脱税のための積極的行為をすることが必要であると解するのが相当である。

そして、隠ぺい、又は仮装行為が、申告者本人ないし申告法人の代表者が知らない間に、その家族、従業員等によって行われた場合であっても、特段の事情のないかぎり、原則として、右重加算税を課することができるものと解すべきである。』

【裁判例⑯】　税務調査等に関し、虚偽答弁等をしたときには、課税を回避しようとする意図が当初からあったものと推認することができる（東京地裁昭和五二年七月二五日判決・税資九五号一二四ページ）

『〈証拠略〉と弁論の全趣旨を総合すると、原告にはその昭和三十八年度上期ないし昭和四十年度上期において、毎事業年度毎に家賃収入（ただし未収金）一、八〇〇、〇〇〇円、また、昭和四十二年度上期においては定期預金利息一二三、二八四円の所得があり、それぞれ当該事業年度の益金に計上すべきところ、原告は、右金額をその帳簿書類にまったく記載せず、右各事業年度の確定した決算に益金として計上しなかったことに加え、被告の調査に際し、家賃収入についての質問にことさらその事実を隠し調査を拒んだこと、また、あづま荘から延滞賃料として七、〇〇〇、〇〇〇円が支払われた後になって、右支払い事実がなかったかのように仮装して延滞賃料の全額についてあづま荘の債務を免除したかのような書類を作成したこと、前記の定期預金についても、これが原告に帰属しないと主張して、事実に反する経過等を記載した書類を作成したり、前記認定のように架空の領収書を作成したりして、ことさら右定期預金が藤枝東治個人のものであることを仮装したこと、被告の調査に対する回答や審査請求において右のような事実に反することを主張し、あるいは事実関係をことさらに隠ぺいして争ったことが認められ、……略……。

右認定事実によれば、原告には、益金に計上されるべき家賃収入〈〈略〉〉あるいは定期預金利息〈〈略〉〉について、これに対する課税を回避しようとする意図が当初からあったものと推認することができ、そうとすれば、原告は右家賃収入があるにもかかわらずこの事実を隠ぺいし、その隠ぺいしたところに基づいて確定申告し〈〈略〉〉、あるいは右事実を隠ぺいして納税申告書を提出しなかった〈〈略〉〉ものであり、また、前記定期預金利息が支払われた事実を隠ぺいまたは仮装し、その隠ぺいまたは仮装したところに基づいて確定申告した〈略〉ものといわなければならない。』

【裁判例⑰】　隠蔽又は仮装には、客観的な行為が必要であり、課税庁がその隠蔽等の事実を申告時に知っていたとしても、重加算税の賦課要件に消長をきたさない（京都地裁平成四年三月二三日判決・税資一八八号八二六ページ）

『同条項の隠ぺいし、仮装するとは、申告納税制度をとる所得税について租税を逋脱する目的をもって、故意に税額等の計算の基礎となる事実を隠匿し、又は作為的に虚偽の事実を附加して調査を妨げるなどの行為をいう。

隠ぺいは、右基礎事実を隠匿し、その事実の存在を不明にし、仮装は、虚偽の事実を附加し、その事実が存在するかのように装うことをもって足り、その発見の難易を問うものではない。もとより、納税者において、その行為を、隠ぺい又は仮装と考えただけでは足りず、客観的な隠ぺい、仮装行為が必要である。

……略……

租税法は、多数の納税者に公平かつ画一的に適用することを要し、両当事者の合意によって法を曲げて適用することは許されない。租税は法律に従い一律に、客観的に、かつ公平に課されるものである。重加算税は、もとより租税の形式で賦課されるものであるから、この租税一般の原則に従い、もっぱら隠ぺい又は仮装し、その隠ぺい又は仮装したところに基づき納税申告書を提出したという、国税通則法六八条一項所定の課税要件を充足することにより成立する。だから、納税申告書の提出時に課税庁が既にその隠ぺい又は仮装の事実を知っていたとしても、あるいは納税者が課税庁を抱き込む等してなんらかの合意をしていたとしても、これにより重加算税の賦課要件に消長をきたすものではない。けだし、そうでなければ、他の納税者一般との公平を著しく欠くことになるからである。』

【裁判例78】 重加算税は、刑罰とはその性質を異にするから、不能犯のごとき刑法の理論は当然にはその課徴に適用されない（大阪地裁昭和五〇年五月二〇日判決・税資八一号六〇二ページ）

『国税通則法第六八条の重加算税は、事実の隠ぺい又は仮装に基づく過少申告あるいは無申告による納税義務違反の発生を防止し、もって申告納税の実を挙げるために、行政上の措置として本来の租税に附加して租税の形式により賦課されるものであって、刑罰とはその性質を異にするものと解すべきであるから、不能犯のごとき刑法の理論は当然には重加算税の課徴につき適用されないものというべきである。

なお付言すると、本件重加算税は、原告が昭和四十三年分所得税の確定申告をするにあたり、本件土地の同年における売買を隠ぺいしてこれによる譲渡所得について申告をしなかったことに付し賦課されたものであって、その後の原告の所為は、右確定申告時において原告が隠ぺい又は仮装の意思を有していたか否かを判定するための資料となるにすぎない。したがって、原告が主張するごとく、昭和四十四年十二月二十五日付売買契約証書を作成した昭和四十五年一月七日の時点で被告がすでに昭和四十三年五月二十一日付売買の事実を確知していたとしても（その時期は、原告の主張によっても、昭和四十三年分所得税の確定申告後の昭和四十四年十月十四日である）、右事実は重加算税賦課の要件事実である隠ぺい又は仮装の意思に消長を来すものではない。』

(3) 学　説

まず、国税通則法の立法関係者は、隠蔽又は仮装の意義について、次のように説明している。

「事実の隠ぺいは、二重帳簿の作成、売上除外、架空仕入若しくは架空経費の計上、たな卸資産の一部除外等によるものをその典型的なものとする。事実の仮装は、取引上の他人名義の使用、虚偽答弁等をその典型的なものとする（〈略〉）。いずれも、行為が客観的にみて隠ぺい又は仮装と判断されるものであればたり、納税者の故意の立証まで要求しているものではない。この点において、罰則規定における「偽りその他不正の行為」（例えば、所得税法二三八条一項）と異なり、重加算税の賦課に際して、税務署長の判断基準をより外形的、客観的ならしめようとする趣旨である。(注2)」

金子名誉教授は、次のとおり述べている。

「重加算税は、納税者が隠ぺい・仮装という不正手段を用いた場合に、これに特別に重い負担を課することによって、申告納税制度および源泉徴収制度の基盤が失われるのを防止することを目的とするものである。……略……ここに隠ぺい・仮装とは、その語義からして故意を含む観念であると解すべきであり、事実の隠ぺいとは、売上除外、証拠書類の廃棄等、課税要件に該当する事実の全部または一部をかくすことをいい、事実の仮装とは、架空仕入、架空契約書の作成、他人名義の利用等、存在しない課税要件事実が存在するように見せかけることをいう。隠ぺいと仮装とは同時に行われることが多い（たとえば、二重帳簿の作成のように、存在する事実をかくし、存在しない事実があるように見せかけること）。(注3)」

松沢教授は、次のとおり述べている。

「「隠ぺい・仮装」とは租税を逋脱する目的を持って故意に収税官吏に対し、納税義務の発生原因たる計算の基礎となる事実を隠匿し、または、作為をほどこして虚偽の事実を附加せしめて収税官吏の調査を妨げ納税義務の全部または一部を免れる行為をいうものである。いずれも故意によることを要件とする。(注4)」

碓井助教授は、次のとおり述べている。

「ところで、隠ぺい・仮装の態様をめぐって、若干の問題がある。第一に何らかの記録等を最初から残して置かなかったこと（例えば、契約書を作成しないこと）が、隠ぺいにあたるかどうかである。シャウプ勧告は、「将来に徹底的教育運動及び正当な帳簿記録をつける必要が広く認識されるように考案された他の活動が実行された後、正当な帳簿記録をつけることを故意に怠った場合刑罰を適用することが適当であるかもしれない」（附録D四一ページ）と指摘したが、今日に至るも、このような刑罰規定はできていない。青色申告者の記帳義務違反に対しては、青色申告書提出承認の取消処分がなされるのみである。他方、昭和三十六年の『国税通則法の制定に関する答申』は、「極端な場合には故意に記帳をしないか又は記帳を著しく不完全にして、隠ぺい又は仮装の証明を実際上不可能にする場合等その証明がされる場合よりもかえって悪質な場合もあり得よう」（二一ページ）と述べて、問題点を指摘している。これは、理論上は、故意に記録を残さない場合も「隠ぺい」にあたることを前提にするものであろう。しかし、一般的に記帳義務を課していない今日においては、記録を残さないことのみでは、隠ぺいの要件を満たしていないものと解すべきであろう。

第二に、過少申告の場合に、申告書への虚偽記入行為も、隠ぺい又は仮装に含まれるという解釈が通用していたようであるが、通則法六八条一項は、「国税の課税標準等又は税額等の計算の基礎となるべき事実」の隠ぺい又は仮装があり、それに「基づき納税申告書を提出していた」ことを要件としているのであるから、申告書における虚偽記入は、隠ぺい又は仮装に含まれないと解すべきである。租税を免れることを目的とする虚偽記入の場合に、不均衡が存在するようにみえるが、基礎となるべき事実についての隠ぺい又は仮装が存在しない場合には、税務調査権の発動によって課税標準等又は税額等を認定することができるのであるから、かかる解釈も不当であるとはいえまい。昭和二十九年通達（直所一―一）八三においては、「明らかに故意に収入の相当部分を除外して」申告した場合を含めていたのであるが、国税通則法に関する権威ある解説書である『国税通則法精解』が、虚偽申告自体に触れていないことからすれば、今日では、国税行政関係者の見解も私の見解と一致しているのかも知れない。

第三として、国税職員に対する虚偽答弁が隠ぺい又は仮装にあたるかどうかという問題がある。まず虚偽答弁については、各租税法律が処罰規定を設けて、その制裁を予定していることに注意しておきたい。そして、重加算税は、確かに「徴税の実」をあげようとするものであるが、その基礎となる隠ぺい・仮装行為は、調査に際しての国税職員に対する行為を含まないと解するのが正当ではないかと思う。過少申告をした納税義務者に対して税務調査をし、虚偽答弁があった場合が、通則法六八条の要件にあてはまるとすることは、文理上無理があるように思える。虚偽答弁に対して加算税によって制裁を加えるという政策も、ありうるであろう。民事詐欺罰というシャウプ勧告の趣旨を実現するためにも、そのような制裁が必要であるといえるかも知れない。しかし、それは、その旨の規定を設けない限り無理なのではないかと考える。重加算税の納税義務の成立時期が、法定申告期限又は法定納期限の経過の時であるとされているので（通則法一五②一五、一六）かりに、虚偽答弁が含まれるとすれば、これらの期限が到来する前の税務調査に際しての虚偽答弁のみが重加算税の対象となり、期限後の調査に際して虚偽答弁しても賦課要件を満たさないことになる。この二つの場合の違いをもたらすような解釈の不合理性を知ることができる。（注5）」

広瀬正氏は、次のとおり述べている。

「そこで「隠ぺい仮装」とは何かということになるが、通常の解釈としては租税を逋脱する目的をもって、故意に課税所得の発生原因となる事実を隠匿し、又は作為をほどこして虚偽の事実を附加せしめ、納税義務の全部又は一部を免れる行為をいい、いずれの場合にも故意による積極的行為たることが必要であるとされている（北野「税法学の基本問題」三九四ページ）。また、当該行為は納税義務者本人の行為に限定すべき理由はなく、広く家族使用人等の関係者のかかる行為も含まれる。けだし納税者本人が知らないからといって重加算税の賦課を免れるとする制度の機能を発揮しえない結果となるからである（注6）（大阪高裁昭三十六年・十二・二十七判決参照）」。

村井教授は、次のとおり述べている。

「それではこの要件のうち、事実の隠ぺいとは何か。一般には、これは二重帳簿の作成、売上除外、架空仕入もしくは架空経費の計上、たな卸資産の一部除外等によるものをその定型的なものと解されている。また事実の仮装とは、取引上の他人名義の使用、虚偽答弁等をいうものと解されている。これらの定型的な事実は、いずれも通常の場合、逋脱の結果とリンクすることによって、同時に不正行為の要件を構成することが少なくなかろう。ただし、ここで特に注意を要するのは、この隠ぺい又は仮装の要件が必ずしも反社会的な不正行為を要求するものではなく、また必ずしも逋脱結果とリンクする必要もないということである。もっとも重加算税の課税要件として、故意を含むものと解する見解もかなり有力であり、それによれば「隠ぺい・仮装」という文言自体のなかに既に租税を免れようとする「故意」の要素が含まれるとする。しかしながら、その場合でも反社会的な不正行為と断ずる要素がない限り、逋脱犯は成立しないから、両者の要件は、なおも明確に区別すべきであろう。そうなると、重加算税の課税要件は、逋脱犯の構成要件の一部と重複する場合もあり得るであろうが、それればかりではない。逋脱犯の構成要件でカバーしきれない程度のものも特に包括的に含むことになろう（注7）。」

また、「隠蔽又は仮装」の意義については、各判決の考え方を抽出・要約される場合が多い。例えば、波多野教授は、次のように述べている。

「重加算税賦課の要件は、「隠ぺい又は仮装」であるが、「重加算税賦課」の要件は、……国税通則法六八条にそれぞれ規定されている。右法条の各一号に規定する「……の計算の基礎となるべき事実（の全部又は一部）を隠ぺいし、又は仮装し」たとは、不正手段による租税徴収権の侵害行為を意味し、「事実を仮装する」とは、所得・財産あるいは取引上の名義を装う等事実を歪曲することをいい、いずれも行為の意味を認識しながら故意に行うことを要するものと解すべきである（和歌山地裁昭和五十年六月二十三日判決・シュトイエル一六二号一九ページ以下）とされ、たとえば、事業の預金口座を簿外預金として保有し、これに基づく収益を申告しなかった場合（大阪地裁昭和四十年二月十六日判決・訟月一一巻五号八〇二ページ）とか、他人名義で預け入れていた事業用の普通預金通帳を焼却してその預金を申告しなかった場合（大阪高裁昭和三十三年十一月二十七日判決・行集九巻一二号二六三七ページ以下）、たな卸商品に著しい破損等の事実がないのに評価損を故意に計上して申告した場合（大阪地裁昭和四十二年六月二十四日判決・行集一八巻五・六号七八六ページ以下）等に認められ、仮装については、必ずしも取引の相手方との通謀を必要とするものではない（岡山地裁昭和四十二年一月十九日判決・訟月一三巻三号三四八ページ以下）とされ、事実には、これを推認せしめる間接事実も含まれると解すべきである（福島地裁昭和四十六年四月二十六日判決・行集二二巻一一・一二号一七三三ページ以下）し、納税義務者自身がこのような行為をなす場合のみならず、納税義務者自身以外のその事業の従業員がそのような行為をなす場合を含み、この後の場合に納税義務者自身がその事実を知っていたかどうかを問わない（大阪地裁昭和三十二年八月十日判決・行集一二巻八号一六一四ページ以下）としている。[注8・9]」

以上のように、学説における「隠蔽又は仮装」の意義については、その語義から論じるもの、裁判例を分析検討して論じるもの、他の学説を比較して論じるもの等様々であるが、それだけに各学説間に統一性があるわけではない。よって、それらの問題について追ってまとめて検討することとする。

(4) 現行通達の取扱い

イ　通達の種類

平成一二年に発出された加算税通達のうち、重加算税の取扱いに関する通達は、次の五種類である。

① 申告所得税の重加算税の取扱いについて（事務運営指針）（課所四―一五ほか、以下「所得税重加通達」という）

② 法人税の重加算税の取扱いについて（事務運営指針）（課法二―八ほか、以下「法人税重加通達」という）

③ 源泉所得税の重加算税の取扱いについて（事務運営指針）（課法七―八ほか、以下「源泉所得税重加通達」という）

④ 相続税及び贈与税の重加算税の取扱いについて（事務運営指針）（課資二―二六三ほか、以下「相続税重加通達」という）

⑤ 消費税加算税通達

これらの通達は、隠蔽又は仮装に該当する場合と該当しない場合につき、次のように取り扱うとしている。

ロ　所得税重加通達

国税通則法六八条一項又は二項に規定する「隠ぺいし、又は仮装し」とは、例えば、次に掲げるような事実（不正事実）がある場合をいう（所得税重加通達第1、1）。

なお、隠蔽又は仮装の行為については、特段の事情がない限り、納税者本人が当該行為を行っている場合だけでなく、配偶者又はその他の親族等が当該行為を行っている場合であっても納税者本人が当該行為を行っているものとして取り扱う。

① いわゆる二重帳簿を作成していること。

② ①以外の場合で、次に掲げる事実（帳簿書類の隠匿、虚偽記載等）があること。

㋑　帳簿、決算書類、契約書、請求書、領収書その他取引に関する書類（帳簿書類）を、破棄又は隠匿していること。

㋺　帳簿書類の改ざん、偽造、変造若しくは虚偽記載、相手方との通謀による虚偽若しくは架空の契約書、請求書、領収書その他取引に関する書類の作成又は帳簿書類の意図的な集計違算その他の方法により仮想を行っていること。

㋩　取引先に虚偽の帳簿書類を作成させる等していること。

③　事業の経営、売買、賃貸借、消費貸借、資産の譲渡又はその他の取引（事業の経営又は取引等）について、本人以外の名義又は架空名義で行っていること。

ただし、次の㋑又は㋺の場合を除くものとする。

㋑　配偶者、その他同居親族の名義により事業の経営又は取引等を行っているが、当該名義人が実際の住所地等において申告等をしているなど、税のほ脱を目的としていないことが明らかな場合。

㋺　本人以外の名義（配偶者、その他同居親族の名義を除く）で事業の経営又は取引等を行っていることについて正当な事由がある場合。

④　所得の源泉となる資産（株式、不動産等）を本人以外の名義又は架空名義により所有していること。

ただし、③の㋑又は㋺の場合を除くものとする。

⑤　秘匿した売上代金等をもって本人以外の名義又は架空名義の預貯金その他の資産を取得していること。

⑥　居住用財産の買換えその他各種の課税の特例の適用を受けるため、所得控除若しくは税額控除を過大にするため、又は変動・臨時所得の調整課税の利益を受けるため、虚偽の証明書その他の書類を自ら作成し、又は他

人をして作成させていること。

⑦　源泉徴収票、支払調書等（源泉徴収票等）の記載事項を改ざんし、若しくは架空の源泉徴収票等を作成し、又は他人をして源泉徴収票等に虚偽の記載をさせ、若しくは源泉徴収票等を提出させていないこと。

⑧　調査等の際の具体的事実についての質問に対し、虚偽の答弁等を行い、又は相手先をして虚偽の答弁等を行わせていること及びその他の事実関係を総合的に判断して、申告時における隠ぺい又は仮装が合理的に推認できること。

なお、次に掲げる場合で、当該行為が、相手方との通謀による虚偽若しくは架空の契約書等の作成等又は帳簿書類の破棄、隠匿、改ざん、偽造、変造等によるもの等でないときは、帳簿書類の隠匿、虚偽記載等に該当しない（所得税重加通達第1、2）。

①　収入金額を過少に計上している場合において、当該過少に計上した部分の収入金額を、翌年分に繰り越して計上していること。

②　売上げに計上すべき収入金額を、仮受金、前受金等で経理している場合において、当該収入金額を翌年分の収入金額に計上していること。

③　翌年分以後の必要経費に算入すべき費用を当年分の必要経費として経理している場合において、当該費用が翌年分以後の必要経費に算入されていないこと。

ハ　法人税重加通達

国税通則法六八条一項又は二項に規定する「隠ぺいし、又は仮装し」とは、例えば、次に掲げるような事実（不正事実）がある場合をいう（法人税重加通達第1）。

① いわゆる二重帳簿を作成していること。
② 次に掲げる事実（帳簿書類の隠匿、虚偽記載等）があること。
㋑ 帳簿、原始記録、証ひょう書類、貸借対照表、損益計算書、勘定科目内訳明細書、棚卸表その他決算に関係のある書類（帳簿書類）を、破棄又は隠匿していること。
㋺ 帳簿書類の改ざん（偽造及び変造を含む）、帳簿書類への虚偽記載、相手方との通謀による虚偽の証ひょう書類の作成、帳簿書類の意図的な集計違算その他の方法により仮想の経理を行っていること。
㋩ 帳簿書類の作成又は帳簿書類への記録をせず、売上げその他の収入（営業外の収入を含む）の脱ろう又は棚卸資産の除外をしていること。
③ 特定の損金算入又は税額控除の要件とされる証明書その他の書類を改ざんし、又は虚偽の申請に基づき当該書類の交付を受けていること。
④ 簿外資産（確定した決算の基礎となった帳簿の資産勘定に計上されていない資産をいう）に係る利息収入、賃貸料収入等の果実を計上していないこと。
⑤ 簿外資金（確定した決算の基礎となった帳簿に計上していない収入金又は当該帳簿に費用を過大若しくは架空に計上することにより当該帳簿から除外した資金をいう）をもって役員賞与その他の費用を支出していること。
⑥ 同族会社であるにもかかわらず、その判定の基礎となる株主等の所有株式等を架空の者又は単なる名義人に分割する等により非同族会社としていること。

また、使途不明の支出金に係る否認金につき、次のいずれかの事実がある場合には、当該事実は、不正事実に該当する（法人税重加通達第1、2）。なお、当該事実により使途秘匿金課税を行う場合の当該使途秘匿金に係る税額に対しても重加算税を課すことになる。

① 帳簿書類の破棄、隠匿、改ざん等があること。

② 取引の慣行、取引の形態等から勘案して通常その支出金の属する勘定科目として計上すべき勘定科目に計上されていないこと。

なお、次に掲げる場合で、当該行為が相手方との通謀又は証ひょう書類等の破棄、隠匿若しくは改ざんによるもの等でないときは、帳簿書類の隠匿、虚偽記載等に該当しない（法人税重加通達第1、3）。

① 売上げ等の収入の計上を繰り延べている場合において、その売上げ等の収入が翌事業年度の収益に計上されていることが確認されたとき。

② 経費（原価に算入される費用を含む）の繰上計上をしている場合において、その経費がその翌事業年度に支出されたことが確認されたとき。

③ 棚卸資産の評価換えにより過少評価をしている場合。

④ 確定した決算の基礎となった帳簿に、交際費等又は寄附金のように損金算入について制限のある費用を単に他の費用科目に計上している場合。

二 源泉所得税重加通達

国税通則法六八条三項に規定する「隠ぺいし、又は仮装し」とは、例えば、次に掲げるような事実（不正事実）がある場合をいう（源泉所得税重加通達第1、1）。

① いわゆる二重帳簿を作成していること。

② 帳簿書類を破棄又は隠匿していること。
③ 帳簿書類の改ざん（偽造及び変造を含む）、帳簿書類への虚偽記載、相手方との通謀による虚偽の証ひょう書類の作成、帳簿書類の意図的な集計違算その他の方法により仮装の経理を行っていること。
④ 帳簿書類の作成又は帳簿書類への記録をせず、源泉徴収の対象となる支払事実の全部又は一部を隠ぺいしていること。

この場合、不正事実は、源泉徴収義務者に係るものに限られるのであるから、例えば、源泉所得税を徴収される者に係る不正の事実で、源泉徴収義務者が直接関与していないものは、不正事実に該当しないことになる（源泉所得税重加通達第1、3）。

なお、認定賞与等に対する重加算税の取扱いについては、法人税に係る重加算税との重複課税が行われないように取り扱うこととしている（源泉所得税重加通達第1、4）。

ホ　相続税重加通達

国税通則法六八条一項又は二項に規定する「隠ぺいし、又は仮装し」とは、例えば、次に掲げるような事実（不正事実）がある場合をいう（相続税重加通達第1、1・2）。

（相続税関係）

① 相続人（受遺者を含む）又は相続人から遺産（債務及び葬式費用を含む）の調査、申告等を任せられた者（相続人等）が、帳簿、決算書類、契約書、請求書、領収書その他財産に関する書類（帳簿書類）について改ざん、偽造、変造、虚偽の表示、破棄又は隠匿をしていること。
② 相続人等が、課税財産を隠匿し、架空の債務をつくり、又は事実をねつ造して課税財産の価額を圧縮してい

ること。

③　相続人等が、取引先その他の関係者と通謀してそれらの者の帳簿書類について改ざん、偽造、変造、虚偽の表示、破棄又は隠匿を行わせていること。

④　相続人等が、自ら虚偽の答弁を行い又は取引先その他の関係者をして虚偽の答弁を行わせていること及びその他の事実関係を総合的に判断して、相続人等が課税財産の存在を知りながらそれを申告していないことなどが合理的に推認し得ること。

⑤　相続人等が、その取得した課税財産について、例えば、被相続人の名義以外の名義、架空名義、無記名等であったこと若しくは遠隔地にあったこと又は架空の債務がつくられてあったこと等を認識し、その状態を利用して、これを課税財産として申告していないこと又は債務として申告していること。

（贈与税関係）

①　受贈者又は受贈者から受贈財産（受贈財産に係る債務を含む）の調査、申告等を任せられた者（受贈者等）が、帳簿書類について改ざん、偽造、変造、虚偽の表示、破棄又は隠匿をしていること。

②　受贈者等が、課税財産を隠匿し、又は事実をねつ造して課税財産の価額を圧縮していること。

③　受贈者等が、課税財産の取得について架空の債務をつくり、又は虚偽若しくは架空の契約書を作成していること。

④　受贈者等が、贈与者、取引先その他の関係者と通謀してそれらの者の帳簿書類について改ざん、偽造、変造、虚偽の表示、破棄又は隠匿を行わせていること。

⑤　受贈者等が、自ら虚偽の答弁を行い又は贈与者、取引先その他の関係者をして虚偽の答弁を行わせているこ

と及びその他の事実関係を総合的に判断して、受贈者等が課税財産の存在を知りながらそれを申告していないことなどが合理的に推認し得ること。

⑥　受贈者が、その取得した課税財産について、例えば、贈与者の名義以外の名義、架空名義、無記名等であったこと又は遠隔地にあったこと等の状態を利用して、これを課税財産として申告していないこと。

へ　消費税加算税通達

所得税又は法人税（所得税等）につき不正事実があり、所得税等について重加算税を賦課する場合には、当該不正事実が影響する消費税の不正事実に係る増差税額については重加算税を課する（消費税加算税通達第2、Ⅳ、2）。

また、所得税等の取得金額には影響しないが、消費税額に影響する不正事実（消費税固有の不正事実）により、消費税が過少申告となった場合については、消費税の重加算税を課するのであるが、この場合には、例えば、次のような不正事実が該当する（消費税加算税通達第2、Ⅳ、3）。

①　課税売上げを免税売上げに仮装する。

②　架空の免税売上げを計上し、同額の架空の課税仕入れを計上する。

③　不課税又は非課税仕入れを課税仕入れに仮装する。

④　非課税売上げを不課税売上げに仮装し、課税売上割合を引き上げる。

⑤　簡易課税制度の適用を受けている事業者が、資産の譲渡等の相手方、内容等を仮装し、高いみなし仕入率を適用する。

以上の重加算税賦課の取扱いにおける問題点については、後述する項目ごとに検討することとする。

⑸ 要　約

以上のように「隠蔽又は仮装」の意義について、それぞれの考え方をるる紹介してきたところであるが、それらの考え方は、「隠蔽」又は「仮装」の言葉の意味するところから、それらの概念を語義的にかつ抽象的に表わそうとするもの、あるいは、二重帳簿の作成、架空仕入の計上等具体的な不正行為を例示することにより、「隠蔽」又は「仮装」の概念を明らかにしようとするもの等、様々である。そして「隠蔽又は仮装」の意義は、重加算税の性質が、悪質な過少申告・不申告による納税義務違反の発生を防止し、もって納税の実を挙げんとする行政上の制裁措置であることに鑑み、究極的には、租税徴収権の侵害行為を意味する何らかの不正手段であることといい得よう。

また、何が「隠蔽又は仮装の行為」に当たるか否かを考察するに当たっては、既に紹介してきた種々の考え方の中からもうかがえるように、①納税者がその不正手段を行うに当たって税を免れようとする意思すなわち故意が明らかにされている（立証する）必要があるか否か、②無記帳、不申告、虚偽申告、つまみ申告、申告書上の虚偽記載等のように積極的な隠蔽・仮装行為を伴わない行為が「隠蔽又は仮装」といえるか否か、③「隠蔽又は仮装」を行った者（行為者）が納税者本人に限定されるのか否か、④課税原因の成立時期とそれにからんで税務調査時の虚偽答弁等が賦課要件を充足するか否か、⑤隠蔽仮装行為に基づき確定申告書を提出した等における経費の必要経費・損金不算入となる場合の「隠蔽仮装行為」との関係はどうなるのか、⑥脱税について刑事罰が問われることとなる場合又は課税権の除斥期間が延長されることとなる場合の「偽りその他不正の行為」又は「偽り」との関係はどうなるか等が、問題となる。

よって、それらの問題を以下に詳述することとする。

2　故意の要否

(1)　解釈上の論点

重加算税は、納税者が国税の課税標準等又は税額等の計算の基礎となるべき事実の全部又は一部を隠蔽し、又は仮装し、その隠蔽し、又は仮装したところに基づいて、税額等を過少に申告したこと、あるいは申告しなかったこと、又は源泉徴収等に係る国税を納付しなかったことを賦課要件としている。他方、重加算税の賦課と常に対比される逋脱犯に関する罰則規定においては、「偽りその他不正の行為」により、所得税等を免れることが、その適用要件とされている（所法二三八①等参照）。

かかる重加算税の賦課要件については、既に述べてきたように、旧通達の取扱い、判例及び学説の考え方の中で、多くの場合に故意によることが指摘されている。しかしながら、それらの考え方の中で故意の内容（その意味するところ）は、一様ではない。すなわち、旧所得税通達（昭和二十九年直所一―一「八三」）のように二重帳簿の作成や売上除外等の隠蔽・仮装の行為を認識して行うことについて故意に力点を置いていると思われるもの、松沢教授のように税額を免れることにも故意を要するとしているもの、国税通則法の立法担当者の解説書といわれる「国税通則法精解」に記述されているように二重帳簿の作成等の行為が客観的にみて隠蔽又は仮装と判断されれば足り、納税者の故意の立証まで要しないとするもの（現行通達もその考えによっているようである）、更には、村井教授のように「故意」の要素を否定しないまでも逋脱犯の構成要件とは明確に区分しようとするもの等、それらの考え方は、様々である。

これらの考え方の違いは、法律学上の「故意」の概念が一様でないことにも起因しているのかも知れないが、

「隠蔽又は仮装の行為」についての故意の要否に関する考え方を内容的に整理すると、次のように区分し得ると考えられる。

① 二重帳簿の作成等の行為が客観的に隠蔽又は仮装と判断されるものであれば足り、納税者の故意の立証まで必要としていないと解するもの。

② 課税要件となる事実を隠蔽又は仮装することについての認識があれば足り、その後過少申告等についての認識は必要としないとするもの。

③ ②の要件に加え、過少申告等についても租税を免れる認識をも必要とするもの。

以上の考え方のうち、①については、「国税通則法精解」の見解及び現行通達の取扱いを紹介したところであるが「隠蔽し、又は仮装し、……」という法律の規定の文言から行為者の意思に基づく積極的な行為を予定しているものと解しながらも、逋脱犯の場合と対比して、課税庁側に行為者の故意の立証まで必要としないとしたものであろう。

②については、その代表的見解として、寺西氏は、次のように述べている。

「すなわち、重加算税の賦課要件としての故意というのは、期中における経理処理の際、課税要件となる事実（税額計算の基礎となる事実といってよい）についてこれを隠ぺい又は仮装することについての認識があれば、その後、当該事業年度の税の申告に際し、右仮装又は隠ぺいした事実に基づいて申告する。あるいは申告しないなどという点についての認識を必要とするものではなく、結果として過少申告、無申告あるいは不納付という事実が生ずれば足りるものといえるのである。そして、たとえ、期中において経理ミスなどによって、行為者の意識しない事実に相反する経理処理がなされたとしても、申告期限前にこの誤処理を発見しながら、これを訂正しなかった場合には、訂正しないという積極的な意識がある以上、その時点で事実を隠ぺい又は仮装したことになり、また認識して訂正しない点で故意が認められることになるのである。

重加算税の賦課要件としての故意とは、課税要件事実について、事実と相反する経理処理がなされていることについて、納税者が、積極的に事実に相反する経理処理をしようとする意思があったこと、あるいは事実と相反する経理処理がなされていることを知りながら、あえてこれをそのまま放置して訂正しないでおこうとする意思があったことをいうのである。(注10・11)」

③については、その代表的見解として、碓井助教授は、次のように述べている。

「この判決（編注＝最高裁昭和四五年九月十一日第二小法廷判決・刑集二四巻一〇号一三三三ページ）によるまでもなく、重加算税と罰金との間には、賦課手続及び適用法規に違いのあることは否定できない。後者は、刑事訴訟の手続により裁判所で宣告されるのに対し、前者は、行政庁自身の行政処分により賦課されることになっているからである。しかし、そのことが、要件規定の解釈を直ちに左右するものではない。この点で、隠ぺい又は仮装に関して、「必ずしも反社会的な不正行為を要求するものではなく、また必ずしも逋脱結果とリンクする必要もない」との見解があることに注目したい。隠ぺい又は仮装の行為の時点において租税を免れようとする意図までが認められることを要しないとの見解は、逋脱犯との要件の違いを説明するのに、便利であろうが、他方においては、単純な加算税が既に存在しているのに、それに制裁を加重するには、それなりの理由がなければならないことを考えると、租税を免れようとする意図を要すると解すべきであろう。ただし、その意図は、仮装・隠ぺい行為の時点に存在すれば、それで足りるのであって、申告・無申告・不納付の時点まで継続することは必要ではない。要するに、「個々の会計的処理における〝故意〟の有無」がポイントになるわけである。

以上に述べたところから、最高裁判決が違反者の不正行為に対する制裁であることを否定し、これをふまえた一部の学説が故意を必要としないとしている点には、反対しておきたい。隠ぺい・仮装に故意を要するとの立場に立ちつつも、「課税要件事実について、事実と相反する経理処理がなされていることについて、納税者が、積極的に事実と相反する経理処理をしようとする意思があったこと、あるいは事実と相反する経理処理がなされていることを知りながら、あえてこれをこのまま放置して訂正しないでおこうとする意思があったことをいう」との見解があるが、これだけで足りるものとすれば、租税を免れる目的以外の理由で事実を隠ぺい・仮装した場合にまで重加算税が賦課されることになり、「徴税の実」をあげることを重視しすぎた解釈であるといわねばならない。民事詐欺罰則というシャウプ勧告の趣旨からしても、租税を免れる目的による隠ぺい・仮装行為に限定するべきものと思う。(注12・13)」

(2) 裁判例の動向

まず、「隠蔽」及び「仮装」の意義を明示した和歌山地裁昭和五〇年六月二三日判決（前掲、裁判例⑦③）は、既述したように、隠蔽又は仮装の行為について、「いずれも行為の意味を認識しながら故意に行なうことを要するものと解すべきである。」と判示するとともに、「これを本件についてみると、前叙二2の認定事実によれば、代表者内田利司のなした行為は、いずれも法人税を故意に免れるための不正手段として典型的なものということができるのであって、除外等した金員を預金し、資産化する過程、さらには税務署の調査がなされることを予期したうえで様々な手段を画策する等いずれをとっても用意周到かつ巧妙を極めており、これらが前記条項にいう事実を「隠ぺいし、又は仮装」する行為に当ることは明らかである。」と判示している。

この判決は、「法人税を故意に免れるための不正手段として……」と判示しているところから、過少申告等について租税を免れる認識をも必要としていると考えているようにも読み取れるが、必ずしも③の考え方が明らかにされているともいい難い。

また、右判決同様に隠蔽及び仮装の意義を判示した名古屋地裁昭和五五年一〇月一三日判決（前掲、裁判例⑭）は、「……故意に脱漏することをいい、……故意に事実を歪曲することをいう……」と判示し、「故意」の言葉が隠蔽・仮装の行為をことさら修飾しているが、当該事案の事実関係に対応しても、過少申告について租税を免れる認識の有無について何らふれることなく、隠蔽・仮装の事実を認定している。

次に、前掲の大阪高裁平成三年四月二四日判決（前掲、裁判例⑮）は、「納税者が、故意に脱税のための積極的行為をすることが必要である」と判示して、当該事案について隠蔽・仮装の事実を否認しているものも見受けられる。

このような各判決に対し、熊本地裁昭和五七年一二月一五日判決（後掲、裁判例⑲）は、申告に際しての所得を脱漏することの故意の要否を明確に判示している。すなわち、本事案において、原告が、株式取引を仮名で行ったとしてもその取引から利益が生じたことの認識がなかったのであるから、仮装・隠蔽の事実を基礎として過少の申告を行う意思など存在しようはずがない旨主張したのであるが、本判決は、重加算税制度の趣旨に鑑み、「税の申告に際し、仮装・隠ぺいした事実に基づいて申告する、あるいは申告しないなどという点についての認識を必要とするものではなく、結果として過少申告などの事実で足りる」と判示している。そして、同判決は仮に過少申告についての認識が必要であるとしても、本件の事実関係からみて、原告若しくは同人から包括的に委任を受けていた妻において本件雑所得の発生、存在を認識していたものと推認するのが相当であり仮にそうでないとしてもこれを知り得べきものであったと認められるから、「原告は本件確定申告をなすにあたり本件有価証券取引から生じた雑所得を除外することについての認識があったもの、そうでないとしても過失によりこれを認識しなかったものと認めるべきだから、いわゆる行政罰の性質を有する重加算税賦課の要件として欠けるところはない」とも、判示している。

本事案は更に控訴審で争われることとなったのであるが、福岡高裁昭和五九年五月三〇日判決（後掲、裁判例⑧0）は、株式取引自体利益を期待して行うものであるから、これをことさら架空の名義で行うことはその利益を隠ぺいする意思に出でたものとみるほかなく、仮に利益の有無及び金額を認識していない場合においても、「利得を生じたときはこれを隠ぺいせんとの未必的な意思のもとに架空人名義による株式売買取引を行い実際に利得を得た場合には、国税通則法六八条に定める重加算税賦課の要件をみたすものというべきである。」と判示している。

本件事案は更に上告審で争われることになったが、最高裁昭和六二年五月八日第二小法廷判決（後掲、裁判例⑧1）は、「隠ぺい・仮装行為を原因として過少申告の結果が発生したものであれば足り、それ以上に、申告に際し、過少申告を行うことの認識を有していることまでを必要とするものではない」旨判示している。

この最高裁判決は、一審の熊本地裁判決を肯定し、前述の②の考え方を明らかにした寺西氏の見解をオーソライズしたものといえよう。

また、福井地裁平成二年四月二〇日判決（税資一七六号六四七ページ）は、重加算税を課し得るためには、事実の隠蔽又は仮装行為を原因として過少申告の結果が発生したものであれば足り、過少申告の故意がないことをもって当該賦課を免れない旨判示している。

次いで、大阪地裁平成三年三月二九日判決（後掲、裁判例⑧2）は、前掲最高裁判決を前提としつつ、期中において経理上の誤りなどによって、行為者の意識しない事実に反する経理処理がなされた場合であっても、申告期限前にことさら訂正しなかった場合には、訂正しない積極的な意識がある以上、隠蔽又は仮装したことになる旨判示している。

名古屋高裁平成三年一〇月二三日判決（税資一八六号一〇六七ページ）も、前掲最高裁判決を引用し、隠蔽、仮装行為を原因として過少申告の結果が発生したものであれば足り、それ以上に、申告に際し、納税者において過少申告の認識を有していることまで必要ではない旨判示している。

そのほか、前掲最高裁判決と同旨のものとしては、神戸地裁平成四年九月三〇日判決（税資一九二号八〇九ページ）、大阪高裁平成六年四月二七日判決（税資二〇一号二六二ページ）、名古屋地裁平成四年一二月二四日判決（税資一九三号一〇五九ページ）、同平成五年一二月二一日判決（税資一九九号一三一二ページ）及び同高裁平成六年一二月二七日判決、東京地裁平成六年五月一一日判決（税資二〇一号二六八ページ）、横浜地裁平成一〇年六月二四日判決（税資二三二号七六九ページ）、東京高裁平成一一年二月二四日判決（税資二四〇号八九五ページ）、山口地裁平成一一年四月二七日判決（税資二四二号四三六ページ）、東京地裁平成二二年五月一四日判決（平成二十年（行ウ）第五四九号）等がある。

なお、仙台地裁平成五年八月一〇日判決（税資一九八号四八二ページ）は、前掲最高裁判決に類似するが、「納税者が故意に課税標準等又は税額等の計算の基礎となる事実の全部又は一部を隠ぺいし又は仮装し、その隠ぺい又は仮装行為を原因として過少申告の結果が発生したものであることが必要であり、ここでいう故意があるというためには、当該納税者が隠ぺい又は仮装行為と評価されるべき客観的事実を意図的に実現したことが必要であると解すべきである。」と判示している。

次に、東京高裁平成一四年一月二三日判決（税資二五二号順号九〇五〇）は、「重加算税を賦課するためには、過少申告行為そのものが隠ぺい、仮装に当たるというだけでは足りず、過少申告行為そのものとは別に、隠ぺい、仮装と評価すべき行為があり、これに合わせた申告がされることを要する。しかしながら、納税者が、資料の隠匿等の積極的な行為をすることまでは必要でなく、当初から所得を過少に申告することを意図し、その意図を外部からも窺いうる特段の行動をした上、その意図に基づく過少申告をしたような場合、重加算税の賦課要件が満たされる。」と判示し、前掲の最高裁昭和六二年五月八日第二小法廷判決と最高裁平成七年四月二八日第二小法廷判決を統合したような考え方を示している。

以上のように、各判決の考え方は一様ではないのであるが、前掲の熊本地裁判決、最高裁判決等が、「隠蔽又は仮装の行為」に関する故意の要否のあり方を最も明らかにしたものといえ、その後の判決にも大きな影響を及ぼしている。その意味では、前掲最高裁判決の考え方が、判例として確立しているとも言える。

(3) 通達の問題点

前述した加算税通達では、隠蔽・仮装行為における「故意（認識）の要否については、一切明記していない。例えば、法人税重加通達は、「「……隠ぺいし、又は仮装し」とは、例えば、次に掲げるような事実（以下「不正事実」という）がある場合をいう。」とし、その例として、二重帳簿の作成、帳簿書類の隠匿・虚偽記載等、証明書の改ざん、簿外資産に係る利息収入等の除外、棚卸資産の除外等を挙げている。このような通達の規定方法は、他の重加通達でも同様である。

これらの規定からすると、各税目の重加通達は、前記(1)の①説（外形的不正事実が存在すれば、当該不正事実形成の認識さえも要しない）を採用しているものと解されるが、前掲最高裁昭和六二年五月八日第二小法廷判決に代表される判例の考え方との齟齬が問題となるところである。

例えば、法人税重加通達は、隠蔽又は仮装行為の一つとして、「……帳簿書類への記録をせず、……棚卸資産の除外をしていること」を挙げているが、「棚卸資産の除外」ということは製造現場等で往々に生じると考えられるところ、法人税等の過少申告の認識はともかく（前掲最高裁判決はこれを不要としている）、棚卸の現場担当者等が「棚卸資産の除外」を認識していない場合までも「隠蔽又は仮装」を問えるか否かについて疑問の残るところである。

ともあれ、このような問題が生じることも想定した上で、前掲最高裁判決の考え方に沿った処理が行えるような取扱いを定めることが望ましいものと考えられる。（注14）

(4)　要　約

ところで、国税通則法六八条は、「……隠蔽し、又は仮装し、その隠蔽し、又は仮装したところに基づき」過少申告等をした場合に重加算税を課すると規定しているところ、同規定から、「隠蔽」及び「仮装」という文言により、行為者の不正を働こうとする意思に基づく積極的な行為が予定されていること、「基づき」という文言により、「隠蔽」又は「仮装」の行為と過少申告等との間に何らかの因果関係又は積極的な意思の介在が予定されていることが、一応考えられる。

しかしながら、重加算税は、過少申告加算税、無申告加算税又は不納付加算税を課すべき納税義務違反が、課税要件事実を隠蔽し、又は仮装する方法によって行われた場合に、それらの税額を加重して課せられるものであるが、これらの各加算税は過少申告、不申告又は不納付の事実のみによって原則として無条件に賦課され、重加算税についても、これら各加算税の基礎税額部分については、納税義務違反に対する行政制裁としての共通性が肯定されるところでもある（第八章参照）。しかも、重加算税といえども、既に多くの最高裁判決（例えば、前掲、裁判例㉑、㉒）が示すように、脱税という不正行為の反社会性ないし反道徳性に着目して科せられる刑罰とはその趣旨を異にする納税の実を挙げることを目的とする行政制裁であってみれば、刑罰において厳格に必要とされる故意（犯意）の立証を重加算税についても要求することは課税の実務に即していない（現在、査察の着手件数は、百数十件台、その約七〇％が告発されているが、告発までの一件当たりの所要日数は二、〇〇〇日を超えており、その犯意の立証に多大な所要日数を要しているのに対し、重加算税の賦課件数は数万件に及び、その処理日数は査察事件の一％に満たない日数で処理せざるを得ない課税実務の状況にある）。

してみると、重加算税の賦課における故意の要否については、最高裁昭和六十二年五月八日第二小法廷判決が判示するように、納税者（又は行為者）が課税要件事実を隠蔽し、又は仮装することを認識していれば十分であり、その結果、過少申告等の事実が発生すれば足り（そのことが国税通則法六八条にいう「基づき」の意と解される）、租税を免れようとする認識を有していることまで要求しているものと解する必要はないであろう。また、隠蔽又は仮装の行為についても、それが客観的にみて「隠蔽」又は「仮装」であると判断することができれば、特段の事情がない限り、納税者（行為者）が隠蔽又は仮装することを認識していたものと推認できると解すべきであろう。また、以上のように解することが妥当であることは、後述するように「隠蔽」又は「仮装」の行為者が納税者本人に限定されないことからも裏付けられよう。

もっとも、加算税通達のように、故意の要否を一切無視する考え方については、「隠蔽又は仮装」という語義や税法解釈における判例法の位置付けの観点からみても賛同し難い。

これらの問題を実例に即して考えてみると、次のように説明し得ると思う。例えば、筆者が法人税調査に従事していた頃、女子従業員の残業手当の支給につき、女子従業員の残業時間が規制時間を超過している場合に、労働基準監督署の摘発を避けるためにその手当を部課長の出張旅費に仮装して支給していた事例を見受けたことがあった。この場合、法人税については、女子従業員の残業手当も部課長の出張旅費も所得金額の計算上いずれも損金の額に算入されるから、「仮装」の事実があっても結果的に過少申告は発生しないが、源泉所得税について、「仮装」の事実とその結果による不納付の事実も生ずることになる。

従って、右の事案の場合、残業手当等の支給に関する原始記録を改ざんし、科目仮装が行われ、そのことを当該法人においても認識していたものであるから、当該法人においてその仮装部分に相当する源泉所得税額が結果的に不納付になることを認識していなかったとしても（あるいは源泉所得税を免れる意図がなかったとしても）、当該源泉所得税額に係る重加算税の徴収は免れることはできないものと解すべきであろう。

【裁判例⑲】　重加算税の賦課においては、過少申告についての認識までも必要とするものではない（熊本地裁昭和五七年一二月一五日判決・税資一二八号五九六ページ）

『国税通則法六八条に規定する重加算税は、同法六五条ないし六七条に規定する各種の加算税を課すべき納税義務違反が、課税要件事実を隠ぺいし、または仮装する方法によって行なわれた場合に、行政機関の行政手続により違反者に課せられるもので、これによってかかる方法による納税義務違反の発生を防止し、もって申告納税制度の信用を維持し、徴税の実を挙げようとする趣旨に出た行政上の制裁措置であり、故意に所得を過少に申告したことに対する制裁ではないものである。従って、税の申告に際し、仮装、隠ぺいした事実に基づいて申告する、あるいは申告しないなどという点についての認識を必要とするものではなく、結果として過少申告などの事実があれば足りるものと解すべきである。もしそのような認識まで必要であると解すると、本来違反者の不正行為の反社会性ないし反道徳性に着目してこれに対する制裁として科せられる刑罰とは、趣旨や性質を異にするものであるにも拘らず、刑事犯としての脱税犯の犯意と同じことになり、重加算税の行政上の制裁という本質から外れることになるからである。』

【裁判例⑧⓪】　株式取引の利益がいくばくであるかを認識していなくとも、利得を生じたときはこれを隠蔽せんとの未必的な意思を有していたものとして重加算税の賦課要件を満たすことになる（福岡高裁昭和五九年五月三〇日判決・税資一三六号六三八ページ）

『そもそも、株式の売買取引は、通常、売り値と買い値の差額による利益の取得を目的として行うところの投機的取引であるから、そのもくろみどおりの利益を得ることのある反面、予測に反して株価の変動によって却って思わぬ損失を蒙ることもありうるものであることはいうまでもない。したがって、多数回に亘り多額の株式の売買取引を行う者は、すべての取引の経過を適切に整理して一覧性のある記録に作成する等の方法を講じなければ、一定の期間を通じて全体としての取引が利益を生じているかの損失に終っているのかを知りがたい状況に陥ることがあっても格別不思議はない。そのような場合においても、株式の売買取引を行う者は、格段の事情のないかぎり、その取引が全体として利益に帰することを当然期待ないし意欲して取引に携っている筈であるから、これをことさら架空の名義で行うことは、自己の所得を構成すべきその利益を隠ぺいする意思に出でたものとみるほかない。したがって、具体的に当該課税年度の取引が果して全体として利益になっているかどうか、利益になったとしてそれがいくばくであるかを仮りに認識していない場合においても、利益を生じたときにはこれを隠ぺいせんとの未必的な意思のもとに架空人名義による株式売買取引を行い実際に利得を得た場合には、国税通則法六八条に定める重加算税賦課の要件をみたすものというべきである。前記認定事実に徴すると、控訴人は妻スミエが架空人名義を用いて株式売買を行っていたことを知悉しその結果が自己に帰属することを承認していたことが明らかであるところ、前示の関係各証拠によれば、控訴人は、右株式売買取引により利得をえたとしても、これについて納税申告を行う意思を有していなかったことは十分窺うことができるから、控訴人が妻スミエの行う個々の株式売買取引について具体的な利得、損失の金額を認識していなかったとしても、少なくとも、架空名義を用いて行う株式売買による所得についてはこれを除外して所得申告を行うとの未必的な意思を有していたものと認めることができる。したがって、国税通則法六八条所定の重加算税課税の要件になんら欠けるところはなく、控訴人の主張は採用することができない。』

【裁判例⑧①】　重加算税を課するためには、納税者が故意に課税要件事実を隠蔽等し、その行為を原因として過少申告の結果が発生すれば足り、過少申告を行うことの認識まで必要としない（最高裁昭和六二年五月八日第二小法廷判決・税資一五八号五九二ページ、裁判集民事一五一号三五ページ）

『国税通則法六八条に規定する重加算税は、同法六五条ないし六七条に規定する各種の加算税を課すべき納税義務違反が事実の隠ぺい又は仮装という不正な方法に基づいて行われた場合に、違反者に対して課される行政上の措置であって、故意に納税義務違反を犯したことに対する制裁ではないから（最高裁昭和四十三年（あ）第七一二号、同四十五年九月十一日第二小法廷判決・刑集二四巻一〇号一三三三頁参照）、同法六八条一項による重加算税を課し得るためには、納税者が故意に課税標準等又は税額等の計算の基礎となる事実の全部又は一部を隠ぺいし、又は仮装し、その隠ぺい、仮装行為を原因として過少申告の結果が発生したものであれば足り、それ以上に、申告に際し、納税者において過少申告を行うことの認識を有していることまでを必要とするものではないと解するのが相当である。』

【裁判例⑧②】　期中における経理上の誤りをことさら訂正しないで申告した場合には、隠ぺい又は仮装に該当する（大阪地裁平成三年三月二九日判決・税資一八二号八七八ページ）

『国税通則法六八条に規定する重加算税は、同法六五条ないし六七条に規定する各種の加算税を課すべき納税義務違反が事実の隠ぺいまたは仮装という不正な方法に基づいて行われた場合に、違反者に対して課せられる行政上の措置であるから、同法六八条一項による重加算税を課するためには、納税者において過少申告を行うことの認識を有していることまでを必要とするものではないが、納税者が故意に課税標準等または税額等の計算の基礎となる事実の全部または一部を隠ぺいし、または仮装し、その隠ぺい、仮装行為を原因として過少申告の結果が発生したものであることが必要である（最高裁昭和六十二年五月八日判決、裁判集民事一五一号三五ページ）。そして、期中における経理処理の際に、課税要件となる事実についてこれを仮装または隠ぺいすることについての認識がある場合や、あるいは、期中において経理上の誤りなどによって、行為者の意識しない事実に相反する経理処理がなされた場合であっても、申告期限前にこの誤処理を発見しながら、ことさらにこれを訂正しなかった場合には、訂正しないという積極的な意識がある以上、その時点で事実を仮装または隠ぺいしたことになり、また認識して訂正しない点で故意が認められることになるから、このような場合には、納税者が故意に課税標準等または税額等の計算の基礎となる事実の全部または一部を隠ぺいし、または仮装したというべきである。』

3　行為の主体（行為者の範囲）

(1)　解釈上の論点

重加算税の賦課においては、隠蔽又は仮装の行為が誰によって行われたかが問題となるところである。すなわち、その行為者は、当該納税者に限定されるべきか、あるいは納税者以外の従業員等が行った行為についても、重加算税の賦課要件を満たすことになるかという問題である。

　国税通則法六八条の規定によれば、重加算税は、「納税者がその国税の課税標準等又は税額等の計算の基礎となるべき事実の全部又は一部を隠蔽し、又は仮装……」（傍点＝筆者）したときに課せられるのであるが、この場合の「納税者」とは、国税通則法二条五号により、次のように定義されている。

「国税に関する法律の規定により国税（源泉徴収等による国税を除く。）を納める義務がある者（国税徴収法（昭和三十四年法律第一四七号）に規定する第二次納税義務者及び国税の保証人を除く。）及び源泉徴収等による国税を徴収して国に納付しなければならない者をいう。」

　従って、国税通則法の文理のみにこだわって解釈すると、隠蔽又は仮装の行為者は、個人については、納税者本人に限定すべきであり、法人については、その法人を代表すべき代表取締役等代表権を有する者に限定すべきであるとする考え方もあり得よう。

　しかしながら、重加算税制度がそもそも納税義務違反に対する行政制裁であること、かかる納税義務については、納税者本人以外の従業員等の補助者又は納税申告の委任を受けた代理人が当該国税の課税標準等の計算に従事すること等により履行されることが多いこと、かかる行政制裁よりもはるかに厳しい要件の下に罰せられる逋脱犯に対しては、「代理人、使用人その他の従業者」が脱税行為をした場合には、罰則規定が別途設けられていること（所法二四四、法法一六四等参照）等からみて、国税通則法六八条の規定は、隠蔽又は仮装の行為者を納税者本人に限定することを予定していたものとは解し得ないであろう。

　この点について、京都地裁平成四年三月二三日判決（税資一八八号八二六ページ）は、次のとおり判示している。

「国税通則法六八条一項は、重加算税賦課の要件として、「納税者」が隠ぺい又は仮装することを定めている。これは、納税者自身が、隠ぺい、仮装行為を行なうのはもとよりのこと、納税者が他人にその納税申告を一任した場合、その受任者又はその受任者が租税を逋脱する目的をもって、故意に前示基礎事実を隠ぺい又は仮装した場合にも、特段の事情がない限り、同条項にいう納税者が「隠ぺいし、又は仮装した」に該当するというべきである。けだし、申告納税制度の下においても、納税義務者の判断とその責任において、申告手続きを第三者に依頼して、納税者の代理人ないし補助者に申告をさせることが許される。しかし、納税者が申告を第三者に委任したからといって、納税者自身の申告義務は免れず、その第三者がなした申告の効果、態様はそのまま納税者の申告として取扱われる。即ち、納税者が納税義務者たる身分のない者に申告を一任し、これをいわば納税申告の道具として使用した以上、その者の申告行為は納税者自身がなしたものと取扱うべきである。納税者は、誠実に受任者を選任し、受任者の作成した申告書を点検し、自ら署名捺印する等して適法に申告するように監視、監督して、自己の申告義務に遺憾のないようにすべきものである。これを怠って、受任者により不正な申告がなされた場合は、特段の事情がない限り、納税者自身の不正な申告として制裁を受ける。」

なお、大津地裁平成六年八月八日判決（税資二〇五号三一一ページ）は、前掲判決にいう「特段の事情」に関し、納税申告手続の受任者が隠蔽等を行った場合でも、①その受任者の選任・監督について納税者に過失がないとか、②納税者が正当な税額を納税する意思でそれに相当する額の金銭を受任者に現実に交付したのに、受任者がこれを着服横領して自分の利益を図ったといった特段の事情がある場合には、納税者自身にそれによる不利益を課することは相当でないと解する余地もある旨判示している。

更に、国税通則法六八条一項に定める「納税者」の意義それ自体が争われることがある。すなわち、京都地裁平成一五年七月一〇日判決（税資二五三号順号九三九二）では、会社の従業員である原告が当該会社の輸出取引の一部を自己が行ったものと仮装して免税部分を還付申告したため、原告に対して重加算税の賦課決定が行われ、当該賦課決定の適否が争われたところ、同判決は、原告は、消費税の納税義務があるわけではなく、国税通則法二条五号にいう「納税者」に該当せず、したがって、同法六八条一項にいう「納税者」ではないから、当該賦課決定は違法となる旨判示した。これに対し、控訴審の大阪高裁平成一六年九月二九日判決（後掲、裁判例㊃）は、後述のように、国税通則法上の還付税額の是正手続の過程において当該被控訴人（原告）に納税義務が発生するから、国税通則法上の「納税者」に該当するとして、原判決を取り消し、被控訴人の請求を棄却した。このような事案においても、「納税者」の範囲が問題となる。

(2) 学説

かくして、学説的にみても、隠蔽又は仮装の行為者を納税者本人の行為に限定せず、その従業員や家族等がその行為をしたときには、納税者がその事実を認識しているか否かにかかわりなく、重加算税の賦課要件を満たすと考えるのが、通説的といえる。(注15)

例えば、中川教授は、「単なる文理解釈からすれば、納税義務者本人が隠ぺい又は仮装の行為をなさなければ、重加算税は課せられないことになる。然し、重加算税を設けた制度の趣旨を考慮して解釈するならば、納税義務者本人に限らないこととなる。……所得の隠ぺい又は仮装は、何びとの行為によるも関係なく、又それを納税義務者が知っていると否とを問うことなく、所得の隠ぺい又は仮装がなされたところに基づき申告納税違反が発生すれば、重加算税は課せられることになるのである。(注16)」と述べている。

もっとも、納税者本人以外の誰もが隠蔽又は仮装の行為を行えば、それが直ちに重加算税の賦課要件を満たすかについては、議論のあるところであり、その行為者の範囲を限定的に解する考え方も有力である。

例えば、武田教授は、次のように述べている。

「要するに、規定の文言によれば、納税者が「隠ぺいし、又は仮装し、その隠ぺいし、又は仮装したところに基づき」としているところであるから、その事実を隠ぺいすることも仮装することもできない状態にある者に対しては基本的には重加算税は課せられないと解すべきである。

したがって、たとえば、従業員が隠ぺい又は仮装した場合においても、その従業員の地位及びその状況に応じて判断すべきである。つまり、その従業員が家族等であって、本人のために隠ぺい又は仮装して過少申告したような場合においては、後述のように、利害関係同一集団に属する者については、本人がそれを知りうるかあるいは知りうる状況にあること、さらには、その隠ぺい等によって得られる利益が本人の同一利害集団に属することなどの関係にあるから、その隠ぺい又は仮装による重加算税は、本人が負うべきであろう。

これに反して、このような利害関係同一集団に属さない従業員（つまり、赤の他人）が、自らの利得のために行われた隠ぺい又は仮装による過少申告は、隠ぺい仮装はその従業員のみの利得を目的としたものであって、納税者自身は全くあずかり知らないところであるから、これに対して重加算税は課すべきではないということになろう。末端の従業員の売上代金の横領などは、これに属するものとみるべきである。(注17)」

また、吉良教授は、「……その結果、納税者の使用人が「事実の隠ぺい・仮装」の行為をし、納税者本人がそれを知りながら、それに基づいて過少申告等をした場合においても、納税者本人に対して重加算税を課することができるものと解する。……もっとも大阪地裁・昭三十六・八・十判決……等は、納税者本人・会社の代表者等が、使用人等の「隠ぺい・仮装」の行為を知らないで虚偽申告等をした場合でも、納税者本人に重加算税を課すことができるような表現をしているが、私は賛成できない。(注18)」と述べ、使用人等の隠蔽・仮装行為が重加算税の賦課要件を満たすとしても、それは納税者本人がその行為を知っていることを前提としている。

以上のように、学説上、納税者本人以外の者の隠蔽・仮装の行為が重加算税の賦課要件を充足することについては、特に異論は見受けられないところであるが、当該第三者の範囲や当該第三者の行為を納税者本人が承知していたことが賦課要件となるかどうか等の問題については、なお議論のあるところである。

(3) 裁判例の動向

イ 所得税

そこで、判例上どのように考えられているかについて整理すると、次のとおりである。

まず、個人の所得税について判示した大阪地裁昭和三六年八月一〇日判決（後掲、裁判例㉔）では、原告の父親が、原告の代理人として、原告所有の土地を譲渡するに当たって二重の売買契約書を作成する等の方法により売買代金の一部を隠蔽し、譲渡所得の金額を過少に申告したため、重加算税が賦課され、その適否が争われたところ、同判決は、当該父親の行為は原告本人の行為と同視し得るから本件重加算税の賦課決定は相当である旨判示している。

すなわち、同判決は、原告が、父親の隠蔽行為に加担したり、又はその隠蔽行為に基づいて過少申告していたことを肯定するに足る証拠はないとしながらも、重加算税制度の趣旨からみて、納税者本人の行為に問題を限定すべき合理的理由はないとした上で、家族使用人等の従業者が経済活動又は所得申告等に関与している実状に鑑みると、従業者の行為は納税者本人の行為と同視せられるので、従業者による所得の事実の隠蔽又は仮装を納税者本人が知らずしてその事実に基づき過少申告したときは、納税者が正当なる所得を申告すべき義務を怠ったことになる旨判示している。

この判決は、昭和三〇年代においていち早く隠蔽・仮装行為の主体の範囲を明らかにしたものであるが、従業者の隠蔽・仮装行為を納税者本人が承知していなくとも重加算税の賦課要件を充足するとしたこと、重加算税の制度の趣旨すなわち刑事責任の追及ではないことを重視していること等が注目される。また、同判決は、隠蔽・仮装行為の主体を納税者本人に限定すると、従業者の行為については納税者の故意の立証が容易でなく、発覚したときも従業者自身の重加算税の賦課を受けることはないから、納税者が従業者の行為に隠れて不当な利得をはかる虞れがあるとも判示している。

また、大阪地裁昭和五八年五月二七日判決（税資一三〇号五一四ページ）でも、原告が米国へ留学中に代理人である父親（相原告）に対し土地の売買とその譲渡所得についての確定申告を委ねていたところ、父親がその売買内容を仮装し、その譲渡所得の一部を隠蔽して申告した事案につき、前記大阪地裁と同様な判示をしている。すなわち、同判決は、次のように判示している。

「また、原告正幸が本件溜池の譲渡及び昭和五十一年分所得税の確定申告に直接関与していなかったことは同原告の主張するとおりであるが、前認定のとおり原告正幸は本件溜池の処分及び所得税の確定申告等の行為を父である原告正治に委ねていたのであるから、同原告の所得隠ぺい行為については、重加算税が刑罰としての罰金でないことはもちろん、行政罰でもなく、税の一種であることを考えると、原告正幸においてその一部の隠ぺい等の事実を知っていたと否とにかかわらず、納税義務者として正当な申告をしなかったことによる重加算税の賦課決定を受けてもやむを得ないものといわねばならない。」

この判決の考え方は、控訴審の大阪高裁昭和五九年八月一日判決（税資一三九号二八九ページ）においても支持されている。

この事件は、父親が代理人として息子の譲渡所得の申告を隠蔽・仮装により過少申告したものであるが、代理人の隠蔽・仮装行為の効果が本人に及ぶと明示したものである。

更に、大阪地裁平成元年一一月一四日判決（税資一七四号六一八ページ）では、堺市に居住している父が、東京在住の学生である納税者から任されていた土地建物の売買、申告につき、仮装の契約書を作成して過少申告した場合に、右仮装行為の効果は納税者にも及ぶとしている。

以上の事件は、父が子の所得税の申告につき隠蔽・仮装行為を働いた場合に、子の所得税について重加算税の賦課が相当とされ、その論拠が明示されたものであるが、鳥取地裁昭和四七年四月三日判決（税資六五号六三九ページ）では、兄弟で共同事業を営んでいる場合に、一方の隠蔽・仮装行為の効果は、他方がその行為を承知していたと推認できないときには及ばない旨判示している。

すなわち、同事案においては、兄弟でパチンコ業を共同で営み、仮名預金の設定等によりその事業収入の一部を隠蔽していた場合に、被告税務署長はその隠蔽所得を両者に二分して所得金額を認定し、それぞれに対して重加算税を賦課し、その適否が争われたのであるが、相原告である兄が、利益は折半ということで本件営業を開始・継続してきたのであるが、営業全般は相原告である弟が取りしきっているのであるから、その隠蔽・仮装行為もその所得の帰属も承知していない旨主張したところ、同判決は、被告税務署長の所得金額の認定は相当であると判断したものの、「右認定事実から直ちに原告嘉男（編注＝兄）において前記仮装名義預金による事業収入の隠蔽の事実を承知していたことまでも推認することは困難であり、かつ、他に右事実を認めるに足りる証拠はないから、原告嘉男に対し重加算税を賦課したことはその限りにおいて理由がなく、違法というべきである。」と判示している。

本判決は、右のように、共同経営者の一方の隠蔽・仮装行為の効果はそれを承知していない他方には及ばないと判示したものであるが、その論拠についてまで明らかにしていない。そのため、本判決と前述の大阪地裁昭和三六年八月一〇日判決及び大阪地裁昭和五八年五月二七日判決との関係は明らかにされていないが、本判決の方がむしろ説得力に欠けるように思われる。

また、東京地裁昭和五五年一二月二二日判決（税資一一五号八八二ページ）では、会社の代表取締役を務める原告がその会社と共有していた土地を譲渡し、その譲渡所得税に係る重加算税賦課決定の適否が争われた事案について、原告が、本件土地の譲渡は自己が入院中当該会社の取締役である訴外人が勝手に行ったものであるから、重加算税を賦課されるいわれはない旨主張したところ、本判決は、原告と訴外人とはかつて婚姻関係にあり、かつ、離婚後においても会社業務を共にするなど密接な関係を有していたこと、訴外人の証言等から原告は訴外人から真実の売却先と代金額を説明されたと認められること等を認定した上で、「原告川原が同年三月十三日所得税の確定申告をした際は、すでに松本（編注＝訴外人）のした隠ぺい又は仮装の行為を認識していたものと推認されるのであり、にもかかわらず松本のかかる行為に基づいて計算した確定申告をした以上、自らも所得の一部を隠ぺい又は仮装して確定申告をしたものといわざるを得ない。」と判示している。

本判決は、本人と特別関係のある者が行った隠蔽・仮装行為の効果が本人の及ぶとしたものであるが、その前提としては、当該事実関係から本人が確定申告時には過少申告の事実を認識していたことを推認している。

この判決は、控訴審でも争われることとなったが、東京高裁昭和五七年九月二八日判決（税資一二七号一〇六八ページ）においても、支持されている。

なお、本件については、法人税の事案としても後述することとする。

次に、千葉地裁昭和五九年一〇月九日判決（税資一四〇号七ページ）、東京高裁昭和六二年三月一〇日判決（税資一五七号八五九ページ）及び最高裁昭和六二年九月二四日第一小法廷判決（税資一五九号八〇八ページ）は、譲渡費用の過大計上について納税者の夫が仮装行為に関与した場合に、当該納税者に対する重加算税の賦課決定を相当としている。

更に、京都地裁昭和六三年一一月三〇日判決（税資一六六号五八三ページ）は、納税者から納税申告の委託を受けた第三者が収入除外等を仮装した場合に、当該納税者は重加算税を免れないと判示している。このような第三者（復代理人ないし履行補助者を含む）が不正行為を働きそれが納税者本人の重加算税の賦課要件を充足すると認定された事例としては、大津地裁平成六年八月八日判決（税資二〇五号三一一ページ）、大阪高裁平成九年二月二五日判決（税資二二二号五六八ページ）、横浜地裁平成一〇年六月二四日判決（税資二三二号七六九ページ）、東京高裁平成一一年二月二四日判決（税資二四〇号八九五ページ）、大阪地裁平成一〇年四月三〇日判決（税資二三一号一〇一〇ページ）、大阪高裁平成一一年一二月一〇日判決（税資二四五号六九八ページ）等がある。

前掲の大阪高裁平成三年四月二四日判決（前掲、裁判例⑮）では、家族、従業員等の隠蔽・仮装行為も、特段の事情がない限り、重加算税の課税の対象になると判示し、当該事案について、譲渡所得の修正申告に関し、代理した者が勝手に不正行為を行い、納税額を納税者から詐取したことについて、当該納税者の隠蔽・仮装には当たらない旨判示している。

また、東京高裁平成三年五月二三日判決（税資一八三号八〇七ページ）では、有価証券売却益の申告もれについて、納税者は失念した旨主張したのであるが、本判決は、納税者はその存在を承知しており、顧問税理士に申告書に計上しないよう指示している旨認定し、そのような指示がないとしても、その委任を受けた税理士の隠蔽行為について、その責を免れるものではない旨判示している。

税理士の隠蔽行為については、一審判決と控訴審判決で結論を異にするという注目すべき事例がある。すなわち、税務職員ＯＢの税理士と税務職員が共謀して納税者の譲渡所得を隠蔽する工作を行い過少申告した事案につき、一審の東京地裁平成一三年二月二七日判決（税資二五〇号順号八八四七）は、右納税者も当該税理士等の行為を黙認していたことを認めた上で、右納税者に対する重加算税の賦課決定を適法と判断した。これに対し、控訴審の東京高裁平成一四年一月二三日判決(注19)（後掲、裁判例(85)）は、後述のように、当該納税者の委任には瑕疵はないとし、「税務当局も、事件においては、脱税をするような明らかに税理士の資質に欠ける元税務職員を税理士にした点は措いても、税理士の脱税及び部内の共犯者の行為に永年気づいておらず、どちらかといえば、加害者と同視されるべき立場にある。」と判示し、一審判決を取り消している。

この控訴審判決は、税理士が行った不正行為について「特段の事情」を認めて納税者本人の責に帰し得ないとするというのであれば理解できるが、右の判示部分はむしろ「正当な理由」の存否の問題である。そして、その「正当な理由」問題については、既に述べた。

かくして、上告審の最高裁平成一七年一月一七日第二小法廷判決（判例タイムズ一一七四号二四八ページ、民集五九巻一号二八ページ）は、「本件において、被上告人とA税理士との間に本件土地の譲渡所得につき事実を隠ぺいし、又は仮装することについて意思の連絡があったと認められるのであれば、本件は、国税通則法六八条一項所定の重加算税の賦課の要件を充足するものというべきである」と判示し、「意思の連絡があった」か否かについて更に審理を尽くさせるため、原審に差し戻した。差し戻し審の東京高裁平成一八年一月一八日判決（税資二五六号順号一〇二六五）は、本件における税理士に対する納税申告の委任状況に鑑み、両者の間に、隠蔽又は仮装の行為を容認するような意思の連絡があったということはいえないとし、当該賦課決定について重加算税部分を取り消した。そして、同種の関連事件に関しても、前出の最高裁平成一八年四月二〇日第一小法廷判決（後掲、裁判例(86)）及び最高裁平成一八年四月二五日第三小法廷判決（民集六〇巻四号一七二八ページ）においては、納税申告手続を委任された税理士が税務署職員と共謀し又は単独で虚偽の記載をした確定申告書を提出するなどして過少申告した場合に、納税者本人において当該税理士の上記行為を容易に認識し得たということはできない以上、重加算税の賦課要件は充足しない旨判示している。これらの判決は、納税申告を税理士に委任して当該税理士が「隠蔽又は仮装」して過少申告をした場合に、いずれも「特段の事情」を認めて重加算税の賦課決定を取り消したものである。

ロ　法人税

次に、法人税の事案についてであるが、法人の場合には、その人事組織もまた権限の委譲関係も複雑であるだけに、一層問題が紛糾する可能性がある。

まず、静岡地裁昭和四四年一一月二八日判決（後掲、裁判例⑧⑦）では、一般貨物自動車運送事業を営む原告会社における営業所二カ所の収入除外等につき、原告会社は当該収入除外金等は当該営業所を管理・運営していた同社の監査役と取締役に帰属すべきものであり、当社としては与り知らないものである旨主張したところ、本判決は、本件収入除外金等は原告会社に帰属するものと認定し、監査役らがその事実を代表取締役に報告しなかったものと推認されるとした上で、重加算税の制度の趣旨からして、仮装もしくは隠蔽の行為を納税者本人の行為に限定すべきではなく、本件においては、監査役や取締役が隠蔽・仮装の事実を本人（代表取締役）に報告していなくとも、代表取締役の知、不知に関係なく重加算税は賦課し得る旨判示している。

本判決は、法人税に関するものであるがその論拠は前掲の大阪地裁昭和三六年八月一〇日判決に依拠しているといえる。

また、東京地裁昭和五五年一二月二二日判決（後掲、裁判例⑧⑧）では、原告会社の代表取締役が病気で入院中、原告会社と当該代表取締役との共有地が譲渡され、その譲渡代金が二重契約書の作成等により圧縮されて法人税等の申告が行われた事案につき、原告会社は、本件土地の譲渡は原告会社の取締役である訴外人が何ら代理権もなく勝手に行ったにすぎないから重加算税の賦課処分等を受けるいわれはない旨主張したところ、本判決は、当該訴外人はかつて原告会社の代表取締役を勤めその後平取締役となったが一貫して原告会社の主要業務を分担していたこと、当該訴外人と現代表取締役とはかつては婚姻関係にあり、離婚後においても会社業務を共にするなど密接な関係を有していたこと、当該訴外人は本件土地処分について原告会社から包括的な代理権を授与されていたものと認められること等を認定した上で、当該訴外人が原告会社らを代理して本件土地を譲渡したことに基づく法的効果は原告会社らに帰属したものというべきである旨判示し、更に、後述のように、当該訴外人（取締役）は原告会社代表者入院中は全面的に会社の業務を行っていたのであるから、同人がした隠蔽・仮装行為は原告会社代表者の行為と同視し得るとして、本件重加算税の賦課決定に違法はない旨判示している。

この判決は、更に控訴審で争われることとなったが、東京高裁昭和五七年九月二八日判決（後掲、裁判例⑧⑨）は、原判決の結論を維持すると共に、その理由として、重加算税制度の趣旨に鑑み、「会社の代表者自身ではないが会社の営業活動の中心となり、実質的にその主宰者と認められる者の不正行為が存し、かつ代表者がそれに基づき過少申告をした場合には、納税義務者たる会社が重加算税の負担を受けることは法の要請するところである」と判示している。

本件の各判決は、会社役員の隠蔽・仮装行為については、その事実を会社代表者が知っていなくとも、その法人税について重加算税を賦課し得るとしたもので、その理由づけが特に控訴審判決において明確にされていることが注目される。

なお、本件の原告会社の代表取締役に係る譲渡所得税の重加算税については、前述したところである。

また、札幌地裁昭和五六年二月二五日判決（税資一一六号三四〇ページ）では、不動産の売買及び仲介を業とする原告会社の支店長（常務取締役）が簿外取引（原告会社は支店長個人の取引であると主張）を行った場合に重加算税が賦課されるか否かが争われた事案につき、本判決は、「原告札幌支店長であった三浦求は、前示認定の簿外取引がすべて札幌支店としての取引で、これによる所得がすべて原告に帰属し、同取引を除外することによって過少申告となることを承知しながら右による収入の全部又は一部を原告に対する業務報告から除外して隠ぺいした上、仮装した業務報告書を原告本社に提出し、原告は右報告書に基づき法人税の申告をしていたものと認めることができ」ると認定し、本件重加算税の賦課決定は適法である旨判示した上で、「なお、原告代表者本人が右の隠ぺい・仮装に関与せず、それを知らなかったとしても、そのことは右賦課処分を違法ならしめる事由には該当しないものと解される。」と判示している。

なお、本判決においては、原告会社の代表者本人が支店長の隠蔽・仮装行為を知らなくとも原告会社に対し重加算税を賦課し得るとしながらも、その論拠は明らかにされていない。

更に、長野地裁昭和五八年一二月二二日判決（後掲、裁判例⑨⓪）では、砂利採取、造成工事等を業とする原告会社の専務取締役が工事現場の取引を一任されていたことを奇貨としてその収入金額等を一部除外していた事案につき、原告会社は、本件除外取引については当社が全く関知していなかったものであり、当該利益を最終的に享受したのは当該専務取締役であるから、重加算税を賦課されるいわれはない旨主張したところ、本判決は、後述のように、専務取締役の隠蔽行為は売上代金の一部を着服する目的でなしたものであるから、原告会社の代表者はその事実を知らなかったものと推認されるが、重加算税制度の趣旨に照らして、納税義務者本人の身代わりとして同一の課税標準の発生原因に関与している者が隠蔽・仮装行為をした場合には、会社の業務執行機関である代表者がその行為を知らなかったとしても、重加算税を賦課し得る旨判示している。

本判決は、従来の裁判例の考え方を基礎とし、納税者以外の代理人、補助者等の立場にある者が隠蔽・仮装行為をした場合に重加算税を賦課し得る論拠を更に明確にしたものといえよう。

次いで、名古屋地裁平成四年一二月二四日判決（税資一九三号一〇五九ページ）では、重加算税賦課制度の趣旨目的からすれば、会社の従業者等であっても、会社の営業活動の中心となり、実質的にその経営に参画していた者が隠蔽・仮装行為をした場合には、代表者の知・不知にかかわらず重加算税の賦課要件に当たる旨判示し、常務取締役が、その担当業務に関して、仕入金額を架空計上し、それが同人の横領行為の一環として行われたときには、会社による隠蔽・仮装行為に当たる旨判示している。

以上の各判決は、法人の役員がした隠蔽・仮装行為について重加算税の賦課の可否が争われたものであるが、役員については会社との立場上その隠蔽・仮装行為を当該法人のした行為と同視し得ると解することも相当であろう。しかしながら、前掲の長野地裁判決等が判示するように、納税者の補助者の隠蔽・仮装行為の効果が納税者本人に及ぶと解しても、役員以外の従業員については、その範囲について議論のあることは既に述べた。

そこで、役員以外の者がした隠蔽・仮装行為について重加算税の賦課決定の適否が争われた事例として、次のものが挙げられる。すなわち、熊本地裁昭和四四年三月一七日判決（後掲、裁判例⑨①）では、木材の加工・販売等を営む原告会社の法人税について、棚卸資産たる山林の一部除外、製品売上高の脱漏等に関し重加算税が賦課された事案につき、本判決は、製品売上高脱漏は原告会社の従業員らが取引の一部を故意に記帳せず、所得を隠蔽したことによるものであること等を認定した上で、「原告の従業員の隠ぺい行為は原告代表者の行為と同視すべきことは重加算税の制度目的より明らかである」と判示し、本件重加算税の賦課決定は適法である旨判示している。

本判決は、従業員の隠蔽行為を会社代表者の行為と同視し得ると判示しているのであるが、当該原告会社が代表者を中心とする同族会社ないし個人会社であることは本判決で認定されているものの、隠蔽行為をした従業員が当該会社においてどのような立場にあったものかは明らかにされていない。その点では、本判決の意義も薄まろう。なお、本判決の考え方については、控訴審の福岡高裁昭和五一年六月八日判決（税資八八号一〇一三ページ）でも支持されている。

この点、大阪地裁平成九年九月四日判決（税資二二八号四四九ページ）では、「納税者が法人である場合、法人の従業員であっても、その者の行為が納税者の行為と認められれば、その者が代表者でなく、また代表者がその者の行為を知らなくとも、なお、重加算税の対象となるのである。」と判示しているが、当該事案においては、営業及び経理を担当していた常務取締役の不正行為についての重加算税賦課を相当としている。

また、名古屋地裁平成一〇年一〇月二八日判決（税資二三八号八九二ページ）は、「従業員を自己の手足として経済活動を行っている法人においては、隠蔽・仮装行為が代表者の知らない間に従業員によって行われた場合であっても、原則として、法人自身が右行為を行ったものとして重加算税を賦課することができる」と判示し、決算や確定申告に関わる帳簿・資料の作成を任されていた主要な経理職員の横領行為（売上除外等）に関して、重加算税の賦課を相当であると判断している。

ハ　相続税

次に、相続税については、納税者たる相続人等の行為にとどまらず、被相続人の生前になした隠蔽・仮装行為の効果が納税者たる相続人に及ぶか否かという問題がある。

この点について、大阪地裁昭和五六年二月二五日判決（後掲、裁判例㉒）では、被相続人が仮名で預金していた財産が相続財産に含まれるか否か、その相続税の過少申告について「正当な理由」の有無、隠蔽・仮装の有無が争われた事案について、同判決は、後述のように、被相続人の行為により、相続財産の一部等が隠蔽・仮装された状態にあり、その相続人がその状態を利用して、脱税の意図の下に、内容虚偽の相続税の申告書を提出した場合には、重加算税の賦課要件を充足し得る旨判示し、本件においては、被相続人の妻である原告が被相続人の生前（入院中）当該仮名預金の切替手続に関与したと認められるから、相続財産の一部が隠蔽された状態にあることを利用して、脱税の意図の下に、これを除外して内容虚偽の申告書を提出したことになる旨判示している。

また、控訴審の大阪高裁昭和五七年九月三日判決（後掲、裁判例㊈）も、相続人である原告が隠蔽・仮装行為を積極的に行っていないとしても、原判決と同様な結論となる旨判示している。

本件においては、被相続人の隠蔽・仮装行為を相続人（妻）が認識していたことを前提として、本件各判決が導き出されているものであるが、相続人等が被相続人の隠蔽・仮装行為を認識していなくとも、それを知り得る状態にあった場合においては、同様に解すべきであると思われる。

また、岐阜地裁平成二年七月一六日判決（税資一八〇号五八ページ）及び名古屋高裁平成三年六月一二日判決（税資一八三号九四七ページ）は、被相続人が相続財産（債券）を相続人（妻）に対して秘匿していたような特段の事情を認めるに足る証拠がない以上、当然家族として当該債券の存在及び相続財産に含まれることを認識していたと推認すべきであり、したがって、当該債券の存在を秘して相続税申告書を提出したのであるから、重加算税を賦課すべき所定の事実の隠蔽の場合に該当する旨判示している。本判決は、右推認の前提として本件の事実関係から相続人らが当該債券の存在を知らなかったはずはない旨の事実認定を行っているが、相続人らの隠蔽の範囲を幅広く認定したものと評価し得る。

次に、京都地裁平成五年三月一九日判決（税資一九四号七八七ページ）では、重加算税の賦課要件につき、客観的にみて隠蔽・仮装がなされ、それに基づいて過少申告という納税違反の状態が生じていたことが重要であって、隠蔽・仮装行為を納税者自身が行ったか、その代行者が行ったかということは、刑罰におけるほど重要な意味を持たず、その補助者のした申告の効果、態様は、そのまま納税者のものと同視される旨判示し、相続税の申告について納税者の委任を受けた司法書士と同和団体役員が行った隠蔽・仮装行為は納税者がその責任を負うことになる旨判示している。

(4)　加算税通達の問題点

隠蔽又は仮装の行為者についての重加通達の取扱いは、各税目ごとに区区《まちまち》に定められており、整合性がとられていない。

まず、所得税重加通達では、「特段の事情がない限り、納税者本人が当該行為を行っている場合だけでなく、配偶者又はその他の親族等が当該行為を行っている場合であっても納税者本人が当該行為を行っているものとして取り扱う。」（所得税重加通達第1、1）としている。

また、相続税重加通達では、その行為者について、「相続人（受遺者を含む。）又は相続人から遺産（債務及び葬式費用を含む。）の調査、申告等を任せられた者（以下「相続人等」という。）」（相続税重加通達第1、1、(1)）と定め、贈与税についても、同様に定めている（相続税重加通達第1、2、(1)）。

この場合、被相続人又は贈与者の行為が問題とされるところ、取得した課税財産が被相続人の名義以外、架空名義等若しくは遠隔地にあったこと等を相続人等が認識し、その状態を利用して、これを申告していないこと等の場合にも、隠蔽・仮装行為に当たるとして、一応被相続人の行為をも想定している。

ところが、法人税重加通達では、隠蔽又は仮装の行為者に関しては何ら触れていない。このことは、法人の経理処理において不正事実が存在していれば、すべて重加算税の課税の対象とするように解され、その不正事実の行為者などは一切問題にしていないように読み取れる。それならそれで、その趣旨を明確にすべきであろうが、それでは、従来の解釈論から乖離することになる。また、前述の所得税重加通達及び相続税重加通達の取扱いとの整合性の上でも疑問が生じる。

次に、消費税加算税通達では、所得税又は法人税につき不正事実があって重加算税を賦課する場合には、当該不正の事実が影響する消費税の不正事実に係る増差税額については重加算税を課する旨定めている（消費税加算税通達第2、Ⅳ、2）が、所得税及び法人税の取扱いの齟齬をそのまま受け容れる形式を採用している。

他方、法人税重加通達と同じ主管課から発出されている源泉所得税重加通達では、「不正事実は、源泉徴収義務者に係るものに限られるのであるから、例えば、源泉所得税を徴収される者に係る不正の事実で、源泉徴収義務者が直接関与していないものは、不正事実に該当しないことに留意する。」（源泉所得税重加通達第1、3）と定めている。

この規定からは、源泉徴収義務者の補助者の行為を法人税の場合と同じように考えるのか、あるいは、「源泉徴収義務者が直接関与していないもの」をどう解するか、また、相続税重加通達にいう第三者の行為について「その状態を利用して」（相続税重加通達第1、1、⑸）との関連についてどう解するか、等について疑問が生じる。

例えば、源泉徴収制度における受給者や相続における被相続人が隠蔽又は仮装行為を行っている場合、源泉徴収義務者又は相続人等が「見て見ぬふりして」その後の納付又は申告を済ませたときに、前者は「直接関与していない」として重加算税の賦課を免れ、後者は「その状態を利用し」たとして重加算税が賦課されると考えてよいのか、また、そのように区分することに合理的理由があるのかについて、重加通達を発出する側で説明する必要があろう。

いずれにしても、重加通達における「納税者」の解釈について税目間の取扱いに整合性がとられていないわけであるので、税務通達に対する納税者の信頼と予測可能性を高めるために、同通達における「納税者」の解釈・取扱いの統一化が望まれるところである。(注20)

(5) 要　約

以上のとおり、重加算税賦課における隠蔽・仮装行為の主体の範囲がどこまで及ぶかについて、学説、判例、通達の取扱い等を概観してきたところであるが、隠蔽・仮装行為の主体を納税者本人に限定すべきではないとする考え方については、学説、判例においてコンセンサスが得られているものの、その他の者の行為の範囲については、なお問題を残しているといえよう。

すなわち、前掲大阪地裁昭和三六年八月一〇日判決が判示するように「重加算税の制度上は従業員の行為は納税義務者本人の行為と同視せらる」としても、その「従業者」の範囲が問題となるところである。

この点について、各裁判例において問題とされた①代理関係等を有する親子・兄弟・内縁者等、②法人の役員たる取締役等については、「従業者」に含めることに特に異存はないであろう。また、最近では、いわゆる脱税請負人のように団体役員等の第三者が納税者に代わって隠蔽等により過少申告を行う事例も見受けられるが、このような第三者も当然のことながら隠蔽・仮装行為の主体となろう。

他方、前掲熊本地裁昭和四四年三月一七日判決は、「従業員の隠ぺい行為は代表者の行為と同視すべきである」旨判示しているものの、その従業員の原告会社における権限関係等が不明であるが、一般的には、その行為者の権限関係と隠蔽・仮装行為の目的が問題となろう。

この権限関係等については、武田教授は、前述のように、行為者については納税者本人と同一利害集団に属することを条件とし、末端の従業員の売上代金の横領などは隠蔽・仮装行為に含めるべきでない旨述べているところであるが、傾聴に値すべき見解であるとしても、それぞれの個別事案の実態に応じて判断されるべきであろう。例えば、行為者に関しては、納税者本人の申告行為に重要な関係を有する部門（経理部門等）に所属し、相当な権限を有する地位（課長等その部門の責任者）に就いている者の隠蔽・仮装行為は、特段の事情がない限り、納税者本人（法人の代表者）の行為と同視すべきであろうし、その目的に関しては、納税者の簿外財産等を蓄積するために売上金額を除外して仮名預金を設けたり、納税者の利益調節のために棚卸資産を仮装して簿外棚卸資産を作出するような行為については、それほど権限を有していない従業員の行為についても納税者本人の行為と同視すべき事態も起こり得るであろう。しかしながら、その行為者自身の利益のために横領した金員の発覚を防ぐために費目を仮装する行為（この場合、横領損失も仮装費用も両方とも損費であるが、横領損失については納税者本人に損害賠償請求権（収益）が生じ、結果的に過少申告となることがある）については、それほど権限を有していない従業員の場合には納税者本人の行為と同視することは酷であろう。

次に、納税申告の委任を受けた税理士の不正行為については、原則として、納税者本人の責めに帰すべきものと解すべきであろうが、前掲東京高裁平成一四年一月二三日判決のような考え方もあるので留意を要する。また、同種の事件に関し、前掲最高裁平成一八年四月二〇日第一小法廷判決及び同平成一八年四月二五日第三小法廷判決が、納税者本人の責めに帰すべきでないとした事由を広く認めていることに留意する必要がある。

なお、前掲大阪高裁平成一六年九月二九日判決が、国税通則法上の納税義務の成立・確定手続を検討した上で「納税者」を定義していることも注目される。

その他、隠蔽・仮装行為の主体に関する問題については、学説、裁判例の紹介のところでコメントしたことを参考とされたい。

【裁判例83】会社従業員が当該会社に代わって消費税の還付申告を不正に行い還付を受けた場合に、当該従業員も「納税者」に該当し、同人に対する重加算税の賦課決定は適法である（大阪高裁平成一六年九月二九日判決・税資二五四号順号九七六〇）

『前記の申告納税方式の意義からすれば、本件還付申告の時点で、本件輸出取引について実体上の課税要件事実が発生していなくても、還付申告により、観念的・抽象的には、課税標準額に対する消費税額が〇円、控除対象仕入税額及び控除不足還付税額が二一八万五八八八円の納税義務が成立しているものというべきである。

そして、法上、有効な納税申告があった場合には、課税標準等又は税額等を是正するためには、更正によるべきことが定められており（法二四条、二八条）、更正によって増減した国税の納付や還付についても、同法に定められた規定によることになる（法三四条以下及び五六条以下、法二八条、三五条の規定は、還付請求者が現実に納税義務を負っているか否かを区別していない。）。したがって、控訴人は、本件還付申告に基づいて、控除対象仕入の有無や本件輸出取引以外の課税対象取引の有無等を調査し、必要な更正処分をし得ることになるのであって、本件の場合は、本件輸出取引が被控訴人に帰属するものでないことが判明したことにより、本件更正処分により、控除対象仕入税額及び控除不足還付税額が〇円とされて、被控訴人は、減少した還付金の返還義務を負うこととされたものである（なお、これに対し、納税申告自体が無効である場合には、更正処分によることができず、国が当該還付金を取り戻すための手続に係る租税法上の定めはないことから、民法上の不当利得ないし不法行為の規定によらざるを得ないものと解される。）。

ここでいう「還付金」とは、「各税法の規定により、納税者に特に付与された公法上の金銭請求権」であり、その実質は不当利得であるが、一定の納税額を前提とする以上、還付金自身、「国税」の性質を有するものであり、更正処分により減少した還付金の返還義務はまさに納税義務である。

以上によれば、被控訴人は、本件還付申告の時点では、具体的な納税義務はないものの、還付金の額を確定する前提としての観念的・抽象的な納税義務はあり、これが本件更正処分により、還付金が減少されたことにより、納税義務が具体化したものというべきであるから、申告時点においても、被控訴人は、納税義務を負っている、すなわち「納税者」であると解して差し支えないものというべきであり、法二条五号及び六五条一項の「納税者」に該当するものと認めるのが相当である。』

【裁判例⑭】　重加算税の制度上家族又は使用人等の従業者の行為は納税者本人の行為と同視せらるべく、従業者による所得の事実の隠蔽又は仮装を納税者本人が知らずしてそれに基づき過少申告したときは、重加算税が賦課せられる（大阪地裁昭和三六年八月一〇日判決・行裁例集一二巻八号一六〇八ページ、税資三五号六五三ページ）

『そこで、家族又は使用人等の従業者が納税義務者のために所得の事実を隠ぺい、又は仮装し、これに基づく所得の無申告又は過少申告があれば、納税義務者本人が右事実を知らない場合でも重加算税が賦課されるべきか否かを考えることとする。重加算税の制度の主眼は隠ぺい又は仮装したところに基づく過少申告又は無申告による納税義務違反の発生を防止し、もって申告納税制度の信用を維持し、その基礎を擁護するところにあり、納税義務者本人の刑事責任を追及するものではないと考えられる。従って納税義務者本人の行為に問題を限定すべき合理的理由はなく、広くその関係者の行為を問題としても違法ではない。かえって、納税義務者本人の行為に問題を限定しなければならないとすると、家族使用人等の従業者が経済活動又は所得申告等に関与することの決してまれではない実状に鑑みて重加算税の制度はその機能を十分に発揮しえない結果に陥ることはあきらかである。（従業者の行為によるときは納税義務者の故意を立証することは容易でなく、発覚したときも従業者自身は重加算税の賦課を受けることはないから、納税義務者が従業者の行為に隠れて不当な利得をはかる虞がある。）したがって、重加算税の制度上は従業者の行為は納税義務者本人の行為と同視せらるべく、従業者による所得の事実の隠ぺい又は仮装を納税者本人が知らずして右隠ぺい又は仮装したところに基づき、所得の過少申告をし又は所得の申告をしなかったときは、納税者が正当なる所得を申告すべき義務を怠ったものとして重加算税が賦課せられるものと解するのが相当である。』

【裁判例㊱85】　税理士と税務署員が共謀して脱税した場合に、納税者が脱税の責めを負うべき理由は見出し難く、税務当局は加害者と同視されるべき立場にある（東京高裁平成一四年一月二三日判決・税資二五二号順号九〇五〇）

『(5)　松尾税理士による脱税と控訴人の責任

ア　税理士は、前記のとおり、税務専門家として、独立した公正な立場において、申告納税制度の理念にそって、納税義務者の信頼にこたえ、租税に関する法令に規定された納税義務の適正な実現を図ることを使命とする（税理士法一条）。このような公共的な使命を担う税理士は、委任者である納税義務者の援助に当たっては、納税義務者と税務当局のいずれにも偏しない独立した公正な立場で行動すべきもので、松尾税理士による前記方法による脱税について、直ちに委任者である控訴人の責任を問うことはできない。被控訴人の主張は、独立して公正な立場で行動すべく法律で定められた税理士の公共的な使命を無視するもので、採用の限りではない。

イ　継続的に多額の利益を得た法人等の納税者が徴税事務に従事した経験を有する税理士に対し、甚だしい場合は脱税を依頼し、そうでない場合においても、徴税事務に対する影響力を期待し、巨額の税を免れようとする事例が明らかとなることがある（公知の事実）が、そのような場合は格別、大多数の納税者及び税理士が、法律の許す範囲内において納税額を少なくしようと試みることはあっても、適正な納税をしていると認められる（我が国において、一部を除き、徴税事務に格別の困難を生じていないことも、公知の事実であり、このことから本文のように認めても、我が国の実態を見誤るものではあるまい。）我が国の税理士制度の下においては、税理士による脱税について、委任した納税者は直ちには責任を負わず、重加算税を賦課するには、前記のとおり、納税者による資料の隠匿等の積極的な行為までは必要ではないまでも、納税者が、当初から所得を過少に申告することを意図し、その意図を外部からも窺いうる特段の行動をした上、その意図に基づく過少申告をしたような場合であることを要する。

ウ　本件においては、前記のとおり、控訴人は、税務相談をし、多額の税額が減少することに疑いを抱いたものの、所得税の申告を委任したのにとどまり、松尾税理士において、格別の説明をすることもなく、紹介料や草刈費用を計上し、税額を試算して見せ、納税に充てる金員として一、八〇〇万円を騙し取り、税務署員と共謀し、委任者である控訴人の利益をおよそ無視する方法により脱税したのであり、控訴人が脱税の責めを負うべき理由を見出し難い。

(6)　本件の特質

ア　控訴人は、納税のための一、八〇〇万円もの多額の金員を税理士に騙し取られ、後に納税し、いわば二重の負担を負ったに等しいが、納税の義務を免れることができない以上、その限度では、税理士の選任を誤った負担を負うことは避けられない。

イ　被控訴人は、要旨、税理士による脱税について重加算税を賦課すべきかどうかは、生じた国家的損失を当該税理士を委任した納税者に負担させるのが公平か、国家の損失、すなわち他の正当な申告納付義務の履行者全体の損失に帰するのが公平かという観点から決すべきであると主張する。しかしながら、この主張は、本件において、税理士が脱税し、納税者から金員を騙し取り、国家と共に納税者にも被害を与えており、これらの被害が税務署員の協力なくしては発生しえなかった事実を無視するものである。控訴人は、税務署勤務の経験を有する松尾税理士に一、八〇〇万円もの多額の金員を騙し取られた被害者であり、税理士と共謀して課税資料を廃棄し、税理士が納税者から金員を騙し取るのを可能にした税務署員は、共犯にほかならない。税務当局も、本件においては、脱税をするような明らかに税理士の資質に欠ける元税務署員を税理士にした点は措いても、税理士の脱税及び部内の共犯者の行為に永年気づいておらず、どちらかといえば、加害者と同視されるべき立場にある。この事実をも踏まえると、控訴人の過少申告に対する重加算税の賦課は、前記のとおり、事実の裏付けを欠いて是認することができないだけでなく、税務署員及び元税務署員の悪行について甘受すべき非難を納税者に転嫁して免れようとするに等しく、課税法規の適正な適用の見地からも大きな疑問がある。』

【裁判例86】　税理士の選任又は監督につき何らかの落ち度があるというだけで、当然に当該税理士による隠蔽仮装行為を納税者本人の行為と同視することはできない（最高裁平成一八年四月二〇日第一小法廷判決・民集六〇巻四号一六一一ページ）

『(1)　国税通則法六八条一項は、過少申告をした納税者が、その国税の課税標準等又は税額等の計算の基礎となるべき事実の全部又は一部を隠ぺいし又は仮装し、その隠ぺいし又は仮装したところに基づき納税申告書を提出していたときは、その納税者に対して重加算税を課することとしている。この重加算税の制度は、納税者が過少申告をするにつき隠ぺい又は仮装という不正手段を用いていた場合に、過少申告加算税よりも重い行政上の制裁を課すことによって、悪質な納税義務違反の発生を防止し、もって申告納税制度による適正な徴税の実現を確保しようとするものである。

同項は、「納税者が…隠ぺいし、又は仮装し」と規定し、隠ぺいし、又は仮装する行為（以下「隠ぺい仮装行為」という。）の主体を納税者としているのであって、本来的には、納税者自身による隠ぺい仮装行為の防止を企図したものと解される。しかし、納税者以外の者が隠ぺい仮装行為を行った場合であっても、それが納税者本人の行為と同視することができるときには、形式的にそれが納税者自身の行為でないというだけで重加算税の賦課が許されないとすると、重加算税制度の趣旨及び目的を没却することになる。そして、納税者が税理士に納税申告の手続を委任した場合についていえば、納税者において当該税理士が隠ぺい仮装行為を行うこと若しくは行ったことを認識し、又は容易に認識することができ、法定申告期限までにその是正や過少申告防止の措置を講ずることができたにもかかわらず、納税者においてこれを防止せずに隠ぺい仮装行為が行われ、それに基づいて過少申告がされたときには、当該隠ぺい仮装行為を納税者本人の行為と同視することができ、重加算税を賦課することができると解するのが相当である。他方、当該税理士の選任又は監督につき納税者に何らかの落ち度があるというだけで、当然に当該税理士による隠ぺい仮装行為を納税者本人の行為と同視することができるとはいえない。

(2)　これを本件についてみると、前記事実関係によれば、被上告人は、B税理士に確定申告手続を委任した際、脱税の意図はなく、専門家である同税理士を信頼して適正な申告を依頼したものであり、同税理士が脱税を行っていた事実を知っていたとうかがうこともできないというのである。そして、税理士は、適正な納税申告の実現につき公共的使命を負っており、それに即した公法的規律を受けているのであるから、被上告人において、そのような税理士資格を有し、長年税務署に勤務していたというB税理士が、税法上許容される節税技術、計算方法等に精通していると信じたとしてもやむを得ないところであり、同税理士がそのような専門技能を駆使することを超えて隠ぺい仮装行為を行うことまでを容易に予測し得たということはできない。また、B税理士による確定申告後、東京国税局による臨場調査を受ける以前に、被上告人が本件確定申告書に虚偽の記載がされていることその他同税理士による隠ぺい仮装行為を認識した事実も認められず、同税理士を信頼して委任した被上告人において、これを容易に認識し得たというべき事情もうかがわれない。

他方、税務署職員や長男から税額を八〇〇万円程度と言われながらこれが五五〇万円で済むとのB税理士の言葉を信じた点や、本件確定申告書の内容をあらかじめ確認せず、申告書の控えや納付済みの領収証等の確認すらしなかった点など、被上告人にも落ち度はあるものの、これをもって同税理士による前記隠ぺい仮装行為を被上告人本人の行為と同視することができる事情に当たるとまでは認められないというべきである。

そうすると、前記事実関係の下においては、B税理士の前記隠ぺい仮装行為をもって納税者である被上告人本人の行為と同視することはできず、被上告人につき国税通則法六八条一項所定の重加算税賦課の要件を満たすものということはできない。』

【裁判例⑧⑦】　会社の取締役や監査役が隠蔽・仮装行為をしたときには、重加算税の制度の趣旨から、会社代表者の知、不知に関係なく

当該会社に対し重加算税は賦課される（静岡地裁昭和四四年一一月二八日判決・税資五七号六〇七ページ）

『前出の各証拠および前記認定の各事実によると、原告の取締役や監査役である由井定夫、白川菊蔵が右の各所得を故意に本社に報告せず、所得を隠ぺいしたことが推認され、これに反する証拠もない。ところで問題は、原告代表者が右隠ぺいの事実を知らない場合にも、重加算税の規定の適用があるかどうかである。

この点に関しては重加算税の制度の趣旨が隠ぺい、又は、仮装したところに基づく過少申告、もしくは、無申告による納税義務違反の発生を防止し、それにより申告納税制度の信用を維持するところにあるところからして、仮装もしくは隠ぺいの行為を納税者個人の行為に限定すべきではなく、その従業員や家族等が右の行為をした場合にも納税義務者がそれを知っているかどうかにかかわりなく重加算税が賦課せられるものと解するのが相当である。従って、本件においても原告代表者であった井出淳の知、不知に関係なく重加算税は賦課されることになり、被告がなした二十九年度重加算税の賦課決定は適法である。』

【裁判例㊽】　取締役のした隠蔽行為は会社代表者の行為と同視するのが相当である（東京地裁昭和五五年一二月二二日判決・税資一一五号八八二ページ）

『前段認定の事実によれば、原告らの代理人松本が本件土地の売買に関し、仮装の売買契約書二通を作るなどして所得を隠ぺいしたことが明らかであるところ、前示のとおり松本は当時原告会社の取締役であって、原告川原と分担してその業務を執行し、ことに原告川原が入院中は全面的にその業務を行なっていたものであるから、松本のした隠ぺい又は仮装の行為に基づいて、原告川原が原告会社の法人税の確定申告をした以上、松本のした隠ぺい又は仮装の行為は原告会社代表者の行為と同視するのが相当である。』

【裁判例⑧⑨】　重加算税制度の趣旨に鑑みれば、会社代表者自身ではないが、実質的にその主宰者と認められる者の不正行為が存し、代表者がそれに基づき過少申告した場合には、重加算税の負担は免れない（東京高裁昭和五七年九月二八日判決・税資一二七号一〇六八ページ）

『前段認定の事実によれば、控訴人らの代理人松本が本件土地の売買に関し仮装の売買契約書二通を作成する等して所得を隠ぺいしたことが明らかである。ところで、前認定のとおり松本は当時控訴人会社の平取締役であったが、営業の主軸をなす部分は専ら同人が行い、ことに控訴人川原の入院中は全面的にその業務を遂行していたものであるから、松本がした隠ぺい又は仮装の行為に基づいて控訴人川原が控訴人会社の代表として控訴人としてその法人税の確定申告をした以上、たとえその時点（昭和四十九年十月三十一日）において控訴人川原が松本のした隠ぺい又は仮装の行為を知らなかったとしても、松本の行為は控訴会社の代表者の行為と同視するのが相当である。けだし、重加算税の目的は、隠ぺい又は仮装に基づく過少申告に対し、特別に重い負担を賦課することにより納税義務違反の発生を防止し、申告納税制度の信用を維持するところにあり、このような制度の趣旨に鑑みれば、会社の代表者自身ではないが会社の営業活動の中心となり、実質的にその主宰者と認められる者の不正行為が存し、かつ代表者がそれに基づき過少申告をした場合には、納税義務者たる会社が重加算税の負担を受けることは法の要請するところであるというべきであろう。』

【裁判例⑨⓪】　隠蔽・仮装の行為に出た者が納税者本人の代理人、補助者等の立場にある者で、納税者本人の身代りとして同人の課税標準の発生原因たる事実に関与している場合には、納税者本人が納税申告書を提出するにあたりその隠蔽・仮装の事実を知らなくとも重加算税を賦課し得る（長野地裁昭和五八年一二月二二日判決・税資一三四号五八一ページ）

『前項において、その収入金につき原告会社の売上計上漏れと認定された各取引は、前判示のとおり、原告会社の専務取締役である好友が各取引先との間で右取引に係る収入金の請求又は受領をする際に、原告会社名を使用せず架空名義の請求書及び領収書を発行して故意に隠ぺいしたものであるから、原告会社の本件過少申告を招いた原因は、右取引を担当していた好友による所得の一部隠ぺいにあったと認められる。しかして、すでに認定したように、好友の右隠ぺい行為は、好友が売上代金の一部を着服する目的でなしたものであるから、原告会社代表者など好友を除く原告会社役員、事務担当者らは右隠ぺい行為を知らなかったものと推認されるところである。しかしながら、重加算税賦課制度の目的が、隠ぺい・仮装行為に基づく過少申告、無申告による納税義務違反の発生を防止し、もって、申告納税制度の下における納税義務者の自主性の強化促進を図るとともに同制度の信用を保持するところにあること及び納税義務者本人の刑事責任を追及するものではないことからすれば、国税通則法六八条の合理的解釈としては、隠ぺい・仮装の行為に出た者が、納税義務者本人ではなく、その代理人、補助者等の立場にある者で、いわば納税義務者本人の身代りとして同人の課税標準等の発生原因たる事実に関与し、右課税標準の計算に変動を生ぜしめた者である場合を含むものであり、かつ、納税義務者が納税申告書を提出するにあたりその隠ぺい・仮装行為を知っていたか否かに左右されないものと解すべきである。したがって、本件にあっては、原告会社の専務取締役であった好友が同社の所得の計算の基礎となる事実を隠ぺいしたのであるから原告会社の業務執行機関である原告会社代表者が右隠ぺいを知らずして当該所得の申告をしなかったものであっても、原告会社自体が正当たる所得を申告すべき義務を怠ったものとして重加算税を賦課することはなんら違法ではない。』

【裁判例⑨①】　従業員の隠蔽行為は会社代表者の行為と同視すべきことは重加算税の制度目的より明らかである（熊本地裁昭和四四年三月一七日判決・税資五六号一一三ページ）

『右七六二、〇八九円が重加算税の対象である隠ぺい又は仮装による所得となる（原告の従業員の隠ぺい又は仮装による所得となる（原告の従業員の隠ぺい行為は原告代表者の行為と同視すべきことは重加算税の制度目的より明らかである））。』

【裁判例⑨②】　相続税について重加算税が賦課される場合には、被相続人等の行為により相続財産が隠蔽された状態にあり、相続人等がその状態を利用して内容虚偽の相続税の申告書を提出したときをも含む（大阪地裁昭和五六年二月二五日判決・税資一一六号三一八ページ）

『国税通則法六八条一項にいう「納税者がその国税の課税標準等又は税額等の計算の基礎となるべき事実の全部又は一部を隠ぺいし又は仮装し、その隠ぺいし、又は仮装したところに基づき納税申告書を提出し」た場合とは、相続税についてみると、相続人又は受遺者が積極的に右の隠ぺい、仮装の行為に及ぶ場合に限らず、被相続人又はその他の者の行為により、相続財産の一部等が隠ぺい、仮装された状態にあり、相続人又は受遺者が右の状態を利用して、脱税の意図の下に、隠ぺい、仮装された相続財産の一部等を除外する等した内容虚偽の相続税の申告書を提出した場合をも含むと解するのが相当である。

これを本件についてみると、前記一、二で認められる事実によれば、(イ)本件申告外預金は、本件申告分預金とほぼ同じ状況で管理されてきた。(ロ)本件申告外預金のうち、記名式預金についてはいずれも架空名義でなされており、無記名式預金についてはいずれも架空名義の届出印がなされていて、通常の調査では本件申告外預金が被相続人の相続財産の一部であることは確知しにくい状態におかれていた。(ハ)原告服部マツは、被相続人の生前中にその妻として本件申告外預金の管理に携っていたのであるから、結局原告服部マツは、被相続人の相続財産の一部である本件申告外預金が通常の調査では確知しにくい状態、即ち隠ぺいされた状態にあることを利用して、脱税の意図の下に、これを除外した内容虚偽の相続税の申告書を提出したものというべきである。』

【裁判例93】 相続人が隠蔽・仮装の積極的行為を行っていなくとも、被相続人の隠蔽等行為を利用して内容虚偽の申告をした場合には、重加算税が賦課される（大阪高裁昭和五七年九月三日判決・税資一二七号七三二ページ）

『控訴人マツは、自らは本件申告外預金について隠ぺい、仮装等の積極的行為を行っていないから、本件重加算税賦課決定処分は違法である旨主張するが、国税通則法六八条一項を同控訴人主張のごとき趣旨に解すべき根拠に乏しく、むしろ、前認定のとおり、同控訴人は被相続人の生前の行為によりその遺産が仮装、隠ぺいされた状態にあるのを利用し、相続税を免れる意図をもって、ことさらに申告外預金を相続財産から除外した内容虚偽の相続税申告書を作成し、これを提出したものであり、同控訴人の右所為は国税通則法の右条項の「納税者が……事実の全部又は一部を隠ぺいし、又は仮装し、その隠ぺいし又は仮装したところに基づき納税申告書を提出していたとき」に該当するというべきであるから、同控訴人の主張は採用できない。』

4 不申告・虚偽申告・つまみ申告・虚偽答弁等

(1) 学 説

重加算税は、「課税標準等又は税額等の計算の基礎となるべき事実の全部又は一部を隠蔽し、又は仮装し、その隠蔽し、又は仮装したところに基づき」過少申告等をした場合に課されるものであるから、必ずしも積極的な不正工作を伴わない行為、例えば、所得があるにもかかわらず故意に申告をしなかったり、あるいは虚偽の申告行為をした後記載しないで過少申告したり、申告書の内容を偽って記載して過少申告したり、あるいは代理人である税理士に虚偽の税務調査等において、仮装の証拠資料を作成したり、又は虚偽答弁したり、あるいは収入金額等の一部を帳簿に報告等をしたりしたことが、右規定の文理解釈上その賦課要件を充足することになるか否か疑義のあるところでもある。更には、隠蔽又は仮装の事実を残さないため、あるいはそれらを意識することなく、所得計算に関して最初から記録等を残さないで、申告をしなかったり、あるいは所得の一部をつまんで申告（いわゆる「つまみ申告」）することが、前記重加算税の賦課要件を満たすことになるか否かも文理解釈上問題となるところであろう。

これらの問題について、碓井教授は、かかる行為が「隠蔽又は仮装の行為」として消極に解すべきであるという見地から、次のように述べている。

「ところで、隠ぺい・仮装の態様をめぐって、若干の問題がある。第一に、何らの記録等を最初から残して置かなかったこと（例えば、契約書を作成しないこと）が、隠ぺいにあたるかどうかである。シャウプ勧告は、「将来に徹底的教育運動及び正当な帳簿記録をつける必要が広く認識されるように考案された他の活動が実行された後、正当な帳簿記録をつけることを故意に怠った場合刑罰を適用することが適当であるかもしれない」（附録Ｄ四一ページ）と指摘したが、今日に至るも、このような刑罰規定はできていない。青色申告者の記帳義務違反に対しては、青色申告書提出承認の取消処分がなされるのみである。他方、昭和三十六年の『国税通則法の制定に関する答申』は、「極端な場合には故意に記帳をしないか又は記帳を著しく不完全にして、隠ぺい又は仮装の証明を実際上不可能にする場合等その証明がされる場合よりもかえって悪質な場合もあり得よう」（二一ページ）と述べて、問題点を指摘している。これは、理論上は、故意に記録を残さない場合も「隠ぺい」にあたることを前提にするものであろう。しかし、一般的な記帳義務を課していない今日においては、記録を残さないことのみでは、隠ぺいの要件を満たしていないものと解すべきであろう。

第二に、過少申告の場合に、申告書への虚偽記入行為も、隠ぺい又は仮装に含まれうるという解釈が通用していたようであるが、通則法六八条一項は、「国税の課税標準等又は税額等の計算の基礎となるべき事実」の隠ぺい又は仮装があり、それに「基づき納税申告書を提出していた」ことを要件としているのであるから、申告書における虚偽記入は、隠ぺい又は仮装に含まれないと解すべきである。租税を免れることを目的とする虚偽記入の場合に、不均衡が存在するようにみえるが、基礎となるべき事実についての隠ぺい又は仮装が存在しない場合には、税務調査権の発動によって課税標準等又は税額等を認定することができるのであるから、かかる解釈も不当であるとはいえまい。昭和二十九年通達（直所一―一）八三においては、「明らかに故意に収入の相当部分を除外して」申告した場合を含めていたのであるが、国税通則法に関する権威ある解説書である『国税通則法精解』が、虚偽申告自体に触れていないことからすれば、今日では、国税庁行政関係者の見解も私の見解と一致しているのかもしれない。(注21・22)」

また、池本氏は、収入金額の未記帳、脱漏等をもって積極的な隠蔽行為があったと認定することは困難であるとしながらも、「もっとも、記帳のある者が記帳のない者に比して重加算税の取扱い上不利益な結果となるのは、申告納税制度の維持を目的とした重加算税制度の本旨にも反することになるので、「隠ぺい又は仮装の行為」の有無の判断に当たっては、より慎重さが必要であろう。従って、帳簿に記載せず又は何らの記録も残さないで所得を脱漏していた場合には、右事実以外の諸要素を勘案して、何らかの操作が行われているかどうかを見極める必要がある。例えば、隠ぺいした所得を税務調査によって発見されないために故意に原始記録を破棄した場合などの故意の存在を推認せしめ得る程度の立証をすることによって、右行為も「隠ぺい行為」に該当することになる。」と述べ、虚偽申告行為等に関しては、「これらの判決をみる限り虚偽申告行為も「隠ぺい又は仮装の行為」に当たると解せなくもないが、当事者の主張、判決の事実認定をみる限り他人名義による申告等一連の行為をとらえて「隠ぺい又は仮装の行為」と判断したものであって、単に虚偽申告自体が「隠ぺい又は仮装行為」に当たると解するのは早計であろう。(注23)」と述べている。

更に、松沢智教授は、後述する最高裁平成六年一一月二二日第三小法廷判決（後掲、裁判例⑱）及び最高裁平成七年四月二八日第二小法廷判決（後掲、裁判例⑲）を評釈する中で、「「ことさらの過少申告」は、確かに事前の所得秘匿行為を伴うものではないが、真実の所得金額を隠ぺいしようとする確定的な意図の存在と、その確定的な意図を外部からもうかがい得る特段の行為をしたことと、別途これに基づく過少申告がされることの双方によって重加算税が賦課されるのである。」と述べ、いわゆるつまみ申告の問題は、ことさら（殊更）とは何かに帰することになるとし、最高裁平成七年四月二八日判決については、「ことさらの過少申告」について、「当該申告によって税を逋脱せしめることの積極的な意思の存在としあえて右申告に及ぶ行為である」「行為の態様において、客観的にみて、あえて右申告に及ぶ行為であることが外形的に明らかな場合を指称する」「客観的にみて税を免れようとする外部的附随事情」を具備したところの過少申告行為であるとの同教授の私見を採用したものだと評価している。(注24)

右の最高裁の各判決については、学説的にも大きな反響を呼んでおり、右の見解のほかには、住田裕子氏（法務省訟務局付検事）は、両判決と重加算税の賦課要件を総括的に取りまとめ、両判決を支持している。(注25)また、岩崎政明教授も、結論的には、両判決を支持している。(注26)

他方、三木義一教授は、両判決について、「「重加算税の成立時期は、法定申告期限の経過の時である（国税通則法一五条二項一五）から、隠ぺい、仮装行為は、この期限が到来する前の行為だけが加算税の対象となるのが原則である。したがって、隠ぺい・仮装行為の存否は確定申告書提出時を中心に判断すべきであって、右期限後の隠ぺい・仮装行為の存否は法定申告時における隠ぺい・仮装行為の存否を推認させる一間接事実となりうるにすぎない」という解釈がやはり妥当であろうし、この基準に照らせば両事例とも重加算税の適用は否定されるべきであろう。（注27）」と否定する見解を述べている。

また、岡村忠生教授は、両判決を批判的な見地から評釈している。（注28）

(2) 裁判例の動向

次に、これらの問題について裁判例の傾向を整理すると、次のとおりである。

まず、大阪地裁昭和三五年一一月二八日判決（税資三三号（下）一三〇三ページ、行裁例集一一巻一一号三〇九七ページ）では、工業窯炉等工事請負業を営んでいた原告は、その事業を弟に譲渡し、弟より給与を受けていたとして、昭和二十七年分所得税について給与所得一二万円余、配当所得四四万円余合計五六万円余として確定申告したが、被告税務署長がその営業譲渡を真実なものとは認めず、また、脱税の疑いから査察調査を受けたこともあって、営業所得七六〇万円余等として修正申告したところ、被告税務署長が所得金額を九七六万円余、重加算税の額を二四三万円余とする賦課決定をしたので、その適否が争われた。同判決は、重加算税の賦課決定の適法性について、「①事実そのものを移転していないにもかかわらず弟名義に変え、②所得は兄弟に分割したうえそれぞれ異なる税務署に申告しており、③所得税法違反事件として国税査察官が調査中に修正申告書を提出していること、また、④当初申告額と更正後の額とは非常に多額の開きがあり、計算違いと考えられないこと等を総合すると、当初の確定申告は税額の基礎となるべき事実を隠ぺいしてなされたものと認められる」旨判示している。

この判決では、計算違いと考えられないほど当初申告額と更正額の差が大きいことを隠蔽行為の一つの要素としていることが注目されるのであるが、そのほかにも、課税標準等の隠蔽行為としては疑義があるような虚偽申告、すなわち所得の分割申告や査察調査を起因とする修正申告をも隠蔽行為の一つの要素としている。もっとも、この判決は、原告の営業譲渡を仮装行為と認定し、それにより課税標準等が隠蔽されたものと判断し、その他の前記の事実を隠蔽行為を補強するものと判断しているものとも解せられるし、いくつかの事実を総合して課税標準等を隠蔽したものと判断したものと解せられる。このように、一見課税標準等の仮装・隠蔽行為と目されない事実を隠蔽・仮装行為の一要素と認定したり、隠蔽・仮装行為の補強要素とする考え方等は他の裁判例の中でも多く見られるところである（もっとも、控訴審の大阪高裁昭和四一年八月一三日判決（税資四五号一四七ページ）では、原処分における所得金額の計算が必ずしも明らかでなく、隠蔽の事実を認定するのに不十分であるとして原判決を取り消している）。

例えば、名古屋地裁昭和四八年四月二七日判決（税資六九号一三九〇ページ）では、原告が、訴外会社の銀行からの融資のために導入預金を提供し、その提供に係る謝礼金（雑所得）を除外して確定申告していた事案につき、同判決は、①本件各導入預金をなすにあたりすべてこれを無記名としたこと、②原告記帳の金銭出納帳には謝礼金受領の事実が全く記載されていなかったこと、③所得税の申告に当たり当該謝礼金を除外していることを認定した上で、これらの事実と弁論の全趣旨により、本件過少申告について隠蔽行為があったと判示した。

本件においては、所得の源泉となった預金を無記名としたことを軸として、金銭出納帳への記帳除外と申告除外とを隠蔽行為の一要素と判断したものであるが、預金名義を無記名とすることは所得源泉の隠匿につながることでもあり、隠蔽・仮装行為の一形態であると解せよう。

このように、隠蔽・仮装の一手段として預金名義を無記名としたり、架空名義等を用いることはよく行われることであるが、大阪地裁昭和五一年二月五日判決（税資八七号二七九ページ）は、金物販売業を営む原告が、特定の取引先に対する売上及び特定の取引先からの仕入につきその相当額を正規の帳簿から脱漏させ、税務上秘匿した訴外人名義の簿外預金口座を用いて入出金し係争各年の申告から除外していた上に、売上先と通謀の上架空名義の取引口座を用いるという作為を行っていたことについては、所得を隠蔽した場合に当たると判断したが、その翌年分の譲渡所得について、家屋の譲渡による収入金を原告の息子名義の普通預金に入金し確定申告書から除外していたことについては、その事実のみをもってしては未だ所得を隠蔽仮装したということができない旨判示している。

本件においては、営業所得については、借名預金を用いて売上仕入を除外したほか、架空の取引口座を用いて取引を仮装したものであるから、本判決は、隠蔽・仮装行為と判断したものであろうが、譲渡所得については、単に借名預金に収入金額を入金して申告除外したというだけでは隠蔽行為に当たらないと判断したものであろう。

このように、借名の預金口座を利用するのみでは隠蔽行為に当たらないとする考え方については、横浜地裁昭和五三年三月一三日判決（税資九七号四九一ページ）が、同調している。すなわち、同判決は、建築業を営む白色申告者である原告が、事実上の取引先から支払を受けた小切手を父名義の普通預金に預け入れ、所得金額を過少に申告し、又は法定申告期限内に申告せず、被告の税務調査に対し非協力的な態度を示したことについて、当該事実のみをもっては、「事実を隠蔽し、又は仮装」する意図の下になされたものであるか疑いが残るとし、本件重加算税の賦課決定を取り消している。

かように、右の各判決においては、収入金額を家族名義の借名預金に入金させ、申告所得金額から除外するのみでは、隠蔽・仮装行為に当たらない旨判断されているのであるが、借名預金の利用についても事実関係いかんによっては、隠蔽・仮装行為の一手段となり得ることもあり得よう。むしろ、合理的理由なくして借名預金を利用しその分について申告金額から除外することは、一つの隠蔽・仮装行為と解することも可能であろう。

次に、福岡高裁昭和五一年六月三〇日判決（後掲、裁判例94）では、訴外汽船会社に役員として勤務するかたわら船舶売買及びその仲介を業としていた被控訴人（原告）が、解撤船の権利売買及び権利売買の斡旋による所得を申告しなかった事案につき、その行為が、更正決定の除斥期間を五年に延長することとなる国税通則法七〇条二項に規定する「偽りその他不正の行為」に当たるか否か、重加算税が賦課される場合の「隠蔽・仮装」に当たるか否かが争われたところ、同判決は、「偽りその他不正の行為」の意義を判示し、後掲のように、被控訴人は勤務先三箇所から給与の支払を受け、他に雑所得があって当然に確定申告義務があること、その確定申告に当たっては、解撤船の権利売買等に係る事業所得（昭和三九年分七五万円余、昭和四〇年分三八三万円余）を全部秘匿してこれを申告せず、給与所得（昭和三九年分一三〇万円余、昭和四〇年分九八万円余）と雑所得（昭和三九年分八万円余）のみ申告していたこと、被控訴人は会社の取締役、代表取締役を勤めるなど経済人として相当の社会的活動をしていること、税務調査に非協力であったこと等の事実を認定した上で、被控訴人は所得税の申告義務内容を十分知っていたと思われるのに、所得税の確定申告等に際し、給与所得及び雑所得のみを記載した内容虚偽の確定申告書を提出し、本件事業所得をことさらに秘匿してこれを申告しなかったことは、単なる所得計算の違算や忘失に当たらず、「偽りその他不正の行為」及び「隠蔽又は仮装の行為」に当たる旨判示した。

そして、上告審の最高裁昭和五二年一月二五日第三小法廷判決（税資九一号五四ページ）も、原審の判断は正当として是認することができる旨判示し、原判決を支持している。

なお、一審の福岡地裁昭和五〇年三月二九日判決（税資八〇号七八八ページ）は、「偽りその他不正の行為」の意義について、「まず全く申告しないという行為形態である場合には、その内心において明確な脱税の意図を有していたことが証明されただけでは足らず、その他に税の賦課徴収を不能もしくは著しく困難ならしめるようななんらかの偽計その他の外形的な工作行為を行っているときにはじめて右要件に該当する。他方、ともかく申告はするがその所得の一部については申告しないといういわゆる過少申告という行為形態の場合にあっては、内心において明白な脱税の意思のあったことの証明があればそれだけで右要件に該当する。」と判示し、本件においては、取引資料等が残されていない事実等を総合すると、「一見したところ原告に脱税の意図があったのではないかとの疑いも抱かれはするものの、それはあくまでも憶測の域を出ず、原告に明白な脱税の意思をうかがわせるような事実があったとはいえ」ないと判示し、本件の課税処分は除斥期間を徒過した違法なものであるとして、当該処分を取り消した。

以上のように、本件においては、一審判決は、本件における外形的な不正行為の存在を肯定し難いとして、本件虚偽申告が「偽りその他不正の行為」に当たることを否定したのであるが、控訴審判決及び上告審判決は、「真実の所得を秘匿し、所得の金額をことさらに過少にした内容虚偽の確定申告書を提出したこと」を「偽りその他不正の行為」であり、「隠蔽又は仮装の行為」と判断している。もっとも、後者の判決は、内容虚偽の確定申告書の提出（もっとも、本件においては申告書に所得金額を過少に記載したにすぎないようであるが）のほか、申告除外額が多額であること、納税者の社会的地位から申告納税の意味内容を十分承知していたものと認められること、税務調査に対する非協力等の事実を総合して、「隠蔽又は仮装の行為」等の事実を認定したものと考慮され得る。本件においては、除斥期間が延長されることとなる「偽りその他不正の行為」と「隠蔽又は仮装の行為」が並列して判断されたものであるが、それらの関係は追って詳述することとする。

右の事件においては、収入金額が帳簿に記載されていないこと、証拠資料が紛失（当初の存在さえ不明）していることが前提となっているのであるが、帳簿への未記帳あるいは脱漏、証拠資料の散逸、紛失等が隠蔽又は仮装といえるか否かが問題となる。

例えば、大阪高裁昭和五〇年九月三〇日判決（後掲、裁判例⑮）では、板金加工業を営む被控訴人（原告）の所得税の確定申告が、同人の持参した納品伝票、領収書等の原始記帳に基づいてN商工会により計算された収支計算書を基礎として行われ、その計算書に特定取引先に対する売上金額が脱漏していたため過少申告が生じた事案につき、控訴人（所轄税務署長）は、当該脱漏は被控訴人が隠匿し易い取引先の取引に係る原始記録を故意にN商工会に持参しなかったものであるから、かかる一連の行為は隠蔽・仮装に当たる旨主張した。これに対し、本判決は、後掲のように、本件脱漏は売上を隠匿しても発見されにくい取引分について生じていることが認められるが、経理担当者の入院により伝票類の整理がつかなかったこと、記帳の仕組からみて一部の綴りが紛失することもあり得ること等を認定し、本件においては故意に売上を隠ぺいしたものとは認められない旨判示した。

かように、原始記録の紛失、帳簿への未記録（脱漏）については、それが単なる紛失に起因するものか、故意に破棄したものであるかは、当該事案の事実関係全体を総合して判断されるべきものであろうが、本件の認定事実については、後掲の判決の抜粋を参考とされたい。

また、横浜地裁昭和四九年六月二八日判決（税資七五号九八〇ページ）では、キャバレー業を営む原告に対する推計課税とそれに係る重加算税賦課決定の当否が争われた事案につき、税務調査において原告が非協力であったこと、一部提出された帳簿書類等は正規の簿記の原則によって記載されたものではなく、欠落部分があり、領収書等の原始記録が完備されていなかったこと等の事実を認定した上で、本件において推計課税をせざるを得なかったことを認めると共に、同一事実をもって、「原告が税務計算の基礎となる事実を仮装または隠ぺいし、これに基づいて納税申告書を提出していたことは明らかであるから、被告が国税通則法第六八条により重加算税を賦課決定をしたのは適法である。」と判示している。

かくして、本件事案は控訴審で争われることになったが、東京高裁昭和五三年一〇月二一日判決（税資一〇三号二〇七ページ）は、原判決が認定した事実のほか、控訴人の営むバーの一部店舗の経営者名義を偽り、その所得について他人（控訴人の内縁関係者）名義で申告していることをも認定した上で、それら一連の行為は税額計算の基礎となる事実を隠蔽し又は仮装したことになる旨判示している。

本件事案に関しては、一審判決が推計課税の必要条件とされる事実を認定しただけで同一事実をもって隠蔽・仮装行為であると判断したことには、疑問なしとしないが、控訴審判決については、経営者名義を偽り他人名義で申告することが、単なる所得帰属の違いとみるか、取引名義を仮名とし所得を隠蔽する工作とみるかによって、同判決の評価は分かれることになろう。

このように、申告名義を仮装することが課税標準等の計算の基礎となるべき事実を隠蔽又は仮装したことになるのか否かもよく争われるところであるが、大阪地裁昭和五一年六月二三日判決（税資八九号九ページ）では、土地の譲渡による所得を第三者である訴外人の所得であるかのように仮装して当該訴外人に申告させた行為が隠蔽・仮装行為に当たるか否かが争われた事案につき、原告らの相続人（本件土地の売却人）が本件土地の譲渡に係る所得税の確定申告書（しかも過少申告）に自己の名を記載せず、登記名義人である当該訴外人がその所得税の申告をしたこと、当該申告書は当該相続人の指示により作成されたものであること等の事実を認定した上で、当該相続人は本件土地の売却による利益が当該訴外人に帰属したかの如く仮装して自己に帰属したことを隠蔽し、これに基づいて確定申告書を提出したものである旨判示している。

本件においては、単なる所得帰属の違いの問題ではなく、他人名義の申告書は申告すべき者の指示により作成されたことが認定されているものであるから、そのことにより仮装行為が判断されるであろう。

また、長野地裁昭和五〇年三月二七日判決（税資八〇号五八七ページ）では、建設業を営む会社（訴外会社）の出張所と称する事業所において生じた所得がこれを支配している個人（原告）に帰属するか否か、当該個人がその所得を会社の所得として申告しなかったことが隠蔽・仮装行為といえるか否かが争われた事案につき、本判決は、原告は訴外会社の従業員としてその事業に従事していたような形式はとっているが、M出張所は、訴外会社と同一の企業体ではなく、実質的には原告個人の責任と計算において事業活動を行っていたものであり、原告は、その経済的効果を直接自己に帰属させていたものであって、つまり法人を仮装して個人事業を営んでいたものと認められる等とし、このことは事実を仮装・隠蔽したものというべきである旨判示している。

この判決は、上訴審の東京高裁昭和五三年一月三一日判決（税資九七号一二八ページ）及び最高裁昭和五三年一〇月三日第三小法廷判決（税資一〇三号一ページ）においても、支持されている。

本件事案においても、単なる所得の帰属違い、あるいは申告名義の違いの問題としてではなく、自己が経営している事業を法人の事業であるかのように仮装していたことを主因として、隠蔽・仮装行為が認定されている。

次に、申告人の名義を変更、仮装するのではなく、申告書の記載内容を虚偽とする行為が、隠蔽・仮装行為であるか否かが争われることがある。

例えば、鹿児島地裁昭和五六年一〇月二日判決（税資一二一号九ページ）では、租税特別措置法三五条に規定する居住用財産の譲渡所得の特例の適用の有無が争われた事案につき、同判決は、本件家屋に係る電気、ガス、水道の使用状況等からみて原告が本件家屋に居住していた事実は認められない旨認定し、原告は本件家屋に居住していたことがないうえ、原告は、あたかも本件家屋に転居したかの如く住民届をなし、その住民票写しを添えて所得税の確定申告をなしたことが認められ、当該事実を総合すれば、本件家屋に居住したかの如く仮装して所得税の確定申告をなしたものと推認することができる旨判示している。

また、控訴審の福岡高裁昭和五七年八月三〇日判決（税資一二七号七〇二ページ）も、原判決を支持している。

本件においては、当該特例適用を受けるためには、確定申告書に、特例適用を受けようとする旨及びそれに該当する事情の記載があり、当該譲渡による譲渡所得の金額の計算に関する明細書や住民票の添付が必要とされている（措法三五⑫、同法規則一八の二）ところ、その住民票の内容を偽装したものである。ところが、重加算税の賦課要件は、「税額等の計算の基礎となるべき事実の全部又は一部を隠蔽し、又は仮装し、その隠蔽し、又は仮装したところに基づき納税申告書を提出していた」（通則法六八②、傍点筆者）ことであるため、納税申告書の添付書類を偽装して添付することが右の賦課要件を満たすことになるかは、文理上疑問なしとしない。しかしながら、本件に関しては、単に納税申告書の内容を虚偽に記載したものではなく、居住用財産の譲渡所得の特例適用につき、その適用要件とされる居住の事実（実質的課税要件事実）を虚偽の住民票によって仮装したものであって、その住民票がたまたま納税申告書に添付されているものにすぎないものであるから、課税標準等の計算の基礎となる事実を仮装したことにほかならず、国税通則法六八条の規定の趣旨に鑑みても、重加算税の賦課要件たる仮装行為と解すべきであろう。

かかる居住用財産の課税の特例の適用をめぐっては、居住の事実の有無がまま問題となるのであるが、東京地裁昭和四五年一二月二五日判決（税資六〇号九三三ページ）、広島地裁昭和五九年一二月二〇日判決（税資一四〇号六六五ページ）、広島高裁昭和六一年一一月二一日判決（税資一五四号六〇六ページ）、最高裁昭和六二年七月七日第三小法廷判決（税資一五九号五一ページ）、大阪地裁昭和六三年二月二六日判決（税資一六三号六〇〇ページ）等においても、虚偽の住民票を用いて居住の事実を仮装して特例適用を行った申告につき、隠蔽・仮装行為を認定している。また、右の東京地裁判決の控訴審の東京高裁昭和四八年一〇月一八日判決（税資七一号五二七ページ）は、右の事実のほか、担当職員による居住の事実の確認調査の際、控訴人が実際の居住の事実を秘して、あたかも当該建物に居住していたかのような言辞を用いその旨担当職員を誤信させて、課税の特例適用がある旨回答せしめた事実をも考慮して、隠蔽又は仮装の事実を認定している。また、横浜地裁平成一〇年六月二四日判決（税資二三三号七六九ページ）及び東京高裁平成一一年二月二四日判決（税資二四〇号八九五ページ）では、当該特例の適用を受けるため、譲渡した土地に居宅があったかのように偽装した場合に、仮装の事実を認定している。このように、居住用財産の課税の特例の適用を受けるには、居住等の特例適用要件の事実について納税者側の立証を要するところであるが、それが行き過ぎると重加算税の賦課要件を充足することにもなる。

更に、前掲東京高裁昭和四八年一〇月一八日判決のように、内容虚偽の過少申告等の税務調査等における納税者の虚偽答弁が併せて行われている場合には、隠蔽又は仮装行為が認定されることが多い。

例えば、大阪地裁昭和五五年五月二一日判決（税資一一三号三八二ページ）では、不動産の貸付を業とする原告が訴外会社に対する貸付金に係る利息収入（雑所得）を除外して確定申告した事案につき、当該利息収入による雑所得が除外されていること、原告は本件課税処分前の被告担当職員の調査に際し、その職員に訴外会社に貸し付けられた金三〇〇万円について原告は仲介をしただけで利息収入を得ておらず、そのほかに六五〇万円を訴外会社に貸したこともないと供述したことの各事実を認定した上で、かかる場合には、原告が故意に課税標準の計算の基礎となるべき事実を隠蔽し、その隠蔽したところに基づき申告書を提出したものであるというほかはない旨判示している。

本件においては、利息収入の申告除外と虚偽答弁のみをもって重加算税の賦課決定が相当とされたものであるが、申告除外分が相対的に多額であったこと（四五年分ないし四八年分の所得については、申告した不動産所得が二九万円余ないし七三万円余であったのに対し、申告除外した雑所得は三〇九万円ないし四六七万円余であった）も注目されるであろう。

また、熊本地裁昭和五〇年一一月二六日判決（税資八三号五五三ページ）では、金融業を営む原告が事業所得を過少に申告した事案につき、同判決は、「〈証拠略〉によれば、原告は金融業にかかる帳簿書類等を全く備付けていない（この事実は当事者間に争いがない）ばかりでなく、貸付に際し一応は借用証書を作成するものの、貸付金の返済を受けると右証書を自分で破棄したり、あるいは貸付先に破棄させたりして、貸付事実の証拠が残らないようにしていたこと、被告係官による所得調査を受けた際、前記粋扇との取引が全然ない旨虚偽の回答をしたことが認められ、右事実及び弁論の全趣旨によれば、原告は貸付事実の大部分を隠蔽して本件各年度の確定申告をなしていたものと認められ、これに反する原告本人尋問の結果は措信できない。」と判示し、本件賦課決定を適法であると判示している。

また、控訴審の福岡高裁昭和五一年八月四日判決（税資八九号四一九ページ）も、原判決を支持している。

本件においては、虚偽答弁のほか、帳簿書類等を全く備え付けていないこと、原始記録の破棄が隠蔽・仮装行為と認定されているのであるが、帳簿書類を備え付けないことのみを隠蔽行為とみることには疑義があろう。

なお、税務調査時等における納税者の虚偽答弁が隠蔽・仮装行為と認定されたその他の事例としては、大阪地裁昭和六二年二月二四日判決（税資一五七号七五四ページ）、新潟地裁昭和六二年三月三一日判決（税資一五七号一三〇六ページ)、東京高裁昭和六三年三月二八日判決(税資一六三号九二三ページ)、東京地裁昭和六三年一一月二一日判決(税資一六六号九七七ページ)等がある。

次に、大阪地裁昭和五〇年五月二〇日判決(税資八一号六〇二ページ)では、原告が土地の譲渡による所得を除外して確定申告をし、その後当該土地譲渡について帰属年分を仮装するための売買契約書を作成し、買主に対してもその仮装につき協力を求めた事案につき、同判決は、次のとおり判示して、本件重加算税の賦課決定を適法であるとしている。

「昭和四十三年分所得税の確定申告において本件土地の売却による譲渡所得金額について確定申告がなかったことは、当事者間に争いがない。本件土地が昭和四十三年五月二十一日に原告から奥内に売却され、同年中に原告がその代金全額を受領したことは前叙のとおりであるから、原告は本件土地の売却が昭和四十三年になされ、その譲渡所得が昭和四十三年中に発生したことについて当然認識していたものと推認されるところ、(証拠略)によれば、原告は右確定申告の後、昭和四十五年一月中旬ごろ本件土地が昭和四十四年十二月二十五日に売買されたかのように仮装するため、その旨の売買契約証書を作成し、奥内に右仮装につき協力を求めたことが認められるから、右事実をもあわせ考えると、原告は右確定申告において、昭和四十三年分譲渡所得金額の計算の基礎となるべき土地売却の事実を隠ぺいする意思をもって、本件譲渡所得につき申告をしなかったものと認めざるを得ない。」

本件においては、虚偽の過少申告後の虚偽答弁以外の仮装行為について重加算税の賦課要件が満たされるとされたものであるが、かかる隠蔽・仮装の成立時期については、後述することとする。

同様の事案としては、東京地裁昭和五二年七月二五日判決(後掲、裁判例⑮)がある。すなわち、同事案においては、不動産売買仲介業を営む原告会社が家賃収入(未収金)と定期預金利息を収入金額に計上しないで確定申告をしたり、あるいはそれらの収入金額等があるにもかかわらず確定申告をしなかった場合に、当該過少申告又は無申告について隠蔽又は仮装の有無が争われたのであるが、本判決は、それらの収入金額について帳簿書類に全く記帳しなかったこと、税務調査において質問を拒み虚偽の答弁をしたこと、利息収入の原資が原告会社に帰属していない旨の虚偽の原始記録を作成していること等を認定し、かかる事実によれば、原告会社には家賃収入等についてこれに対する課税を回避しようとする意図が当初からあったものと推認することができるから、当該収入除外について隠蔽又は仮装の事実があったことになる旨判示している。

本判決は、記帳除外、税務調査時の虚偽答弁等があれば当初から課税回避の意図があったものと推認できるとし、それによって隠蔽・仮装の行為を判断したものであるが、かかる論理構成は、後述する隠蔽・仮装の成立時期に深く関係するものである。

このような不申告・虚偽申告・つまみ申告・虚偽答弁等に係る裁判例の動向については、一層の進展を見ることになる。

まず、東京地裁平成二年一〇月五日判決（税資一八一号一ページ）では、「納税者が真実の所得を秘匿し、それが課税の対象となることを回避するため、所得の金額をことさらに過少にした内容虚偽の申告書を提出した場合は、右事実の一部を隠蔽し、その隠蔽したところに基づき納税申告書を提出したものと解すべきである。」と判示し、原告の被承継人は、昭和四六年分ないし昭和五〇年分所得税の申告に際し、毎年二〇名以上の相手方から収入がある旨申告しておきながら、L社から毎年多額（右五年間で一八億円余）の報酬を受領していた収入については、昭和五〇年に雑所得として二、五〇〇万円を申告したほかは一切の申告をせず、また、重加算税基礎所得金額とされた雑所得あるいは株式譲渡による譲渡所得も、いずれも多額のものであるにもかかわらず、一切申告していなかったものであって、真実の所得を秘匿し、それが課税の対象となることを回避するため、所得金額を殊更に過少にして申告した内容虚偽の申告書を提出したものと認めることができる旨判示し、当該事案における重加算税の賦課を適法としている。

右判決の判断は、上訴審の東京高裁平成五年一〇月二七日判決（税資一九九号四〇五ページ）及び最高裁平成七年六月二九日第一小法廷判決（税資二〇九号一三三九ページ）でも支持されている。

本事案は、著名な疑獄事件に関係するもので、その脱漏所得もかなり高額となっている。そして、本件各判決は、前掲福岡高裁昭和五一年六月三〇日判決と同様に「所得金額をことさら秘匿して内容虚偽の確定申告書を提出すること」を隠蔽又は仮装行為に当たるとし、前述のような事実を所得金額をことさら秘匿した等と判断したものである。

また、京都地裁平成四年三月二三日判決（税資一八八号八六九ページ）では、いわゆる「つまみ申告」について、計画的な意図の下に所得金額を過少に申告し、最終申告との較差が極めて大きいこと等を理由に、重加算税の賦課を相当としている。すなわち、当該事案においては、金融業を営む納税者が、当初の確定申告の後、税務署の任意調査を受けた際、証拠資料を廃棄し、虚偽の所得計算資料を提出し、他の会計帳簿を秘匿又は提出しないで、虚偽の答弁をし、係争各年分について二～三回の修正申告を行い、その後、国税局の査察調査を受け、係争各年分について最終の修正申告を行ったものであるが、当初の申告所得金額は、最終の修正申告金額の三％ないし四％にすぎないというもので、いわゆる「つまみ申告」に価するものであり、金額的にも、重加算税の額が七億三、〇〇〇万円余にのぼるものであった。

しかし、控訴審の大阪高裁平成五年四月二七日判決（後掲、裁判例⑼⑺）は、後述のように、隠蔽・仮装行為と過少申告の間に因果関係が存在することが必要であり、いわゆる「つまみ申告」である場合にも、それだけでは「ことさらの過少申告」に当たるともいえず、そして、本件においては、納税者は、正常な会計帳簿を作成記載しており、税務調査にも普通に協力し、帳簿類を破棄したのも課税庁側で収入・支出の数額を把握したと納税者が推測できた後であり、虚偽の資料等の提出と所得計算との関係について課税庁側の主張立証がないのであるから、本件の「つまみ申告」行為がことさらな過少申告であるということはできず、重加算税の賦課要件を満たすことにはならない旨判示し、原判決を取り消している。

また、本判決は、「隠ぺい・仮装行為の存否は、確定申告書提出時を中心に判断すべきであって、右期限後の隠ぺい・仮装行為は、法定申告時における隠ぺい・仮装行為の存否を推認させる一間接事実となりうるにすぎない。」と判示し、本件においては、確定申告時に、具体的な隠蔽・仮装行為が存在し、それに基づいて確定申告したことの主張立証はなく、本件の認定事実は、右時点における具体的な隠蔽・仮装行為の存在を認める間接事実ともならない旨判示、前記判断を補強している。

かくして、本件は上告審で争われることになったのであるが、最高裁平成六年十一月二二日第三小法廷判決（後掲、裁判例⑱）は、後述のとおり、原審の判断は是認することはできないとし、原判決を破棄し、納税者の控訴を棄却している。本判決は、本件の事実関係を総合した上で、「所得金額を殊更過少に記載した内容虚偽の確定申告書を提出したことが明らかである。」と判示したものであり、いわゆる「つまみ申告」に対して、隠蔽・仮装行為を認めたものとして極めて注目されるものであり、かつ、その後の解釈に重要な影響を及ぼしている。

かかる「つまみ申告」に類似し、かつ、顧問税理士に対して多額の雑所得を秘匿して過少申告したことが隠蔽・仮装行為に当たるか否かが争われた事例もある。

すなわち、神戸地裁平成五年三月二九日判決（税資一九四号一一一二ページ）では、会社役員である納税者が給与所得等については毎年確定申告していたものの、株式等の売買により、昭和六〇年に二、六〇〇〇万円余、同六一年に一億八〇〇〇万円余及び同六二年に二億一、〇〇〇万円余の所得があったにもかかわらず、顧問税理士の再三の注意を無視して、右所得を申告しなかったが、株式売買について、取引の名義を架空にしたり、その資金の出納のために隠れた預金口座を設けたりすることはしなかった事案につき、隠蔽・仮装行為の有無が争われた。本判決は、「原告は、他人名義で株式等の取引や預貯金をしたりして所得を隠すような行為こそしていないものの、本件各年分の株式等の売買による所得を申告しなければならないことを熟知しているにもかかわらず、独自の考えから確定的な脱税の意思に基づいて、確定申告書等作成のために自ら依頼した税理士に対しても課税要件を充足する株式等の売買による所得があったことを隠し、右税理士から所得に関する資料の提出を求められたのに対し、会社の所得及び原告の他の種類の所得についての資料を提出しながらも、株式等の取引に関する資料を提出せずに、その所得部分を脱漏させて、ことさら所得金額を過少にした内容の虚偽の申告書を右税理士に作成させたのである。したがって、原告の右行為は、その所得を基礎づける事実を隠し、その真相の追求を困難にするもので、所得税の徴収を納税者に委ねた趣旨を没却する行為ということができる」から、重加算税の賦課要件を満たしている旨判示している。

控訴審の大阪高裁平成六年六月二八日判決（税資二〇一号六三一ページ）は、原判決の理由を大部分引用しながら、隠蔽・仮装行為には納税者において積極的に税務調査を困難にするような何らかの「操作」（売買名義等の隠ぺい・仮装）まで必要ないとし、当該納税者は、確定的な脱税の意思に基づいて、株式等の売買による所得を隠匿し、ことさらに所得金額を過少にし、虚偽の確定申告書を顧問税理士に作成させ提出したものであるから、隠蔽行為等に当たる旨判示し、原判決を支持している。

本件は、更に上告審で争われることになったが、最高裁平成七年四月二八日第二小法廷判決（後掲、裁判例⑲）は、後述のとおり、重加算税制度の趣旨と重加算税の賦課要件を判示するとともに、上告人は、当初から所得を過少に申告することを意図した上、顧問税理士に雑所得を秘匿するなどその意図を外部からもうかがい得る特段の行動をしたものであるから、その意図に基づいてした本件過少申告行為は重加算税の賦課要件を満たしている旨判示している。

本判決は、前掲最高裁平成六年一一月二二日第三小法廷判決と同様、本件の事実関係を総合した上で、顧問税理士に対する雑所得の存在の秘匿、いわば顧問税理士に対する虚偽答弁（説明）を重加算税賦課要件充足の重要な要素としていることが注目される。この最高裁平成七年四月二八日第二小法廷判決が判示する隠蔽又は仮装の要件と顧問税理士に秘匿する行為が当該要件を充足するという考え方は、津地裁平成八年五月一三日判決（税資二一六号三三七ページ）、名古屋高裁平成八年九月二五日判決（税資二二〇号九四九ページ）、横浜地裁平成一一年四月一二日判決（税資二四二号八六ページ）、山口地裁平成一一年四月二七日判決（税資二四二号四三六ページ）、長野地裁平成一二年六月二三日判決（税資二四七号一三三八ページ）東京地裁平成一四年一月二三日判決（税資二五二号順号九〇四九）等でも引用されている。

いずれにしても、これらの両最高裁判決は、過少申告等において積極的かつ外形的な隠蔽・仮装行為を伴わない場合においても、重加算税制度の趣旨なり、つまみ申告なり、申告もれが極めて過大な申告なり、虚偽資料の提出なり、資料の廃棄なり、あるいは顧問税理士に対する所得の秘匿などを総合して、隠蔽・仮装行為を認定したことは特筆されるものであり、その後の重加算税の賦課実務に大きな影響を及ぼしている。

このような裁判例の傾向の中で、東京地裁平成三〇年六月二九日判決（平成二八年（行ウ）第四八七号）でも、会社役員が不動産所得に係る賃料収入を顧問税理士に秘匿し、除外して申告したことにつき、隠蔽・仮装を認定している。

【裁判例㉔】　正当な所得税額を納付すべきことを知りながら、一部所得をことさら秘匿して内容虚偽の確定申告書を提出したことは、「偽りその他不正の行為」及び「隠蔽又は仮装の行為」に当たる（福岡高裁昭和五一年六月三〇日判決・行裁例集二七巻六号九七五ページ、税資八九号一二二三ページ）

『本件についてこれをみると、被控訴人は、昭和三十九年度及び昭和四十年度において、さきに認定した如く白洋汽船、東光汽船並びに日光汽船等三箇所から給与の支払を受けていたものである〈略〉から、それだけでも所得税法第一二一条……略……に該当しないため、当然に右各年度の所得税の確定申告をすべき義務があったところ、被控訴人が昭和三十九年分および同四十年分の所得税確定申告〈略〉に際し、本件事業所得を全部秘匿してこれを申告せず、同各年度において前記の給与所得及び雑所得のみしかしなかったものとして、同所得のみを記載し、それに基づく税額を算定した確定申告書を控訴人に提出したものであることは、前記認定のとおりである。

そして、〈証拠略〉によると、被控訴人は当初昭和三十九年の所得税につき、前記白洋汽船及び東光汽船からの給与所得のみしか確定申告をしなかったため、同四十年四月頃、若松税務署員から前記の雑所得及び日光汽船からの給与所得等の脱漏のあることを指摘され、その修正申告をすることを指導されて、同月十七日右三十九年分の所得税の修正申告をなしたものであること、また、被控訴人は、当時株式会社の取締役等をしており、昭和四十年八月には、玉神汽船株式会社を新設してその代表取締役になるなど、経済人として相当の社会的活動をしていたものであることが認められる。

これらの事実並びにさきに認定した諸事情を総合して考えるとき、被控訴人は所得税については、いわゆる申告納税の制度が採られていること、及び所得税の確定申告においては、その所得の種類並びに、すべての所得を申告し、それより算出された正当な所得税額を納付すべきものであることを十分知っていたと思われるのに、被控訴人が本件昭和三十九年分、同四十年分の所得税の確定申告並びに修正申告に際し、前記の如く給与所得及び雑所得のみを記載した内容虚偽の確定申告書を提出し、本件所得をことさらに秘匿してこれを申告しなかったことは、単なる所得計算の違算や忘失というものではなく、被控訴人が正当な税額の納付を回避する意図のもとになした過少申告行為と認めるのが相当であり、そして、右過少申告により所得税を過少にして、その不足額を納付しなかったことは、国税通則法第七〇条二項四号の「偽りその他不正の行為により税額を免れた」ことに該当すべきである。

……略……

被控訴人は、控訴人が本件重加算税の賦課決定をしたのは、国税通則法第六八条一項に違反してなされた違法なものである旨主張する。

しかし、被控訴人が、申告納税方式を採る所得税に関し、昭和三十九年分及び同四十年分の確定申告に際し、真実の所得を秘匿し、それが課税の対象となることを回避するため、所得の金額をことさらに過少にした内容虚偽の確定申告書を提出し、正当な納税義務を過少にして、その不足税額を免れる偽りの不正行為、いわゆる過少申告をなしたものであることは、前記四において認定したとおりであるところ、右は、国税通則法第六八条一項の、国税である所得税の税額計算の基礎となる所得の存在を一部隠ぺいし、その隠ぺいしたところに基づき、納税申告書を提出したことに該当するものというべきであるから、控訴人が同条一項に基づき本件更正決定をなすとともに、本件重加算税の賦課決定をなしたことは適法であって、この点に関する被控訴人の主張も理由がない。』

【裁判例㊟95】　帳簿の記載がなく、売上の秘匿が容易な取引の原始記録の一部がないとしても、経理担当者の入院等による散逸・紛失等と認められるので、当該売上除外については隠蔽行為であると認められない（大阪高裁昭和五〇年九月三〇日判決・行裁例集二六巻九号一一五八ページ、税資八二号八三二ページ）

『〈証拠略〉によると、被控訴人は帳簿を一切つけておらず、確定申告に当っては西淀商工会に請求書（控）等の伝票類を持参して収支計算書を作成してもらい、これに基づき申告書に所要事項を記入してもらっていたが、前記脱漏分についての請求書（控）等の証ひょう類は一切持参しなかったこと、株式会社初田製作所との取引は、材料の支給を受けてこれに加工する仕事（加工賃仕事）と材料の支給を受けないでする仕事の二通りがあり、請求書等の伝票類は二通りに分けられていて、その一方全部の売上を隠匿しても発見されにくいこと、本件脱漏は加工賃仕事の全部についてなされていること、岩本又五郎及び株式会社常盤商会との取引はいずれも一回限りであって、隠匿が容易であったことが認められるけれども、その反面、右証拠及び弁論の全趣旨によると、被控訴人方の経理事務を担当していた次男敏彦が昭和三十七年六、七月ごろ交通事故で入院し、長期間治療を続けて、経理事務の処理ができなかったため、伝票類の整理がつかず、散逸したものがあること、株式会社初田製作所との取引に関する伝票類は、控、納品書、受取書（納品に対する）、請求書の四枚重ねの帳面になっていて納品書、受取書、請求書の三枚を切り離した後の控は帳面のまま被控訴人方に残る仕組になっていて、被控訴人方ではこの控帳を西淀商工会に持参していたものであるが、控は一枚づつ別々になっているのではなく、二通りの取引ごとに一冊綴りになっているのだから、右取引の一方の控え綴り全部を一緒に紛失することもあり得ること、その他の脱漏分についていては故意に隠匿を企てる程の額ではないことが認められるので、前記事実があるからといって、未だ被控訴人において故意に売上を隠ぺいしたと迄は断定し難く、他に被控訴人が前記脱漏にかかる売上を故意に隠ぺいし、その隠ぺいしたところに基いて確定申告書を作成提出したとまで認めるに足る証拠はない。』

【裁判例㊻】　家賃収入等の申告除外につき、帳簿書類に記載せず、税務調査において虚偽の答弁を行い、架空の領収書等を作成したことは、当初から課税を回避しようとする意図があったものと推認することができるから、隠蔽又は仮装したことに当たる

（東京地裁昭和五二年七月二五日判決・税資九五号一二四ページ）

『〈……〉と弁論の全趣旨を総合すると、原告にはその昭和三十八年度上期ないし昭和四十年度上期において、毎事業年度毎に家賃収入（ただし未収金）一、八〇〇、〇〇〇円、また、昭和四十二年度上期においては定期預金利息一二三、二八四円の所得があり、それぞれ当該事業年度の益金に計上されるべきところ、原告は、右金額をその帳簿書類にまったく記載せず、右各事業年度の確定した決算の益金として計上しなかったことに加え、被告の調査に際し、家賃収入についての質問にはことさらその事実を隠し調査を拒んだこと、また、あづま荘から延滞賃料として七、〇〇〇、〇〇〇円が支払われた後になって、右支払い事実がなかったかのように仮装して延滞賃料の金額についてあづま荘の債務を免除したかのように書類（証拠略）を作成したこと、前記の定期預金についても、これが原告に帰属しないと主張して、事実に反する経過等を記載した書類（証拠略）を作成したり、前記認定のように架空の領収書を作成したりして、ことさらに右定期預金が藤枝東治個人のものであることを仮装したこと、被告の調査に対する回答や審査請求においても右のように事実に反することを主張し、あるいは事実関係をことさらに隠ぺいして争ったことが認められ、この認定を覆すに足る証拠はない。なお、右認定の各行為の多くは藤枝東治の行動等によるものであるが、前記認定のように、同人は実質的には原告の単独支配権者であるから、同人の行為の効果は原告に及ぶものと解して妨げないというべきである。

右認定事実によれば、原告には、益金に計上されるべき家賃収入（昭和三十八年度上期ないし昭和四十年度上期）あるいは定期預金利息（昭和四十二年度上期）について、これに対する課税を回避しようとする意図が当初からあったものと推認することができ、そうとすれば、原告は右家賃収入があるにもかかわらずこの事実を隠ぺいしたところに基づいて確定申告し（昭和三十八年度上期）、あるいは右事実を隠ぺいして納税申告書を提出しなかった（昭和三十八年度下期ないし昭和四十年度上期）ものであり、また、前記定期預金利息が支払われた事実を隠ぺいまたは仮装し、その隠ぺいまたは仮装したところに基づいて確定申告した（昭和四十二年度上期）ものといわなければならない。』

【裁判例⑨⑦】　重加算税を課すためには、隠蔽・仮装行為と過少申告の間に因果関係の存在が必要であり、「つまみ申告」についても可罰的違法性の基準は明らかでなく、申告所得と真実の所得との較差のみによって「ことさらの過少申告」に該当するとはいえない（大阪高裁平成五年四月二七日判決・税資一九五号一六九ページ）

『重加算税を課すためには、納税者が故意に課税標準等又は税額等の計算の基礎となるべき事実の全部又は一部を隠ぺい、仮装し、右行為に基づいて過少申告の結果が発生することが必要であり、事実としての隠ぺい、仮装行為と過少の納税申告書の提出行為とは別々であることが必要であるとともに、隠ぺい、仮装行為と過少申告行為が存在しているだけで重加算税の要件を充足するものではなく、右両者の間に因果関係が存在することが必要である。

被控訴人は、正しい総所得金額と申告者の申告額との間の比較が極めて大きく、「詐欺その他不正行為」に該当して処罰されるほど可罰的違法性の大なるものであれば、「ことさらの過少申告」の行為として、隠ぺい、仮装行為に該当すると主張する。しかし、いわゆる「つまみ申告」の中でも、正しい総所得金額と申告者の申告額との較差がどの程度に大きい場合に可罰的違法性が大となるのかの基準は明らかではなく、また、重加算税賦課の主観的要件としては申告に際し、納税者において過少申告を行うことの認識を有していることは不要であり、申告書が錯誤等による書き誤りによって右較差が大きくなる場合もあり得るから、右較差のみによって「ことさらの過少申告」の行為に該当するということはできず、その他に申告者の過少申告に至った経緯等の事情を総合判断して、その該当性を判断すべきである。

以上のように解さないと、過少申告加算税に加えて重加算税の制度を設けている趣旨が不明確になり、また、後者は、前者の額の基礎となるべき税額（申告不足税額等）に対し三五パーセント（本件各係争年度当時は、三〇パーセント）相当額という重い負担を課しているのであるから、その賦課要件も明確でなければならない。』

【裁判例⑱】　真実の所得金額を隠蔽しようという確定的な意図の下に、所得金額を殊更過少に記載した内容虚偽の確定申告書を提出したことが明らかである（最高裁平成六年一一月二二日第三小法廷判決・民集四八巻七号一三七九ページ）

『原審の確定した前期事実関係によれば、亡勝男は、会計帳簿類や取引記録等により自らの事業規模を正確に把握していたものと認められるにもかかわらず、確定申告において、三年間にわたり最終申告に係る総所得金額の約三ないし四パーセントにすぎない額（差額で約八億円ないし一六億円少ない額）のみを申告したばかりでなく、その後二回ないし三回にわたる修正申告を経た後に初めて飛躍的に多額の最終申告をするに至っているのである。しかも、確定申告後の税務調査に際して、真実よりも少ない店舗数や過少の利息収入金額を記載した本件資料を税務署の担当職員に提出しているが、それによって昭和五十五年分の総所得金額を計算すると、最終修正申告に係る総所得金額の約一七パーセントの額（差額で約一四億円少ない額）しか算出されない結果となり、本件資料の内容は虚偽のものであるといわざるを得ない。その後右職員の慫慂に応じて修正申告をしたけれども、その申告においても、右職員から修正を求められた範囲を超えることなく、最終修正申告に係る総所得金額の約七ないし一三パーセントにとどまる金額（差額で約七億七、六〇〇〇万円ないし一五億二、〇〇〇万円少ない額）のみを申告しているにすぎない。

右のとおり、亡勝男は、正確な所得金額を把握し得る会計帳簿類を作成していながら、三年間にわたり極めてわずかな所得金額のみを作為的に記載した申告書を提出し続け、しかも、その後の税務調査に際しても過少の店舗数等を記載した内容虚偽の資料を提出するなどの対応をして、真実の所得金額を隠ぺいする態度、行動をできる限り貫こうとしているのであって、申告当初から、真実の所得金額を隠ぺいする意図を有していたことはもちろん、税務調査があれば、更に隠ぺいのための具体的工作を行うことも予定していたことも明らかといわざるを得ない。以上のような事情からすると、亡勝男は、単に真実の所得金額よりも少ない所得金額を記載した確定申告書であることを認識しながらこれを提出したというにとどまらず、本件各確定申告の時点において、白色申告のため当時帳簿の備付け等につきこれを義務付ける税法上の規定がなく、真実の所得の調査解明に困難が伴う状況を利用し、真実の所得金額を隠ぺいしようという確定的な意図の下に、必要に応じ事後的にも隠ぺいのための具体的工作を行うことも予定しつつ、前記会計帳簿類から明らかに算出し得る所得金額の大部分を脱漏し、所得金額を殊更過少に記載した内容虚偽の確定申告書を提出したことが明らかである。したがって、本件各確定申告は、単なる過少申告行為にとどまるものではなく、国税通則法六八条一項にいう税額等の計算の基礎となるべき所得の存在を一部隠ぺいし、その隠ぺいしたところに基づき納税申告書を提出した場合に当たるというべきである（最高裁昭和四十六年（あ）第一九〇一号同四十八年三月二十日第三小法廷判決・刑集二七巻二号一三八ページ参照）。』

【裁判例⑲】 確定的な脱税の意思に基づき顧問税理士に株式売買による多額の雑所得を秘匿して確定申告書を作成させたことなどにより過少な所得税の確定申告したことが重加算税の賦課要件を満たす（最高裁平成七年四月二八日第二小法廷判決・判例時報一五二九号五三ページ、判例タイムズ八七七号一六三ページ）

『この重加算税の制度は、納税者が過少申告をするについて隠ぺい、仮装という不正手段を用いていた場合に、過少申告加算税よりも重い行政上の制裁を科することによって、悪質な納税義務違反の発生を防止し、もって申告納税制度による適正な徴税の実現を確保しようとするものである。

したがって、重加算税を課するためには、納税者のした過少申告行為そのものが隠ぺい、仮装に当たるというだけでは足りず、過少申告行為そのものとは別に、隠ぺい、仮装と評価すべき行為が存在し、これに併せた過少申告がされたことを要するものである。しかし、右の重加算税制度の趣旨にかんがみれば、架空名義の利用や資料の隠匿等の積極的な行為が存在したことまで必要であると解するのは相当でなく、納税者が、当初から所得を過少に申告することを意図し、その意図を外部からもうかがい得る特段の行動をした上、その意図に基づく過少申告をしたような場合には、重加算税の右賦課要件が満たされるものと解すべきである。

四　これを本件について見ると、上告人は、昭和六十年から六十二年までの三箇年にわたって、被上告人に所得税の確定申告をするに当たり、株式等の売買による前記多額の雑所得を申告すべきことを熟知しながら、あえて申告書にこれを全く記載しなかったのみならず、右各年分の確定申告書の作成を顧問税理士に依頼した際に、同税理士から、その都度、同売買による所得の有無について質問を受け、資料の提出も求められたにもかかわらず、確定的な脱税の意思に基づいて、右所得のあることを同税理士に対して秘匿し、何らの資料も提供することなく、同税理士に過少な申告を記載した確定申告書を作成させ、これを被上告人に提出したというのである。もとより、税理士は、納税者の求めに応じて税務代理、税務書類の作成等の事務を行うことを業とするものであるから（税理士法二条）、税理士に対する所得の秘匿等の行為を税務官公署に対するそれと同視することはできないが、他面、税理士は、税務に関する専門家として、独立した公正な立場において納税義務の適正な実現を図ることを使命とするものであり（同法一条）、納税者が課税標準等の計算の基礎となるべき事実を隠ぺいし、又は仮装していることを知ったときは、その是正をするよう助言する義務を負うものであって（同法四一条の三）、右事務を行うについて納税者の家族や使用人のようにその単なる履行補助者の立場にとどまるものではない。

右によれば、上告人は、当初から所得を過少に申告することを意図した上、その意図を外部からもうかがい得る特段の行動をしたものであるから、その意図に基づいて上告人のした本件の過少申告行為は、国税通則法六八条一項所定の重加算税の賦課要件を満たすものというべきである。』

(3) 加算税通達の問題点

実務上最も問題となる積極的（外形的）不正行為を伴わない場合の重加算税の賦課に関しては、所得税重加通達は次のとおり定めている（所得税重加通達第1、1、(8)）。

「調査等の際の具体的事実についての質問に対し、虚偽の答弁等を行わせていること及びその他の事実関係を総合的に判断して、申告時における隠ぺい又は仮装が合理的に推認できること。」（傍点＝筆者）。

この考え方は、前掲最高裁平成六年一一月二二日第三小法廷判決に代表される総合関係説に基づいているようにも見えるが、同判決等がいう「所得金額を殊更過少に記載した内容虚偽」については、何ら触れてないので、課税庁側の総合関係説に対する評価の程が不明である。

また、このような取扱いは、相続税重加通達に同様な規定（相続税重加通達第1、1、(4)、第1、2、(5)）がみられるが、法人税重加通達、源泉所得税重加通達及び消費税加算税通達には何ら規定されていない。法人税等においても、同様な問題が起こり得るはずであるから、取扱いの整合性が望まれるところである。[注29]

なお、この取扱いは、後述の重加算税の納税義務の成立時期にも関わってくる問題でもある。

(4) 要約

以上のとおり、所得金額の一部又は全部を申告しない不申告行為やつまみ申告更には申告書の虚偽の内容を記載して過少な申告をする行為等が隠蔽又は仮装行為に当たるか否かについて、学説、裁判例、取扱い通達の考え方を整理してきたが、それらを要約すれば、次のことがいい得るものと考えられる。

まず、一口に不申告、つまみ申告、虚偽申告又はことさらの過少申告といっても、その申告行為にはいろいろな態様があり、あるいは、他のいろいろな行為と結びついているため、同一の結論を導き出し難いものといえる。

すなわち、不申告行為等といっても、所得の存在を知らなかったり、税法の規定を知らなかったり、あるいは単にうっかりして申告を怠ることもあるであろうし、他方、所得の存在を熟知していてもその存在を知らないこと等を装って、いわばばれもと式に申告を怠ることもあるであろう。また、虚偽申告行為といっても、申告書に記載すべき所得金額や税額の数字が真実のものと異なっているもの（この場合にも、単なる計算違いもあろうし、故意に異なる数字を書き込む場合もあろう）、実際に存在しない経費の額を書き込む等虚偽の内容が記載されているもの、申告書の名義を変えているもの（あるいは借名しているもの）、あるいは、申告書に添付すべき証拠資料を偽造して添付しているもの等があろう。更に、かかる不申告行為やつまみ申告行為あるいは虚偽申告行為等には、帳簿への未記帳、原始資料の不存在（紛失、廃棄、散逸等）、取引名義（預金名義等も含む）の借用、申告の際の顧問税理士に対する所得の秘匿、税務調査の際の非協力、虚偽答弁、虚偽資料の提出等を伴うことが多いであろう。そして、これらの諸行為がどのように行われた場合に、隠蔽又は仮装行為に当たるといいうるかも一律ではないように考えられる。

かかる種々の態様の存在を考慮した場合、税法や事実関係の不知から生じた単なる一部申告洩れや無申告という不申告行為及び計算違い等による虚偽申告行為が隠蔽又は仮装行為でないことは、国税通則法六八条の立法趣旨や文理解釈から首肯し得ることが当然であるとしても、事実関係全体からみてその不申告や虚偽申告が課税を免れることを意図して作為的に行われていると推認できるときには、これを一つの隠蔽又は仮装行為と認定すべきであろう。

この場合、作為的な不申告行為、つまみ申告行為又は虚偽申告行為等であるかを何をもって推認できるかについては、問題のあるところであろうが、不自然な多額な所得金額の申告除外やつまみ申告、合理的な理由もないのに借名等で申告したり取引する行為、申告書に架空の経費項目を加えたり虚偽の証拠資料を添付する行為、記帳能力等がありながら証拠隠匿を意図して帳簿を備え付けなかったり、原始記録を保存しないで行う不申告行為、不申告や虚偽申告後の税務調査における非協力、虚偽答弁、虚偽資料の提出等が複合して行われている場合（その行為いかんによって、単独で行われている場合をも含む）には、それぞれの事実関係の実態に応じて作為的な不申告行為、つまみ申告行為又は虚偽申告行為等と推認し、隠蔽又は仮装行為と認定し得るであろう。

確かに、国税通則法六八条の規定の文言からすれば、まず最初に課税要件事実を隠蔽し又は仮装する行為があって、それに基づいて納税申告書を提出したり、その提出・納付を怠ったりすることが重加算税の典型的な賦課要件とされているのであるが、前述の各種の行為は、虚偽の内容を記帳した申告書の提出と併せて実質的に課税要件事実を隠蔽又は仮装するものである、とも評価できる。更にいい得ることは、帳簿の備付けも記帳もしない、取引の原始記録を保存しないばかりか作成もしない、そして申告もしないという、形に何も残さないという行為が、実質的には最も悪質な隠蔽行為であるということもできる。このことは、巷間、なまじ帳簿をつけ記録を保存していると重加算税が賦課されるが、何も記録を残さなければ重加算税の賦課は免れるという税の執行に対する批判（皮肉）を考慮した場合にも、見逃すことのできない事実であろう。特に、昭和五九年以降、事業等を営む者で所得金額三〇〇万円を超える者については、帳簿の備付け、記帳が義務づけられていること（所法二三一の二）、更に、平成二六年以降右の所得金額制限もなくなることに鑑み、そのことが一層強くいい得るものと考えられる。

従って、不申告行為やつまみ申告行為あるいは虚偽申告行為等が隠蔽又は仮装行為と認定し得るか否かについては、国税通則法六八条の文言にのみ拘泥すべきではなく、同条の立法趣旨、所得税法上の記帳義務制度等を考慮し、それらの行為の前後における事実関係を総合して「隠蔽・仮装」行為であることを推認して判断されるべきであろう。この場合、右の「文言にのみ拘泥すべきではなく」とは、国税通則法六八条の文理解釈を否定するのではなく、法廷申告期限等の後の各種の不正行為について「隠蔽・仮装」の推認事項としてとらえてきた従来の裁判例の考え方を一層深めようとするものである。換言すると、法定申告期限等には、「隠していた」又は「隠れていた」所得について、その後の事実関係を総合して「隠蔽・仮装」行為によるものと推認しようとするものである。また、この文理解釈の問題については、隠蔽・仮装の行為の主体である「納税者」の解釈についても同じことがいえるはずであるが、「納税者」本人に限定されないことについて多くの賛同を得ている。

このような当該事案の事実関係を総合して隠蔽・仮装行為を認定する方法については、代表例としては、前掲の最高裁平成六年一一月二二日第三小法廷判決や最高裁平成七年四月二八日第二小法廷判決で採用されたものと評価できる。その中でも、前者の判決は、いわゆる「つまみ申告」について示唆に富む判示をしており、後者の判決は、顧問税理士に対する所得秘匿について隠蔽・仮装行為の判断要素としているが、それぞれ注目されるものである。もっとも、事実関係を総合して判断するとしても、そこには税務執行における事実関係の厳正かつ的確な分析と洞察を必要とするものであり、重加算税の安易な腰だめ的な賦課を容認するものであってはならない。そのためには、税務官庁の担当職員による熟達した事実認定が望まれるところではある。特に、重加算税の賦課決定に関しては、争訟審理の段階において「隠蔽・仮装」が存しないと認められるときには、当該賦課決定の全額が取り消されるのではなく、過少申告加算税等相当額を超える部分の一部取消しが行われる（最高裁昭和五八年一〇月二七日第一小法廷判決・民集三七巻八号一一九六ページ等参照）のであるから、前述のことが一層強調されて然るべきである。

なお、前掲の最高裁平成六年一一月二二日第三小法廷判決等は、「ことさらの過少申告」に該当すれば、「隠蔽又は仮装」に該当するように判示しており、それを支持する見解もみられるが、このような中間的概念を用いるときには、何が「ことさらの過少申告」に当たるのかを議論しなければならず、いたずらに論理を紛糾することになりかねないので、あえて中間概念を使用する必要もないと考えられる。(注30)

5 隠蔽又は仮装の時期と納税義務の成立時期

⑴ 解釈上の論点

前記のように、不申告行為又は虚偽申告行為が隠蔽又は仮装行為と認定されるためには、それらに付随する行為を総合して判断されるべきであるが、それらの問題は、また、隠蔽又は仮装の時期と納税義務の成立時期に係わる問題でもある。

ところで、国税通則法六八条の規定によれば「課税標準等又は税額等の計算の基礎となるべき事実の全部又は一部を隠蔽し、又は仮装し、その隠蔽し、又は仮装したところに基づき」、「納税申告書を提出していたとき」(通則法六八①)、「法定申告期限までに納税申告書を提出せず、又は法定申告期限後に納税申告書を提出していたとき」(通則法六八②)、又は「その国税をその法定納期限までに納付しなかったとき」(通則法六八③)に、重加算税が賦課されるのであるから、重加算税の賦課要件としての隠蔽又は仮装の行為の時期は、原則として、重加算税が賦課される態様に応じ、「期限内申告書である確定申告書を提出した時」、「法定申告期限が経過した時」又は「法定納期限が経過した時」までであると解することができよう。もっとも、期限内申告書は最終的に法定申告期限までに提出すれば良いことを考慮すれば、通常の場合、隠蔽又は仮装は、重加算税の納税義務が成立する法定申告期限又は法定納期限の経過の時(通則法一五②一四、一五)までに行われていることが必要であるとも解することができよう。

しかしながら、前述したように、右の法定申告期限等を経過した後の税務調査における調査官に対する虚偽答弁等が隠蔽又は仮装行為と認定されることがある。この場合、国税通則法一五条又は六八条の文理に反することも考えられる。よって、重加算税の賦課要件の一つとして、隠蔽又は仮装が行われた時期と重加算税の納税義務の成立時期との関係について検討を要する。

(2) 裁判例の動向

裁判例においても、隠蔽又は仮装の時期は、重加算税の納税義務が成立する法定申告期限等の経過の時までであると解する見解も多い。

例えば、名古屋地裁昭和五五年一〇月一三日判決（後掲、裁判例⑩⓪）は、国税通則法六八条所定の隠蔽又は仮装の所為の有無の判断は確定申告時を基準としてなされるべきことを明示している。

また、大阪地裁昭和二九年一二月二四日判決（行裁例集五巻一二号二九九二ページ・税資一六号四九〇ページ）は、「たとえ修正申告において隠ぺい又は仮装の意思なく過少申告した場合であっても、もし確定申告においてこの部分を隠ぺい又は仮装していたとすれば、この部分に対する重加算税額の賦課はこれを免れない」と判示し、隠蔽又は仮装行為の判定は確定申告時であることを明らかにしている。

更に、大阪地裁昭和五〇年五月二〇日判決（後掲、裁判例⑩①）は、やはり隠蔽又は仮装行為の成立時期を確定申告時に置くとともに、その後の隠蔽・仮装の所為は、確定申告時に当該納税者が隠蔽又は仮装の意思を有していたか否かを判定するための資料にすぎず、確定申告後に当該納税者が売買契約書を偽造していたことを課税庁側が確知していたとしても、確定申告時の隠蔽又は仮装の意思に消長を来たすものではない旨判示している。

なお、宇都宮地裁平成一二年八月三〇日判決（税資二四八号五八六ページ）では、納税者が相続財産の一部を除外して確定申告した場合において、帳簿の改ざん時期が申告時になされたものであるか不明であるとして、相続税の申告の時点において隠蔽・仮装したものとはいえないとして重加算税賦課決定を取り消している。しかし、控訴審の東京高裁平成一三年四月二五日判決（税資二五〇号順号八八九〇）は、隠蔽し、仮装したところに基づき相続税の申告書を提出したものと認めることが相当であると判断し、原判決を取り消している。

以上のように、確定申告時（又は法定申告期限及び法定納期限後の経過時）を隠蔽又は仮装行為の時期とする考え方は、前述のように、国税通則法六八条の文理解釈から首肯し得るのであるが、確定申告後（又は法定申告期限又は法定納期限後）に過少な修正申告、修正納付等により税を免れ、それを正当化せんがために事実関係を隠蔽又は仮装する行為については、どのように評価すべきかが問題となるところである。

この点については、前掲大阪地裁昭和五〇年五月二〇日判決は、かかる隠蔽・仮装行為が確定申告時の隠蔽又は仮装行為の判定資料になることを示唆しているところであるが、かかる隠蔽・仮装行為のみで重加算税を賦課し得るかどうか、換言すれば、確定申告時等の後に隠蔽・仮装行為があった場合には、その時点で重加算税の賦課要件たる隠蔽又は仮装行為が成立したものと考えることができるか否かが、国税通則法六八条各項及び一五条二項一三号、一四号の規定との関係で問題とされるところである。

これらの問題の一部に関しては、前記4において、過少申告又は無申告後の税務調査における虚偽答弁、虚偽資料の提出等が、隠蔽又は仮装行為として認め得ること、またその論拠について、幾つかの事例を引用して述べてきたところである。例えば、東京高裁昭和四八年一〇月一八日判決（後掲、裁判例⑩²）は、後述のように税務調査において納税者の虚偽答弁等の言動が担当職員を誤信せしめたことをもって、隠蔽又は仮装行為に当たると認定している。しかし、この判決からは、賦課要件たる隠蔽又は仮装の時期は明らかではない。

これに対し、東京地裁昭和五二年七月二五日判決（前掲、裁判例⑨⁵）は、前述のように、税務調査の際の虚偽答弁や隠蔽・仮装工作をとらえ、かかる事実があれば、当初から課税を回避しようとする意図があったものと推認することができるから、重加算税の賦課要件たる隠蔽又は仮装行為を認定し得る旨判示している。この判決は、隠蔽又は仮装の時期を一応確定申告時に置き、確定申告後に隠蔽・仮装工作があれば、確定申告時に所得を隠ぺいしたものと推認できることを明らかにしたもの、と解することができよう。その点では前掲大阪地裁昭和五十年五月二十日判決と機軸を一にしているといえよう。

また、大阪高裁平成五年四月二七日判決（税資一九五号一六九ページ）は、「重加算税の納税義務の成立時期は、法定申告期限の経過の時である（国税通則法一五条二項一三号）から、隠ぺい・仮装行為は、この期限が到来する前の行為だけが加算税の対象になるのが原則である（修正申告書の提出が法律で義務付けられている場合のみ、右期限後の隠ぺい・仮装行為も重加算税賦課の要件を充たすことになると解する）。したがって、隠ぺい・仮装行為の存否は確定申告書提出時を中心に判断すべきであって、右期限後の隠ぺい・仮装行為は、法定申告時における隠ぺい・仮装行為の存否を推認させる一間接事実となりうるに過ぎない。」と判示し、当該事案におけるいわゆる「つまみ申告」等の認定事実は、右各時点における具体的な隠蔽・仮装行為の存在を認める間接事実にもならない旨判示している。

以上のように、隠蔽又は仮装の時期を確定申告時等に固執する考え方については、確定申告時等に隠蔽又は仮装行為が存在し得る場合、あるいはそれらの存在が推認される場合には、妥当であろう。しかしながら、それらの存在の推認が反証によって覆される場合、あるいは確定申告時等の後に課税要件事実を隠蔽・仮装したことのみがその後の課税回避に結び付いているような場合（例えば、修正申告の際に、不正工作を施して過少申告としたような場合）には、重加算税の賦課要件を満たすことになるのか否か、賦課要件を満たすと考えた場合に、隠蔽又は仮装の時期をいつと考えるべきかが問題となろう。

これらの問題のうち修正申告に関しては、名古屋地裁昭和四四年五月二七日判決（後掲、裁判例⑩）が、修正申告時における隠蔽又は仮装に基づくことを示唆している。すなわち、本事案においては、相続税に係る重加算税の賦課決定の適否が争われたのであるが、本判決は、相続開始時において被相続人が隠蔽した定期預金の存在を知らなくとも、修正申告時までにその認識があり、これを隠蔽した事実があれば重加算税の賦課要件を満たす（すなわち、その修正申告時に隠蔽・仮装の行為は成立する）旨判示している。

もっとも、本件事案は、国税通則法制定（昭和三七年）前の旧相続税法が適用されたものであるところ、国税通則法制定前の下では、「隠蔽し又は仮装したところに基づき確定申告書、修正申告書等を提出していたとき」（旧所法五七①、旧法法四三の二①、旧相法五四①）旨定められていたため、修正申告時の隠蔽又は仮装行為の成立が容易に容認し得たものと解される。

これに対し、現行法においては、前述のように「……基づき納税申告書を提出……」等と規定されているところ、「納税申告書」には「修正申告書」を含む（通則法二・六参照）ところであり、この点については、国税通則法の制定において旧法の取扱いを実質的に変更した事情も認められない（税制調査会「国税通則法の制定に関する答申」第六の二参照）ところからすれば、現行法においても、修正申告時に重加算税の賦課要件たる隠蔽又は仮装の行為が成立することが考えられよう。もっとも、この場合、重加算税の納税義務の成立時期との関係からすれば、修正申告時に隠蔽又は仮装の行為があった時には、その納税義務が遡及して成立したことになるのか、あるいは、その納税義務の成立時期に隠蔽又は仮装の意思があったと推認してその納税義務の成立を認めることになるのか問題となるところであろう。

なお、令和六年度税制改正により、確定申告等によって確定した税額について、虚偽の更正の請求等を行って課税庁に減額更正をせしめ、その後当該不正が発覚した場合に、重加算税を賦課し得ることとなり、前記一の2の(4)で述べたところである。このような場合に、かつては隠蔽・仮装の時期が問題となっていたが、参考までに関係裁判例を紹介して置く。

例えば、静岡地裁昭和五七年一月二二日判決（税資一二二号二六ページ）では、虚偽の申立てによって課税庁に減額更正をせしめた事案につき、当該虚偽の申立てについて重加算税の賦課を相当であるとしている。すなわち、同事案においては、原告が、土地の譲渡所得について決定処分を受けた後、金銭消費貸借に係る偽造した借用証書や元利金額領収書を用いて取得費として控除すべき支払利息の存在を申し立て、これに基づき減額更正処分がなされ、その後の税務調査において当該利息支払の虚偽性が明らかになると、原告はそれとは別の借入金がある旨申し立て、他の利息受取りの領収書等を提出したのであるが、同判決は、原告から提出された領収書はいずれも偽造に係るものと認められ、他の証拠資料も原告が本件土地譲渡における譲渡所得金額を少なくするため、借入金利息支払の事実を仮装する意図のもとに被告に提出されたものと認められる旨判示し、かように借入金利息支払を仮装した事実が国税通則法六八条二項に該当することは明らかである旨判示している。本件においては、無申告加算税に代えて重加算税が賦課された事案につき、法定申告期限経過後の仮装工作について隠蔽・仮装行為が認められたことが注目される。本判決は、その論拠を明らかにしているわけではないが、少なくとも重加算税賦課の立法趣旨に適うことは確かであろう。

このような裁判例上の論争に一つのピリオドを打ったのが、東京地裁平成一六年一月三〇日判決（後掲、裁判例⑽）である。同判決の事案では、原告が、相続税の期限内申告の段階では隠蔽・仮装をしなかったのであるが、法定申告期限後の修正申告の段階で隠蔽・仮装を行って過少申告したことが明らかにされたので、当該隠蔽・仮装行為について期限内申告段階での推認が不可能であったが、同判決は、重加算税の納税義務の成立の規定（通則法一五②一三）は繰上請求（通則法三八）のために設けられたものであるから、重加算税の賦課要件とは関係ない旨判示した。この考え方は、控訴審の東京高裁平成一六年七月二一日判決（税資二五四号順号九七〇三）においても支持されている。しかし、このような考え方については、国税通則法一五条二項一三号と同法三八条の各規定の制定時期が異なること等からかなり問題があるように考えられる。もっとも、この問題については、令和六年度の税制改正により、国税通則法六八条一項において、「隠蔽し、又は仮装したところにより更正請求書を提出していたとき」にも重加算税を課す旨定めたため、重加算税の賦課において「隠蔽・仮装」の時期を不問にしたものとも解される。そうであれば、国税通則法一五条の規定も解すべきであるとも考えられる。いずれにしても、この問題については、後述するように、立法的解決が望まれる。(注31)

(3) 加算税通達の問題点

隠蔽又は仮装の時期と納税義務の成立の問題について、所得税重加通達では、不正事実の一つとして、「調査等の際の具体的事実についての質問に対し、虚偽の答弁等を行い……申告時における隠ぺい又は仮装が合理的に推認できること。」（所得税重加通達第1、1、(8)）を挙げている。

また、相続税重加通達では、相続人等が自ら虚偽の答弁等を行っている事実を総合的に判断して、相続財産の存在を知りながらそれを申告していないことが合理的に推認し得ることを不正事実の一つとして挙げている（相続税重加通達第1、1、(4)、第1、2、(5)）が、それらの行為の時期の意味を曖昧にしている。これらの通達においては、調査時等の不正事実を申告時の推認事項として取り扱っている。

これらの取扱いに対し、法人税重加通達及び源泉所得税重加通達では、この問題について一切触れておらず、消費税加算税通達では、所得税又は法人税につき不正事実があれば、当該不正事実が影響する消費税の不正事実に係る増差税額について重加算税を課する（消費税加算税通達第2、Ⅳ、2）としているにとどめている。

これらの各通達の取扱いを文言どおり理解すると、法定申告期限後等に実施される税務調査時の隠蔽又は仮装行為については、法人税（これに係る消費税を含む）及び源泉所得税では不問とされ、申告所得税（これに係る消費税を含む）、相続税及び贈与税では、申告時の不正を推認する事項として重加算税が賦課されることになる。

しかしながら、課税実務においては、各税目ごとにこのようなばらばらな課税が行われるとも考えられない。また、税目ごとに異なった取扱いが公表されていることは、前述したように、この問題の難しさを示唆しているものとも考えられる。

いずれにしても、重加算税の取扱いを公表するからには、かねてから大きな問題として重視されていた隠蔽又は仮装の時期と重加算税の賦課要件の充足（納税義務の成立）の関係を明確にすべきであったはずである。また、このことは、今後の取扱いの是非の検討を要するものである。

このような取扱いの整備は、恐らくは前述したような関係法令規定の不備を際立たせることになろうが、それはそれで立法的解決を図れば済むことである。そして、このような法律関係を明確にすることは、納税者側の予測可能性と法的安定性を保障することになる。(注32)

⑷ 要　約

以上のように、隠蔽又は仮装の行為時期と重加算税の納税義務の成立・賦課決定の当否の問題については、種々の問題があり一律には論じられないところもある。そして、それらの問題点については、関係裁判例を紹介する段階で検討してきた。

特に、修正申告時や更正の請求時等に隠蔽又は仮装を行うことにより税を免れた場合には、この問題が一層紛糾することになろうが、重加算税の制度の趣旨からすれば、これらの不正工作も行政制裁の対象とすべきであり、重加算税は賦課されるべきであろうが、国税通則法関係規定の文理解釈上問題が残るところである。なお、脱税事件においても、ほ脱の成立時期は法定申告期限時であると一般には解されているが、相続税について適正な確定申告をした後に不正な更正の請求により減額更正をせしめた場合に詐欺ではなくほ脱の成立を認めている（東京地裁昭和六〇年三月一九日判決・判例時報一一〇六号一三〇ページ、東京高裁昭和六二年三月二三日判決・判例時報一二四二号一三九ページ等参照）。重加算税についても、かかる趣旨解釈を参考とするか（なお、前述のように、隠蔽・仮装の行為の主体については、国税通則法六八条一項の文理にかかわらず、従業者の行為についても納税者の行為と同視して解釈していることも参考にはなるが、やや趣を異にしている）、それが不可能であれば、国税通則法六八条等の関係規定の整備が望まれていたところ、前記一の2の(4)で述べたように、令和六年度税制改正により更正の請求書についても納税申告書と同一に扱われる（通則法六八①）。もっとも、この場合にも、重加算税の納税義務の成立の時に成立するものとされている（通則法一五②一四）。

特に、法定申告期限又は法定納期限後の隠蔽又は仮装行為については、多くの裁判例がその法定申告期限等の時に隠蔽又は仮装の意思があったと推認して重加算税の納税義務の成立を認めているところであるが、当該推認が納税者側の主張・立証によって覆される場合も十分考えられるところである。そうなると、税務調査時における悪質な隠蔽・仮装行為について重加算税が賦課されないことになるが、それも制度の趣旨からみて首肯し難いことになる。いずれにしても、関係条項の整備は避けられないものと考えられる。(注33)

なお、このような問題については、前掲の東京地裁平成一六年一月三〇日判決（後掲、裁判例⑭）等によって解決したものと解する向きもあろうが、同判決についても依然として問題が存することについて既述した。したがって、この問題は、前述したように、立法的解決を含め今後の検討課題と言えよう。

【裁判例⑩】　隠蔽又は仮装の所為の有無の判断は、確定申告時を基準としてなされるべきである（名古屋地裁昭和五五年一〇月一三日判決・税資一一五号三一ページ）

『ところで、国税通則法六八条は、不正手段による租税徴収権の侵害行為に対し、制裁を課することを定めた規定であり、同条にいう「事実を隠ぺいする」とは、課税標準等又は税額等の計算の基礎となる事実について、これを隠ぺいしあるいは故意に脱漏することをいい、また「事実を仮装する」とは、所得、財産あるいは取引上の名義等に関し、あたかも、それが真実であるかのように装う等、故意に事実を歪曲することをいうと解するのが相当である。

そして、同条該当の所為の有無の判断は、確定申告時を基準としてなされるべきものであることは、多言を要しない。』

【裁判例⑪】　申告期限後の納税者の所為は、確定申告時において当該納税者が隠蔽又は仮装の意思を有していたか否かを判定するための資料となるにすぎない（大阪地裁昭和五〇年五月二〇日判決・税資八一号六〇二ページ）

『なお付言するに、本件重加算税は、原告が昭和四十三年分所得税の確定申告をするにあたり、本件土地の同年における売買を隠ぺいしてこれによる譲渡所得について申告をしなかったことに対し賦課されたものであって、その後の原告の所為は、右確定申告時において原告が隠ぺい又は仮装の意思を有していたか否かを判定するための資料となるにすぎない。したがって、原告が主張するごとく、昭和四十四年十二月二十五日付売買契約証書を作成した昭和四十五年一月七日の時点で被告がすでに昭和四十三年五月二十一日付売買の事実を確知していたとしても（その時期は、原告の主張によっても、昭和四十三年分所得税の確定申告後の昭和四十四年十月十四日である）、右事実は重加算税賦課の要件事実である隠ぺい又は仮装の意思に消長を来すものではない。』

【裁判例⑽】 申告後の税務職員の確認調査の際に当該職員を誤信せしめた事実によれば、当該申告は所得税額の計算の基礎となるべき事実を隠蔽又は仮装してなされたものと認めるのが相当である（東京高裁昭和四八年一〇月一八日判決・税資七一号五二七ページ）

『前認定のように、控訴人は金子から買い受けた建物を全く住居の用に供していなかったものであり、〈証拠略〉によれば、世田谷税務署職員が前記のように控訴人に対して本件不動産の買受および売却につき旧措置法三五条の適用がある旨回答したのは、その当時控訴人が家族とともに前記野沢町一丁目九二番地に居住していた事実を秘して、恰も前記買受建物に居住しているかのような言辞を用いその旨世田谷税務署職員を誤信させたがためであり、また本件申告が右税務署職員の確認調査（編注＝申告後）を経たにもかかわらず受理されたのは、右職員が当時建築中の本件ビルに赴いた際控訴人が右職員に対して右ビルの三階全部を住居として使用する旨申し述べて（なお控訴人は本件訴状においても三階全部を自己の居住用として使用している旨記載していることは記録上明らかである。）右職員をして三階全部の構造、間取り、広さ等から考えて、全部を住居として使用するのであれば、当然家族全員の居住の用に供するものである旨誤信させたからであることが認められ、右認定事実によれば、控訴人の本件申告はその所得税額の計算の基礎となるべき事実を隠ぺいまたは仮装してなされたものであると認めるのが相当である。』

【裁判例⑩③】　相続開始時に申告除外預金の存在を知らなくとも、修正申告時までにその認識があり、それを隠蔽した事実があれば重加算税が賦課される（名古屋地裁昭和四四年五月二七日判決・行裁例集二〇巻五・六号六五九ページ、税資五六号七五一ページ）

『原告らは相続開始時に本件定期預金の存在を知らず、これを隠蔽する意図はなく、第二次修正申告も被告の更正を予知してなされたものでないと主張するが、旧相続税法第五四条第一項によれば、相続開始時において本件定期預金の存在を知らなくとも、本件の場合についていえば第一次修正申告時までにその認識があり、これを隠蔽した事実があれば足りうるものと解されるところ、前記認定の事実に徴すれば、原告千歳は、光次（編注＝被相続人）から教えられて同人の生前から同人が架空名義で本件定期預金を所有していることを知悉しており、原告孝夫夫妻も光次死亡後本件定期預金の存在を覚知し、前記のようにその更新、統合、振替および預金をしていたにもかかわらず、相続税の軽減をはかるため、課税庁に対しこれを隠蔽し、昭和三十九年十二月二十五日の第一次修正申告書にもこれを記載しなかったものであり、原告らの第二次修正申告も被告署長から修正申告しなければ更正する旨の警告を受けたため、本件預金の存在が被告署長に探知されてより約半年を経過してはじめてこれをなしたものであるということができる。してみると、原告らは、本件定期預金の存在を被告署長に対し隠蔽し、かつ、被告署長の更正があるべきことを予知して第二次修正申告をなしたものであるから、原告らの右主張は採用できない。』

【裁判例⑩④】　重加算税の納税義務成立の規定は繰上請求のために設けられたものであるから、右成立後の隠蔽・仮装は当然に重加算税の賦課要件を充足する（東京地裁平成一六年一月三〇日判決・税資二五四号順号九五四二、同旨東京高裁平成一六年七月二一日判決・税資二五四号順号九七〇三）

『(2)　ところで、原告は、申告義務を前提として一定の加算税、ひいては重加算税を課すという重加算税制度の趣旨に照らせば、修正申告は任意的な申告であるから、修正申告に際して一部申告を除外した場合について重加算税を課すことはできない旨主張する。

しかし、通則法六八条一項にいう「納税申告書」とは、申告納税方式による国税に関し国税に関する法律の規定により、課税標準等及び税額等の事項その他当該事項に関し必要な事項を記載した申告書をいうところ（同法二条六号）、修正申告書（同法一九条三項）も「納税申告書」に該当することは、同法の上記規定に照らして明らかであり、同法六八条一項の文理上、通常の期限内申告と修正申告を別異に解すべき理由はない。

そして、修正申告も、納税義務を負う税額を確定させる行為であり、その際に隠ぺい又は仮装したところに基づいて過少申告が行われた場合には、その制度の基礎が害されることとなることは、期限内申告と同様であるから、実質的にみても、過少申告加算税よりも重い行政上の制裁を課することによって悪質な納税義務違反の発生を防止すべき必要性が存することは異ならない。

ちなみに、昭和三十七年に通則法が制定される以前の旧所得税法五七条一項、旧法人税法四三条の二第一項及び旧相続税法五四条一項において、重加算税の要件として「隠ぺい又は仮装したところに基づき確定申告書、修正申告書等を提出していたとき」旨規定し、修正申告書の提出の場合が含まれることは明らかであったものであるが、通則法の制定において、上記各旧法の取扱いを実質的に変更したと認められるような事情も見当たらない。

したがって、通則法六八条一項にいう「納税申告書」には、同法一九条三項所定の修正申告書も含まれるというべきであって、納税義務者が、その国税の課税標準等又は税額の基礎となるべき事実の全部又は一部を隠ぺいし、又は仮装し、その隠ぺいし、又は仮装したところに基づいて修正申告書を提出していたときは、その納税者に対して重加算税を課することができると解するのが相当である。

(3)ア　また、原告は、通則法一五条二項一三号は、重加算税の納税義務の成立時期を「法定申告期限の経過の時」と規定していることからすれば、重加算税を賦課するためには、隠ぺい又は仮装と評価すべき行為が本件当初申告時に存在することが必要であると主張する。

イ　しかし、通則法一五条二項は、昭和三十七年の通則法の制定に当たり、納税義務は成立しているが納付すべき税額が確定していない税額の徴収手続として繰上保全差押制度（通則法三八条三項）が創設されたことに伴い、国税の納税義務の成立時期を明確にする趣旨から、主として繰上請求の観点からみて必要な範囲において、同法一五条第二項各号又は国税通則法施行令五条に、各税目ごとの成立時期が規定されたものであると解すべきである。

このことは、同法六五条一項及び六八条一項の規定に照らしても明らかである。すなわち、同法一五条二項一三号は、過少申告加算税についても、その納税義務の成立時期を「法定申告期限の経過の時」と定めている。しかし、仮に原告が主張するように、同法一五条二項一三号に基づいて、法定申告期限の経過の時までに加算税の課税要件が充足される必要があると解するとすれば、この場合、法定申告期限の経過時においては、過少申告加算税の課税要件は常に充たされていないのであるから、過少申告加算税を課することはできないことになるが、同法六五条一項は、「期限内申告書が提出された場合」には、「期限後申告がされた場合において、次条第一項ただし書の規定の適用があるときを含む。」としており、同法六八条一項が、同法六五条一項の規定に該当する場合のうち、同法六五条五項の規定の適用がある場合を除く外は、重加算税を賦課する対象とする旨を規定していることに照らしても、原告の上記主張のとおり解釈することは困難であるといわざるを得ない。

したがって、通則法一五条二項一三号において、重加算税の納税義務が法定申告期限の経過の時に成立すると定められているからといって、重加算税については、法定申告期限までにその課税要件を充たす必要があり、その後において隠ぺい又は仮装の行為に基づき修正申告がされた場合には、重加算税を課すことが許されない、と解することは相当でなく、原告の上記主張は理由がない。』

6 「偽りその他不正の行為」との関係

(1) 「偽りその他不正の行為」の意義

何らかの不正工作によって納税義務を免れようとする行為に対しては、重加算税の賦課という行政制裁以外にも、国税通則法の規定としては、延滞税の額の計算の基礎となる期間の特例（短縮）の除外（通則法六一①）、課税の期間制限としての除斥期間の延長規定（通則法七〇⑤）及び国税の徴収権の消滅時効の進行停止（通則法七三③）があり、刑事制裁として各税法に罰則規定（所法二三八、二三九、法法一五九、相法六八、通則法一二七等）が設けられ、青色申告の承認の取消し事由（所法一五〇①、法法一二七①）、配偶者に対する相続税額の軽減禁止（相法一九の二⑤）、簿外経費等の必要経費（損金）不算入（所法四五、法法五五）も設けられている。そして、「偽りその他不正の行為」により税額を免れた等の場合には、延滞税の課税期間が七年間に延長され（通則法六一①）、通常法定申告期限から五年である更正決定等の除斥期間が七年に延長されることとされ（通則法七〇⑤）、国税の徴収権の消滅時効も進行停止され

（通則法七三③）、また、刑罰については、「偽りその他不正の行為」により税額を免れた等の場合に、五年以下の懲役若しくは脱税額に応じた罰金に処せられ、又はこれが併科される（所法二三八等参照）。

かくして、いずれの場合にも、「偽りその他不正の行為」の用語が用いられており、それぞれの用語の意義、罰則規定と除斥期間の延長等の関係、更には、重加算税が賦課される場合の「隠蔽又は仮装の行為」との関係が問題とされるところである。

そこで、まず、除斥期間が延長される場合の「偽りその他不正の行為」の意義についてみると、福岡高裁昭和五一年六月三〇日判決（後掲、裁判例⑯）は、「偽りその他不正の行為」とは、税額を免れる意図のもとに、税の賦課徴収を不能又は著しく困難にするような何らかの偽計その他の工作を伴う不正な行為を行っていることをいう」と判示し、単なる不申告行為はこれに含まれないが、その不正行為の例として、名義の仮装、二重帳簿の作成等を挙げている。

次に、刑罰が科せられる場合の「偽りその他不正の行為」の意義については、多くの判決がその意義を判示しているところであるが、その主要なものを例示すると、次のとおりである。

まず、罰則規定の沿革を知る意味も兼ねて、最高裁昭和二四年七月九日第二小法廷判決（後掲、裁判例⑯）を挙げることができる。本判決は、当時罰則が適用されることとなった「詐欺その他不正の行為」とは、詐欺その他不正の手段が積極的に行われた場合に限るとし、詐欺その他不正の行為を伴わないいわゆる単純不申告の場合には、これに当たらない旨判示している。

また、最高裁昭和三八年二月一二日第三小法廷判決（後掲、裁判例⑰）は、前記最高裁判決を引用しつつ、「詐欺その他不正の行為」とは、詐欺その他不正の手段が積極的に行われた場合に限るのであって、たとえ所得税逋脱のている。

意思によってなされた場合においても、単に確定申告書を提出しなかったという消極的な行為は含まない旨判示している。

以上のような、従前の最高裁判決に対し、最高裁昭和四二年一一月八日大法廷判決（後掲、裁判例⑱）は、「詐欺その他不正の行為とは、逋脱の意図をもって、その手段としての税の賦課徴収を不能もしくは著しく困難ならしめるようななんらかの偽計その他の工作を行なうことをいう」と判示し、更に、前掲各最高裁判決が「不申告以外に詐欺その他不正の手段が積極的に行なわれることが必要であるとしているのは、単に申告をしないというだけでなく、そのほかに、右のようななんらかの偽計その他の工作が行なわれることを必要とするという趣旨を判示したものと解すべきである。」と判示している。

この判決は「偽りその他不正の行為」の意義を判示した最も重要な判決と位置づけられるものであり、リーディング・ケースとしてその後の判決に大きな影響を及ぼしている。

次いで、最高裁昭和四八年三月二〇日第三小法廷判決（後掲、裁判例⑲）は、前掲最高裁昭和四二年一一月八日大法廷判決を引用しつつ、「したがって、かかる工作を伴わない単なる所得不申告は、右「不正の行為」にあたらない旨判示しているところ、真実の所得を隠蔽し、それが課税対象となることを回避するため、所得金額をことさら過少に記載した内容虚偽の所得税確定申告書を税務署長に提出する行為自体、単なる所得不申告の不作為にとどまるものではなく、右大法廷判決の判示する「詐欺その他不正の行為」にあたるものと解すべきである。」旨判示している。

この判決は、前掲最高裁大法廷判決の考え方を更に推し量り、いわゆる過少申告行為についても、場合によっては「詐欺その他不正の行為」となり得ることを明らかにしたものである。もっとも、この判決は、「詐欺その他不正の行為」の範囲を拡大し過ぎたものであるとか、その意義を不明確にしたものであるとか多くの論争を呼ぶことになったのであるが、(注34)前述してきた重加算税の賦課の場合における不申告、虚偽申告行為に対する課否問題についても大きな示唆を与えるものであろう。

なお、以上の各判決において引用されている「詐欺その他不正の行為」という用語は、昭和四〇年の所得税法及び法人税法の全文改正まで（相続税法上は昭和五六年まで）用いられたものであるが、当該全文改正以降用いられることとなった「偽りその他不正の行為」の用語とは実質的に同義である。

以上の各判決を観察してみるに、除斥期間の延長に関して判示した前掲福岡高裁昭和五一年六月三〇日判決は、租税逋脱犯に関して判示した前掲最高裁昭和四二年一一月八日大法廷判決及び最高裁昭和四八年三月二〇日第三小法廷判決の考え方をそのまま受け入れているところであり、少なくとも、判例上、両者は明確に区分されているように思われない。思うに、その規制目的が異なるとはいえ、同じ国税に関して定めている各税法の中で「偽りその他不正の行為」という同じ表現が用いられていること、昭和五六年の納税環境整備の一環として、逋脱犯の公訴期間が三年から五年に延長されたことにリンクされて不正が行われた場合の除斥期間の延長期間も五年から七年に延長されていること等に鑑みれば、両者を特に異なった意味に解する必要はないであろう。もっとも、両者の規制目的の違いから、逋脱犯に関しては、一層厳格に解釈・適用されることも考えられるところであるから、逋脱犯の適用がない場合にも、除斥期間の延長があり得ることも考えられる。この点、国税通則法立法担当者の解説では、「もっとも、表現は同じであっても、逋脱犯訴追の現実の処理に当たっては、社会的非難性が高く、可罰的違法性の大きいものが選定されざるを得ないであろう。したがって、具体的事案については、必ずしも互いに重なりあうものではないことは当然である。(注35)」と説明されている。

しかしながら、延滞税に関しても述べたように、重加算税の課税対象が即除斥期間の延長等に結び付くかについては、後述するような問題がある。

【裁判例⑩⑤】　除斥期間が延長される場合の「偽りその他不正の行為」とは、税額を免れる意図のもとに、税の賦課徴収を不能又は著しく困難にするような何らかの偽計その他の工作を伴う不正な行為をいう（福岡高裁昭和五一年六月三〇日判決・行裁例集二七巻六号九七五ページ、税資八九号一一二三ページ）

『同法第七〇条第二項第四号（編注＝現行国税通則法七〇条五項）にいう「偽りその他不正の行為」は、税額を免れる意図のもとに、税の賦課徴収を不能又は著しく困難にするような何らかの偽計その他の工作を伴う不正な行為を行っていることをいうのであって、単なる不申告行為はこれに含まれないものである。そして右の偽計その他工作を伴う不正行為を行うとは、名義の仮装、二重帳簿を作成する等して、法定の申告期限内に申告せず、税務署長の調査上の質問に対し虚偽の陳述をしたり、申告期限後に作出した虚偽の事実を呈示したりして、正当に納付すべき税額を過少にして、その差額を免れたことは勿論納税者が真実の所得を秘匿し、それが課税の対象となることを回避するため、所得の金額をことさらに過少にした内容虚偽の所得税確定申告書を提出し、正当な納税義務を過少にしてその不足税額を免れる行為、いわゆる過少申告行為も、それ自体単なる不申告の不作為にとどまるものではなく、偽りの工作的不正行為といえるから、右にいう「偽りその他不正の行為」に該当するものと解すべきである。』

【裁判例⑩⑥】　詐欺その他不正の行為によって所得税を免れた行為を処罰するのは、詐欺その他不正の手段が積極的に行われた場合に限る（最高裁昭和二四年七月九日第二小法廷判決・刑集三巻八号一二一三ページ、税資六号一二一ページ）

『論旨は所得税法第六九条第一項にいわゆる「不正の行為」には納税義務者が所得税を免れるため故意に

所定の申告をしない所謂単純不申告をも包含するものと解すべきであるから原判決が被告人の不申告を右法条の「不正の行為」に該らないとしたのは同法案の解釈適用を誤った違法があると云うのである。ところで旧所得税法（昭和十五年法律第二四号）第八八条の規定も「詐欺其ノ他不正ノ行為ニ依リ所得ヲ逋脱シタル者ハ」と云う用語は現行所得税法第六九条第一項のそれと異らないのである。そして旧法の下においては所得の単純不申告は犯罪ではなかったのである。而して現行法の下においても不申告そのものを犯罪とする明文規定はないのみならず不申告を犯罪とする趣旨は現行法上何処にも現われていないのである。現行法第六九条第一項は詐欺その他不正の行為によって所得税を免れた行為を処罰しているがそれは詐欺その他不正の手段が積極的に行われた場合に限るのである。それ故もし詐欺その他の不正行為を用いた所得を秘し無申告で所得税を免れた者はもとより右規定の適用を受けて処罰を免れないのであるが、詐欺その他不正行為を伴わないいわゆる単純不申告の場合にはこれを処罰することはできないのである。なる程現行所得税法は旧法と異なり申告納税制度を採用し納税義務者の申告を所得税額決定の基礎とする建前をとっていることは所論のとおりである。しかしそれだからと云って不申告という消極的な行為をもっていわゆる「不正の行為」の概念のうちに包含させようとする所論の見解は到底これを是認することはできないのである。もし単純不申告による所得税の逋脱行為を処罰する実際上の必要があるならばそれは立法によって解決すべきであって、所論のような解釈によってこれを解決することはその当を得たものではない。』

【裁判例⑰】　「詐欺その他不正の行為」とは、詐欺その他不正の手段が積極的に行われた場合に限るのであって、単に確定申告書を提出しなかったという消極的な行為だけでは、これに当たらない（最高裁昭和三八年二月一二日第三小法廷判決・刑集一七巻三号一八三ページ、税資四二号八一ページ）

『原判決中その余の部分につき職権をもって調査すると、原判決の維持した第一審判決は、その判示第二および判示第三の事実において、被告人山口政治が被告人山口太三の業務に関し昭和二十六年度および同二十七年度の被告人山口太三の所得に対する所得税を逋脱しようと企て故意に所得を秘匿して確定申告書を提出せずもって右両年度の所得税を不正に免れたとの事実を認定し、これに対し、被告人山口政治については、所得税法六九条一項、被告人山口太三については、同法七二条、六九条一項を適用している。しかし、所得税法六九条一項によって「詐欺その他不正の行為」により所得税を免れた行為が処罰されるのは、詐欺その他不正の手段が積極的に行われた場合に限るのであって、たとえ所得税逋脱の意思によってなされた場合においても、単に確定申告書を提出しなかったという消極的な行為だけでは、右条項にいわゆる「詐欺その他不正の行為」にあたるものということはできない（昭和二十四年（れ）第八九三号同年七月九日第二小法廷判決・刑集三巻八号一二一三頁参照）。したがって、単に確定申告書を提出しないで所得税を免れた事実を認定しながら、これに対し右条項を適用した第一審判決には、法令の適用を誤った違法があり、これを看過した原判決もまた違法であるというべきである。』

【裁判例⑱】　詐欺その他不正の行為とは、逋脱の意図をもって、その手段として税の賦課徴収を不能若しくは著しく困難ならしめるようななんらかの偽計その他の工作を行うことをいうものと解する（最高裁昭和四二年一一月八日大法廷判決・刑集二一巻九号一一九七ページ）

『所論所得税、物品税の逋脱罪の構成要件である詐欺その他不正の行為とは、逋脱の意図をもって、その手段として税の賦課徴収を不能もしくは著しく困難ならしめるようななんらかの偽計その他の工作を行なうことをいうものと解するのを相当する。所論引用の判例（編注＝前掲最高裁昭和二四年七月九日第二小法廷判決・同昭和三八年二月一二日第三小法廷判決等）が、不申告以外に詐欺その他不正の手段が積極的に行なわれることが必要であるとしているのは、単に申告をしないというだけでなく、そのほかに、右のようななんらかの偽計その他の工作が行なわれることを必要とするという趣旨を判示したものと解すべきである。原判決が、その理由の中で、「物品税を逋脱する目的で、ことさら、物品を製造場から移出してこれを販売した事実を全く正規の帳簿に記載しないで、その実態を不明にする消極的な不正行為も、その実態においては、正規の帳簿にことさら虚偽の記載をした最も極端な場合に当り、又その結果においては、少くとも正規の帳簿を破棄した場合と少しも変りがないのであるから、また右にいう詐欺その他の不正の行為に当るものと解するのが相当である。」と判示している部分をみると、その表現は措辞妥当を欠くところであって所論のような解釈を招くおそれがないでもないが、その全判文を通読すれば、原判決は、単に正規の帳簿への不記載という不作為をもって直ちに詐欺その他不正の行為にあたるとしたものではなく、被告人が、物品税を逋脱する目的で、物品移出の事実を別途手帳にメモしてこれを保管しながら、税務官吏の検査に供すべき正規の帳簿にことさらに記載しなかったこと、他に右事実を記載した帳簿もなく、納品複写機、納品受領書綴または納品書綴によっても右事実が殆んど不明な状況になっていたことなどの事実関係に照らし、逋脱の意図をもって、その手段として税の徴収を著しく困難にするような工作を行なったことが認められるという意味で、右判例にいう積極的な不正手段に当たると判断した趣旨と解せられる。したがって、原判決は、当裁判所の判例と相反する判断をしたものとはいえず、所論判例の主張は理由がない。』

【裁判例⑩⑨】　真実の所得を隠蔽し、それが課税対象となることを回避するため、所得金額をことさらに過少に記載した内容虚偽の確定申告書を提出する行為も、「詐欺その他不正の行為」にあたる（最高裁昭和四八年三月二〇日第三小法廷判決・刑集二七巻七

号一三八ページ、税資七二号二二二ページ）

『所論引用の当裁判所昭和四十二年十一月八日大法廷判決（刑集二一巻九号一一九七頁）は、「所論所得税、物品税のほ脱罪の構成要件である詐欺その他不正の行為とは、ほ脱の意図をもって、その手段として税の賦課徴収を不能もしくは著しく困難ならしめるようななんらかの偽計その他の工作を行なうことをいうものと解するのを相当とする」とし、したがって、かかる工作を伴わない単なる所得不申告は、右「不正の行為」にあたらない旨判示しているところ、真実の所得を隠蔽し、それが課税対象となることを回避するため、所得金額をことさらに過少に記載した内容虚偽の所得税確定申告書を税務署長に提出する行為（以下、これを過少申告行為という。）自体、単なる所得不申告の不作為にとどまるものではなく（当裁判所昭和二十五年（あ）第九三一号同二十六年三月二十三日第二小法廷判決・裁判集刑事四二号登載参照）、右大法廷判決の判示する「詐欺その他不正の行為」にあたるものと解すべきである。したがって、これと同趣旨の見解のもとに、被告人の本件各過少申告行為自体をもって昭和四十年法律第三三号による改正前の所得税法六九条一項にいう「詐欺その他不正の行為」にあたるとした原判決は、正当であり、なんら所論引用の右判例と相反する判断をしたものではない。所論は、理由がない。』

(2) 「偽りその他不正の行為」と「隠蔽又は仮装の行為」との関係

前述してきた「偽りその他不正の行為」の意義については、多くの論争があるところであるが、本書では、その意義を一応前述のように理解し、「隠蔽又は仮装の行為」との関係について述べることとする。

除斥期間延長規定等における「偽りその他不正の行為」、罰則規定における「偽りその他不正の行為」そして重加算税賦課規定における「隠蔽又は仮装の行為」とは、それぞれ規制目的を異にした別個の概念ではある。しかしながら、既に述べてきたところからも理解できるように、三者の用語の意味内容、三者がいずれも納税義務違反に対する制裁に関わること等からみて、実質的には同義の概念を有し、現実には、ほとんどの場合相互に一致して重なり合うことも否定できないと思われる。そのため、三者がそれぞれ独立した別異の概念であると理解することは、いささか観念論的であるともいえる。

そこで、まず、除斥期間延長規定における「偽りその他不正の行為」と重加算税賦課における「隠蔽又は仮装の行為」との関係についてであるが、一般には、前者は、後者を含み、それより広い概念であると理解されている。(注36)

例えば、名古屋地裁昭和四六年三月一九日判決(後掲、裁判例⑪⓪)は、「当該条項にいう「偽りその他不正の行為」とは脱税を可能ならしめる行為であって、社会通念上不正と認められる一切の行為を包含するものと解すべき」であると判示し、裁決により、重加算税の賦課決定について、隠蔽又は仮装の事実がないとして取り消されたとしても「偽りその他不正の行為」により税を免れたとして除斥期間の延長によってなされた本税に関わる更正処分が当然に違法となるものではない旨判示している。

すなわち、「偽りその他不正の行為」により税を免れたとして三年又は五年の通常の除斥期間を経過した後に更正処分又は決定処分がなされ、更に「隠蔽又は仮装の行為」があったとして重加算税が賦課決定された場合に、その後において、「課税要件事実を隠蔽又は仮装していない」として重加算税の賦課決定が裁決により取り消されると、もし両者が同一の概念であるとすると、通常の除斥期間を経過した後になされた当該更正等の効力が、取消裁決の拘束力(「裁決は、関係行政庁を拘束する。」(通則法一〇二①))との関係上問題となろう。しかしながら、「偽りその他不正の行為」の概念が「隠蔽又は仮装の行為」の概念より広いと考えられるとすると、裁決の拘束力によっても、当該重加算税の賦課決定が当初よりなかったものとされ、当該課税庁はこれに拘束されるにすぎず、よって、同じ理由によって再び重加算税の賦課決定をなし得ないという拘束を受けるに止まる。従って、本税に係る更正又は決定をなすべき期間制限については、何らの拘束を受けるものではないことになる（当該更正等について除斥期間徒過による違法性を争うには、別途「偽りその他不正の行為」の存否を争う必要が生ずることになる）。

これらの点に関し、東京高裁平成五年二月二五日判決（税資一九四号五三二ページ）は、国税通則法七〇条五項の「偽りその他不正の行為」と同法六八条の「隠蔽・仮装」とは、その他の要件及び効果を異にするものであって、具体的事案において常に軌を一にして適用されねばならない理由はない旨判示している。

他方、大津地裁平成六年八月八日判決（税資二〇五号三一一ページ）では、納税手続の依頼を受けた第三者（履行補助者）により隠蔽等が行われた場合には、原則として、重加算税の賦課要件を満たし、かつ、更正の期間制限に係る不正行為の要件を満たす旨判示している。

また、最高裁平成一七年一月一七日第二小法廷判決（後掲、裁判例⑪）[注37]では、納税申告を委任した税理士が不正工作を行ったため過少申告が行われた事案につき、更正の期間制限を延長する要件としての「偽りその他不正の行為」の存否と重加算税の賦課要件としての「隠蔽又は仮装行為」の存否が争われたところ、同判決は、後者については、納税者と税理士との間に意思の連絡があったと認められるかどうか等について審理を尽すよう原審に差し戻したが、前者については、後述のように、「偽りその他不正の行為」があったとして、法定申告期限から約六年経過した後にされた当該更正を適法とした。そして、差し戻し審の東京高裁平成一八年一月一八日判決（税資二五六号順号一〇二六五）は、差し戻しの趣旨に沿って、当該更正を適法とし、重加算税の賦課決定については、納税者と税理士との間に意思の連絡がなかったとして、取り消した。このような「偽りその他不正の行為」の解釈については、同種の事件に係る最高裁平成一八年四月二五日第三小法廷判決（前掲、裁判例㊿）においても支持されている。

このように、更正等の期間制限と重加算税の賦課要件との関係において、受任税理士の不正行為について、前者について特段の事情を否定して納税者本人に帰属させ、後者について特段の事情を認めて納税者本人に帰属させないことについては、なお問題があるように考えられる。

次に、罰則規定における「偽りその他不正の行為」の概念と「隠蔽又は仮装の行為」の概念との相違については、観念的には、除斥期間延長規定における「偽りその他不正の行為」と罰則規定におけるそれとが同一の概念であるとすると、前述したことと同じことがいえるであろう。しかしながら、この問題は、むしろ実務的に一層複雑な問題を抱えているように思われる。けだし、「偽りその他不正の行為」の取扱いが主として刑事上の犯則手続として行われるのに対し、「隠蔽又は仮装の行為」の取扱いが行政上の課税手続として行われることにも起因しているようである。

この問題に関し、国税通則法の立法担当者の解説書にいわれる説明によれば、次のとおりである[注38]。

「重加算税の課税要件である「隠ぺい、仮装」と罰則規定における「偽りその他不正の行為」とは、現実には、多くの場合相互に一致して重なりあうであろうが、厳密には別個のものである。したがって、例えば、遡って青色申告承認処分が取り消された場合におけるその事業年度の犯則税額は、青色申告の承認がないものとして適正に計算した場合の法人税額からその申告に係る法人税額を差し引いた額である（最高裁昭和四十九・九・二十刑集二八巻六号二九一ページ）が、青色承認取消益にあってはその税額等の計算の基礎となる事実について隠ぺい、仮装がない場合も多いところから、重加算税を課し得ない場合もあろうし、逆に、簿外貸付けに係る認定利息については、実務上、隠ぺい、仮装ありとして重加対象とされる場合が多いが、これは、税務上の擬制であるところから、偽りその他不正の行為により免れた税額としての犯則税額は構成しないとされる場合が多い。」

なお、以上の議論は、「偽りその他不正の行為」と「隠ぺい又は仮装の行為」と対比して行ってきたものであるが、延滞税の課税期間延長、更正決定等の除斥期間延長等の要件は、「偽りその他不正の行為により国税（その全部若しくは一部の税額）を免れ」（傍点＝筆者）とあり、例えば、所得税法の罰則規定としての「偽りその他不正の行為により、……所得税を免れ……」と同語である。そうなると、右の「免れ」とは何を意味するかを明らかにしないと、両者の関係は明らかにならないことになる。この「免れ」を逋脱犯の場合のように犯意の立証を要すると考えると、逋脱犯が成立したような場合に限って除斥期間が延長等されると考えられることになる。もっとも、このような考え方は、刑事罰を対象としていない国税通則法の解釈としては適切ではないと考えられる。換言すると、罰則規定と同じ文言を行政処分に係る規定に持ち込むことにむしろ問題があるといえる。

いずれにしても、この問題については、かねてから疑義があったが[注39]、加算税通達においても何ら明らかにされていないので、その取扱いの明確化とともに場合によっては立法上の解決も図られて然るべきであると考えられる。[注40]

【裁判例(110)】「偽りその他不正の行為」とは、脱税を可能ならしめる行為であって、社会通念上不正と認められる一切の行為を包含し、裁決で「隠蔽又は仮装の行為」がないとして重加算税の賦課決定が取り消されたとしても、偽りその他不正の行為があるとして除斥期間を延長してなされた更正処分の効力に影響を及ぼさない（名古屋地裁昭和四六年三月一九日判決・税資六二号三四四ページ）

『そこで原告が五〇〇万円の一時所得につき右（三）記載の各行為をしたことが法七〇条二項四号所定の「偽りその他不正の行為」に該当するか否かについて考えるに、右にいう「偽りその他不正の行為」とは脱税を可能ならしめる行為であって、社会通念上不正と認められる一切の行為を包含するものと解すべきところ、原告は、要するに、愛知ヤクルトおよび平野己之助との前記（一）の六記載の合意に基づき、愛知ヤクルトをして前記（一）の七記載の経理上の処理をさせた上、自らは右両者より受領した計金五〇〇万円の一時交付金の所得申告を故意にせず、かえって、右五〇〇万円を隠ぺいするための形式的手段である愛知ヤクルトからの金七〇万円の給与所得の申告をし、また税務署員の質問に対し、右五〇〇万円は借受金であって、愛知ヤクルトから支給される月額金七万円の顧問料で月々返済している旨の主張をして、右五〇〇万円についての所得税を免れていた、というのであるから、これら一連の原告の所為が右にいう「偽りその他不正の行為」により所得税を免れた場合に該当することは明らかであると言わなければならない。

なお原告は、裁決により「原告が事実の一部を偽装したとは認めがたい」と判断されているから、被告は右判断に拘束され原告が偽りその他不正の行為をしたとの理由で法定申告期限より三年を経過した日以後に更正処分をすることはできないと反論するが、一般に、裁決により原処分が取消された場合の拘束力とは、原処分が当初よりなかったものとみなされ、関係行政庁はこれに拘束されるという意味でしかないところ、〈証拠略〉によれば、裁決により「原告が事実の一部を偽装したことは認めがたいから重加算税賦課決定した原処分は相当でない」として重加算税賦課決定が取消されているのであるから、被告は、再び重加算税賦課決定をし得ないという拘束を受けるにすぎず、更正期間制限についての観点からは何らの拘束を受けるものではない。』

【裁判例⑪】　納税申告の委任を受けた税理士が行った「偽りその他不正の行為」は、特段の事情がない限り、納税者本人に帰属する

（最高裁平成一七年一月一七日第二小法廷判決・民集五九巻一号二八ページ）

『国税通則法七〇条五項の文理及び立法趣旨にかんがみれば、同項は、納税者本人が偽りその他不正の行為を行った場合に限らず、納税者から申告の委任を受けた者が偽りその他不正の行為を行い、これにより納税者が税額の全部又は一部を免れた場合にも適用されるものというべきである。前記事実関係によれば、被上告人は、平成二年分の所得税について、申告を委任したA税理士の前記の脱税行為によりその税額の一部を免れたものということができる。そうすると、被上告人の同年分の所得税に係る重加算税賦課決定等については同項が適用されることになるから、本件各賦課決定はその除斥期間内にされたものというべきである。これと異なる原審の判断には、判決に影響を及ぼすことが明らかな法令の違反がある。』

7 「隠蔽仮装行為」との関係

(1) 「隠蔽仮装行為」と簿外経費

前記6では、「偽りその他不正の行為」に納税義務を免れようとした場合に、当該「偽りその他不正の行為」と重加算税の賦課決定である「隠蔽し、仮装し」との異同を論じてきたが、もっと紛らわしい問題は、他の税法で、「隠蔽・仮装」の用語を用いて制裁的措置を設けていることである。すなわち、所得税法及び法人税法は、古くから青色申告の承認の取消しの一事由として、「帳簿書類に取引の全部又は一部を隠蔽し又は仮装して記載し又は記録」（法法一二七①三、同旨所法一五〇①三）していることを挙げている。また、相続税法一九条の二第五項は、配偶者に対する相続税額の軽減につき、「隠蔽仮装行為に基づき、第二七条の規定による申告書を提出しており、又はこれを提出していなかった場合」には、当該軽減を制限するとし、同条六項は、「前項の「隠蔽仮装行為」とは、相続又は遺贈により財産を取得した者が行う行為で当該財産を取得した者に係る相続税の課税価格の計算の基礎となるべき事実の全部又は一部を隠蔽し、仮装することをいう。」と定めていた。もっとも、このような租税法で用いられてきた「隠蔽仮装行為」の解釈・適用については、重加算税の賦課と同時に行われる場合や適用事例が少なかった場合もあり、重加算税の賦課要件である「隠蔽し、仮装し」との異同が問題となることも少なかった。

ところが、令和4年度税制改正において、所得税法及び法人税法は、隠蔽仮装行為に基づき確定申告書を提出した場合等には、原則として、全経費について必要経費又は損金の算入を認めないことにした。これは、所得課税では、収入金課税ということになり、場合によっては、重加算税による租税制裁よりも一層厳しい租税制裁ということにもなる。すなわち、所得税法四五条三項は、次のように定めている（同旨法法五五③）。

「3　その年において不動産所得、事業所得若しくは山林所得を生ずべき業務を行う居住者又はその年において雑所得を生ずべき業務を行う居住者でその年の前々年分の当該雑所得を生ずべき業務に係る収入金額が三百万円を超えるものが、隠蔽仮装行為（その所得の金額又は所得税の額の計算の基礎となるべき事実の全部又は一部を隠蔽し、又は仮装することをいう。）に基づき確定申告書（その申告に係る所得税についての調査があつたことにより当該所得税について決定があるべきことを予知して提出された期限後申告書を除く。以下この項において同じ。）を提出しており、又は確定申告書を提出していなかつた場合には、これらの確定申告書に係る年分のこれらの所得の総収入金額に係る売上原価その他当該総収入金額を得るため直接に要した費用の額（資産の販売又は譲渡における当該資産の取得に直接に要した額及び資産の引渡しを要する役務の提供における当該資産の取得に直接に要した額として政令で定める額を除く。以下この項において「売上原価の額」という。）及びその年における販売費、一般管理費その他これらの所得を生ずべき業務について生じた費用の額（その居住者がその年分の確定申告書を提出していた場合には、これらの額のうち、その提出した当該確定申告書に記載した第百二十条第一項第一号（確定所得申告）に掲げる金額又は当該確定申告書に係る修正申告書（その申告に係る所得税についての調査があつたことにより当該所得税について更正があるべきことを予知した後に提出された修正申告書を除く。）に記載した国税通則法第十九条第四項第一号（修正申告）に掲げる課税標準等の計算の基礎とされていた金額を除く。）は、その者の各年分の不動産所得の金額、事業所得の金額、山林所得の金額及び雑所得の金額の計算上、必要経費に算入しない。ただし、次に掲げる場合に該当する当該売上原価の額又は費用の額については、この限りでない。

一　次に掲げるものにより当該売上原価の額又は費用の額の基因となる取引が行われたこと及びこれらの額が明らかである場合（災害その他やむを得ない事情により、当該取引に係るイに掲げる帳簿書類の保存をすることができなかつたことをその居住者において証明した場合を含む。）

イ　その居住者が第百四十八条第一項（青色申告者の帳簿書類）又は第二百三十二条第一項若しくは第二項（事業所得等を有する者の帳簿書類の備付け等）に規定する財務省令で定めるところにより保存する帳簿書類

ロ　イに掲げるもののほか、その居住者がその住所地その他の財務省令で定める場所に保存する帳簿書類その他の物件

二　前号イ又はロに掲げるものにより、当該売上原価の額又は費用の額の基因となる取引の相手方が明らかである場合その他当該取引が行われたことが明らかであり、又は推測される場合（同号に掲げる場合を除く。）であつて、当該相手方に対する調査その他の方法により税務署長が、当該取引が行われ、これらの額が生じたと認める場合」

このような措置を設けた趣旨について、立法担当者は次のように説明している。(注41)

「所得課税においては、裁判例によって示されているように「所得金額」や「必要経費の存否及び額」については、原則として課税当局の側に立証責任があるとしつつ、「簿外経費」については、納税者側に立証責任があると解する場合が多いとされています。

しかしながら、実際の事案として、所得税の税務調査において家事関連費の計上を発見した後に、納税者が簿外経費の存在を後から主張し、課税当局が多大な事務量を投入してその簿外経費が全て存在しないことを立証して更正に至ったという悪質な事案があり、政府税制調査会の「納税環境整備に関する専門家会合」において議論が行われました。同会合においては、特に悪質な納税者への対応として、「課税の公平性を確保するために、税務調査時に簿外経費を主張する納税者、虚偽の書類を提出する等調査妨害的な対応を行う納税者への対応策や、調査等の働きかけに応じない納税者、到底当初より申告の意図を有していたとは思われない納税者等、既存のけん制措置では必ずしも対応できていない悪質な納税者への有効な対応策の検討を行う。」旨が政府税制調査会に報告されました（納税環境整備に関する専門家会合の議論の報告（令和3年11月19日））。これを踏まえ、納税者が事実の仮装・隠蔽がある年分又は無申告の年分において主張する簿外経費の存在が帳簿書類等から明らかでなく、課税当局による反面調査等によってもその簿外経費の基因となる取引が行われたと認められない場合には、その簿外経費は必要経費に算入しないこととする措置を講ずることとされました。」

(2)　「隠蔽仮装行為」と「隠蔽・仮装」との関係

重加算税の賦課要件である「隠蔽し、又は仮装し」という用語は、前述したように、他の税法においても用いられてきたところであるが、実務的には、従前は他の税法との関係が然程問題にはなってこなかった。しかし、令和四年度の税制改正により導入された「隠蔽仮装行為」に基づいて確定申告等をした場合に簿外経費等を必要経費

（損金）不算入とする措置については、適用事例も多いであろうし、立証責任や推計課税の関係等租税法学上多くの問題を惹起することになるから、一層慎重な検討を要するものと考えられる。（注42）

このような簿外経費等の必要経費（損金）不算入措置を設けた背景には、税務調査の終了間際に納税者が主張する簿外経費の存否の確認調査に多大な事務量を要するから、その弊害を除去する必要があるようである。しかし、簿外経費の確認調査などは比較的容易のはずであるが、平成二三年国税通則法改正による調査能力の低下がそこまできているのかという慨嘆せざるを得ないところはある。その中で、元々、重加算税の賦課要件である「隠蔽し、又は仮装し」たことを調査し立証することは税務調査の中で最も困難であるはずであるが、調査能力が低下している中で、同じ概念を用いて簿外経費等の必要経費（損金）不算入を定めたことに理解に苦しむところはある。

ともあれ、所得税法四五条三項が定める「隠蔽仮装行為」を国税通則法六八条一項が定める「隠蔽し、又は仮装し」と同義と解せば、納税者側がその存在を帳簿等において明らかにしていない経費は全て必要経費（損金）不算入ということになり、かつ、重加算税が賦課されることになる。そうなると、納税者側に対し、本税の加重負担と重加算税の負担を二重に課すことになるが、租税制裁のあり方として問題が生じるものと考えられる。他方、両者を同義に解さなければ、前述のような租税制裁は片方で済むことも考えられるが、それは租税法の文理解釈において極めて困難であると考えられる。ともあれ、今後、国税当局がどのように対処してくるのか、学説・判例の解釈論がどうなるのか注視していく必要がある。

注

（1）　武田昌輔監修「ＤＨＣコンメンタール国税通則法」（第一法規）三六三九ページ

（2）　志場喜徳郎他編『国税通則法精解』（大蔵財務協会　平成一九年）六八八ページ

(3) 金子宏「租税法　第一七版」(弘文堂　平成二四年) 六九七ページ
(4) 松沢智『第五章　附帯債務―附帯税　第四節　加算税・加算金』金子宏他編「租税法講座　二　租税実体法」(ぎょうせい　昭和五〇年) 所収三三六ページ
(5) 碓井光明「重加算税賦課の構造」税理二二巻一二号五ページ
(6) 広瀬正「重加算税の対象となる逋脱所得の範囲」税理一九巻一四号八三ページ
(7) 村井正「逋脱犯の成立要件と重加算税の課税要件」税理一九巻一四号七八ページ
(8) 波多野弘『一一附帯税（利子税・延滞税・加算税）』北野弘久編「判例研究　日本税法体系　一税法の基本原理」所収一八九ページ
(9) その他、池本征男「判例からみた重加算税の賦課要件―隠ぺい又は仮装の行為―」税経通信三八巻一二号三九ページ、吉良実「重加算税の課税要件と逋脱犯の成立要件」税理二四巻一号七一ページ等を参照
(10) 寺西輝泰「租税制裁における故意」税理一九巻一四号六一ページ
(11) この寺西氏の考え方を支持するものとして、池本征男「判例からみた重加算税の賦課要件」(税経通信三八巻一二号四〇ページ)、同「加算税制度に関する若干の考察」(税務大学校論叢一四号一九七ページ) 等を参照
(12) 碓井光明「重加算税賦課の構造」税理二二巻一二号四〜五ページ
(13) その他、類似の考え方を示したものとして、前出（4)、北野弘久「税法学の基本問題」四〇三ページ等を参照
(14) 拙著「租税法律主義と税務通達第八回」税理四四巻九号一一ページ同「租税法律主義と税務通達」(ぎょうせい　平成一六年) 九五ページ等参照
(15) 前出（1）三六三七ページ、池本征男「加算税制度に関する若干の考察」税務大学校論叢一四号二〇二ページ、同「判例からみた重加算税の賦課要件」税経通信三八巻一二号四一ページ、中川一郎「大阪地裁昭和三十六年八月十日判決評釈」税法学一三〇号、松沢智『第四節　加算税・加算金』金子宏他編「租税法講座　二　租税実体法」所収三三八ページ、村重慶一「佐賀地裁昭和五十年四月二十五日判決解説」税務事例八巻三号一六ページ、桜井四郎「大阪高裁昭和五十年九月三十日判決解説」税務事例八巻三号二〇ページ、北野弘久「日本税法学会第四一回大会の記録⑵」税法学二五二号一〇ページ、武田昌輔「使用人等による不正行為と租税逋脱に関する若干の考察」税理三〇巻五号三ページ等参照

(16) 前出（15）中川一郎
(17) 前出（15）武田昌輔・税理三〇巻五号五ページ
(18) 吉良実「重加算税の課税要件と逋脱犯の成立要件」税理二四巻一号七三ページ
(19) 拙著「税理士・税務署員共謀による不正行為と重加算税の賦課要件等」TKC税研情報二〇〇二年八月一日号五四ページ参照
(20) 拙著「租税法律主義と税務通達」（ぎょうせい　平成一六年）九八ページ
(21) 碓井光明「重加算税賦課の構造」税理二二巻一二号五～六ページ
(22) なお、同様に消極的見解を示したものとして、長田行雄「重加算税に関する問題について」税法学二六九号一九ページ等参照
(23) 池本征男「判例からみた重加算税の賦課要件」税経通信三八巻一二号四五～四七ページ
(24) 松沢智「ことさらの過少申告と重加算税」税法学五三四号一三四ページ
(25) 住田裕子「重加算税の賦課要件としての「隠ぺい・仮装」行為」商事法務一四一九号二ページ、一四二〇号九ページ
(26) 岩崎政明「いわゆる「つまみ申告」と重加算税賦課決定処分の当否」ジュリスト一〇六九号一五三ページ
(27) 三木義一「いわゆる「つまみ申告」と重加算税の賦課要件」判例時報一五四六号一七三ページ（判例評論四四三号二七ページ）
(28) 岡本忠生「一九九五年四月二十八日最高裁第二小法廷判決評釈」税法学五三四号一一〇ページ
(29) 前出（20）九五ページ参照
(30) 本稿で引用した両最高裁判決を題材にした総合関係説の問題については、拙著「ことさらの過少申告と重加算税の関係」（小川英明他編『新・裁判実務大系18　租税争訟〔改訂版〕』（青林書院　平成二一年）所収二五八ページ参照
(31) 拙著「重要租税判決の実務研究　第四版」（大蔵財務協会　令和五年）一九六ページ等参照
(32) 前出（20）一〇〇ページ参照
(33) 前出（20）一〇〇ページ、拙著「重加算税賦課に求められる課税の明確性」税理四三巻六号二ページ参照
(34) 松沢智・井上弘通「租税実体法と処罰法」（財経詳報社　昭和五八年）四〇ページ参照
(35) 前出（2）七二六ページ
(36) 松沢智『第五章　附帯債務―附帯税　第四節　加算税・加算金』金子宏他編「租税法講座　二　租税実体法」所収三三七ページ等参照

(37)　拙著・解説・T&Amaster　平成十八年八月七日号二一ページ、前出（31）一七五ページ等参照
(38)　前出（2）六八九ページ
(39)　前出（33）「重加算税賦課に求められる課税の明確性」税理四三巻六号二ページ参照
(40)　拙著「租税法律主義と税務通達第九回」税理四四巻一〇号三〇ページ、前出（20）一〇二ページ参照
(41)　「改正税法のすべて　令和四年版」（大蔵財務協会）八二ページ参照
(42)　拙著「簿外経費等の必要経費・損金不算入の論拠と問題集」T&Amaster　二〇二二年九月一二日号一四ページ等参照

四 「隠蔽・仮装」に関する個別事例

1 「隠蔽・仮装」の態様

課税要件事実を隠蔽又は仮装して過少申告等をする方法としては、所得税や法人税のような所得課税であれば、売上（収入）金額の除外、仕入・経費の過大（架空）計上、売上原価の額を過大ならしめるための卸資産の除外・低評価等があり、相続税のような財産税であれば、課税対象となる財産の隠とく等があり全税目について共通的なものとして申告段階において課税標準や税額を不正に減額すること等があり、更には、以上のような不正行為が複合的に行われる場合もある。また、具体的な不正手段としては、二重帳簿の作成等の帳簿上の操作、契約書や領収書等の原始記録の虚偽作成、仮名預金の利用、取引行為の仮装、申告の仮装等多くの手段があり得る。

かかる過少申告等の方法や不正手段の機能に応じ、また、重加算税の賦課決定が是認された事例と取り消された事例に区分して、主要な各事例を整理することとする。

2 隠蔽・仮装がないとされた事例

重加算税の賦課決定の取消訴訟等において、隠蔽又は仮装の事実が否認された場合、すなわち、納税者側の主張が認められ当該賦課決定が取り消された事例については、当該賦課決定において認定された不正方法の態様に応じて整理すると、次のとおりである。

⑴ 売上（収入）金額の除外

まず、大阪地裁昭和四五年一〇月二七日判決（税資六〇号六一二ページ）では、売上金の脱ろう額（売上総額の約二二％）が多額であり、しかも、反面調査のしにくい特定の取引先について多額に売上金額を脱ろうしたものであるため、故意に売上金額を隠蔽したとしてなされた賦課決定の適否が争われたのであるが、本判決は、課税庁の主張する事実のみでは当該脱ろう分を故意に隠蔽して確定申告をしたことにならないとし、当該賦課決定を取り消した。

また、控訴審の大阪高裁昭和五〇年九月三〇日判決（税資八二号八三二ページ）も、原判決を支持している。

かかる各判決から、売上除外の多額性等が直ちに隠蔽行為に結びつかないことが推測できるのであるが、その後の国税通則法の数回にわたる改正により、多額な申告除外等については、過少申告加算税が加重されていることは既述したところである。

また、広島地裁昭和四五年一二月二二日判決（税資六〇号九〇六ページ）では、銀行の外務員である原告が導入預金斡旋の謝礼金を申告除外した場合に、その支払者が当該謝礼金を支払うに際し帳簿上架空の者に宅地造成の下請工事代金として支出したごとく記録したことにつき、当該記録は原告と通謀してなされたものと認定してなされた賦課決定の適否が争われたところ、本判決は、当該帳簿処理については、原告の依頼又は通謀によってなされたものと認める証拠はないとして、当該賦課決定を取り消した。

しかしながら、控訴審の広島高裁昭和四九年四月二二日判決（税資七五号一八一ページ）は、原判決と異なった事実認定を行い、当該賦課決定を適法であると判断している。

本件は、収入金の支払者と通謀の事実について、一審判決と控訴審判決との間で、判断を異にしたものである。

また、東京地裁昭和四八年八月八日判決（税資七〇号八二一ページ）では、係争事業年度の一部について、簿外預金に係る利息計上もれと売上金の一部計上もれについて、重加算税が賦課決定され、隠蔽又は仮装の事実の有無が争われたのであるが、本判決は、利息計上もれについては、簿外預金が特定できず利息発生の事実関係が明確に立証されていないと認定し、売上計上もれについては、単に次年度に繰延計上されているに過ぎないと認定し、いずれも隠蔽又は仮装の事実はない旨判断している。

なお、東京地裁昭和五三年八月二四日判決（税資一〇二号一六五ページ）は、重加算税賦課決定の対象となった金額のうち、一部について隠蔽又は仮装の事実がないことを認めている。すなわち、本判決では、不動産仲介等を営む原告の売上に関し、ある取引先の売上金額一〇二万五、六一五円が売上明細書に記帳されず売上金額から脱ろうしていたことにつき、隠蔽又は仮装の有無が争われたのであるが、本判決は、原告の売上明細書には当該売上先に対する売上の記帳のないことは認められるが、原告は当該取引について売上額を九〇万五四〇円と主張していることも認められるので、取引額の一部について故意による隠蔽があったということができても、取引額全部について故意による隠蔽があったと認めるのは速断のそしりを免れない旨判示し、原告の右主張額を重加算税の対象となる所得金額から除くべきである旨判示している。もっとも、この判決においては、原告が当該売上金額をどの時点で主張したのかは定かではなく、従って、賦課決定の一部取消しの論拠も必ずしも定かではない。

更に、東京地裁昭和五五年六月二五日判決（税資一一三号八〇六ページ）では、法人税の修正申告の段階で原告会社の取締役個人の名義の預金を原告会社のものと帰属替えを行い、当該預金の利息の申告もれについて、隠蔽・仮装の事実が争われたのであるが、本判決は、本件の事実関係からみて当該預金は当該取締役が個人として設定した可能性を否定し得ず、本件修正申告が被告担当者のしょうようによってなされた当該預金が原告会社の資産として計上された事実をもってしては、直ちに当該預金が原告会社に帰属していたとすることはむずかしいし、当該預金の利息収入を原告会社が隠蔽・仮装したことを認めるに足る証拠はないと判示している。

次いで、東京高裁平成五年三月二四日判決（税資一九四号一〇三八ページ）では、会社所有の株式の売却益の計上に関し、代表者の利益に帰属するよう帳簿操作を行う隠蔽・仮装行為があったとする重加算税の賦課処分につき、原審の東京地裁平成四年六月二五日判決（税資一八九号七七一ページ）は同処分を適法としたが、右控訴審判決は、代表者個人分の株式売却と混同したにすぎずことさら仮装したものではないとして、原判決を変更している。上告審の最高裁平成六年一一月二五日第二小法廷判決（税資二〇六号四三七ページ）も、原判決を維持している。

また、東京高裁平成八年五月一三日判決（税資二一六号三五五ページ）では、売買価格を圧縮した売買契約書の作成は取引先が主導して行ったものであり、控訴人が圧縮後の金額を信用して確定申告をしたとしてもやむを得ない事情があるとして当該圧縮額に相当する重加算税の額を取り消している（原審の東京地裁平成六年五月一一日判決（税資二〇一号二六八ページ）は、当該賦課決定を適法と判断）。

また、岡山地裁平成二一年一〇月二七日判決（平成十八年（行ウ）第一九号）では、税理士がその事業所得における収入金額の一部を計上しなかったことにつき、税務調査時の対応から当該税理士が当初から収入除外の意思があったとは認め難く、単に決算料メモの存在を失念し、杜撰な態度で自らの確定申告をしていた結果であるとして、「隠蔽・仮装」があったとは認め難いとしている。

次に、裁決例ではあるが、昭和四五年一〇月二八日裁決（東国裁例集二号一ページ）では、貸ビルの転貸しにより受領した権利金三〇〇万円を帳簿上は仮受金、貸借対照表は預り金と表示し、雑収入に計上しなかったことが、いわば科目仮装として隠蔽又は仮装に当たるか否かが争われた。本裁決は、審査請求人が当該賃貸借契約書を何ら加工することなく保管し、当該法人税調査の際に進んで提示し、それに基づいて説明していること、審査請求人は当該権利金を翌事業年度に雑収入に振り替えて中間申告していること等の事実を認定をした上で、当該権利金を預り金と処理したことは単に雑収入に振り替えることを見落して確定申告したにすぎないから、故意に所得を隠蔽したことには当たらないと判断している。

平成一〇年五月二八日裁決（裁決事例集五五号二五ページ）では、譲渡した土地代金が一部しか申告されなかったことにつき、意図的に過少申告が行われたとは認められず、特段の隠蔽・仮装行為も認められないとして、重加算税の賦課決定を取り消している。

(2) 仕入、経費の過大計上

売上（収入）の金額を過少に計上して不正申告等を行うことに対比し、仕入、経費の額を過大（架空）に計上して不正申告等が行われ、それに対する賦課決定の適否が争われることも多い。そのような争訟事件において、隠蔽・仮装の事実が否定された事例を紹介する。

まず、大阪地裁昭和五四年一〇月一六日判決（税資一〇九号二六ページ）では、演芸興行等を営む原告会社が、興行収入、飲食店業収入を除外し、これを架空名義預金等に預け入れると共に府市民税と繰越欠損金を損金算入としていた場合に、被告税務署長は、当該事業年度の青色申告承認を取り消すとともに損金算入の対象とならない府市民税と繰越欠損金の金額をも含めて重加算税の賦課決定を行い、その当否が争われたところ、本判決は、興行収入等の除外については隠蔽・仮装の事実を認めたが、府市民税についてはその性質上法の不知に基づくものと解し、繰越欠損金については、申告当時には青色申告承認を受けていたのであるから、その当時としては仮装隠蔽に基づき申告したことにはならない旨判示し、当該経費等の過大計上部分については、重加算税の対象所得から除外した。

本件の場合、国税通則法が隠蔽等されている部分と隠蔽等されていない部分とが明らかに区分し得るときには隠蔽等されている部分についてのみ重加算税を賦課すると規定している（通則法六八①かっこ書、通則令二八）ところから、その規定の趣旨を考慮して判断されたものと解される。

また、東京地裁昭和五五年八月二八日判決（税資一一四号三九九ページ）では、不動産販売業を営む原告会社の土地取引につき、架空造成費五〇〇万円の計上と売買契約が解除されたにもかかわらず実在しない架空仕入七二一万円余（買掛金勘定を設定）が計上されたとして重加算税の賦課決定がなされ、その適否が争われたところ、本判決は、当該架空造成費の計上の事実を認定したものの、架空仕入については、当該取引が農地の売買に係るものであり、農地について売買契約が締結されたのみで、農地法所定の許可がなく、代金も目的物の引渡しも行われていない事実を認定し、かかる段階では、当該代金額を買掛金勘定に計上して仕入計上が認められるものではないが、かかる事実をもって直ちに課税標準等の計算の基礎となるべき事実を隠蔽仮装したとみることは相当ではない、と判示した。

本件は、架空仕入の事実関係が問題とされたのであるが、控訴審の東京高裁昭和六〇年四月二四日判決（税資一四五号二一一ページ）も、原判決と同じ判断を下している。

また、大阪地裁平成三年三月二九日判決（前掲、裁判例㉜）は、前述のように、隠蔽・仮装における故意の要否等について判示するとともに、本件の仕入の過大計上の一部について、帳簿上の記載の誤りから生じたものであり、確定申告に至るまで知らなかったものであり、訂正の必要があることを認識しながらこれを放置したものとは認められないから、隠蔽・仮装に当たらない旨判示している。しかし、本判決は、過大仕入計上のその他の部分については、金額も高額で、訂正が必要であることを認識しながらこれを放置したものと認められるから、隠蔽・仮装に当たる旨判示している。

また、福岡高裁平成一一年二月一〇日判決（税資二四〇号六三九ページ）では、控訴人会社が譲渡した土地の取得時において帳簿価格とは別に裏金として支払った金額が存することが認められ、取得価額が修正されたことに伴い重加算税の賦課決定が一部取り消されている（原審の大分地裁平成一〇年一月二七日判決・税資二三〇号二〇七ページでは、当該賦課決定を適法と判断している）。

また、神戸地裁平成二七年三月一九日判決（平成二〇年（行ウ）第一六号）では、元税理士が架空経費・架空外注費を計上している場合に、隠蔽・仮装に当たると認定している。しかし、控訴審の大阪高裁平成二八年六月一七日判決（平成二七年（行コ）第七四号）は、加算税額の計算に誤りがあるとして、その一部を取り消している。

次に、裁決例であるが、昭和四六年一月一五日裁決（東国裁例集四号一五ページ）では、不動産賃貸業を営む審査請求会社が譲渡したビルの取得原価を三〇〇万円過大に計上しその金額を社長からの借入金として科目仮装していたとしてなされた賦課決定の適否が争われたところ、本裁決は、当該ビルの建築に際し資本不足が生じ、社長から立替払いがなされたこと、その立替払いの際、当該三〇〇万円について手形決済において担当者によって記帳誤りがあったと認められること、税務調査に際し、審査請求会社は当該建築関係の見積書を提示し、当該誤記入を指摘された直後に当該三〇〇万円を雑益に振り替えていること等の事実を認定した上で、当該建築代金の過大計上は記帳の誤りであって、故意に事実を隠蔽又は仮装したものとは認められない旨判断している。

(3) 資産の隠蔽（除外）等

以上のように収入・支出（フロー）の損益計算の段階での不正計算の有無が争われることに対し、ストック面すなわち資産を隠蔽（除外）又は負債を仮装計上することにより所得計算に影響を及ぼすことがあるが、かかる場合に隠蔽行為がなかったとして当該賦課決定が取り消された事例を整理することとする。

まず、大阪地裁昭和二九年一二月二四日判決（行裁例集五巻一二号二九九二ページ、税資一六号四九〇ページ）は、資産の隠蔽ないし脱税を企図し、二重帳簿の作成、証拠書類の廃棄、銀行その他の取引名義を仮装すること等は隠蔽又は仮装行為と認めるのが相当であるが、「たとえ仮装名義を用いた取引であってもそれが事業年度末にかかり経過的資産であるため申告に際して見落したものと認められるような場合には、これを故意に隠蔽又は仮装したものと認めることはできない」旨判示している。すなわち、仮装名義等による売掛金、前渡金、仮払金及び当座預金の一部計上もれが隠蔽行為として賦課決定の対象となったものであるが、本判決は、それらはいずれも年度末の経過的資産にすぎず、翌期初めには決済されているものであり、確定申告又は中間申告に際して、たまたまこれを見落したものと認めるのが相当であり、隠蔽又は仮装行為に当たらないと判断している。

また、福岡高裁昭和三五年九月九日判決（税資三三号一〇九四ページ）は、商品棚卸表の加筆訂正による商品除外につき、当事者に作為があったとしても幼稚なものであり、隠蔽・仮装に当たらないとして、原判決（熊本地裁昭和三四年一二月四日判決・税資二九号一三二五ページ）を取り消している。

資産の隠蔽に関しては、法人税法においては、たな卸資産を除外又は低評価して売上原価の額を過大にして所得金額を圧縮する方法が多く採られており、その場合に隠蔽仮装行為の有無が問題となる。

昭和四七年六月一五日裁決（東国裁例集五号八五ページ）では、菓子の卸売りを営む審査請求会社の各営業所が管理している期末たな卸商品の数量除外等について隠蔽・仮装の有無が争われたが、本裁決は、A営業所分のたな卸商品計上もれについては、決算書作成の時点では期末たな卸表は本社には提出されず、担当者が電話報告する際誤って二階分のたな卸商品を漏らして報告したと認められること、本社の返品分除外については、本来商品評価損として経理すべきところ、経理担当者が知識不足のため誤って全額除外した結果と認められること、B営業所分のたな卸商品計上もれについては、経理担当者がたな卸表の合計表作成の際不注意により誤って処理したものと認められること等を認定した上で、たな卸商品計上もれ額合計三三六万円余については、いずれも隠蔽又は仮装に基づくものと認められない旨判断している。

実務においては、たな卸商品のいわゆる数量除外については重加算税賦課の対象とされているようであるが、本裁決は、当該数量除外の経緯を調べた上で、審査請求会社が故意にたな卸商品を除外したものではないと判断したものである。

また、昭和四八年一二月一三日裁決（裁決事例集九号一ページ）では、建売住宅の建設販売を業とする審査請求会社の販売用土地計上もれについて、隠蔽・仮装の有無が争われた。すなわち、審査請求会社は、当初一団の分譲地一、五二三㎡余を一五区画に分筆して販売、その一区画を更に二つに分割し、その一方は当該事業年度中に売却したものの、残された分地五八㎡余二三二万円余について期末たな卸商品として計上しなかったものであるが、本裁決は、本件分地の計上もれについては、経理担当者の見落しによって生じたものと認められ、同社が従来の誤りのないたな卸方法を継続して採用していながら、当該分地が他の区画に比し異常に狭いこと等から、その見落しも止むを得ないと認められること、このたな卸商品計上もれは住宅建設販売業者として重大な過失と認められるが、当該分地は翌事業年度に譲渡され収益に計上されており、しかもそれは税務調査が行われる前に処理されていること等を認定し、審査請求会社は隠蔽又は仮装に基づいてたな卸商品を計上もれとしたものとは認められない旨判断した。

本裁決においても、たな卸計上もれとなった経緯が詳細に述べられている。

次に、負債を過大に計上したり、債務を仮装することにより不正行為が行われることがある。まず、昭和四八年一一月二八日裁決（裁決事例集七号三七ページ）では、相続税事案に関し、審査請求人が被相続人の事業を引き継ぎ、従業員らに支給することとしていた退職金相当額を債務控除していた場合に、当該債務控除は仮装行為であるとしてなした賦課決定の当否が争われたところ、本裁決は、被相続人時代には退職給与規定もなく、かつ、従業員が退職した事実も認められないので、相続開始時における被相続人の債務として確定していないから当該債務控除は認められないが、相続税の申告書及び同添付明細書にその詳細が記載されているから、当該退職金債務を仮装して申告したものとはいえない旨判断している。

また、東京国税不服審判所での昭和五二年分相続税に係る裁決（東国裁例集二〇号二七ページ）では、相続財産のうち、相続人ら家族名義となっていた株式及び預金を当初申告しなかったことにつき、相続財産を隠蔽・仮装したものとしてなされた賦課決定の当否が争われたところ、本裁決は、本件の株式及び預金は古くから被相続人以外の名義（審査請求人ら家族名義）となっていたため、被相続人の生前に贈与を受けたものと判断したものと認められること、相続財産を隠蔽、仮装するために作為的に移動等を行った事実も認められないこと、原処分庁が主張するような税務調査中における虚偽答弁があったとは認められないこと等を認定した上で、本件の株式等を相続財産から除外して申告したことに隠蔽又は仮装行為は認められない旨判断した。

本件においては、被相続人の仮装行為が結果的に問題とされたのであるが、相続人らがかかる仮装行為に加担も黙認もしていないとの事実が認定された上で、本件のような判断がなされたものである。

神戸地裁平成一一年一一月二九日判決（税資二四五号四九七ページ）では、相続財産のうち、投資信託等を解約して相続税の課税価格に含めなかった事案（被告は重加算税を賦課）につき、投資信託、定期預金が現金化された部分（約一、三三一万円）は、被相続人の入院費、葬式費用、相続人（孫・学生）らの生活費、学費等に充てられたと認められること、それらの処分財産が被相続人財産の一％強に過ぎないこと等の事実を認定し、本件の投資信託等の解約、現金出金は相続財産を過少に申告する意図で財産を隠蔽・仮装したものと評価することはできないとして、当該賦課決定を取り消している。

また、長野地裁平成一二年六月二三日判決（税資二四七号一三三八ページ）では、納税者は相続財産たる預金を計上して正しい申告をする意思を有していたのに、そのための資料が存在しないことなどのため、後日修正申告するつもりでやむを得ず期限後申告をしたものであって、期限後申告の際に隠蔽の意図があり、殊更に過少な申告をすることにより課税を免れようとした事実を認めることはできないとし、重加算税の賦課決定を取り消している。

(4) 全所得計算等に係る不正行為

(1)から(3)までに述べたように、所得計算や財産計算における個々の構成要件（収入、仕入等）に関する不正行為のほか、所得計算や財産計算の全体に関して不正行為が行われたり、申告段階で不正行為が行われて、それについて隠蔽又は仮装の有無が争われることがある。

まず、大阪高裁昭和四一年八月一三日判決（税資四五号一四七ページ）では、重加算税の賦課決定を相当とした原判決（大阪地裁昭和三五年一一月二八日判決・行裁例集一一巻一一号三〇九七ページ、税資三三号（下）一三〇三ページ）を取り消している。すなわち、原判決は、工業窯炉及び保温保冷工事請負業を営む原告の昭和二七年分所得税の過少申告事案につき、①事業そのものを移転していないにもかかわらず弟名義に変え、所得を兄弟に分割してそれぞれ異なる税務署に申告していること、②所得税法違反事件として国税査察官が調査中に修正申告書を提出していること、③当初申告所得額（五六万円余）と更正後の所得額（九七六万円余）とは非常に多額の開きがあり、計算違いと考えられないこと等を総合し、当初の確定申告は税額の基礎となるべき事実を隠蔽してなしたものと認定したのであるが、控訴審の本判決は、控訴人が過少申告をした理由としては、昭和二五年末以来一年以上にわたって告訴事件にまで及んだ先妻との離婚紛議と病気による心労及び前記期間中の国税局の取調べによる疲労等が影響したものと認められること、本件の更正の基となった期首たな卸高の認定が適正に行われておらず、係争対象の在庫の実際の評価額は被控訴人認定の倍額を上回ることも考えられ、いずれにしても被控訴人の所得認定額は甚だしく事実と相違するものとみなければならないこと等を認定した上で、「このように考えると、原判決において控訴人の確定申告書の提出が所得税額の計算の基礎となるべき事実の全部又は一部を隠ぺいしたところに基づいてなされたものであるとの認定につき挙げられた各証拠〈略〉によっても、以上に掲げたすべての証拠関係およびこれに基づく判断と対比して考察すると、いまだ右隠ぺいの事実を認定するに不十分であると謂わなければならない。」と判示し、当該賦課決定を取り消した。

本件は、控訴審において、賦課決定の基となる更正における所得認定額が否定されたものであるが、過少申告の事由として病気等の個人的事情が考慮されていることが注目される（かかる事由を考慮する必要性について疑問を呈する見解もあろう）。

また、大阪地裁昭和四五年一二月二二日判決（税資六〇号八八五ページ）では、資産を譲渡するに当たって他人名義を用い、当該譲渡所得を申告せず、かつ、配当所得を故意に申告しなかったとしてなされた賦課決定の適否が争われた事案につき、本判決は、当該譲渡資産が原告に帰属していたことを認める証拠はなく、かつ、配当所得を申告しなかったことについても、故意に隠蔽したことまでも認めるに足る証拠はない旨判示し、当該賦課決定を取り消した。

もっとも、控訴審の大阪高裁昭和五〇年二月二六日判決（税資八〇号二九一ページ）では、配当所得の無申告部分につき、株式を仮装名義で取得し、かつ、受取配当金を他人名義預金に預け入れて確定申告していないと認定し、その部分についての賦課決定は相当であると判示している。

また、横浜地裁昭和五三年三月一三日判決（後掲、裁判例⑫）では、建築請負業者（大工）の所得税の推計課税事案につき、隠蔽・仮装の有無が争われている。すなわち、本件課税処分に関し、原告が税務調査に協力せず、虚偽の答弁を繰り返し、収入金額を父名義の預金口座に振り込む等して預金を秘匿したこと等で重加算税が賦課されたのであるが、本判決は、本件において原告が税務調査に対し非協力的な態度を取り、虚偽の答弁をしたとしても、そのような非協力的な態度であった事実のみをもって、隠蔽又は仮装したところにより過少申告等をしたと推認することはできず、父名義の預金口座の利用についても、たまたまのものと認められ、そのことが果たして「事実を隠蔽し、又は仮装」する意図になされたものであるか疑いが残るところであって、以上を総合してもなお本件各係争年分について重加算税の賦課要件事実を認めるには足りない旨判示し、当該賦課決定を取り消した。

本件の結論自体については、なお議論も残る点もあろうが、いわゆる推計課税事案に係る重加算税賦課の当否を考える上においては、参考となる事案であろう。

なお、重加算税のような附帯税は、本税の更正等が取り消されることになれば、それに附随して運命を共にすることになるのであるが、岡山地裁昭和四六年九月九日判決（税資六三号五〇五ページ）は、青色申告承認取消処分が違法とされ、それにより、白色申告としてなされた理由付記を欠く更正が違法とされた場合には、当該更正に係る重加算税の賦課決定も違法となって取り消されざるを得ないことを明らかにしている。

また、京都地裁平成元年九月二二日判決（税資一七三号八三一ページ）は、譲渡所得の帰属時期に関し、第三者が契約ベースで不正な修正申告を行った事案につき、右申告書の提出は、期限内申告書が提出された場合にも、無申告を前提とする期限後申告書が提出された場合にも該当しないから、重加算税の課税要件の一つである期限内申告書の提出があったことに該当せず、当該重加算税の賦課決定は違法である旨判示し、控訴審の大阪高裁平成三年四月二四日判決（税資一八三号三六四ページ）は、実質的にも、右第三者が納税者に無断で不正申告を行い、当該納税者も納税相当額と称する金員を詐取されているから、隠蔽・仮装行為に当たらない旨判示している。本件は、農地に係る譲渡所得の帰属時期と修正申告をした者の不正行為が複雑にからみ合った事件で個別性の強い事案であるといえる。

更に、京都地裁平成元年九月二二日判決（税資一七三号八三一ページ）では、農地の譲渡所得に係る納税申告書の提出は、期限内申告書が提出された場合にも、無申告を前提とする期限後申告書が提出された場合にも該当しないから、重加算税の課税要件の一つである期限内申告書の提出があったことに該当しないとして、当該賦課決定を違法であると判示している。

次いで、宇都宮地裁平成一二年八月三〇日判決（税資二四八号五八六ページ）では、相続財産の一部を除外して申告したことにつき、帳簿の改ざん等確定申告時に行われたか否か不明であるとして、重加算税の賦課決定を取り消している。これに対し、控訴審の東京高裁平成一三年四月二五日判決（税資二五〇号順号八八九〇）では、隠蔽・仮装の事実を認め、原判決を取り消している。

なお、納税申告の受任を受けた税理士が不正行為を行った場合に、当該納税者と当該税理士との間に当該不正行為について意思の連絡等がない場合には、「特段の事情」を認めて重加算税の賦課要件を充足しないとした事例については、前記三の3の(3)で詳述した。

次に、裁決事例において、重加算税の賦課決定が取り消された事例を整理することとする。

まず、昭和四七年一一月二日裁決では、やはり推計課税事案（業種クリーニング）に係る重加算税の賦課決定が取り消されている。すなわち、原処分庁は、①税務調査において一切の帳簿書類を提示しなかったこと及び②外注費の一部について仮名を使用して取引を行っていること、を理由に重加算税を賦課決定したのであるが、本裁決は、①審査請求人が当年分の帳簿書類一切について提示を拒否したと認められる事実はなく、これらを隠匿又は計画的に破棄した事実も認められないこと、②外注費の一部について仮名取引をしていたことが認められるとしても、審査請求人はこれについて使用人の取扱高を知るためと述べており、当該取引に係る金額が申告所得金額から脱漏しているかどうかの確証はなく、当該取引行為が仮装・隠蔽に当たると断定することはできないこと等を認定し、当該賦課決定を取り消している。

本件は、前掲横浜地裁昭和五三年三月一三日判決に類似するものであるが、推計課税事案における隠蔽・仮装行為の立証の難しさを意味するものといえよう。

また、昭和五一年五月二八日裁決（裁決事例集一二号一ページ）では、株式の売買について仮名を用いて取引したことが、その所得を隠蔽又は仮装したことになるか否かが争われ、その隠蔽行為が否定されて重加算税の賦課決定が取り消されている。すなわち、当時の所得税法では、株式売買による所得は原則として非課税とされるが（同法九①一二）、その売買回数が五〇回以上であり、かつ、その売買株数が二〇万以上であるときには課税される（同法施行令二六②）ことになっていたが、審査請求人は、昭和四十六年中において、多数の証券会社を通じて実名及び仮名をもって株式の売買を行い、多額の所得を挙げていたところ、本裁決は、本件の株式売買が、売買回数九八回、その株数一八三万株余、所得金額二億二、一八〇万円余であり、その内訳が、実名による売買回数八五回、その株数一六一万株余、その所得金額二億二、八九〇万円であり、また、仮名による売買回数一三回、その株数二一万株余、その欠損金額七一〇万円余であることを認定した上で実名による売買回数及び株数だけでも所得税法施行令二六条二項に規定する課税の対象となる売買回数等に達しており、実名取引を五〇回以上、二〇万株以上に達しないようにして、他の取引を仮名取引とするなどの方法で隠蔽又は仮装したとする事実は認められず、また、多数の証券会社を使用して株式売買を行うことは通常の株式取引においてみられるところであるから、これによって直ちに隠蔽又は仮装の事実があったとも認められない旨判断し、本件賦課決定を取り消している。

本件においては、仮名取引分が結果的に欠損となったため、本裁決のような結論に達したものであろうが、その取引について所得が生じており仮名等を用いて隠蔽していると認められる売買には、少なくともその所得部分については、重加算税賦課の対象となるものと思われる。

更に、昭和五一年六月三〇日裁決（裁決事例集一二号五ページ）では、休業中の会社が土地建物の譲渡代金四、八〇〇万円を代表者の個人名義預金に入金し、申告をしなかったことが隠蔽・仮装行為に当たるか否かが争われ、結局、当該賦課決定が取り消されている。すなわち、本裁決は、①審査請求会社は、原処分庁からの照会に対して同社名義で譲渡先、譲渡金額等を記入した回答書を提出しており、譲渡代金が同社に帰属していることを実質的に認めており、税務調査においても譲渡代金の預金先を回答していること等から、預金者名義については単純に代表者名義を使用したと認められること、②確定申告書を決定申告期限内に提出しなかったことについては、その必要性について審査請求会社に十分な認識があったものと考えられるが、休業後相当の期間を経過していてその間帳簿等の整理も十分でなく、原処分庁の申告指導があったこと等の理由により申告しなかったものと認められること、③多額な譲渡益を申告しなかったことについては、判断要素として考慮されるべき場合があるとしても、単に金額面の多少によって律することは適当でなく、隠蔽の事実の有無によってその当否を判断することが相当であること等を認定した上で、本件の場合には、隠蔽の事実はない旨判断している。

平成九年一二月九日裁決（裁決事例集五四号九四ページ）では、相続財産から貸付金を除外したことにつき、納税者が隠蔽又は仮装したことについて原処分庁の主張・立証が不十分であるとして、重加算税の賦課決定を取り消している。

次に、申告段階において申告書の添付書類を仮装したとしてなされた賦課決定が取り消された事例を整理することとする。

まず、昭和五八年四月二八日裁決（裁決事例集二六号一ページ）では、居住用財産を譲渡した場合の特例（措法三五）適用の是否をめぐって仮装行為の有無が争われた。すなわち、本件においては、審査請求人が、生活の本拠地とは別の居宅に住民登録を行い、その居宅を譲渡して当該住民登録に基づいて取得した住民票の写しを確定申告書に添付した行為につき、原処分庁は、本件居宅において電気、水道の使用状況等から本件居宅における居住の事実を否認し、当該特例適用を否認するとともに、当該住民登録は居住していない家屋に居住していたかのようにみせかける仮装行為であると認定して重加算税の賦課決定を行ったものであるが、本裁決は、審査請求人が本件居宅に居住していない事実を認定したものの、同人が本件居宅の所在地に住民登録したのは、住宅公団の地元居住者優先分譲を受けるためであって、本件確定申告書に添付するために住民登録を移転させたものでないことが認められ、また、譲渡する前に本件居宅に一時的に仮住まいしていたので租税特別措置法三五条の規定に該当すると信じて住民票の写しを添付したことがうかがわれることから、審査請求人に仮装の意図があったとは認められない旨判断し、本件賦課決定を取り消している。

本裁決は、本件住民登録の移動について、申告仮装とは別の正当事由を認めたものである。

また、昭和六一年五月二二日裁決（裁決事例集三一号七ページ）においても、居住用財産の譲渡の課税特例の是否に関し、譲渡した家屋に住民登録を移したことを隠蔽又は仮装行為に当たらないと判断している。すなわち、審査請求人は、譲渡した家屋に譲渡前一年一カ月にわたり断続的に居住し、そこから通勤もしていたのであるが、本裁決は、本件譲渡家屋と妻子と同居している本宅の水道、電気及びガスの使用状況等から、本件譲渡家屋が審査請求人にとって従たる家屋にすぎない旨判断したものの、本件譲渡家屋が審査請求人の一年余にわたる生活の場の一つであったことは確かであるから、そこに住民登録を移したことを不自然な行為であるとすることはできず、住民登録の移し替えをもって事実の隠蔽又は仮装があったとすることはできない旨判断し、当該重加算税賦課決定を取り消している。

本件のように、居住の事実が不確かな場合に住民登録を移転して特例適用を受ける旨申告することがままあるだろうが、本裁決はかかる場合の参考となろう。

なお、東京国税不服審判所の裁決（東国裁例集二一号六三ページ）においても、生活の本拠と異なる場所に住民登録したことが仮装行為といえるか否かが争われたが、本裁決は、住民登録の届出は、行政上の権利義務関係の管理、公証等を目的とするものであるから、その必要に応じ生活の本拠と異なる場所を住所として住民登録を行うことを妨げないものと解されるので、その住民登録のみをもって、隠蔽・仮装したことにはならない旨判断している。

平成一〇年九月三〇日裁決（裁決事例集五六号七八ページ）では、非居住用部分を居住用と記載して申告したことにつき、仮装行為とまでいえないとして重加算税の賦課決定を取り消している。

次に、平成一六年五月一九日裁決（裁決事例集六七号一〇三ページ）では、消費税の課税仕入に関し、アドバイザリー業務に係る契約書の契約締結日が真実と異なる記載であったとしても、契約締結日は課税仕入の時期の判定要素となるものでないから、役務提供の真実の完了を仮装したことにはならないとし、当該重加算税賦課決定の一部を取り消している。

また、平成二〇年一二月一八日裁決（裁決事例集七六号四二ページ）では、ＦＸ取引に係る税務上の取扱いについて、請求人が、税理士等の専門家に相談した事実も認められず、株式の売買等の場合と同様、源泉分離課税であると誤解していた可能性も否定できず、当初から所得を過少に申告する意図を明らかに有していたとは認められないとして、当該重加算税の賦課決定を一部取り消している。

【裁判例⑫】　税務調査に対し非協力的な態度であった事実のみをもって隠蔽・仮装の事実を推認することはできず、父名義の預金口座を利用した事実についても、隠蔽・仮装する意図の下になされたものであるか疑いが残る（横浜地裁昭和五三年三月一三日判決・税資九七号四九一ページ）

『〈証拠略〉によれば、原告およびその意向を受けた同人の妻は、税務調査に対し、非協力的な態度を取り、調査担当者の質問に対しあいまいな応答を繰返し、領収書、請求書控等の原始記録の提示の求めに対しても、調査の最終段階に至って初めて昭和四十年分の請求書控および領収書の一部を提示したに過ぎず、「昭和三十八年分と三十九年分の領収書等はない。」旨事実に反する（〈略〉）供述をなしていること、取引銀行についての質問に対しても、「取引銀行は住友銀行川崎支店のほかにはない」旨応答し、原告が昭和三十九年において大建から収入した小切手を同人の父である岩楯敬次郎名義の三菱銀行川崎支店の普通預金口座に預入れした事実を供述していないこと、以上の事実が認められる。しかし他方、〈証拠略〉によれば、原告は、本件係争年当時においては未だ大工として独立して間もない頃で税務申告等にうとく、前示のように白色申告者で帳簿書類の備付け、記帳等を行っておらず、また領収書等の原始記録の整理、保管も十分でなかった（このようなことは、原告と類似の大工等においてありふれたことであったと推察される。）ところでもあり、右認定の税務調査に対し、非協力的な態度であった事実のみをもって、原告が、昭和三十八年ないし四十年分所得税の申告に関し、通則法六八条一項、二項所定の「課税標準等又は税額等の計算の基礎となるべき事実の全部又は一部を隠ぺいし、又は仮装し、……（略）……」との事実の存在までを推認することはできず、また、取引銀行の秘匿の事実についてみても、昭和三十八年および昭和四十年については、原告が住友銀行川崎支店以外に取引銀行を有していたことを認めるに足りる証拠はなく、かつ昭和三十九年にしても、前示大建から収入（小切手）を父親名義の口座に預入れているのは、九月に二件、十二月に一件合計一三九、〇〇〇円のみであって、昭和三十八年と昭和四十年においては右のような事実が認められない〈略〉ことに徴しても、右が果して前示の「事実を隠ぺいし、又は仮装」する意図の下になされたものであるか疑いが残るところであって、これと前示調査非協力の事実を総合してもなお本件各係争年分ともに前示通則法六八条一項、二項所定の事実を認めるには足りないというべきであり、他にこれを認めるに足りる証拠はない。」

3　隠蔽・仮装があるとされた事例

重加算税の賦課決定の取消訴訟においては、その大部分において隠蔽・仮装があると認定され、当該賦課決定が適法とされている。かかる事例は、非常に多岐・多数にわたるので、その主なものを不正方法の形態別に簡潔に整理することとする。

⑴　売上（収入）金額の除外

売上や収入を除外する方法にも、入金額を仮名預金口座に入金せしめて隠蔽したり、二重帳簿等を作成して売上金額を分離したり、入金そのものは正しく記帳しても科目を仮装して売上ではないようにしたり、取引内容や取引銀行を仮装したりする等多岐にわたり、またそれらの不正方法が複数組み合わされることもあるが、それらの不正方法の主たるものを中心に整理することとする。

イ　仮名預金等への入金

まず、東京地裁昭和三五年五月二六日判決（税資三三号七〇二ページ）では、二重帳簿の作成のほか、銀行預金の一部について妻、妹等の別人名義を使用して売上金額を預金し、これを表帳簿に記帳しなかったことが、隠蔽・仮装と認定されており、控訴審の東京高裁昭和三六年二月二四日判決（税資三五号一九三ページ）も、同様な判断を示している。

このように、売上金額の一部を家族名義、別人名義、架空名義あるいは無記名の預金口座に振り込んで、売上を公表帳簿から除外するやり方はよく採用されるところである。例えば、次のような各判決において、それらの行為が、隠蔽・仮装行為と判断されている。

○　大阪地裁昭和四〇年二月一六日判決（税資四一号一一一ページ）
○　福岡地裁昭和四五年四月二三日判決（税資五九号六八一ページ）
○　福岡地裁昭和四六年一月二九日判決（税資六二号一三六ページ）
○　長野地裁昭和四七年四月二七日判決（税資六五号八五五ページ）、控訴審の東京高裁昭和四八年六月二九日判決（税資七〇号五八三ページ）
○　前橋地裁昭和四八年三月一三日判決（税資六九号六四二ページ）
○　名古屋地裁昭和四八年四月二七日判決（税資六九号一三九〇ページ）

○名古屋地裁昭和四八年六月二〇日判決（税資七〇号三一九ページ）
○東京地裁昭和四八年八月八日判決（税資七〇号八二一ページ）
○東京地裁昭和四八年九月二〇日判決（税資七一号二三四ページ）、控訴審の東京高裁昭和五一年五月二四日判決（税資八八号八三三ページ）
○東京地裁昭和四九年六月一八日判決（税資七五号八四一ページ）、控訴審の東京高裁昭和五一年四月一五日判決（税資八八号三六六ページ）
○東京地裁昭和四九年七月一九日判決（税資七六号一一六ページ）
○名古屋地裁昭和四九年九月一一日判決（税資七六号六一二ページ）
○広島地裁昭和五〇年五月二八日判決（税資八一号六五六ページ）、控訴審の広島高裁昭和五一年一一月八日判決（税資九〇号五一五ページ）
○鹿児島地裁昭和五〇年一二月一九日判決（税資八三号七五三ページ）、控訴審の福岡高裁宮崎支部昭和五二年四月二七日判決（税資九四号四二四ページ）
○大阪地裁昭和五一年二月五日判決（税資八七号二七九ページ）
○宇都宮地裁昭和四八年三月二二日判決（税資六九号一〇二七ページ）、控訴審の東京高裁昭和五一年二月二六日判決（税資八七号六二〇ページ）
○大阪地裁昭和五一年六月二二日判決（税資八九号四ページ）
○東京地裁昭和五一年九月八日判決（税資八九号五三五ページ）、控訴審の東京高裁昭和五三年四月二五日判決（税資一〇一号二一二ページ）

○東京地裁昭和五二年七月二五日判決（税資九五号一二四ページ）
○東京地裁昭和五二年一〇月二七日判決（税資九六号九〇ページ）
○横浜地裁昭和五三年三月一三日判決（税資九七号四九一ページ）
○長野地裁昭和五三年三月一六日判決（税資九七号五九〇ページ）、控訴審の東京高裁昭和五三年一〇月三〇日判決（税資一〇三号一〇〇ページ）
○熊本地裁昭和五三年三月三〇日判決（税資九七号一〇八六ページ）
○東京地裁昭和五三年六月七日判決（税資一〇一号五一六ページ）、控訴審の東京高裁昭和五五年一月二三日判決（税資一一〇号三二ページ）、上告審の最高裁昭和五五年九月一一日第一小法廷判決（税資一一四号六七七ページ）
○名古屋地裁昭和五三年七月一〇日判決（税資一〇二号一四ページ）、控訴審の名古屋高裁昭和五七年七月二八日判決（税資一二七号五三七ページ）
○東京地裁昭和五三年九月二一日判決（税資一〇二号五〇四ページ）、控訴審の東京高裁昭和五四年二月二〇日判決（税資一〇四号二七四ページ）
○名古屋地裁昭和五三年一一月二七日判決（税資一〇三号五〇三ページ）、控訴審の名古屋高裁昭和五九年九月二九日判決（税資一一四号九五〇ページ）
○大阪地裁昭和五四年一〇月一六日判決（税資一〇九号二六ページ）
○東京地裁昭和五五年六月一九日判決（税資一一三号六九七ページ）
○東京地裁昭和五五年六月二五日判決（税資一一三号八〇六ページ）
○長崎地裁昭和五五年七月二五日判決（税資一一四号二四八ページ）、控訴審の福岡高裁昭和五六年一一月一〇日

判決（税資一二一号二六四ページ）
○徳島地裁昭和五六年一月二八日判決（税資一一六号三二ページ）、控訴審の高松高裁昭和五七年九月一四日判決（税資一二七号八〇三ページ）
○広島地裁昭和五六年一二月一七日判決（税資一二一号五四四ページ）、控訴審の広島高裁昭和五八年八月三一日判決（税資一三三号五八三ページ）
○奈良地裁昭和五七年五月一四日判決（税資一二三号三一九ページ）
○東京地裁昭和五七年七月二六日判決（税資一二七号三三六ページ）
○京都地裁昭和五七年九月二四日判決（税資一二七号九四九ページ）、控訴審の大阪高裁昭和五八年一二月一五日判決（税資一三四号五〇一ページ）
○東京地裁昭和五五年六月二日判決（税資一一三号五二六ページ）、控訴審の東京高裁昭和五六年五月二八日判決（税資一一七号四八六ページ）、上告審の最高裁昭和五七年一一月三〇日第三小法廷判決（税資一二八号五四一ページ）
○東京地裁昭和五七年一月二六日判決（税資一二二号四九ページ）
○京都地裁昭和五八年四月二二日判決（税資一三〇号八九ページ）、控訴審の大阪高裁昭和六〇年五月二九日判決（税資一四五号五六三ページ）
○水戸地裁昭和五八年五月三一日判決（税資一三〇号五五八ページ）
○京都地裁昭和五八年九月九日判決（税資一三三号五九四ページ）、控訴審の大阪高裁昭和六〇年一〇月二二日判決（税資一四七号四五ページ）

○水戸地裁昭和五八年一二月一三日判決（税資一三四号三八七ページ）
○広島地裁昭和六〇年五月三〇日判決（税資一四五号六九〇ページ）、控訴審の広島高裁昭和六一年八月二八日判決（税資一五三号五八一ページ）
○大阪地裁昭和六〇年一〇月三一日判決（税資一四七号二四二ページ）、控訴審の大阪高裁昭和六二年九月一六日判決（税資一五九号六二〇ページ）
○東京地裁昭和六一年七月三〇日判決（税資一五三号三六六ページ）、控訴審の東京高裁昭和六二年一月二六日判決（税資一五七号二三五ページ）
○岡山地裁昭和六二年一月三〇日判決（税資一五七号三五八ページ）、控訴審の広島高裁岡山支部平成元年一二月二一日判決（税資一七四号一〇五七ページ）
○東京地裁昭和六二年九月二二日判決（税資一五九号六五七ページ）
○広島地裁昭和六三年七月七日判決（税資一六五号一四九ページ）及び広島高裁平成三年四月一〇日判決（税資一八三号四六ページ）
○名古屋地裁昭和六三年一二月二三日判決（税資一六六号一一一一ページ）
○東京地裁平成元年七月一三日判決（税資一七三号三六ページ）
○長野地裁平成元年八月三一日判決（税資一七三号五五一ページ）
○東京地裁平成元年一〇月三〇日判決（税資一七四号四〇六ページ）及び東京高裁平成五年五月二八日判決（税資一九五号五八三ページ）
○静岡地裁平成七年一〇月二六日判決（税資二一四号二七〇ページ）

以上のほか、会社の収入を会社代表者個人の預金口座に振り込んで隠蔽・仮装が行われるところ、広島地裁昭和四六年一二月二二日判決（税資六三号一二六七ページ）では、会社に帰属すべき貸金利息を代表取締役個人名義で収受し、これを同人名義の預金に預け入れたことが、隠蔽・仮装行為と認定されており、東京地裁昭和五二年九月二九日判決（税資九五号六三七ページ）及び東京高裁昭和五五年六月九日判決（税資一一三号五六八ページ）では、会社売上金の一部が会社代表者個人名義の簿外当座預金に預け入れられていることが、隠蔽・仮装行為と認定されており、東京地裁昭和五九年一一月二一日判決（税資一四〇号六八一ページ）及び東京高裁昭和六〇年一一月一五日判決（税資一四七号四一二ページ）では、除外した収入が会社名義の預金口座に入金されていたとしても、その口座が簿外で扱われ、申告書上、その入出金の記載がないときには、隠蔽・仮装行為に当たると判示している。

ロ　二重帳簿の作成等

いわゆる二重帳簿の作成等の帳簿作成上の操作により、収入を除外したことが、隠蔽・仮装行為と認定される場合があるが、次のような事例がある。

○　まず前掲した東京地裁昭和三五年五月二六日判決（税資三三号七〇二ページ）及び東京高裁昭和三六年二月二四日判決（税資三五号一九三ページ）では、確定申告の基礎とした売上・仕入の記帳がある表帳簿を備え付けていたほか、いわゆる裏帳簿を有し、表帳簿において相当多額の売上金額の脱漏を図りながら、税務職員に対してはこれが唯一の正確な帳簿であると主張したことが、隠蔽・仮装行為と認定されている。

○　熊本地裁昭和四一年一二月二七日判決（税資四五号六九七ページ）では、売上脱漏等収支内容の不完全な帳簿しか作成せず、その帳簿に基づいて確定申告が行われ、その後、所轄税務署による別名取引に係る税務調査の開始に伴い、係争年度二カ年にわたって各年二〇〇万円の売上計上もれがあったと修正申告（いわゆるつまみ申告）をしたが、その修正申告額も実際の所得金額を相当に下回っており単なる過失による見積り違いの域をこえている場合には、当該各行為が総合されて、隠蔽・仮装の行為が認定されている。

○　東京地裁昭和四九年六月一八日判決（税資七五号八四一ページ）及び東京高裁昭和五二年四月一五日判決（税資八八号三六六ページ）では、不完全、不正確な現金出納帳の作成が、税務調査非協力、仮名預金の設定等が相まって、収入除外につながっていると認定されている。

○　熊本地裁昭和五〇年一一月二六日判決（税資八三号五五三ページ）及び福岡高裁昭和五一年八月四日判決（税資八九号四一九ページ）では、金融業者が、帳簿書類等を全く備え付けず、借用証書は貸付金の返済を受けた際に自ら破棄するか、又は貸付先に破棄させて証拠書類が残らないようにし、税務調査に際し虚偽答弁をするなどして、収入を除外したことが隠蔽・仮装行為と認定されている。

○　東京地裁昭和五二年七月二五日判決（税資九五号一二四ページ）では、家賃収入及び定期預金利息収入を帳簿書類に全く記録しなかったことが、虚偽答弁・架空領収書の作成等と相まって、隠蔽・仮装行為と認定されている。

○　東京地裁昭和五三年六月七日判決（税資一〇一号五一六ページ）、東京高裁昭和五五年一月二三日判決（税資一一〇号三一ページ）及び最高裁昭和五五年九月一一日第一小法廷判決（税資一一四号六七七ページ）では、土地売買代金の一部を会計帳簿に記載しなかったことが、簿外預金の認定と相まって、隠蔽・仮装行為と認定されている。

○　大阪地裁昭和五三年一一月二四日判決（税資一〇三号四七〇ページ）及び大阪高裁昭和五五年四月二四日判決（税資一一三号一七九ページ）では、売上除外による虚偽の帳簿作成と確定申告額とが計数上符合している場合には、脱税目的で所得の一部を隠蔽したものと推認されると判断している。

○　京都地裁昭和五四年四月二七日判決（税資一〇五号二三〇ページ）では、不動産賃貸に係る承諾料、更新料及び権利金を会計帳簿に記載せず、所得金額を過少に申告したことが、隠蔽・仮装行為と認定されている。

○　横浜地裁昭和五四年六月一一日判決（税資一〇五号六一三ページ）では、住宅開発用地の売買に際して買主会社の役員が不正に領得した金員につき偽りの領収書を作成するなどしてその領得の事実を隠蔽した場合に、重加算税の賦課は相当であると判断されている。

○　鳥取地裁昭和五五年三月二七日判決（税資一一〇号一〇〇〇ページ）及び広島高裁松江支部昭和五五年一一月二八日判決（税資一一五号六六〇ページ）では、不動産業者が仲介手数料として領得した不動産売買代金の一部を帳簿に計上していない場合に、隠蔽・仮装行為と認定されている。

○　名古屋地裁昭和五五年一〇月一三日判決（税資一一五号三一ページ）では、歯科医師が自由診療収入に係るカルテの記載を抹消し、右収入を現金出納帳に記載しなかったことが、虚偽答弁、仮名取引等と相まって、隠蔽・仮装行為と認定されている。

○　名古屋地裁昭和五五年一二月一九日判決（税資一一五号七四三ページ）及び名古屋高裁昭和五九年二月二八日判決（税資一三五号二三〇ページ）では、売上収入等の全部を正確に公表帳簿に計上せず、収入の一部を除外隠蔽し、右除外隠ぺいに基づく法人税の申告をしたと認定されている。

○　東京地裁昭和五七年一月二六日判決（税資一二二号四九ページ）では、パチンコ営業等の収入金額を除外して仮名の日掛預金を設け、二重帳簿を作成したことが、隠蔽・仮装行為と認定されている。

○　東京地裁昭和五七年七月二六日判決（税資一二七号三三六ページ）では、キャバレー業者が売上除外等を行い、簿外に係る売上伝票を破棄したことが、仮名預金の設定等と相まって隠蔽・仮装行為と認定されている。

○　大阪地裁昭和五八年八月二六日判決（税資一三三号四九一ページ）及び大阪高裁昭和五九年五月三一日判決（税

資一三六号六六四ページ）では、売上の一部を別途裏帳簿に記載して隠ぺいしたこと等が、隠蔽・仮装行為と認定されている。

○　横浜地裁昭和五九年四月一八日判決（税資一三六号三八ページ）及び東京高裁昭和六一年二月二七日判決（税資一五〇号三九三ページ）では、旅館業を営む会社が旅館収入に関する記録を破棄し、リース業者にシーツのリースに係る請求書等の操作を依頼したこと等が、隠蔽・仮装行為と認定されている。

○　東京地裁昭和五九年一二月二一日判決（税資一四〇号六八一ページ）、東京高裁昭和六〇年一一月一五日判決（税資一四七号四一二ページ）及び最高裁昭和六一年六月二六日第一小法廷判決（税資一五二号五四六ページ）では、申告除外した収益は公正証書をもってなされた売買代金の訂正に係るものであるから、その除外は隠蔽行為に当たらないなどの納税者の主張が排斥されている。

○　東京地裁昭和六三年一二月一九日判決（税資一六六号八四六ページ）、東京高裁平成元年一一月二九日判決（税資一七四号八〇二ページ）及び最高裁平成二年七月五日第一小法廷判決（税資一八〇号二二ページ）では、売上伝票等を破棄し、収入金額の一部を帳簿に記帳しないでした過少申告が、隠蔽・仮装行為と認定されている。

○　横浜地裁平成元年六月二八日判決（税資一七〇号七九六ページ）では、真実の収入金額を記載したリスト表を破棄し、売上金額を一部除外したリスト表を作成し、また、現金出納帳を全面的に作り換え、それに基づいて納税申告を行っている場合に、重加算税の賦課決定を適法としている。

○　東京地裁平成元年一二月五日判決（税資一七四号八三五ページ）及び東京地裁平成元年一二月八日判決（税資一七四号八六四ページ）では、個室付浴場を営む納税者が入浴料収入の一部を除外したうえ、真実の原始記録を破棄又は書き換え、過少申告した場合に、推計課税に基づく重加算税の賦課を適法としている。

○　名古屋地裁平成二年一二月二一日判決（税資一八一号一〇五一ページ）では、売上除外について裏帳簿を作成し、その代金の回収には簿外預金を利用し、税務調査の際虚偽答弁をしたことにつき、重加算税の賦課要件に該当するとしている。

○　名古屋地裁平成六年四月二二日判決（税資二〇一号一二一ページ）は、納税者の長男の妻が売買代金を圧縮した契約書を作成し、その裏金を当該納税者が受領して申告しなかった場合に、隠蔽・仮装行為を認定している。

ハ　科目仮装等

帳簿操作の一つの方法であるが、収入があった場合にも収益勘定に計上せず、故意に仮受金等の他の貸方科目で経理処理をして置き、収益の計上時期を翌期以降にずらしたり、場合によっては他の勘定科目と相殺経理等を行って翌期以降においても収益に計上させない方法等が採られることがある。事例としては、次のようなものがある。

○　千葉地裁昭和四五年一二月二五日判決（税資六〇号九四四ページ）では、自己所有資産の売却代金を仮受金として処理し収益に計上しなかった行為が、隠蔽・仮装行為と認定されている。

○　京都地裁平成六年一月三一日判決（税資二〇〇号四七六ページ）も、土地建物の譲渡代金を仮受金と仮装したことにつき、隠蔽・仮装行為と認定している。

○　千葉地裁昭和五〇年一〇月二七日判決（税資八三号一六一ページ）では、売上の一部を計上せず、その入金を借入金と仮装し、その入金に係る預金口座を解約して収益の隠蔽を図ったことが、隠蔽・仮装行為と認定されている。

○　高松高裁昭和五二年九月七日判決（税資九五号四五四ページ）及び最高裁昭和五四年七月二四日第三小法廷判決（税資一〇六号一三〇ページ）では、営業譲渡の対価の一部について、これを株主で構成する仲買人組合が営業譲渡人から受けた借入金であると仮装している場合に、重加算税の賦課決定が相当とされている。なお、一審の松山地裁昭和四八年三月三一日判決（税資六九号一一四四ページ）では、重加算税賦課決定の適否は、争われていない。

○　東京地裁昭和五四年三月三〇日判決（税資一〇四号一一二七ページ）では、当該事業年度の収益に計上すべき受取立退料であるにもかかわらず、課税を免れるためこれを借入金と仮装して処理し申告したことが明らかである、と認定されている。

○　横浜地裁昭和五七年一二月二二日判決（税資一二八号七三八ページ）では、不動産仲介業を営む会社が他人の土地売却代金の一部を領得し、これを会社代表者及び架空人名義の預金に預け入れ、更にその払戻金を会社代表者に対する貸付金の返済のごとく仮装して過少申告した場合に、重加算税の賦課が相当であるとされている。

○　東京地裁昭和六〇年七月一七日判決（税資一四六号一二五ページ）及び東京高裁昭和六一年四月二五日判決（税資一五二号一三一ページ）では、受領した立退料の一部を前受家賃、保証金、借入金及び前受金の名目に仮装して、過少申告したと認定されている。

○　広島地裁平成四年八月六日判決（税資一九二号三二四ページ）では、工事が完成し、代金も受領しているにもかかわらず、真実を秘匿し、故意に未完成工事であるとして振替伝票を起票するなどして過少申告したことが「隠蔽・仮装」に当たると認定している。

二　取引内容の仮装等

いわゆる二重契約書の作成等取引の相手方と通謀等して取引内容を仮装して収入金額を除外する方法もよく用いられるところであるが、次のような事例がある。

○　広島地裁昭和三七年七月一八日判決（税資三六号七八七ページ）では、宅地二筆を他に売却した真実を隠蔽し、その売却先に対しては売却代金を低廉に決定したように仮装し、過少申告したと認定されている。

○　京都地裁昭和四三年四月三日判決（税資五二号六一一ページ）では、土地売買代金につき仮装の契約書を作成した場合、重加算税の賦課決定が相当であるとされている。

○　大阪地裁昭和四三年四月二六日判決（税資五二号八四五ページ）及び大阪高裁昭和四六年一二月二一日判決（税資六三号一二三三ページ）。同前。

○　盛岡地裁昭和四四年五月二九日判決（税資五六号七七四ページ）及び仙台高裁昭和五一年三月八日判決（税資八七号六六二ページ）。立木の売買につき仮装契約書の作成。

○　東京地裁昭和四八年六月一二日判決（税資七〇号二四九ページ）。不動産売買につき仮装契約書の作成。

○　大阪地裁昭和四九年二月二八日判決（税資七四号五三一ページ）。同前。

○　大阪地裁昭和四九年一〇月二三日判決（税資七七号一八一ページ）。同前（取締役会議事録の仮装作成等を含む）。

○　大阪地裁昭和五〇年五月二〇日判決（税資八一号六〇二ページ）。同前。

○　名古屋地裁昭和五〇年七月七日判決（税資八二号三六五ページ）及び名古屋高裁昭和五二年七月二一日判決（税資九五号一一三ページ）。同前。

○　徳島地裁昭和五二年六月二九日判決（税資九四号八六一ページ）。同前。

○　東京地裁昭和五二年一二月二六日判決（税資九六号五三五ページ）及び東京高裁昭和五三年七月一八日判決（税資一〇二号一一五ページ）。同前。

○　東京地裁昭和五三年九月二一日判決（税資一〇二号五〇四ページ）及び東京高裁昭和五四年二月二〇日判決（税資一〇四号二七四ページ）。同前。

○　熊本地裁昭和五二年二月二八日判決（税資九一号二九六ページ）及び福岡高裁昭和五三年一〇月二六日判決（税資一〇三号六八ページ）。同前。

○　名古屋地裁昭和五四年一月二九日判決（税資一〇四号五六ページ）及び名古屋高裁昭和五六年二月二七日判決（税資一一六号四六九ページ）。同前。

○　東京地裁昭和五四年一月三〇日判決（税資一〇四号八八ページ）及び東京高裁昭和五六年二月二六日判決（税資一一六号四〇七ページ）。同前。

○　大阪地裁昭和五四年三月二九日判決（税資一〇四号一〇五四ページ）。同前。

○　東京地裁昭和五四年七月二五日判決（税資一〇六号一五三ページ）及び東京高裁昭和五七年一月二六日判決（税資一二二号九三ページ）。同前。

○　大阪地裁昭和五四年一一月七日判決（税資一〇九号二二一ページ）。同前。

○　前橋地裁昭和五五年六月一七日判決（税資一一三号六五八ページ）。同前。

○　大阪地裁昭和五五年七月一一日判決（税資一一四号三七ページ）。同前。

○　宇都宮地裁昭和五五年九月一一日判決（税資一一四号六六七ページ）及び東京高裁昭和五六年五月二七日判決（税資一一七号四七五ページ）。同前。

○　東京地裁昭和五五年九月二二日判決（税資一一四号七五一ページ）及び東京高裁昭和五七年五月二七日判決（税資一二三号五二三ページ）。同前。

○　徳島地裁昭和五六年一月二八日判決（税資一一六号三二ページ）及び高松高裁昭和五七年九月一四日判決（税資一二七号八〇三ページ）。同前（山林譲渡代金）。

○　東京地裁昭和五四年七月二五日判決（税資一〇六号一五三ページ）及び東京高裁昭和五七年一月二六日判決（税資一二二号九三ページ）。同前。
○　神戸地裁昭和五七年四月二八日判決（税資一二三号二二二ページ）。同前。
○　長野地裁昭和五八年七月七日判決（税資一三三号一ページ）。同前。
○　福岡地裁昭和五八年一〇月二八日判決（税資一三四号六一ページ）及び福岡高裁昭和五九年一一月二八日判決（税資一四〇号二七三ページ）。同前。
○　奈良地裁昭和五九年八月三一日判決（税資一三九号四四六ページ）。同前。
○　那覇地裁昭和六〇年三月一二日判決（税資一四四号四〇三ページ）。同前。
○　山口地裁昭和六一年一〇月一六日判決（税資一五四号六三ページ）。同前。
○　東京地裁昭和六二年三月二四日判決（税資一五七号九七三ページ）、東京高裁平成元年八月三〇日判決（税資一七三号五三〇ページ）及び最高裁平成二年四月二〇日第二小法廷判決（税資一七六号六六〇ページ）。同前。
○　津地裁昭和六三年四月二一日判決（税資一六四号一二五ページ）。同前。
○　東京地裁昭和六三年一〇月一八日判決（税資一六六号一七六ページ）及び東京高裁平成元年一一月一三日判決（税資一七四号五九六ページ）。同前。
○　横浜地裁昭和六三年一〇月三一日判決（税資一六六号四四八ページ）。同前。
○　東京地裁平成元年七月二四日判決（税資一七三号二九二ページ）。同前。
○　横浜地裁平成元年九月二七日判決（税資一七三号九五九ページ）。同前。
○　大阪地裁平成元年一一月一四日判決（税資一七四号六一八ページ）。同前。

なお、本判決においては、土地建物の売買及び確定申告を任せていた父が右行為を行った場合に、当該納税者にも仮装・隠ぺいに基づいて確定申告をしたものとみなされる旨判示している。

○　松山地裁平成元年一二月二一日判決（税資一七四号一〇二六ページ）。同前（右判決のなお書部分を除く）。

○　静岡地裁平成七年九月七日判決（税資二一三号五七四ページ）。同前。

○　東京地裁平成七年一〇月二〇日判決（税資二一四号二〇一ページ）。同前。

○　大阪地裁昭和五八年五月二七日判決（税資一三〇号五一四ページ）では、土地の譲渡が二回に分けて行われたかのように仮装し、譲渡代金の一部を隠蔽している場合に、重加算税の賦課が相当であるとされている。

○　東京地裁平成二年一月二九日判決（税資一七五号一七〇ページ）は、プロボクシングの興行権の譲渡代金を実額よりも過少とする虚偽の契約書を作成等して過少申告した場合に、重加算税の賦課を相当としている。

○　水戸地裁平成七年三月一七日判決（税資二〇八号七六八ページ）では、土地売却の謝礼金の受領につき、中間譲渡人があるかのように仮装して右謝礼金を圧縮したことは隠蔽等に当たる旨判示している。

ホ　取引名義の仮装例

取引内容のうち特に取引名義を仮装して収入金額を隠蔽することもよく採られる手法であるが、次のような事例がある。

○　東京地裁昭和三五年五月二六日判決（税資三三号七〇二ページ）及び東京高裁昭和三六年二月二四日判決（税資三五号一九三ページ）では、自己の有する株式について他人名義を使用して配当所得を得ながら申告をしなかったこと等につき、隠蔽・仮装行為が認定されている。

○　名古屋高裁昭和四六年二月二三日判決（税資六二号二二九ページ）及び最高裁昭和五〇年五月二九日第一小法廷

判決（税資八一号七七四ページ）では、譲受人を仮装する等の譲渡所得の脱税幇助工作の手数料収入を除外したことにつき、重加算税の賦課が相当とされている。

○　東京地裁昭和四九年一月二八日判決（税資七四号一二七ページ）では、土地交換差益の一部の受領を他人名義に仮装していること等につき、重加算税の賦課決定が相当とされている。

○　岡山地裁昭和四九年二月二八日判決（税資七四号五五七ページ）及び広島高裁昭和五一年九月二〇日判決（税資八九号六六七ページ）では、偽名を用いて株式の売買取引をし、配当収入等を申告しなかったことにつき、重加算税の賦課決定が相当とされている。

○　大阪高裁昭和五〇年二月二六日判決（税資八〇号二九一ページ）では、株式を仮装名義で取得し、受取配当金を他人名義預金に預け入れて、配当所得を申告しなかった場合に、重加算税の賦課決定は相当であるとされている。なお、一審の大阪地裁昭和四五年一二月二二日判決（税資六〇号八八五ページ）では、当該配当所得の無申告について隠蔽したことの立証がないとして、重加算税の賦課決定が取り消されている。

○　和歌山地裁昭和五四年二月二六日判決（税資一〇四号三七四ページ）は、得意先と通謀して架空の取引名義を用いて取引し、これによる売上金を脱漏していた場合に、重加算税の賦課決定を相当としている。

○　東京地裁昭和五五年七月三〇日判決（税資一一四号二八〇ページ）及び東京高裁昭和五六年九月八日判決（税資一二〇号四七八ページ）は、架空人名義又は他人名義を用いて商品取引を行い、これに係る収入金額を除外して申告書を提出していた場合に、重加算税の賦課決定を相当としている。

○　名古屋地裁昭和五五年一〇月一三日判決（税資一一五号三一ページ）は、株式売買につき、架空名義を使用してその収益を除外した場合に、重加算税の賦課決定を相当としている。

○　京都地裁昭和五八年四月二二日判決（税資一三〇号八九ページ）及び大阪高裁昭和六〇年五月二九日判決（税資一四五号五六三ページ）では、金融業者が貸付に伴う担保の設定及び所有権移転登記につき妻又は従業員の名義を用いて収入除外している場合に、重加算税の賦課決定を相当としている。

○　水戸地裁昭和五八年五月三一日判決（税資一三〇号五五八ページ）では、養豚業者が架空名義で豚を販売して収入を除外したことにつき、重加算税の賦課決定を相当としている。

○　京都地裁昭和五八年九月一六日判決（税資一三三号六五一ページ）及び大阪高裁昭和六〇年三月二八日判決（税資一四四号九九一ページ）では、土地の譲渡について故意に宗教法人に対する譲渡と仮装して過少申告している場合に、重加算税の賦課決定を相当としている。

○　東京地裁平成元年四月二五日判決（税資一七〇号一二〇ページ）では、所得の発生又は帰属を隠ぺいする意図のもとに株式等の売買を他人名義又は架空名義で行い、右売買に係る所得が生じていないかの如き外観を創出したうえ、現実に生じた右所得を申告しなかった場合に、重加算税の賦課決定を適法としている。

○　静岡地裁平成二六年二月一三日判決（平成二四年（行ウ）第三八号）では、工事代金の一部を弟名義の銀行口座に振り込んで売上除外した場合に、隠蔽・仮装を認定している。

へ　税務調査における虚偽答弁等

税務調査における虚偽答弁あるいは非協力な態度をとったことが、重加算税の賦課要件の一つとして考慮されることがあるが、売上（収入）金額の除外に関し、そのような判断を示した事例としては、次のようなものがある。

○　長野地裁昭和四七年四月二七日判決（税資六五号八五五ページ）及び東京高裁昭和四八年六月二九日判決（税資七〇号五八三ページ）

○　東京地裁昭和四九年六月一八日判決（税資七五号八四一ページ）及び東京高裁昭和五一年四月一五日判決（税資八八号三六六ページ）

○　熊本地裁昭和五〇年一一月二六日判決（税資八三号五五三ページ）及び福岡高裁昭和五一年八月四日判決（税資八九号四一九ページ）

○　東京地裁昭和五二年七月二五日判決（税資九五号一二四ページ）

○　大阪地裁昭和五五年五月二一日判決（税資一一三号三八二ページ）及び大阪高裁昭和五六年一〇月二九日判決（税資一二一号一五八ページ）。なお、本件各判決は、税務調査における虚偽答弁を主たる賦課要件としている。

○　東京地裁昭和五七年七月二六日判決（税資一二七号三三六ページ）

○　新潟地裁昭和六二年三月三一日判決（税資一五七号一三〇六ページ）及び東京高裁昭和六三年三月二八日判決（税資一六三号九二三ページ）

○　津地裁平成八年五月一三日判決（税資二一六号三三七ページ）及び名古屋高裁平成八年九月二五日判決（税資二二〇号九四九ページ）では、税務調査における虚偽答弁のほか顧問税理士に対する収入除外秘匿についても、隠蔽・仮装の要件としている。

ト　その他

イからへまでの事由以外の事由により売上（収入）金額除外について重加算税の賦課決定が相当とされた事例としては、次のようなものがある。

○　福島地裁昭和四六年四月二六日判決（行裁例集二二巻一一・一二号一七三三ページ、税資六二号五九八ページ）は、重加算税は課税標準等の計算の基礎となるべき事実を隠蔽した場合に課税されるが、その課税標準等の計算の基礎となるべき事実には、これを推認せしめる間接事実も含まれるものと解すべきところ、本件の場合、原告が営業権の譲渡代金の一部五〇〇万円を受領したことは原告が営業権を一、五〇〇万円で譲渡したことを推認せしめる間接事実に該当するから、原告が五〇〇万円を収入として計上しなかったことは重加算税の対象となる旨判示している。

○ 名古屋地裁昭和四七年三月三日判決（税資六五号三八七ページ）及び名古屋高裁昭和四七年一一月二九日判決（税資六六号一〇六八ページ）は、導入預金の謝礼金の除外につき、重加算税の賦課決定を相当と判断している。

○ 東京地裁昭和四七年一〇月二五日判決（税資六六号七五〇ページ）及び最高裁昭和五〇年一月三一日第三小法廷判決（税資八〇号一二三ページ）は、土地譲渡代金の除外につき、買主の証言等から重加算税の賦課決定を相当と判断している。

○ 東京高裁昭和四七年一〇月二七日判決（税資六六号七六八ページ）同前。

○ 福岡地裁昭和四七年一二月七日判決（税資六六号一〇九三ページ）同前。

○ 長崎地裁昭和四八年九月三日判決（税資七一号一七ページ）及び福岡高裁昭和五一年八月三一日判決（税資八九号五二六ページ）は、貸金利息等の無申告につき、重加算税の賦課決定を相当としている。

○ 福岡地裁昭和四八年一二月二一日判決（税資七一号一二八二ページ）は、融資に対する謝礼金、利息等の除外につき、重加算税の賦課を相当としている。

○ 浦和地裁昭和五八年三月二三日判決（税資一二九号六三〇ページ）同前。

○ 東京地裁昭和六一年三月二五日判決（税資一五一号二九七ページ）同前。

○ 釧路地裁昭和六一年五月六日判決（税資一五二号一三七ページ）、札幌高裁昭和六三年四月二五日判決（税資一六四号二五三ページ）及び最高裁昭和六三年一〇月二七日第一小法廷判決（税資一六六号三七〇ページ）では、譲渡益を認識しながらこれを申告から除外した場合に重加算税の賦課を相当としている。

○　浦和地裁平成二年二月二六日判決（税資一七五号六八四ページ）は、パチンコ業の会社代表者が従業員に売上除外を命じ、過少申告した場合に、推計に係る増加所得金額について重加算税の賦課決定を相当としている。

○　札幌地裁平成二年三月二九日判決（税資一七六号四〇一ページ）も、右判決と同様な判示をしている。

○　名古屋地裁平成三年一二月二〇日判決（税資一八七号四七九ページ）は、墓地の造成分譲による収益及びこれを預金したことによる利子を一切申告しなかったことにつき、隠ぺい又は仮装したものと認定している。

○　名古屋地裁平成五年一二月二二日判決（税資一九九号一三二二ページ）及び名古屋高裁平成六年一二月二七日判決（税資二〇六号八六四ページ）は、分譲住宅の売却代金の全額を受領しながら、最終入金を翌期に繰越し、売上金額を翌期の収入とした場合に、重加算税の賦課決定を相当としている。

○　札幌地裁平成二一年八月二八日判決（平成十九年（行ウ）第一六号）は、売上高の一部を計上しないことが、意図的に申告除外したものと強く推認できるとし、「隠蔽・仮装」の事実があると認定している。

○　岡山地裁平成二二年六月二二日判決（平成一七年（行ウ）第二号）では、パチンコ業者が公表帳簿から除外した売上金につき、隠蔽・仮装したものと認定している。

○　水戸地裁平成二四年二月一六日判決（平成二二年（行ウ）第一五号）では、学習塾等の経営者が、売上総額の三～六割に相当する現金収入を申告しなかったことにつき、隠蔽行為があったものと認定している。

⑵　仕入・経費の過大計上

売上（収入）金額の一部又は全部を除外して不正申告を行うことに対比し、仕入・経費の額を過大（架空）に計上して不正申告を行うことがあるが、かかる場合に重加算税の賦課が相当とされた事例としては、次のようなものがある。
○　大阪地裁昭和三五年五月三〇日判決（行裁例集一一巻五号一五三九ページ、税資三三号七七六ページ）は、従業員の給与及び自動車購入代金を簿外所得に係る手持所得で支払いながら、表帳簿で支出したように記載したことにつき、簿外所得を隠蔽したものと認定している。
○　横浜地裁昭和四六年八月六日判決（税資六三号二五五ページ）は、建設工事譲渡の談合金を借入金として経理し、架空の支払利息を計上したことにつき、重加算税の賦課を相当としている。
○　東京地裁昭和四九年二月二八日判決（税資七四号四五八ページ）及び東京高裁昭和四九年九月二五日判決（税資七六号八一九ページ）は、架空仕入の計上について、重加算税の賦課決定を相当としている。
○　熊本地裁昭和四九年四月二五日判決（税資七五号二五八ページ）及び福岡高裁昭和五〇年八月一九日判決（税資八二号五七一ページ）は、料理飲食等消費税の過大の計上等につき、重加算税の賦課決定を相当としている。
○　福岡地裁昭和四九年七月二五日判決（税資七六号二四二ページ）及び福岡高裁昭和五一年一二月八日判決（税資九〇号七五〇ページ）は、譲渡土地の取得費及び造成費について虚偽の領収書等を作成してこれを過大に申し立てている場合に、重加算税の賦課決定を相当としている。
○　京都地裁平成六年一月三一日判決（税資二〇〇号四七六ページ）。同前。
○　大阪地裁昭和五一年九月三〇日判決（税資八九号八〇四ページ）及び大阪高裁昭和五三年六月二日判決（税資一〇一号四九九ページ）は、機械設備の売却損及び外注費の支払を仮装して計上したことにつき、重加算税の賦課決定を相当としている。
○　東京地裁昭和五二年一二月二六日判決（税資九六号五三五ページ）及び東京高裁昭和五三年七月一八日判決（税

資一〇二号一一五ページ）は、不動産の取得価額を故意に過大計上したことにつき、重加算税の賦課決定を相当としている。

○　水戸地裁昭和五四年四月一七日判決（税資一〇五号九〇ページ）及び東京高裁昭和五五年九月二日判決（税資一一四号六一五ページ）は、建設業者の外注費、仕入、労務費の架空計上につき、重加算税の賦課決定を相当としている。

○　大阪地裁昭和五四年一一月七日判決（税資一〇九号二二一ページ）は、土地取引に関し示談契約書を作成し、損害賠償金の支払を仮装したこと等につき、重加算税の賦課決定を相当としている。

○　東京地裁昭和五五年二月二八日判決（税資一一〇号四三一ページ）及び東京高裁昭和五七年一〇月二九日判決（税資一二八号二三四ページ）は、譲渡土地の取得価額の過大計上につき、重加算税の賦課決定を相当としている。

○　東京地裁昭和五五年三月二七日判決（税資一一五号九五九ページ）は、従業員賃金の架空計上につき、重加算税の賦課決定を相当としている。

○　福岡地裁昭和五五年七月二四日判決（税資一一四号二三九ページ）は、土地譲渡に関し架空の謝礼金を計上している場合に、重加算税の賦課決定を相当としている。

○　東京地裁昭和五五年八月二八日判決（税資一一四号三九九ページ）及び東京高裁昭和六〇年四月二四日判決（税資一四五号二一一ページ）は、架空の造成費計上につき、重加算税の賦課決定を相当としている。

○　東京地裁昭和五五年一〇月二二日判決（税資一一五号一三〇ページ、一六七ページ、一七四ページ）は、譲渡資産の取得原価を架空計上しこれを仮名預金に預け入れたこと、会社が架空原価を計上して会社代表者の私宅の増改築費用に充てたこと等につき、重加算税の賦課決定を相当としている。

○　名古屋地裁昭和五六年一月三〇日判決（税資一一六号一四五ページ）は、鉄工業者の仕入・外注費の架空計上につき、重加算税の賦課決定を相当としている。

○　千葉地裁昭和五六年六月八日判決（税資一一七号五五六ページ）は、譲渡所得の計算上架空の売買手数料を控除している場合に、重加算税の賦課決定を相当としている。

○　千葉地裁昭和五六年八月二八日判決（税資一二〇号三九四ページ、行裁例集三二巻八号一四八四ページ）は、土木工事請負業者の重機貸借料及び労務費の架空計上につき、重加算税の賦課決定を相当としている。

○　静岡地裁昭和五七年一月二二日判決（税資一二二号二六ページ）及び東京高裁昭和五七年一一月一六日判決（税資一二八号四〇七ページ）は、譲渡土地の取得費として架空の借入金に関する領収書を提出して課税の減額更正処分を受けた場合に、重加算税の賦課決定を相当としている。

○　東京地裁昭和五四年七月二五日判決（税資一〇六号一五三ページ）及び東京高裁昭和五七年一月二六日判決（税資一二二号九三ページ）は、虚偽の契約書、領収書を作成して建売住宅の売買取引を仮装し、架空の外注費を計上している場合に、重加算税の賦課決定を相当としている。

○　横浜地裁昭和五七年三月三一日判決（税資一二二号八二二ページ）は、解体契約書の契約日を修正し建物の除去損を繰上げ計上した場合に、重加算税の賦課決定を相当としている。

○　神戸地裁昭和五九年四月一八日判決（税資一三六号八一ページ）及び大阪高裁昭和六〇年三月二七日判決（税資一四四号八八五ページ）は、架空支払手数料の計上につき借名の領収書を提示してその支払の事実を申し立てた場合に、重加算税の賦課決定を相当としている。

○　千葉地裁昭和五九年一〇月九日判決（税資一四〇号七ページ）、東京高裁昭和六二年三月一〇日判決（税資一五七号八五九ページ）及び最高裁昭和六二年九月二四日第一小法廷判決（税資一五九号八〇八ページ）は、土地譲渡について納税者（妻）の夫が売買契約書を解除して買主に賠償金を支払ったことを仮装した場合に、重加算税の賦課決定を相当としている。
○　横浜地裁昭和六〇年八月二一日判決（税資一四六号五一一ページ）及び東京高裁昭和六一年一月二三日判決（税資一五〇号四ページ）は、本件土地の譲渡とは関係のない諸費用をその旨認識しながら譲渡費用として計上し、その諸費用に係る領収書を提出した場合に、重加算税の賦課決定を相当としている。
○　東京地裁昭和六一年一二月一七日判決（税資一五四号八一六ページ）及び東京高裁昭和六三年五月一六日判決（税資一六四号三七〇ページ）は、交際費等の支払につき支払先を偽り手数料として計上した場合に、重加算税の賦課決定を相当としている。
○　千葉地裁昭和六二年一〇月二六日判決（税資一六〇号三三八ページ）は、土地取引に関し架空の仲介手数料等を支払ったことにつき、重加算税の賦課決定を相当としている。
○　東京地裁平成元年七月二四日判決（税資一七三号二九二ページ）。同前。
○　札幌地裁平成元年九月二九日判決（税資一七三号一〇一六ページ）。同前（工事収入）。
○　東京地裁平成二年四月一三日判決（税資一七六号五八一ページ）、東京高裁平成三年三月一四日判決（税資一八二号六二〇ページ）及び最高裁平成三年一二月五日第一小法廷判決（税資一八七号二四一ページ）は、仕入の二重計上と借入金の過大計上につき、それを顧問税理士が不当に看做していること等にも照らし、隠蔽又は仮装に当たるとしている。
○　京都地裁平成四年三月二三日判決（税資一八八号八二六ページ）は、「永代管理小作料」という控除項目をねつ造して、譲渡経費八、〇一二万円余を計上したことにつき、仮装行為に当たる旨判示している。

○　松江地裁平成四年三月一八日判決（税資一八八号七三一ページ）及び広島高裁松江支部平成五年六月三〇日判決（税資一九五号七三八ページ）は、納税者の医院の業務に従事していなかった義母らに給料や青色事業専従者給与を支払ったことが、右各人の就労の事実を仮装したものと認定している。

○　広島地裁昭和六二年一二月二五日判決（税資一六〇号一六三二ページ）は、譲渡土地の取得価額等を架空に過大計上した場合に、重加算税の賦課決定を相当としている。

○　長野地裁昭和六二年七月一六日判決（税資一五九号一七二ページ）及び東京高裁昭和六三年四月二八日判決（税資一六四号三二七ページ）では、繰越欠損金の損金算入につき、前二期に架空仕入があるということで、重加算税の賦課決定を相当としている。また、名古屋地裁昭和六三年一一月三〇日判決（税資一六六号五九八ページ）でも、前期に収入除外があるということで繰越欠損金の損金算入につき重加算税の賦課決定を相当としている。

○　鹿児島地裁昭和六三年九月三〇日判決（税資一六五号九八六ページ）、福岡高裁平成元年一一月六日判決（税資一七四号五三〇ページ）及び最高裁平成二年三月二九日第一小法廷判決（税資一七六号四四三ページ）では、土地交換において虚偽の契約書を作成し交換差金を支払わないように仮装したことにつき、重加算税の賦課決定を相当としている。

○　東京地裁昭和六三年一二月二一日判決（税資一六六号九七七ページ）は、虚偽の資料により造成費を過大計上したことにつき、重加算税の賦課決定を相当としている。

○　東京地裁平成元年三月二九日判決（税資一六九号一二九一ページ）及び東京高裁平成二年一月三〇日判決（税資一七五号二六三ページ）は、従業員に対する架空給与等を損金算入したことにつき、隠蔽・仮装に当たる旨判示している。

○　東京地裁平成元年九月二二日判決（税資一七三号七八四ページ）では、役員賞与として支給した金員を使用人給料として損金計上したことにつき、隠蔽又は仮装に当たるとしている。

○　東京地裁平成元年一〇月五日判決（税資一七四号二〇ページ）及び東京高裁平成二年八月三〇日判決（税資一八〇号五〇一ページ）では、代表者が個人的に費消した金員を会社の交際費、諸会費等に計上していた場合に、重加算税の賦課決定を相当としている。

○　徳島地裁平成元年一〇月二七日判決（税資一七四号三五四ページ）では、翌年以降に購入予定であった消耗品を当年に取得したかのように帳簿書類を仮装した場合に、重加算税の賦課決定を相当としている。

○　浦和地裁平成七年八月二八日判決（税資二一三号四四三ページ）は、架空の領収書を作成して支払手数料を過大に計上したとして、隠蔽・仮装を認定している。

○　大津地裁平成一七年一二月五日判決（税資二五五号順号一〇二二七）は、正規の仕入れの中に外形的に同一の架空仕入を紛れ込ませた場合に、隠蔽・仮装と認定している。

○　新潟地裁平成二二年一月一四日判決（平成一九年（行ウ）第二〇号）では、会社が代表取締役の個人的債務を支払い損失に計上した場合に、隠蔽仮装にあたると認定している。

○　大阪地裁平成二四年一月一二日判決（平成二一年（行ウ）第二〇七号）では、架空会社の従業員等に対する給与等と仮装して、自己の源泉徴収義務を免れた場合に、源泉所得税に係る重加算税の賦課決定を適法としている。

○　名古屋地裁平成二六年六月二五日判決（平成二四年（行ウ）第一二五号）では、家畜商が実際の仕入金額に自己の経験値に基づく差異額を加算して仕入計上した場合に、重加算税の賦課決定を適法と認めている。

(3) 資産・負債の不正計上

前記(1)及び(2)のように、所得金額計算のフローの面において隠蔽・仮装が問題とされることに対し、資産及び負債のストックの面で所得金額の計算に不正が行われることがある。それらは、一面では前述のフローの計算に密接に関連するものであるが、次のような事例がある。

イ たな卸資産の除外等

たな卸資産の除外や評価損の計上は、売上原価計算の不正につながるものであり、課税の実務においてもいわゆる数量除外等について重加算税が賦課されているようであるが、次のような事例がある。

○ 熊本地裁昭和三四年一二月四日判決（行裁例集一〇巻一二号二四五一ページ、税資二九号一三二五ページ）は、商品棚卸表の桁違いの加筆訂正による資産除外等につき、重加算税の賦課決定を相当としている。もっとも、控訴審の福岡高裁昭和三五年九月九日判決（行裁例集一一巻九号二五四五ページ、税資三三号一〇九四ページ）は、当該事実は故意になされたものとは認め難いと判断している。

○ 大阪地裁昭和四二年六月二四日判決（行裁例集一八巻五・六号七六八ページ、税資四八号一四五ページ）は、たな卸資産の評価損の過大計上につき、重加算税の賦課決定を相当としている。

○ 名古屋地裁昭和四八年六月二〇日判決（税資七〇号三一九ページ）及び名古屋高裁昭和五〇年六月二三日判決（税資八二号一三八ページ）は、架空仕入を計算し、期末商品を過少に計上したこと等につき、重加算税の賦課決定を相当としている。

○ 浦和地裁昭和五五年一二月二四日判決（税資一一五号九二〇ページ）は、売買を仮装して期末たな卸資産を除外したことにつき、重加算税の賦課決定を相当としている。また、同事案において、当該たな卸資産の除外は過失によるものであって仮装の意思がなかったとする納税者の主張が排斥されている。

○　鳥取地裁平成四年三月三日判決（税資一八八号五三九ページ）は、棚卸資産の除外は「事実の隠蔽」の典型的な場合であるところ、本件においては、数年前から棚卸表の中から何故かページを抜きとり、あるいは、棚卸表の金額や商品量を少なく計算する等の方法で棚卸資産額を実際額よりも減少させているから、棚卸資産の除外に当たることは明らかである旨判示し、国税通則法施行令二八条の重加算税額の計算に当たっては、当期末棚卸除外額のうち期首棚卸除外額を超える額だけが隠蔽した事実に基づくものとして計算すべきである旨判示している。

○　名古屋地裁平成六年一月三一日判決（税資二〇〇号四四九ページ）及び名古屋高裁平成六年一〇月二六日判決（税資二〇六号九五ページ）では、借家人が立ち退かなかったことを理由に棚卸資産である土地を計上しなかったことにつき、隠蔽等があったと認定している。

○　東京地裁平成二二年五月一四日判決（平成二〇年（行ウ）第五四九号）では、証券会社が顧客名義で買付けた株式に係る評価損（特別損失）の計上につき、システム障害を事由に勘定科目を仮装することによって特別損失を計上したものとして、隠蔽・仮装を認定している。

ロ　預貯金の除外

いわゆる簿外預金は、売上除外や架空仕入等のフローの不正計算に関連して発生することが多いが、預貯金を簿外にしておくことが主たる手段となって不正が行われることも多く、次のような事例がある。

○　大阪地裁昭和四〇年二月一六日判決（税資四一号一一一ページ）は、簿外預金を保有し、これに基づく収益を申告しなかったことにつき、重加算税の賦課決定を相当としている。

○　前橋地裁昭和四七年二月二二日判決（税資六五号一八一ページ）。同前。

○　高知地裁平成元年一月三〇日判決（税資一六九号一四三ページ）は、架空支出金を原資として設定した簿外預金の利息を益金の額に算入しなかったことが隠蔽又は仮装に当たる旨判示している。

○　盛岡地裁昭和四七年六月八日判決（税資六五号一一二四ページ）及び仙台高裁昭和四八年九月二七日判決（税資七一号三七二ページ）では、相続税を免れるため相続前に遡って預金の名義を変更せしめ、虚偽の預金残高証明を呈示するなどして、相続財産の一部を除外して、申告した場合に、重加算税の賦課要件を満たすとされている。

○　大阪地裁昭和五六年二月二五日判決（税資一一六号三一八ページ）及び大阪高裁昭和五七年九月三日判決（税資一二七号七三三ページ）でも、相続税における預金除外につき、重加算税の賦課決定を相当としている。

○　佐賀地裁昭和五〇年四月二五日判決（税資八一号三六五ページ）及び福岡高裁昭和五二年九月二九日判決（税資九五号七〇二ページ、行裁例集二八巻九号一〇二九ページ）は、所得の一部を架空名義預金としてこれを隠蔽している場合に、重加算税の賦課決定を相当としている。

○　名古屋地裁昭和五三年三月二七日判決（税資九七号六七二ページ）及び名古屋高裁昭和五六年三月三一日判決（税資一一六号一〇〇九ページ）。同前。

○　京都地裁昭和五四年二月二三日判決（税資一〇四号三三六ページ）及び大阪高裁昭和五五年三月一八日判決（税資一一〇号六〇二ページ）。同前。

○　仙台地裁昭和五四年四月一一日判決（税資一〇五号五五ページ）、仙台高裁昭和五八年五月三一日判決（税資一三〇号六六〇ページ）及び最高裁昭和五九年四月二六日第一小法廷判決（税資一三六号四七六ページ）。同前。

○　東京地裁昭和五四年九月四日判決（税資一〇六号三三五ページ）及び東京高裁昭和五六年一月二八日判決（税資一一六号六八ページ）。同前（貸付金の除外も含む）。

○　東京地裁昭和五四年九月一二日判決（税資一〇六号三七六ページ）。同前（同前）。
○　東京地裁昭和五六年三月一八日判決（税資一一六号五六四ページ）。同前。
○　高松地裁昭和五七年三月三一日判決（税資一二二号八九二ページ）。同前。
○　新潟地裁昭和五八年六月二八日判決（税資一三〇号七三七ページ）、東京高裁昭和五九年七月一六日判決（税資一三九号八五ページ）及び最高裁昭和六〇年四月一八日第一小法廷判決（税資一四五号五五ページ）。同前。
○　東京地裁昭和六〇年七月二二日判決（税資一四六号二四五ページ）及び東京高裁昭和六一年七月一七日判決（税資一五三号一三二ページ）では、被相続人の行為によって仮名預金等として預け入れられ、これが被相続人の遺産であることを通常の手段では確認し難い状態にあることを認識し、この隠蔽された状態を利用して、当該預金等を除外して相続税の申告をした場合に、重加算税の賦課決定を相当としている。
○　東京地裁昭和六〇年一二月二五日判決（税資一四七号八三〇ページ）。同前。
○　京都地裁平成五年三月一九日判決（税資一九四号七八七ページ）では、納税者が被相続人の死亡直前に同人名義の預金を自己及びその家族名義に変更した行為は、隠蔽・仮装行為に当たる旨判示している。
○　神戸地裁平成六年一一月三〇日判決（税資二〇六号五一三ページ）では、資産負債増減法による推計課税につき、賭博等による収入を仮名又は借名の預金に入金するなどして所得を隠蔽したことと、相続税の申告において、被相続人に借入金があるように架空の借用書を申告書に添付したことにつき、それぞれ重加算税の賦課要件を満たしている旨判示している。

ハ　その他の資産の除外等

○　鹿児島地裁昭和四二年七月一〇日判決（税資四八号二五七ページ）は、簿外資産の期末現在額と期首現在額との差額につき、隠蔽・仮装による所得金額と認定している。
○ 横浜地裁昭和四八年六月五日判決（税資七〇号二〇八ページ）及び東京高裁昭和五〇年五月二八日判決（税資八一号七〇三ページ）は、機械の取得の時期を真実よりも遡らせて記帳した上その価額を減額している場合に、重加算税の賦課決定を相当としている。
○ 大阪地裁昭和五五年五月二二日判決（税資一一三号四一三ページ）は、貸付債権が全額弁済されたにもかかわらず、これを帳簿に記帳せず、かえって貸倒損失として処理したことにつき、隠蔽・仮装の事実があると認定している。
○ 広島地裁昭和五五年六月一一日判決（税資一一三号五九七ページ）は、代物弁済により土地を取得するために提供された債権の額を仮装するために偽造の領収書を用意するなどした場合に、重加算税の賦課決定を相当としている。
○ 長野地裁昭和五六年三月二六日判決（税資一一六号七九七ページ）、東京高裁昭和五八年一一月一八日判決（税資一三四号一四五ページ）及び最高裁昭和六一年一二月二日第三小法廷判決（税資一五四号七七二ページ）は、減価償却資産の取得時期を仮装して過大な減価償却費を計上している場合に、重加算税の賦課決定を相当としている。
○ 東京地裁昭和五七年六月一四日判決（税資一二三号六三四ページ）及び東京高裁昭和六〇年六月二六日判決（税資一四五号一〇二〇ページ）は、建物及び敷地借地権を取得しながらこれを簿外資産とし、その譲渡益を除外して申告している場合に、重加算税の賦課決定を相当としている。
○ 東京地裁平成三〇年一月一九日判決（平成二八年（行ウ）第二四〇号）では、被相続人名義の預金を直前に引き出し、残額（三、八〇〇万円）を相続人の手許におき相続財産に含めなかった場合に、隠蔽仮装が認定されている。

ニ　負債の過大計上等

○　熊本地裁昭和四九年四月二五日判決（税資七五号二五八ページ）及び福岡高裁昭和五〇年八月一九日判決（税資八二号五七一ページ）は、架空の仮受金及び借入金を計上している場合に、重加算税の賦課決定を相当としている。

○　東京地裁昭和五五年六月二五日判決（税資一一三号八〇六ページ）は、架空の借入金の返済等をして通知預金を除外していること等につき、重加算税の賦課決定を相当としている。

○　東京地裁昭和五七年一月二一日判決（税資一二二号八ページ）及び東京高裁昭和五七年九月二九日判決（税資一二七号一一〇七ページ）は、ビル貸室の賃貸借終了時に返還した保証金を過大に計上した場合に、重加算税の賦課決定を相当としている。

○　横浜地裁昭和五九年四月一八日判決（税資一三六号三八ページ）は、借入金の一部架空計上等につき、重加算税の賦課決定を相当としている。

○　神戸地裁平成六年一一月三〇日判決（税資二〇六号五一三ページ）及び大阪高裁平成八年一月三〇日判決（税資二一五号二〇二ページ）は、相続税の申告において、被相続人の訴外人に対する借入金があるかのように借用書を作成して提出した場合に、隠蔽・仮装を認定している。

(4)　全所得計算に係る不正行為

所得計算全体に係る不正行為又は申告段階において申告書の添付書類を偽造等して不正行為がなされた場合があるが、それらの事例としては、次のようなものがある。

イ　所得計算全体に係る不正

既に述べてきた各種の不正行為が複合する場合が多いが、それらの行為が総合して隠蔽・仮装行為が認定された事例としては、次のようなものがある。

○　大阪地裁昭和二九年一二月二四日判決（行裁例集五巻一二号二九九二ページ、税資一六号四九〇ページ）及び大阪高裁昭和三三年一一月二七日判決（行裁例集九巻一二号二六三一ページ、税資二六号一一二四ページ）では、資産の隠蔽による脱税を企図し、税務専用の帳簿を作成して申告を行い、別勘定の取引においては証憑書類等をその都度破棄し取引にも仮装名義を用いてその実態をくらましている事実が認められるほか、同業者が脱税嫌疑で強制調査が行われたことを知るや架空名義の預金を全部払出して預金通帳を焼却したときに、その預金を申告しなかったことは、これを故意に隠蔽したものと認定されている。

○　大阪地裁昭和四三年五月二七日判決（税資五二号九八二ページ）及び大阪高裁昭和四五年六月二四日判決（税資五九号一〇二九ページ）は、土地譲渡につき仮装の契約書を作成し、譲渡所得につき過少申告をなし、他人に譲渡所得の確定申告をなさしめ、その所得税を代位納付したことは、隠蔽・仮装行為に当たるとしている。

○　熊本地裁昭和四四年三月一七日判決（税資五六号一一三ページ）及び福岡高裁昭和五一年六月八日判決（税資八八号一〇一三ページ）は、売上、たな卸資産の計上もれ、たな卸資産の過少評価、減価償却の過大計上、雑収入の計上もれ等につき、重加算税の賦課決定を相当としている。

○　静岡地裁昭和五〇年一〇月二八日判決（税資八三号一九一ページ）及び東京高裁昭和五一年九月一三日判決（税資八九号六四三ページ）は、架空名義を用いて商品取引をし、その清算差益金を架空名義の預金、証券等にかえ、証券等を缶に収めて庭に埋め、税務調査に際し虚偽答弁するなどして、右清算差益金を申告しなかったときに、重加算税の賦課決定を相当としている。

○　大阪地裁昭和五一年二月五日判決（税資八七号二七九ページ）は、特定の取引先の売上及び仕入を帳簿に記載せず、税務上秘匿した簿外預金口座を用いて入金しその申告から除外し、売上先と通謀の上架空名義の取引口座を用いる作為を行っていた場合に、重加算税の賦課決定を相当としている。

○　福岡地裁昭和五一年六月一五日判決（税資八八号一〇七四ページ）及び福岡高裁昭和五三年五月三〇日判決（税資一〇一号四八九ページ）は、金融業者の不動産所得、事業所得及び雑所得（商品取引）に係る推計課税事業につき、重加算税の賦課決定を相当としている。

○　名古屋地裁昭和五一年一〇月二七日判決（税資九〇号二八九ページ）は、売上計上もれ及び必要経費の過大計上につき、隠蔽・仮装の事実を認定している。

○　東京地裁昭和五二年三月一四日判決（税資九一号三六八ページ）は、架空名義の取引口座を用いて株式の売買を行い、当該売買に係る所得を申告しなかった場合に、重加算税の賦課決定を相当としている。

○　静岡地裁昭和五二年六月二四日判決（税資九四号七九〇ページ）及び東京高裁昭和五三年七月五日判決（税資一〇二号一ページ）は、土地譲渡による所得につき、他人名義を用いて隠蔽仮装し、恣意的な原価配分により過大な取得費を計上している場合に、重加算税の賦課決定を相当としている。

○　名古屋地裁昭和五三年七月一〇日判決（税資一〇二号一四ページ）及び名古屋高裁昭和五七年七月二八日判決（税資一二七号五三七ページ）は、不動産業者が仲介手数料を休業中の法人名義で仮装受領し、土地売買につき仕入金額を水増しし、預金名義を仮装して隠蔽していた場合に、重加算税の賦課決定を相当としている。

○　東京地裁昭和五三年八月二四日判決（税資一〇二号一六五ページ、行裁例集二九巻八号一五二四ページ）は、仮装契約書を作成し、調査の際に虚偽の申立てをし、不動産業に係る所得を過少申告した場合に、重加算税の賦課決定を相当としている。

○　横浜地裁昭和四九年六月二八日判決（税資七五号九八〇ページ）及び東京高裁昭和五三年一〇月三一日判決（税資一〇三号二〇七ページ）は、バーの経営者名義を偽り、キャバレー、バーに係る帳簿書類を隠匿する等の手段により所得の一部を隠蔽した場合に、重加算税の賦課決定を相当としている。

○　津地裁昭和五三年一一月九日判決（税資一〇三号三四三ページ）は、金融業を営む原告が、営業届について借用名義を使用し、税務調査に際し貸金取引に関する帳簿はない旨等の虚偽の答弁をし、同書類を隠蔽しその提出を拒んだ事実がある場合に、隠蔽・仮装の事実があったと認定している。

○　札幌地裁昭和五三年一二月二六日判決（税資一〇三号九七六ページ）、札幌高裁昭和五六年五月二八日判決（税資一一七号四九二ページ）及び最高裁昭和五七年六月二四日第一小法廷判決（税資一二三号八三七ページ）は、確定申告所得金額と修正申告所得金額との間に多額の開差があり、かつ、飲食業と金融業の収入を過少に見せかけるため取引先に働きかけて取引口座を分散し、架空名義の預金を設け、税務調査において虚偽の答弁をし、資料の提出を拒む等の事実がある場合に、重加算税の賦課決定を相当としている。

○　東京地裁昭和五四年九月四日判決（税資一〇六号三三五ページ）及び東京高裁昭和五六年一月二八日判決（税資一一六号六八ページ）は、法人税の申告書の事業種目欄に貸室業、不動産売買と記載したのみで貸金業を記載しなかったこと、仮名を用いて多額の預金取引を行っていたこと、帳簿には貸付金利息について何の記載もしなかったこと、当該事業年度の所得金額二、一〇〇万円余をはるかに下回る五〇〇万円を確定申告書に記載していたこと等から、隠蔽・仮装の事実を認定している。

○　横浜地裁昭和五四年一一月二一日判決（税資一〇九号四六一ページ）及び東京高裁昭和五六年三月一六日判決（税資一一六号五五二ページ）は、譲渡所得を隠蔽するため土地取得の契約を解除して元所有者が直接転売したごとく仮装し、元所有者名義で確定申告をし、虚偽の示談書、金銭貸借契約書等を作成している場合に、重加算税の賦課決定を相当としている。

○　東京地裁昭和五五年六月二日判決（税資一一三号五二六ページ）、東京高裁昭和五六年五月二八日判決（税資一一七号四八六ページ）及び最高裁昭和五七年一一月三〇日第三小法廷判決（税資一二八号五四一ページ）は、クラブ、バーを業とする会社が売上伝票を破棄し、売上の一部を除外して簿外預金に入金し、架空名義をもって簿外仕入をしている場合、重加算税の賦課決定を相当としている。

○　神戸地裁昭和五五年九月二六日判決（税資一一四号八八五ページ）及び大阪高裁昭和五六年一〇月三〇日判決（税資一二一号一六三ページ）は、山林の譲渡が五年余り前になされたかのように仮装し、また、第三者に帰属するように仮装した売買契約書を作成し、当該譲渡所得を譲渡した年分の所得として申告しなかった場合、重加算税の賦課決定を相当としている。

○　横浜地裁昭和五五年九月二九日判決（税資一一四号九三三ページ）及び東京高裁昭和五七年三月一八日判決（税資一二二号六二〇ページ）は、勤務先会社の行った土地買収に関与した者が、取引の相手会社の役員と結託して同社をして勤務先会社に対して売買代金の水増請求をさせ、真実の売買代金との差額を着服し、これを申告しなかった場合に、「偽りその他不正の行為」及び「隠蔽・仮装の行為」に当たると認定している。

○　東京地裁昭和五五年一二月二二日判決（税資一一五号八八二ページ）及び東京高裁昭和五七年九月二八日判決（税資一二七号一〇六八ページ）は、会社の取締役で会社代表者が入院中全面的に会社業務を行っていた者がなした隠蔽・仮装行為に基づいて、会社代表者が法人税の確定申告をした場合、また納税者と密接な関係がある者がなした隠蔽・仮装行為に基づいてその事実を知りながら当該納税者が確定申告した場合に、重加算税の賦課決定を相当としている。

○　京都地裁昭和五六年五月二九日判決（税資一一七号四九七ページ）は、金融業者が他人名義で貸付をし、その収入を帳簿に記載していない場合、重加算税の賦課決定を相当としている。

○　東京地裁昭和五七年二月四日判決（税資一二二号二〇三ページ）及び東京高裁昭和五七年九月一三日判決（税資一二七号七九八ページ）は、不動産業者が売上代金の一部を計上せず、架空の経費を計上している場合、重加算税の賦課決定を相当としている。

○　大阪地裁昭和五七年三月一〇日判決（税資一二二号五一一ページ）及び大阪高裁昭和五八年四月二七日判決（税資一三〇号三二四ページ）は、他人名義の契約書を作成し、土地の売買利益（雑所得）を仮名預金として過少申告をしている場合、重加算税の賦課決定を相当としている。

○　大阪地裁昭和五七年三月一〇日判決（税資一二二号五三二ページ）及び大阪高裁昭和五九年一一月三〇日判決（税資一四〇号四九九ページ）は、会社が土地譲渡益を申告しなかった場合、重加算税の賦課決定を相当としている。

○　大阪地裁昭和五七年七月二〇日判決（税資一二七号二四五ページ）は、架空の経費及び架空什器備品の計上並びに売上、受取利息及び雑収入の除外がある場合、重加算税の賦課決定を相当としている。

○　名古屋地裁昭和五三年七月一〇日判決（税資一〇二号一四ページ）及び名古屋高裁昭和五七年七月二八日判決（税資一二七号五三七ページ）は、不動産業者が仲介手数料につき休業中の法人名義を仮装し、土地売買につき仕入金額を水増しして差益がないかの如く仮装し、かつ、預金名義を仮装して所得を隠蔽している場合、重加算税の賦課決定を相当としている。

○　福岡地裁昭和五七年九月二四日判決（税資一二七号九九八ページ）及び福岡高裁昭和五九年七月三一日判決（税資一三九号二七五ページ）は、仮名預金を設けて事業上の売上、仕入を除外する経理を行い過少申告している場合、重加算税の賦課決定を相当としている。

○　熊本地裁昭和五七年一二月一五日判決（税資一二八号五九六ページ）、福岡高裁昭和五九年五月三〇日判決（税資一三六号六三八ページ）及び最高裁昭和六二年五月八日第二小法廷判決（税資一五八号五九二ページ）は、有価証券の継続的売買につき仮名を用いる取引は、特段の事情のない限り、隠蔽行為に当たるとしている。

○　熊本地裁昭和五七年一二月一五日判決（税資一二八号五九六ページ）及び福岡高裁昭和五九年五月三〇日判決（税資一三六号六三八ページ）は、有価証券の取引による損益の申告除外につき、原告若しくは同人から包括的に委任を受けていた同人の妻において本件雑所得の発生、存在を認識していたものと推認するのが相当であり、仮にそうでないとしてもこれを知り得べきものであったと認められ、そうであれば、原告は本件確定申告をなすに当たり本件雑所得を除外することについて認識があったもの、そうでなくても過失によりこれを認識しなかったものと認めるべきであるとし、重加算税の賦課決定を相当としている。

○　前橋地裁昭和五八年三月二四日判決（税資一二九号六八七ページ）及び東京高裁昭和五九年二月二九日判決（税資一三五号二五九ページ）は、土地の譲渡に当たり清算所得課税を免れるために土地の権利関係を仮装する行為をなしたとして、重加算税の賦課決定を相当としている。

○　東京地裁昭和五九年一二月二一日判決（税資一四〇号六八一ページ）、東京高裁昭和六〇年一一月一五日判決（税資一四七号四一二ページ）及び最高裁昭和六一年六月二六日第一小法廷判決（税資一五二号五四六ページ）は、借地権

付建物の売却収益の一部を帳簿書類に計上せず、その除外収益の一部を簿外預金に入金した場合、重加算税の賦課決定を相当とし、除外した収益は公正証書をもってなされた売買代金の訂正に係るものであり、また、翌事業年度に申告しているから、隠蔽行為に当たらないとする納税者の主張を排斥している。

○ 大阪地裁昭和六〇年七月一九日判決（税資一四六号一九七ページ）、大阪高裁平成三年八月八日判決（税資一八六号四一七ページ）及び最高裁平成五年六月一〇日第一小法廷判決（税資一九五号六二八ページ）は、株式の譲渡を三年間に分割してなされたものと仮装し、同所得を非課税であるかのように仮装したことにつき、重加算税の賦課決定を相当としている。

○ 東京地裁昭和六〇年一二月二五日判決（税資一四七号八三〇ページ）は、相続人が、無記名預金等が被相続人に帰属することを十分認識していたにもかかわらず、無記名又は架空名義を奇貨として、本件申告の際、当該預金を申告から除外したものと認定し、重加算税の賦課決定を相当としている。

○ 東京地裁昭和六一年二月六日判決（税資一五〇号一八四ページ）は、架空名義を用いるなどして簿外取引を行っていた場合、資産増減法による簿外所得金額を対象とした重加算税の賦課決定を相当としている。

○ 東京地裁昭和六三年五月一九日判決（税資一六四号三八〇ページ）。同前。

○ 東京地裁昭和六三年五月三〇日判決（税資一六四号五八六ページ）。同前。

○ 釧路地裁昭和六一年五月六日判決（税資一五二号一四八ページ）及び札幌高裁昭和六二年三月二六日判決（税資一五七号一〇六八ページ）は、買換えの特例適用につき、「買換資産」として大型自動車等を取得したかの如く仮装するために、訴外会社を通じて架空売買を行っている場合、重加算税の賦課決定を相当としている。

○ 広島地裁昭和六一年一一月二七日判決（税資一五四号七三八ページ）及び広島高裁平成三年四月一〇日判決（税

資一八三号三二ページ）は、売上金の一部を除外し、店舗の営業契約名義人にすぎない訴外人の名義で所得を過少に申告した場合、重加算税の賦課決定を相当としている。

○　大阪地裁昭和六二年二月二四日判決（税資一五七号七五四ページ）は、本件贈与証書及び和解調書が真実の贈与意思を伴うものでなく租税回避の目的で作成されたことを知りながら、課税庁の申告指導において、右贈与証書等を提示して本件贈与税が時効完成している旨を答弁した法定申告期限までに申告しなかったことは、贈与の時期の事実を隠蔽・仮装したものとして重加算税の賦課決定を相当としている。

○　福井地裁昭和五九年一一月三〇日判決（税資一四〇号四二一ページ）及び名古屋高裁金沢支部昭和六二年三月三〇日判決（税資一五七号一二三〇ページ）は、金融業者が収入利息を隠蔽して計上せず、存在しない支払利息を計上して確定申告した場合、重加算税の賦課決定を相当としている。

○　新潟地裁昭和六二年三月三一日判決（税資一五七号一三〇六ページ）及び東京高裁昭和六三年三月二八日判決（税資一六三号九二三ページ）は、税務調査に対する偽りの答弁、取引先との通謀、帳簿類の不作成等不正手段により、故意に所得を隠蔽したとして、重加算税の賦課決定を相当としている。

○　東京地裁昭和六二年九月二二日判決（税資一五九号六五七ページ）は、収入金額の全部若しくは一部を仮名預金に預け入れ、事業所得の一部を他人の名義で申告していた場合、重加算税の賦課決定を相当としている。

○　横浜地裁昭和六三年一二月二一日判決（税資一六六号一〇五九ページ）、東京高裁平成二年三月二七日判決（税資一七六号二六九ページ）及び最高裁平成二年九月一八日第三小法廷判決（税資一八〇号五七七ページ）は、原始記録等を破棄し、売上除外等をして過少申告している場合に、資産増減法による推計課税に係る重加算税の賦課決定を相当としている。

○　東京地裁平成元年七月一三日判決（税資一七三号三六ページ、同一二六ページ）及び東京高裁平成二年八月三〇日判決（税資一八〇号四九三ページ）では、売上除外等による確定申告について、雑損控除、寄付金控除等の所得控除を適用したものの、更正処分を受け所得金額の増加により右所得控除が受けられなくなった場合に、その所得を隠蔽することによって所得金額をことさら過少に申告し、もって過大な控除を受けていたものであるから、右控除額についても重加算税の対象になる旨判示している。

○　千葉地裁平成元年一〇月一八日判決（税資一七四号一三一ページ）では、医業の共同事業の収入金額として計上すべき金員につき、当該事業に係る給与支払報告書を偽造して、過少申告した場合に、重加算税の賦課決定を相当としている。

○　東京地裁平成元年一一月二一日判決（税資一七四号六五七ページ）では、虚偽の不動産売買契約書を作成して譲渡代金を一部除外し、債権を譲渡したにもかかわらず貸倒損失と仮装し、競売配当金を除外して隠蔽したこと等につき、重加算税の賦課決定を相当としている。

ロ　申告段階等における不正

確定申告書等に虚偽の記載をすることにより過少申告が行われることも多いが、それらの例としては、所得金額の特例計算において記載要件について虚偽の記載をする場合、他人名義を用いて申告する場合、いわゆるつまみ申告が行われる場合等がある。また、それらの不正行為は、他の隠蔽・仮装行為と複合的に行われる場合も多い。

まず、居住用財産の譲渡における特例適用において不正行為があったとして重加算税の賦課決定が相当とされた事例としては、次のようなものがある。

○　東京地裁昭和四五年一二月二五日判決（税資六〇号九三三ページ）及び東京高裁昭和四八年一〇月一八日判決

（税資七一号五二七ページ）は、居住用財産の買換えの特例適用につき、当該納税者及びその家族が買換取得資産たる建物に全く居住していないにもかかわらず、これに居住したかのように取得資産として申告したことは、隠蔽・仮装行為に当たると判示している。

○　東京地裁昭和五二年一一月七日判決（税資九六号二二四ページ）及び東京高裁昭和五三年一二月一九日判決（税資一〇三号七九四ページ）は、居住用建物を取得する見込みであることを仮装した建物見積書を添付して、過少申告した場合に、「偽りその他不正の行為」及び「隠蔽・仮装行為」に当たると判示している。

○　鹿児島地裁昭和五六年一〇月二日判決（税資一二一号九ページ）及び福岡高裁昭和五七年八月三〇日判決（税資一二七号七〇二ページ）は、新築した家屋に居住したかの如く住民票写しを添えて課税の特例適用をして申告した場合、仮装行為に当たると判示している。

○　広島地裁昭和五九年一二月二〇日判決（税資一四〇号六六五ページ）、広島高裁昭和六一年一一月二一日判決（税資一五四号六〇六ページ）及び最高裁昭和六二年七月七日第三小法廷判決（税資一五九号五一ページ）は、譲渡家屋につき、生活の本拠として居住していないにもかかわらず住民票の住所を移して居住の外形を作出していた場合、重加算税の賦課決定を相当としている。

○　熊本地裁昭和六〇年三月一一日判決（税資一四四号三八三ページ）は、転売目的で取得した家屋に転居届をして住民票を移した場合、隠蔽・仮装に当たるとしている。

○　岐阜地裁昭和六〇年九月一八日判決（税資一四六号六三〇ページ）及び名古屋高裁昭和六一年三月二七日判決（税資一五一号五四九ページ）も、右の各判決と同様な判示をしている。

○　仙台地裁平成五年八月一〇日判決（税資一九八号四八二ページ）では、居住用財産譲渡の特例の適用がないことを知りながら、虚偽の住民票を添付して右特例を適用して申告したことにつき、隠蔽・仮装行為が認定されている。

○ 大阪地裁昭和六三年二月二六日判決（税資一六三号六〇〇ページ）。同前。

また、類似事案として、

○ 福井地裁平成二年四月二〇日判決（税資一七六号六四七ページ）は、虚偽の賃貸借契約書及び覚書を作成し、当該土地を租税特別措置法三七条にいう事業用資産に該当するかのように装って確定申告した場合に、隠蔽又は仮装に当たるとしている。

次に、仮名、借名等によって申告を行い税負担を免れようとする場合があるが、それらを重加算税の賦課要件としたものとして、次のような事例がある。

○ 長野地裁昭和五〇年三月二七日判決（税資八〇号五八七ページ）及び東京高裁昭和五三年一月三一日判決（税資九七号一二八ページ）は、個人事業を法人の事業であるかの如く仮装してその所得を申告している場合、重加算税の賦課決定を相当としている。

○ 大阪地裁昭和五一年六月二三日判決（税資八九号九ページ）は、土地の譲渡所得を第三者の所得であるかのように仮装して、当該第三者に申告させた行為は、隠蔽・仮装行為に当たるとしている。

○ 横浜地裁昭和五四年一一月二一日判決（税資一〇九号四六一ページ）及び東京高裁昭和五六年三月一六日判決（税資一一六号五五二ページ）も、第三者名義の申告行為を重加算税の賦課要件の一つとしている。

○ 東京地裁昭和六二年九月二二日判決（税資一五九号六五七ページ）も、前記判決と同様な判示をしている。

その他、申告段階等において種々の事実を隠蔽・仮装行為と認定したものとして、次のような事例がある。

○ 福岡地裁昭和五〇年三月二九日判決（税資八〇号七八八ページ）、福岡高裁昭和五一年六月三〇日判決（税資八九

号一一三ページ）及び最高裁昭和五二年一月二五日第三小法廷判決（税資九一号五四ページ）は、真実の所得を秘匿し、それが課税の対象となることを回避するため、所得の金額をことさらに過少にした内容虚偽の確定申告書を提出したことは、隠蔽・仮装行為に当たると判示している。

○　東京地裁昭和五二年七月二五日判決（税資九五号一二四ページ）は、実質的に法人の単独支配権者である者が行った仮装・隠蔽行為の効果は当該法人に及ぶとしている。

○　札幌地裁昭和五三年一二月二六日判決（税資一〇三号九七六ページ）等は、確定申告金額と修正所得金額との間の開差の多額なことを隠蔽・仮装行為の一つの要素としている。

○　東京地裁昭和五四年九月四日判決（税資一〇六号三三五ページ）等も、前記判決と同様な判示をしている。

○　福岡地裁平成五年五月一八日判決（税資一九五号三六五ページ）では、納税者が、税務調査の初日に帳簿類の提示を拒否したのみならず、税務調査の意図を察するや、その翌日までに事務所にある帳簿書類を廃棄したことが、隠蔽行為に当たる旨判示している。

○　東京地裁平成一六年一月三〇日判決及び東京高裁平成一六年七月二一日判決（前掲、裁判例⑩③）は、重加算税の納税義務成立後の修正申告段階での隠蔽・仮装行為も重加算税の賦課要件を充足するとしている。

○　大阪高裁平成一六年九月二九日判決（前掲、裁判例⑧③）は、会社従業員が、当該会社に代わって消費税の輸出免税を受けるため還付申告した場合に、当該従業員に対する重加算税の賦課決定について、当該従業員が消費税の「納税者」に該当するから、適法としている。

○　名古屋地裁平成一八年一二月一三日判決（税資二五六号順号一〇五九九）は、租税特別措置法上の特例（収用換地等の場合の所得の特別控除）を受けるために取引上の工作が行われた場合に、重加算税の賦課要件を充足しているとしている。

○　神戸地裁平成一九年三月九日判決（税資二五七号順号一〇六四九）は、収用交換等に伴う代替資産の取得につき、義務的修正申告の提出に際し、リース契約を仮装したことが重加算税の賦課要件を充足するとしている。

○　名古屋地裁平成二一年一一月五日判決（平成二〇年（行ウ）第二二号）は、消費税の簡易課税制度の適用を受けるため、実体のない別会社を次々に設立し、架空の業務委託契約書を作成したことが「隠蔽・仮装」に当たるとした。

ハ　相続前売買契約の解除

相続税法二二条は、「相続、遺贈又は贈与により取得した財産の価額は、当該財産の取得の時における時価によ」ると定められている。そして、当該「時価」の意義については、学説・判例とも、「不特定多数の当事者間で自由な取引が行われる場合に通常成立すると認められる価額」すなわち、「客観的交換価値」であると解されている。しかし、実務では、財産評価基本通達が各財産について定める評価額が「時価」であると解され、多くの裁判例がそれを容認している。この場合、財産評価基本通達が定める各財産の評価額は、一種の標準価額であり、評価の安全性に配慮されているため、「客観的交換価値」を相当下回ることとなり、その傾向は、土地等の不動産や非上場株式に強い。そのため、被相続人が生前不動産について売買契約を締結し、その引渡し前に相続が発生した場合には、当該相続財産の種類や評価額が問題となるが、通常、当該売買契約価額を基にした課税関係が生立することになる。(注1)

そのため、被相続人が生前不動産や非上場株式の譲渡契約を締結している場合に、相続人としては、当該不動産等を譲渡するにしても、被相続人が生前当該契約を解除していたことにして、相続財産が当該不動産等であるとし、改めて買受人との間で売買契約を締結する方法も考えられる。この点につき、東京地裁令和二年一〇月二九日判決（平成三〇年（行ウ）第四二二号）の事案では、被相続人が生前マンション用地を二二億七、六〇〇万円で売り渡す旨の売買契約を締結したものの、当該用地の引き渡し前に相続が発生したため、相続人らが、買受人との間で被相続人の生前に当該売買契約が解除されたものとする確認書を交わし、当該用地の財産評価基本通達による評価額九億二六一七万円で相続額を申告したところ、相続財産は受領済の手付金と売買残代金請求権であるとする更正処分と右契約解除が仮装であるとする重加算税の賦課決定が行われ、当該課税処分の適否が争われた。かくして、前掲東京地裁判決は、右の仮装行為を認定し、当該賦課決定を適法と定めている。(注2)

注

（1）　東京高裁昭和五六年一月二八日判決（行裁例集三二巻一号一〇六ページ）、最高裁昭和六一年一二月五日第二小法廷判決（訴務月報三三巻八号二一四九ページ）等参照。なお、東京地裁令和六年一月一八日判決（令和三年（行ウ）第二二号）及び東京高裁令和六年八月二八日判決（令和六年（行コ）第三六号）は、被相続人が生前自社株式を他社に譲渡する旨の基本合意をし、相続人が当該合意を進めて当該株式を譲渡した場合に、当該相続人が当該株式を財産評価基本通達の定める評価額によって申告したことを適法と認めている。

（2）　拙著「重要租税判決の実務研究　第四版」（大蔵財務協会　令和五年）一、〇〇二ページ

第八章　加算税共通

一　加算税の性質

前章までに述べてきたように、各種加算税は、申告秩序維持のための納税義務違反に対する行政罰と解されているところであるが、各種加算税を一括して、神戸地裁平成五年三月二九日判決（税資一九四号一一一二ページ）は、「納税者の自主的な申告に委ねた法の趣旨に反して、納税者が適正な申告をしない場合には、自主的な申告納税方式を維持するために、各種の加算税を課すものとしている。」と判示している。また、各種加算税の税率が本税額の五％ないし五〇％と相当に高率となることもあって、第七章の二で述べたように、刑罰との関係がしばしば問題とされるところである。

この点について、まず、福岡高裁昭和二七年五月三〇日判決（税資一一号二二九ページ、行裁例集三巻四号七七六ページ）は、過少申告加算税や無申告加算税をも含む加算税全体と刑罰との関係について、「脱税に対する刑事罰のほかに加算税及び追徴税を賦課しても、憲法三九条の二重の処罰に当たらないものと解すべきである。」旨判示し、加算税の賦課と脱税の処罰が行われたとしても、憲法三九条に規定する一事不再理には反しないことを明らかにしている。

このような結論は、過少申告加算税等の性質に依拠することになるのであるが、神戸地裁昭和五八年八月二九日判決（税資一三三号五二一ページ）は、「申告納税主義のもとでは、適正な申告をしない者に対し、一定の制裁を加えて、申告秩序の維持をはかることが要請されるが、このような行政上の制裁の一環として、過少申告の場合について規定されたのが過少申告加算税である。」旨判示し、過少申告加算税の性質が行政上の制裁にあることを明らかにしている。

更に、憲法三一条において刑罰における「法定の手続の保障」が規定されており、当該規定の趣旨は国民の権利義務の行使を制限する行政上の措置にも及ぶものと解する向きもあるところ、千葉地裁昭和五一年六月七日判決（税資八八号九九一ページ）は、「国税通則法六五条は、過少申告加算税賦課の要件及び除外理由を明確に規定しており、何ら課税庁の恣意に任せているものではないから、同条は憲法三一条に違反しない。」旨判示している。この千葉地裁の判決は、他の加算税の規定と憲法三一条との関係においても参考になるものである。

以上の加算税と刑罰との関係については、当然のことながら重加算税の賦課に関して最も問題とされるところである。

この点については、第七章の二の「重加算税の性質」において既述したところであるが、国税通則法の制定答申が、「重加算税は、行政上の措置にとどまり、重加算税を課すとともに刑事罰に処しても、二重処罰と観念すべきではない」旨指摘しており、この問題に関する代表的判決である最高裁昭和三三年四月三〇日大法廷判決（民集一二巻六号九三八ページ、税資二六号三三九ページ）は、追徴税（現行重加算税等）は、申告納税を怠った者に対して制裁的意義を有する行政上の措置であって、刑罰ではないので、刑罰たる罰金と追徴税とを併科することは憲法三九条に違反しない」旨判示している。

また、重加算税の賦課が行政制裁であって刑事罰でないという考え方は、最近の裁判例でもよく引用されるところである（横浜地裁平成一〇年六月二四日判決・税資二三二号七六九ページ、東京高裁平成一一年二月二四日判決・税資二四〇号八九五ページ、東京高裁平成一四年一月二三日判決・税資二五二号順号九〇五〇、最高裁平成一八年四月二〇日第一小法廷判決・民集六〇巻四号一六一一ページ等参照）。

もっとも、近年の加算税制度の改正においては、前述したように、同じ加算税であっても、納税の悪質の程度によって大幅に税率を変更しているが、行政制裁としてそこまでやる必要があるのかについては疑問がある。

以上のような各種加算税に関する性質論は、前章までに論じてきた解釈論に影響を及ぼしていることはいうまでもない。

二　各種加算税の関係

1　問題の所在

既述したように、過少申告加算税は、原則として、期限内申告書を提出したが過少申告であった場合に、無申告加算税は、申告義務がありながら期限内申告書を提出しなかった場合に、そして、不納付加算税は、源泉徴収等による国税をその法定納期限までに完納しなかった場合に、それぞれの納税（申告）義務違反に対して賦課されるのであるが、重加算税は、前記三つの各加算税が賦課される場合において、更にそれぞれの課税要件事実を隠蔽、又は仮装したという加重要件が加わったときに、それぞれの加算税に代えて賦課されるものである。そして、いずれの場合においても、その脱漏税額（加算税の基礎税額）に対して、一種類の加算税が賦課されるのであって、複数の加算税が同時に賦課（すなわち併課）されることはない（もっとも、国税通則法制定前においては、重加算税額と過少申告加算税額とは併課されなかったが、重加算税額と無申告加算税額（源泉徴収加算税額）は併課されることになっていた）。

ところが、課税の実務においては、それぞれの賦課要件が明確に区分し難い場合もあって、過少申告加算税を賦課すべきところを無申告加算税を賦課することがあったり、その逆に無申告加算税を賦課すべきところを過少申告加算税を賦課することが生ずることもままあり得る。更に、重加算税については、過少申告等の賦課要件とは別に隠蔽・仮装行為という賦課要件が存した場合に、他の加算税に代えて賦課されるものであるから、後者の賦課要件の充足いかんの認定が難しいこともあって、他の加算税を賦課すべきところを誤って重加算税が賦課される場合が比較的多い。換言すると、判決等によって、結果的に課税段階での判断が誤りとされることになる。

このように、ある種の加算税を賦課すべきところを誤って別の加算税を賦課することは加算税の打ち違いともいわれるのであるが、その賦課処分の是正の方法が問題となる。すなわち、加算税の打ち違いが生じた場合には、誤った加算税の賦課決定を全部取り消して改めて正しい加算税の賦課決定（すなわち、打直し）を行えば、それはそれで一つの是正方法であるといえるのであるが、通常、当初の賦課決定の適否が問題となるのは、異議申立て、審査請求、取消訴訟等の争訟段階である。そして、かかる争訟段階においては、常に迅速な解決がなされるとは限らないのであって、事案によっては数年の審理期間を要することもあるため、種々の問題が提起される。

例えば、過少申告事案につき、過少申告加算税に代えて重加算税の賦課決定がなされ、その適否（隠蔽・仮装の有無）が争われた場合に、当該賦課決定後六年の審理の後、隠蔽・仮装の事実がないことが判明したときには、当該賦課決定を全部取り消すと、当然のことに五年又は七年という除斥期間が徒過しているため、別途過少申告加算税の賦課決定を行うことができなくなる。この場合、課税庁側が誤って当初の賦課決定を行ったのであるから当然の結果とみるか、少なくとも過少申告については納税義務違反を犯しながら過少申告加算税の負担をも免れることを不当とみるかは、関係条項の解釈とも関わって、意見の分かれるところであろうが、各種の加算税が納税義務違反に対する行政制裁という共通の機能を有しているところからも、議論のあるところである。

このような問題を抱える中で、課税の実務においては、加算税の打ち違いが判明した場合には、かつては当初の賦課決定の全部を取り消して新たな加算税の賦課決定を行っていたようであるが、審査請求に関しては、昭和五十年から、当初の賦課決定の一部取消し、すなわち、重加算税の賦課決定について、隠蔽・仮装の事実のないことが判明したときには、過少申告加算税等の税率（当時五％、現行原則一〇％）を上回る部分の取消しが行われるようになってきた。そして、かかる実務処理にも関連して、各種加算税の賦課決定の性格、賦課決定の打ち違いがあった場合の是正処理のあり方等が一層問題にされるに至った。

かかる議論を整理してみると、一方には、各種加算税をそれぞれ別個なものと考え、それぞれの賦課決定は別異の処分であるから、賦課決定の打ち違いが生じた場合には、当該賦課決定の全部を取り消して打直しを行わなければならないとする考え方があり、他方には、各種加算税とても同様の納税義務違反に対して課されるものであってその性質も共通しており、それぞれの賦課決定の賦課要件にも共通の部分があるから、賦課決定の打ち違いが生じた場合には、その共通部分を維持し当該賦課決定のうち賦課要件を満たしていない一部の取消しを行えば足りるとする考え方がある。

そこで、便宜上、前者を別異説（独立説、打直し説、独立処分説等とも称されている）と称し、後者を共通説（同一処分説、内包説等とも称されている）と称し、両者について、それぞれ判例、学説の傾向を整理することとする。

2 別異説

(1) 裁判例の動向

まず、大阪地裁昭和三一年六月一四日判決（後掲、裁判例⑬）では、紡績機械下請製造業を営む原告が、昭和二六年分営業所得について予定申告はしたものの確定申告をしなかったところ、被告税務署長が同人が確定申告書を提出していたものとして、営業所得を二、四六万円余とする更正と過少申告加算税を五万円余とする賦課決定を行ったため、右両処分の無効確認を求めて本訴を提起し、両処分の効力が審理された。本判決は、本件更正については、本来決定をすべきであるので、その瑕疵は明白ではあるとしながらも、「更正処分を為すべき場合に決定処分を為した場合は兎も角本件の如く決定処分を為すべき場合に更正処分を為した場合には納税義務者は単に課せられるべき制裁を免れたに過ぎずその瑕疵は未だ重大な法規違反とは謂えないから本件更正処分は前記瑕疵の故に無効となるものではない。」と判示したが、過少申告加算税の課税決定については、後掲のように、「申告がない場合に過少申告加算税を賦課することは違法たるを免れず且つその違法は客観的に明白である……本件の如くもともと課せられるべきでない行政罰を課せられた場合にはその違法は重大な法規違反と謂わざるを得ない。」と判示し、当該賦課決定を無効と判断した。なお、本判決は、本件において本来課されるべき無申告加算税よりも有利な過少申告加算税が課されたものであるとしても、確定申告書の提出がないことにつき正当の事由が判断されていない以上、本件過少申告加算税賦課決定の有効性も判断できない、としている。

本判決については、原告及び被告の双方とも控訴することとなったが、控訴審の大阪高裁昭和三七年三月二七日判決（後掲、裁判例⑭）は、原判決同様、本件更正処分については無効ではないとしながらも、本件過少申告加算税の賦課決定については、「所得税の確定申告書の提出がないにもかかわらずこれを誤認して過少申告加算税を賦課することは、処罰上の基本的構成要件を欠くもので、重大かつ明白な瑕疵を有する」旨判示し、同処分を無効としている。

以上のように、両判決とも、無申告加算税を賦課すべきところを誤って過少申告加算税を賦課したことは、無効な行政処分となると判断しているのであるが、その論拠として、両処分の独立性、別異性が強調されている。もっとも、両判決とも、決定と更正の誤りについては、無効事由にはならないとしているのであるが、更正と過少申告加算税の賦課決定との独立性に着目し、両者を区分して判断したことが注目される。なお、本件の上告審においては、後述のように、両判決の無効判断はくつがえされている。

次に、別異説の最も代表的な判決としては、大阪高裁昭和五〇年九月三〇日判決（後掲、裁判例⑮）が挙げられる。すなわち、本判決の原判決である大阪地裁昭和四五年一〇月二七日判決（税資六〇号六一二ページ）は、原告の重加算税賦課決定取消請求に対し、「原告が昭和三十七年分所得税についてした確定申告には売上について相当額の脱ろうがあったことは前記のとおりであるが、原告において右脱ろう分を故意に隠蔽し、その隠蔽したところに基づいて確定申告書を作成提出したとまで断定するに足る証拠のない本件においては本件重加算税の賦課決定処分は旧通則法第六八条所定の要件を欠いてなされた違法なものといわざるを得ないからこれが取消を求める請求は理由がある。」と判示し、その処分の全部を取り消した。

これに対し、課税庁側は、その控訴審において「仮に本件確定申告が隠蔽に基づくものではないとしても、本件重加算税賦課決定処分の取消請求は過少申告加算税額の範囲内では訴えをもって取消を求める法律上の利益がなく、同処分はこれを超える部分についてのみ取消さるべきである。」旨主張したのであるが、前記大阪高裁判決は、後掲のように、「重加算税賦課決定処分に過少申告加算税賦課決定処分が当然含まれているとみることはできず、あくまでも両者は別異の処分として取扱うべきである。また、重加算税賦課決定処分の取消判決後に過少申告加算税賦課決定処分がなされれば、不利益処分が時間的におくれることによって法的利益を受ける場合がある。」旨判示し、課税庁側の控訴を棄却している。

このように、本判決は、別異説の理論的根拠を明確にしたものとして、注目されるところである。

なお、別異説の論拠を明らかにしたものではないが、前記大阪地裁昭和四五年一〇月二七日判決のように、重加算税賦課決定取消請求事件において、隠蔽又は仮装の行為がないとして、当該賦課決定の全部を取り消したものとしては、次のような判決がある。

○　福岡高裁昭和三五年九月九日判決（税資三三号一〇九四ページ）
○　大阪高裁昭和四一年八月一三日判決（税資四五号一四七ページ）
○　大阪地裁昭和四五年一二月二二日判決（税資六〇号八八五ページ）
○　広島地裁昭和四五年一二月二二日判決（税資六〇号九〇六ページ）
○　鳥取地裁昭和四七年四月三日判決（税資六五号六三九ページ）
○　東京地裁昭和四八年八月八日判決（税資七〇号八二一ページ）
○　名古屋地裁昭和五一年一〇月二七日判決（税資九〇号二八九ページ）
○　横浜地裁昭和五三年三月一三日判決（税資九七号四九一ページ）
○　東京地裁昭和五五年八月二八日判決（税資一一四号三九九ページ）

以上の各判決は、課税庁側も重加算税の賦課決定のうち過少申告加算税等の部分の維持を求めていないこともあってのことと思われるが、結論的には、別異説に根拠を置く判決であるといえよう。

以上のように、別異説に立つ各判決の流れを紹介してきたところであるが、裁判例の流れとしては、後述する共通説に立つ各判決に席を譲ることになっている。

【裁判例⑬】　申告がない場合に過少申告加算税を賦課することは、客観的明白でかつ重大な違法であり、無効と断ぜざるを得ない（大阪地裁昭和三一年六月一四日判決・税資二三号三六六ページ、行裁例集七巻六号一四九三ページ）

『所得税法によれば過少申告加算税は所得税に関する確定申告乃至修正確定申告があり而もその申告に誤

りがあった場合に賦課せられるものであることは明らかであるから本件の如くこれらの申告がない場合に過少申告加算税を賦課することは違法たるを免れず且つその違法は客観的に明白であると謂わなければならない。而もこの過少申告加算税は誤ある申告を為したことに対する行政罰と解すべきであるから本件の如くもともと課せられるべきでない行政罰を課せられた場合にはその違法は重大な法規違反と謂わざるを得ない。尤も所得税法によれば本件の如く確定申告書の提出がない場合に該申告書の提出なきことに付正当の事由がないときは無申告加算税が賦課されることになっており而もこの無申告加算税は過少申告加算税よりも重い行政罰であるから若し原告が確定申告書を提出しなかったことに付正当の事由がない限り原告は本件過少申告加算税を賦課されたことにより重い無申告加算税の賦課を免れ却って利益な取扱を受けたことになるが確定申告書の提出がないことに付正当の事由があるか否かは本来課税権者たる税務官庁において認定すべきことであるから原告が必ず無申告加算税を賦課せらるべき者に該当することを前提として本件過少申告加算税課税処分の有効無効を判断することはできない。然らば本件過少申告加算税課税処分は無効と断ぜざるを得ない。』

【裁判例⑭】　無申告加算税を課すべきところを過少申告加算税を課すことは、処罰上の基本的構成要件を欠くもので、無効である（大阪高裁昭和三七年三月二七日判決・税資三六号三〇〇ページ、行裁例集一三巻三号二五六ページ）

『右の両者（編注＝無申告加算税と過少申告加算税）は、いずれも申告義務違反に対する行政罰である点において、その性質を同じくするものであるけれども、両者はその構成要件を異にしている。すなわち、過少申告加算税課税処分は申告期限内に確定申告書の提出があったことを基本要件とし、無申告加算税課税処分は申告期限内に確定申告書の提出がなかったことを基本要件とし、前者より重く処罰するものである。所得税法には、予定申告をしたものに対して確定申告を免ずる規定はないし、予定申告をしたものが確定申告をしない場合に当該予定申告を確定申告とみなすべき法律上の根拠もない。したがって、申告期限内に確定申告書の提出があったのにかかわらず、無申告加算税を課徴することの許されないことは勿論であるが、本件のごとく予定申告のみがなされて確定申告書の提出がなかったのにかかわらず、申告期限内に確定申告が行われたものと誤認して過少申告加算税を課徴することも、処罰上の基本的構成要件を欠くものとして違法といわなければならない。本件の場合が仮に無申告加算税を課徴する場合に該当するとしても、いやしくも行政罰としての過少申告加算税を課徴するには、その構成要件を充足するものでなければならないのであって、前記のごとく処罰上の基本的構成要件を欠く本件過少申告加算税課税処分は重大かつ明白な瑕疵を有するものといわざるを得ない。』

【裁判例⑮】　重加算税賦課決定処分に過少申告加算税賦課決定処分が当然含まれているとみることはできず、あくまでも両者は別異の処分として取り扱うべきであり、重加算税賦課決定処分中過少申告加算税相当額について取消しを求めることにも法律上の利益がある（大阪高裁昭和五〇年九月三〇日判決・税資八二号八三二ページ）

『控訴人西淀川税務署長は、仮定的に本件重加算税賦課決定処分の取消請求は過少申告加算税額四万五、一五〇円の範囲内では訴えをもって取消を求める法律上の利益がなく、同処分はこれを超える部分についてのみ取消さるべきである旨主張するが、〈略〉その趣旨は本件重加算税賦課決定処分は過少申告加算税賦課決定処分を含むものであるから、本訴において、違法として右処分を取消したとしても再処分（過少申告加算税賦課決定処分）は前処分（本件重加算税賦課決定処分に含まれた過少申告加算税賦課決定処分）と同一内容になる筈であるから、その限度では訴をもって取消を求める法律上の利益がないというにあると解せられる。そうして重加算税は過少申告とか無申告とかの単純な申告義務違反に対する税法上の秩序罰負担を内包するものであること、更正等により納付することとなった税額に対しては統べて過少申告加算税を課することが基本原則であること、加算税はその額の計算の基礎となる税額の属する税目の国税（本件では所得税）であることは右控訴人の主張どおりであるけれども、そのことの故に本件重加算税賦課決定処分に過少申告加算税賦課決定処分が当然含まれているとの前提を採ること自体賛成できない。あく迄も両者は別異の処分として扱うべきである。本件加算税賦課決定処分は重加算税としては税額が確定しているけれども過少申告加算税としては税額が確定しておらず、内容不特定であるから、本件重加算税賦課決定処分にこのような内容不特定の過少申告加算税賦課決定処分がなされているとみることは到底できない。したがって、同処分があったことを前提とする右控訴人の主張は、既にこの点において失当であるのみならず、本件重加算税賦課決定処分の取消判決後の日付で過少申告加算税賦課決定処分がなされること即ち不利益処分がそれだけ時間的におくれることによって法的利益を受ける場合があるし、被控訴人は本訴において右重加算税賦課決定処分の基礎となる税額（したがって過少申告加算税額についても）争っているから、本件重加算税賦課決定処分の過少申告加算税額相当額部分についてもなお取消を求める法律上の利益があるということができる。右控訴人の挙示する最高裁昭和三十八年（オ）第八三五号同四十年二月五日第二小法廷判決（編注＝共通説を採用）は本件と事案を異にし、本件には適切でない。』

(2) 学説

前記のように、別異説に立つ判決は、その数において限られているのであるが、学説的にみても、別異説を支持する見解は限られているようである。

その中にあって、前掲大阪高裁昭和三七年三月二七日判決（前掲、裁判例⑭）を評釈した新井隆一教授（当時早稲田大学講師）は、同判決を引用しつつ次のように述べている。

「……（編注＝前掲大阪高裁判決の判示）という結論は、誤りないところといわなければならないであろう。ただ、過少申告加算税の賦課処分を無効であるとし、その前提となっている更正の処分を無効ではないとしていることについては、無効でない更正処分を前提とした過少申告加算税の賦課処分が無効であるとされることに、疑義をさしはさむ余地がないではないようであるが、これについて、控訴審の判決は、つづけて、「過少申告加算税ならびに無申告加算税が所得税の本税に付帯して税金の形式で課税されるにしても、右両者はあくまで行政罰であって、所得税の本税とは本質的に異なるものであるから、これら両者をその本税と同様に律することはできない」と述べているのである。これは、まさに、過少申告加算税と無申告加算税とが「申告義務という行政上の義務違反に対する制裁であり、税務官庁より租税法上の手続によって租税の形式で課徴せられる点においては、本税となんら異なるところはない」という前提にたつ被告の主張への解答にほかならない。各種の加算税は、形式的にはともかく、実質的には行政罰であるとする見解には、異論の多くないところなのであるから、その点からみても、この判旨については、批判の少ないところであろうし、遡って、罪刑法定主義の法理からも、構成要件の解釈と構成要件事実の認定には、厳格性が要請されているのであるから、その正当性を裏づけることができるであろう。この判示もまた、そこに基礎をおいてのことであると理解されるのである。(注1)」

また、来生新氏は、前掲大阪高裁昭和五〇年九月三〇日判決（前掲、裁判例⑮）の評釈において、同判決を支持する立場から次のように述べている。

「加算税が賦課課税方式の国税である以上、理論的には、各種加算税は、あくまでも、課税権者の賦課処分によって、はじめて納税義務が確定するものと言わざるを得ない。したがって、重加算税賦課決定処分によって確定するのは、重加算税の納税義務のみであり、何らの賦課処分のない過少申告加算税の納税義務については判旨の指摘のごとく未確定であると考えざるをえないのである。

仮にY_1主張のように、各種加算税の相互関係は択一的で、その選択に誤りがあれば、それが自動的に何らかの賦課決定処分なしに他の加算税に変更されうるものであるとすれば、税務当局は、加算税の徴収に当たって、あらゆる場合に隠蔽仮装の要件の認定なしに、まず重加算税賦課決定をしておけばよいこととなり、納税義務者の側からこれを争って出る場合にのみ、その重加算税が過少申告加算税、無申告加算税等に変更されうるということにもなりかねない。徴収の便宜のためにこのような事態の発生を許すこととなる解釈が、法の趣旨に反するものであることは、改めて論ずるまでもなく明らかであろう。(注2)」

なお、右のような来生氏の見解のうち、後段の部分については、税務行政に対する不信感がいささか強すぎるようで、重加算税の課税実務の実態からも相当に遊離しているといえよう。

ともあれ、以上のような別異説の考え方は、後述する共通説によって説得力を失ったかのように思われる。

3 共通説

(1) 裁判例の動向

まず、前述のように、別異説の考え方を明らかにした大阪地裁昭和三一年六月一四日判決及び大阪高裁昭和三七年三月二七日判決の上告審である最高裁昭和三九年二月一八日第三小法廷判決(後掲、裁判例⑯)は、後掲のように、「過少申告といい無申告といい、ともに申告義務違背であることに相違はなく、両者に対する加算税は、その本質においてかわりはないものと解すべきである。」と判示し、過少申告加算税と無申告加算税の同質性（共通性）を容認し、「無申告加算税を課すべき場合に過少申告加算税を課したからといってその瑕疵が重大なものということはできない。」と判示、原判決を破棄した。

この最高裁判決は、共通説の考え方を初めて明らかにしたものと評価し得るものではあるが、過少申告加算税を課したことの違法性は認めているところであり、当該賦課決定の無効性（重大かつ明白な瑕疵）を否定しているにすぎないことに留意する必要があろう。

また、前記判決の考え方は、最高裁昭和四〇年二月五日第二小法廷判決（後掲、裁判例(117)）においても、認められることとなった。すなわち、当該事案においては、上告人が妻の代理人として同人の確定申告をしたところ、税務署長がこれを上告人自身の確定申告と誤認し、無申告である上告人に対し誤って更正（過少申告加算税の賦課決定を含む）を行ったため、当該更正の適否（取消しを求める利益の有無）が争われたものであるが、一審の宇都宮地裁昭和三六年五月一〇日判決（税資三五号四五七ページ）は、その違法性を認めて、当該更正を取り消したものの、控訴審の東京高裁昭和三八年三月一三日判決（税資三七号二〇九ページ）は、当該更正は決定に比し納税者に不利益とならないから、当該更正を取り消すことはできないと判示した。

かくして、前記最高裁判決は、後掲のように、加算税の誤りについても納税者が不利益を受けるものではないことを付加しつつ、原判決を支持したものである。この場合、前掲最高裁昭和三九年二月一八日第三小法廷判決が加算税の打ち違いについての無効性を否定したのに対し、本判決は、その打ち違いについて取消事由にも当たらないことを明らかにしたことが注目される。

次に、熊本地裁昭和四四年三月一七日判決（税資五六号一一三ページ）では、法人税に係る重加算税と過少申告加算税の賦課決定等の適否が争われ、両者の一部振替えが認められている。すなわち、被告税務署長側が当初重加算税額一一七万二、〇〇〇円と過少申告加算税額一八万二、八〇〇円（それぞれ審査決定後の賦課決定額）を主張していたところ、本判決は、重加算税額一四一万円及び過少申告加算税額一五万八、〇〇〇円と認定した上で、「重加算税の被告主張額を超える部分に相当する脱漏所得（追徴税額）は過少申告加算税の被告主張額に満たされる部分の税額の対象にすべき旨を被告は予備的に主張しているものと解せられる。（重加算税の課税要件は過少申告加算税の課税要件を加重したものであり、税率も加重されている。）」と判示し、重加算税の判決認定額と被告主張額の差額二三万八、〇〇〇円のうち計算上許容し得る二万三、八〇〇円を過少申告加算税額に振り替えることを認め、過少申告加算税額については、一八万一、八〇〇円を超える部分についてのみ取り消すべき旨判示した。

更に、本件事案においては、審査決定の段階において、当初の課税処分における過少申告加算税額一八万四五〇〇円及び重加算税額一二八万八、五〇〇円につき、それぞれ一八万二、八〇〇円及び一一七万二、〇〇〇円と変更されたものであるが、同判決は、「前記のとおり重加算税額を過少申告加算税額に充当することもできる点より見れば、審査決定の重加算税額と過少申告加算税額の合計額が更正処分のそれを超過していないので、審査決定における不利益変更禁止の規定には違反しない。」とも判示している。

また、控訴審の福岡高裁昭和五一年六月八日判決（税資八八号一〇一三ページ）も、前記二つの判示事項につき、原判決の理由を引用しつつ、これを是認している。

以上のように、本件各判決は、訴訟審理の段階において重加算税額と過少申告加算税額との振り替えを認めた最初の判決ともいえる。

次に、那覇地裁昭和五三年一月二四日判決（税資九七号四三ページ）では、審査決定段階において重加算税を無申告加算税へ振り替えることの適法性を認めている。すなわち、同事案においては、贈与税の無申告事案につき、当初重加算税額が賦課決定され、審査決定において無申告加算税の相当額を上回る賦課決定が取り消されたのであるが、本判決は、次のとおり判示し、審査決定後の当該加算税賦課決定を適法である旨判示している。

「(本件に賦課されるべき加算税が無申告加算税であるかそれとも重加算税であるかは一つの問題である。しかしながら、本件で被告が昭和五十年五月二十六日付でなした加算税賦課決定は被告の再更正処分及び国税不服審判所長の裁決により一七三万二、五〇〇円の限度に縮減されており、税務訴訟において司法裁判所は税務署長のなした課税処分のうちなお効力を有するものについて、課税根拠の存否にしたがってその処分の当否を審査するにすぎないものであるから、右の問題をここで検討する必要はない。なお、不服申立ての裁決及び税務訴訟においては総額主義により課税根拠の存否が審査される点については最一判昭和四十九年四月十八日訟務月報二〇巻一一号一七五頁及び最一判昭和五十年六月十二日訟務月報二一巻七号一五四七頁参照。)」

本判決は、結果的には、重加算税と無申告加算税の共通性を認めているものの、その論拠については、未だ明確でないところが残されている。

前述したように、昭和五〇年以降、審査決定の段階において、重加算税賦課決定について隠蔽又は仮装の事実がないことが判明したときには、重加算税に代えられた他の加算税相当額を維持する旨の当該賦課決定の一部取消しの裁決が行われるようになり、その裁決の当否が問題とされるようになった。前掲の那覇地裁判決で争われた内容もその類ではあったが、かかる裁決の適否が本格的に争われることとなったものとして、東京地裁昭和五三年二月二二日判決(後掲、裁判例⑱)が挙げられる。

すなわち、本判決の事案において、会社役員である原告の株式取引から生じた所得に対する所得税につき、仮名取引等を行って当該所得を隠蔽したとして重加算税が賦課決定されたものの、審査請求の段階において隠蔽・仮装の事実はないとして過少申告加算税相当額を上回る部分の当該賦課決定の一部取消しの裁決が行われた。この裁決に対し、原告は、本訴において、重加算税賦課決定と過少申告加算税賦課決定とは別個独立の処分であるから、当該賦課決定の全部を取り消すべきである旨等を主張した（なお、本件事案においては、昭和四六年分及び同四七年分所得税の更正と重加算税賦課決定の適否が争われたものであるが、裁決がなされたのは昭和五一年五月二八日であるから、当該裁決において重加算税賦課決定の全部が取り消されると、その時点では、最早、過少申告加算税の賦課決定は行い得なくなる。）

本判決は、後掲のように、①過少申告加算税と重加算税とは名称は異なるが、いずれも申告納税方式による国税について過少な申告を行った納税者に対する行政上の制裁として課されるもので、両者は全くその性質を同じくするものであること、②過少申告加算税賦課決定と重加算税の賦課決定とは処分としての同一性を有し、重加算税賦課決定の中に過少申告加算税たるべき部分が包含されていること、③国税通則法六八条一項に「過少申告加算税に代え」と規定しているのは、適用税率の選択を命じたものにすぎないと解すべきであること等を判示し、当該裁決の適法性を是認した。

控訴審の東京高裁昭和五六年四月二〇日判決（後掲、裁判例⑲）は、原判決の理由を引用しつつ同判決を維持した。また、本判決は、控訴人が、本件のような裁決がなされると過少申告加算税賦課決定の適否が審判の対象とならず同加算税の賦課を免れるための「正当な理由」を主張する機会が与えられない旨主張したのに対し、当該審査請求の審理の段階において「正当な理由」の存在を併せて主張すれば足りるのであって、本件においては、被控訴人が控訴人のなす「正当な理由」の主張、立証につき審理の機会を与えなかったとする証拠はない旨判示し、当該主張をも排斥した。

かくして、本件事案は上告審で争われることとなったが、最高裁昭和五八年一〇月二七日第一小法廷判決（後掲、裁判例⑿）は、後掲のように、①過少申告加算税と重加算税とは、ともに申告納税方式による国税について過少申告を行った納税者に対する行政上の制裁として賦課されるものであること、②両者の賦課決定は相互に無関係な別個独立の処分ではなく、重加算税の賦課決定には過少申告加算税の賦課決定に相当する部分をその中に含んでいるものと解せること、③重加算税の賦課決定に対する審査請求においては、加算税の加重事由（隠蔽・仮装）に誤りがある場合には、それに応ずる部分を取り消せば足りること、④重加算税の賦課決定に対する審査請求において、過少申告加算税の賦課要件の存否についての原処分庁の判断にも不服があるときには、その段階において国税通則法六五条四項に規定する「正当な理由」を主張し得ること等を判示し、上告を棄却した。

以上のように、本件においては、重加算税の賦課決定に対する審査請求において、隠蔽・仮装の事実がない場合の裁決方法のあり方について根本的に検討されたものであるが、特に最高裁判決がその法律関係を明確に判示しているため、この種の裁判例としては最も重視されているものである。

次に、東京地裁昭和五七年六月一四日判決（後掲、裁判例⒀①）では、重加算税と過少申告加算税とが同一の更正処分に対して賦課決定され、両者の基礎所得金額に入り込みがあった場合の当該賦課決定の適否が問題とされた。すなわち、本事案においては、賦課決定における重加算税の基礎となる所得金額が九六八万円余、過少申告加算税の基礎となる所得金額が一、二四二万円余であったのに対し、判決では、前者が一、〇二六万円余、後者が一、二二二万円余と認定され、後者の金額が賦課決定の金額を下回ることとなったのであるが、本判決は、判決認定の両者の和は賦課決定における和よりも多額であり、本来重加算税を課すべきところを過少申告加算税を課しても、当該賦課決定を違法ならしめるものではない旨判示した。

また、控訴審の東京高裁昭和六〇年六月二六日判決（後掲、裁判例⑫①②）は、前述の最高裁昭和五八年一〇月二七日第一小法定判決（後掲、裁判例⑫⓪）を引用しつつ、原判決と同様な判示をしている。

本件事案においては、重加算税と過少申告加算税とが同時に賦課決定され、当該賦課決定の訴訟審理の段階で両者の基礎所得金額のいわば相殺を認めたものであるが、その論拠としては、重加算税と過少申告加算税との共通性を容認していることが挙げられる。

次に、大阪地裁昭和五八年八月二六日判決（後掲、裁判例⑫②）では、妻名義で確定申告したのに対し、被告税務署長が本人の申告と誤認して更正と過少申告加算税に代える重加算税の賦課決定を行ったため、当該各処分の適否が争われた。本判決は、過少申告加算税と無申告加算税の共通性を指摘した上で、無申告の場合に誤って過少申告によるものとして重加算税額を賦課決定しても、そのことにより納税者に不利益を与えることにはならないから、当該各処分は違法ではない旨判示した。また、本判決は、当該更正についても違法性を否定している。

この判決は、前掲最高裁昭和四〇年二月五日第二小法廷判決の延長線上にあるものであるが、事案の違いは、単なる過少申告加算税と無申告加算税の打ち違いのみではなく、それに重加算税の賦課決定が重なっていることにある。

次に、取消訴訟の審理の段階において、重加算税の賦課決定について一部隠蔽・仮装の事実がないことが判明した場合に、当該取消判決の方法が問題とされた事案がある。すなわち、東京地裁昭和五五年八月二八日判決（税資一一四号三九九ページ）では、不動産取引業を営む原告の確定申告につき、架空造成費、過大仕入等の計上があったとして重加算税の賦課決定等の適否が争われたのであるが、本判決は、過大仕入の計上部分については、売買代金債務の未確定のものを計上したものにすぎず、隠蔽・仮装したとは認められないとして、当該重加算税の賦課決定のうち当該過大仕入部分に係る金額の全部を取り消した。

かくして、控訴審において、国側は、当該取消方法を問題とし、当該過大仕入計上部分に隠蔽・仮装の事実がないとしても、当該賦課決定のうち過少申告加算税部分は維持されるべきである旨主張した。これに対し、東京高裁昭和六〇年四月二四日判決（後掲、裁判例⑫③）は、後掲のように、重加算税を賦課する処分には過少申告加算税を賦課する処分を含んでいるものと解すべきであるとし、「重加算税賦課の処分が、その要件を欠き効力を有しないと判断される場合であっても、過少申告加算税賦課の要件が存在する場合は、その限度においてなお処分の効力を有するものというべきである。」と判示し、国側の主張を全面的に容認した。

更に、東京地裁昭和六〇年一二月二五日判決（後掲、裁判例⑫④）では、相続税に係る重加算税の賦課決定につき、共同相続人の一人に隠蔽・仮装の事実はないとして当該重加算税の額の一部を過少申告加算税額に振り替えた裁決の適否が争われた。本判決は、「重加算税の基礎とした本税額については過少申告加算税に止めるべきものとしたときは、その過少申告加算税の額を示して、これを超える限度で重加算税賦課決定を取り消すことができる」と判示した。

この判決は、前掲最高裁昭和五八年一〇月二七日第一小法廷判決や東京高裁昭和六〇年四月二四日判決の考え方を一層明らかにしたものとみることができよう。

次いで、大阪地裁平成三年三月二九日判決（税資一八二号八七八ページ）も、前掲最高裁昭和五八年一〇月二七日第一小法廷判決と同旨の判示をしている。

鳥取地裁平成四年三月三日判決（税資一八八号五三九ページ）は、右判決と同様に前掲最高裁判決を引用し、「すなわち重加算税は過少申告加算税の加重形態であり、かつ、特別規定であると考えられる。」と判示している。

そのほか、前掲最高裁判決を引用する類似の裁判例としては、京都地裁平成四年三月二三日判決（税資一八八号八六九ページ、八九四ページ）、大阪高裁平成五年四月二七日判決（税資一九五号一六九ページ）、東京高裁平成八年五月一三日判決（税資二一六号三五五ページ）、横浜地裁平成九年九月二四日判決（税資二二八号六六四ページ）、東京地裁平成一一年五月一九日判決（税資二四二号七二〇ページ）、神戸地裁平成一一年一一月二九日判決（税資二四五号四九七ページ）、東京地裁平成一一年九月二二日判決（税資二四四号七一三ページ）、東京高裁平成一二年四月一三日判決（税資二四七号三〇六ページ）等がある。

以上の各判決の考え方からすれば、重加算税の賦課決定について隠蔽・仮装の事実がないことが判明した場合には、争訟過程のいつの段階においても当該重加算税の賦課に代えられた過少申告加算税等の部分は維持し得ることになろう。換言すれば、重加算税賦課決定の全部を取り消すのではなく、過少申告加算税等の部分を超える重加算税額を取り消せば足りることになる。

【裁判例⑯】　無申告加算税を課されるべきところ過少申告加算税を課されても不利益を受けたものではなく、過少申告といい無申告といいともに申告義務違背であることに相違はなく、両者に対する加算税は、その本質において変わりはない（最高裁昭和三九年二月一八日第三小法廷判決・税資三八号一〇三ページ）

『原判決は、上告人の被上告人に対する昭和二十六年分所得税に関する過少申告加算税課税処分を無効と判示しているのであるが、その理由とするところは、加算税の課徴を行政罰と解し、被上告人が確定申告をしなかったにもかかわらず過少申告加算税を課徴したのは、処罰上の基本的構成要件を欠く処分であり、その瑕疵は重大かつ明白であるというのであり、これに対し、論旨は、当裁判所の判決を援用して加算税の課徴は行政罰ではない旨を主張し、また、無申告加算税を課すべき場合に、過少申告加算税を課しても、重大かつ明白な瑕疵があるとはいえないというのである。

当裁判所昭和三十三年四月三十日判決（民集一二巻六号九三八頁）が、追徴税を刑罰として課する趣旨ではない旨を判示していることは論旨のとおりである。しかし、右判決は、憲法三九条の解釈適用において追徴金の課徴を刑罰にあたらない旨を判示しているに止まり、いかなる意味においても処罰たる性質を持たない旨を判示しているものと解することはできない。追徴税（加算税）が、納税義務者の申告義務違背に対する不利益処分である以上、処罰たる性質を全く有しないとはいい切れない。しかしながら、これを本件の場合について見るに、被上告人は確定申告をしなかったのであるから、法律の規定からいえば、無申告加算税を課徴されてもやむを得ない者である。そして原判決も判示するように、無申告加算税の方が過少申告加算税よりも多額であることは明白であるから、被上告人は、誤って過少申告加算税を課徴されたことにより不利益を受けたものではないということができる。原判決は、申告のないのにかかわらず過少申告加算税を課徴することは、処分として構成要件を欠く旨を判示しているのであるが、過少申告といい無申告といい、ともに申告義務違背であることに相違はなく、両者に対する加算税は、その本質においてかわりはないものと解すべきである。原判決は、加算税の処罰としての性質をあまりにも過大視するとともに、両者を全く別個の性質のものとしたものと解され、この点において、原判決は法令の解釈を誤った違法があるといわなければならない。上告人が本件の場合、過少申告加算税を課したのは違法ではあるが、処分の瑕疵が重大であるかどうかは、処分の相手方の受ける不利益の程度も考慮に入れて判断すべく、本来、無申告加算税を課すべき場合に過少申告加算税を課したからといってその瑕疵が重大なものということはできない。』

【裁判例⑪⑦】 過少申告といい無申告といい、ともに申告義務違背であって、いずれに対する加算税もその本質において変わりはなく、無申告の場合に誤って更正処分をしたからといって、これによって納税者が不利益を受けるものではない (最高裁昭和四〇年二月五日第二小法廷判決・税資四一号一〇七ページ、民集一九巻一号一〇六ページ)

『しかし、過少申告といい無申告といい、ともに申告義務違背であって、いずれに対する加算税も、その本質においては、変わりないものと認むべきであり、また無申告加算税の方が過少申告加算税よりも多額であることは明らかであるから、無申告の場合に誤って過少申告による更正処分をしたからといって、これにより納税義務者が不利益を受けるものではないと解すべきである (昭和三七年(オ)第七九〇号、同三九年二月一八日第三小法廷判決参照)。そして、原判決の確定した事実によれば、所論事業所得の実質的帰属者は上告人自身であり、また、上告人には前記更正処分に表示されたとおりの給与所得および譲渡所得があり、以上の所得につき上告人は確定申告をした事実がないというのである。されば、本件更正処分が仮に違法であるとしても、上告人は、これによって不当に権利を侵害される虞れはないから、右処分の取消を求める法律上の利益を有しないもの、といわなければならない。』

【裁判例⑪⑧】 過少申告加算税と重加算税とは、いずれも申告納税における行政上の制裁として課されるもので、両者は全くその性質を同じくするものであり、両者の賦課決定には処分としての同一性を有すべきで、重加算税の賦課の中には過少申告加算税たるべき部分が包含されている (東京地裁昭和五三年二月二二日判決・税資九七号二六四ページ、シュトイエル一九四号二五ページ)

『請求原因三の一の主張は、被告審判所長が本件各裁決において、原処分たる重加算税の賦課決定のうち、その要件を欠くとして違法とした部分の全額を取り消すことなく、過少申告加算税の要件を満たしているとして、過少申告加算税相当額につき審査請求を棄却したことは、重加算税の賦課決定と過少申告加算税の賦課決定とはその要件を異にする別異の処分であり、被告審判所長は租税の賦課徴収の権限を有しないことからすれば、同被告が過少申告加算税の賦課決定をしたのと同様の結果となるもので、違法であると主張するものである。

しかしながら、過少申告加算税と通則法第六八条第一項の規定による重加算税とは、その名称は異なるが、いずれも申告納税方式による国税について過少な申告を行なった納税者に対する行政上の制裁として課されるもので、ただ重加算税は隠ぺい又は仮装という不正手段を用いた悪質な過少申告に対して特別に重い負担の行政上の制裁を課することとしたのであるから、両者は全くその性質を同じくするものであるし、他方その税額算定の手法を見ても、両者はいずれも修正申告又は更正により新たに納付すべきこととなった税額をその算定の基礎として、これに一定の割合を乗じて算定するのであり、ただ重加算税は課税標準等又は税額等の計算の基礎となるべき事実の隠ぺい又は仮装という要件が加わることにより単なる過少申告に対する場合よりもその割合を高率としているに過ぎない。したがって、同一の修正申告又は更正に係る加算税である限り、過少申告加算税を賦課されるにしても、重加算税を賦課されるにしても処分としての同一性を有するというべきで、重加算税として高い割合の加算税が賦課された場合は、その中に単なる過少申告加算税たるべき部分が包含されていると解するのが相当であり、また、通則法第六八条第一項、同法施行令第二八条第一項により、加算税の税額計算の基礎となるべき税額のうち隠ぺい又は仮装されていない事実に基づくことが明らかである税額につき過少申告加算税が課され、その余の税額につき重加算税が課される場合には、過少申告加算税の賦課決定と重加算税の賦課決定の二個の処分がされるものとみるべきではなく、一個の加算税賦課決定がされるものと解すべきである。無申告加算税額又は不納付加算税額については重加算税額との併課につき定めのあった国税通則法施行前はしばらくおき、現行法上このように解するにつき支障となるような条項は見当たらない。もっとも、通則法第六八条第一項は「過少申告加算税に代え」と規定しており、原告は、右は過少申告加算税を排除して重加算税の賦課決定を選択するよう税務署長に命じたものであると主張するが、必ずしもそのように解さねばならないとする根拠はなく、右規定は、隠ぺい又は仮装した事実に基づく過少申告に対しては加算税の額の計算の基礎となる税額に乗ずべき割合につき一〇〇分の三〇の割合を選択すべきことを命じたものと解し得るのであって、右文言は前記解釈を覆えすに足りるものではない。

以上によれば、過少申告加算税の賦課決定、重加算税の賦課決定、さらには通則法第六八条第一項、同法施行令第二八条第一項によりされた過少申告加算税と重加算税の賦課決定につき審査請求を受けた国税不服審判所長は、当該修正申告又は更正に関し通則法第六五条及び第六八条第一項所定の各要件の存否を審理し、その結果に基づき過少申告加算税の額及び重加算税の額を算定し、その合計額が原処分における税額を下回るときは、裁決において原処分中その超える税額部分を取り消し、残余の部分については審査請求を棄却すべきことに帰着する。

以上のとおり解すべきであり、これを本件について考察すれば、本件各裁決が昭和四六、四七両年分共重加算税の額を減額すると共に過少申告加算税の額を増額して、右増減額後の両加算税の額の合計額と本件各賦課決定により納付すべき税額との差額部分を取り消し、その余の原告の審査請求を棄却したものであること前記一のとおりであって、右各裁決に原告主張の違法はないというべきである。』

【裁判例⑲】　重加算税の賦課決定の取消しを求める審査請求の審理手続において過少申告加算税も当然審理の対象になるものというべきであるから、納税者が過少申告につき「正当の理由」を有するときにはその審理の段階で主張すればよい（東京高裁昭和五六年四月二〇日判決・税資一一七号八七ページ、行裁例集三二巻四号五五六ページ）

『控訴人は、本件国税不服審査請求事件の審理手続において、過少申告加算税が審理の対象とされず、そのため、控訴人は、同手続において、国税通則法六五条二項（編注＝現行五項）に規定する「正当な理由」を主張する機会を与えられなかった旨主張する。しかしながら、国税不服審判所長が重加算税の賦課決定につき審査請求をうけた場合においては、当該修正申告又は更正に関し国税通則法六五条及び六八条一項所定の各要件の存否を審理し、その結果に基づき過少申告加算税の額及び重加算税の額を算定し、その合計額が原処分における税額を下回るときは、裁決において原処分中その超える税額部分を取消し、残余の部分については審査請求を棄却すべきものである（この点に関する詳細な判断については、前記引用の原判決理由欄第二の二1に記載のとおりである。）から、重加算税の賦課決定の取消を求めた本件審査請求の審理手続においては過少申告加算税も当然審理の対象になるものというべきであり、したがって、右審理手続において、控訴人が右「正当の理由」の存在自体を違法理由として主張するのであれば、自らこれをなすべきであると解するのが相当である。しかるところ、同被控訴人が控訴人のなす右「正当の理由」の主張、立証につき審理の機会を与えなかったことについては、これを認めるべき証拠はない。したがって、控訴人の右主張は採用の限りでない。』

【裁判例⑳】　重加算税の賦課と過少申告加算税の賦課とは相互に無関係な別個独立の処分ではなく、重加算税の賦課の中には過少申告加算税相当部分を含んでいるから、重加算税の賦課決定に対する審査請求においては、過少申告加算税の賦課要件の存否を

も審判の対象となり、加算税の加重事由がない場合には、その一部取消しを行うこととなる（最高裁昭和五八年一〇月二七日第一小法廷判決・税資一三四号四六ページ、民集三七巻八号一一九六ページ）

『国税通則法（以下「法」という。）六五条の規定による過少申告加算税と法六八条一項の規定による重加算税とは、ともに申告納税方式による国税について過少な申告を行った納税者に対する行政上の制裁として賦課されるものであって、同一の修正申告又は更正に係るものである限り、その賦課及び税額計算の基礎を同じくし、ただ、後者の重加算税は、前者の過少申告加算税の賦課要件に該当することに加えて、当該納税者がその国税の課税標準等又は税額等の計算の基礎となるべき事実の全部又は一部を隠ぺいし、又は仮装し、その隠ぺいし、又は仮装したところに基づき納税申告書を提出するという不正手段を用いたとの特別の事由が存する場合に、当該基礎となる税額に対し、過少申告加算税におけるよりも重い一定比率を乗じて得られる金額の制裁を課することとしたものと考えられるから、両者は相互に無関係な別個独立の処分ではなく、重加算税の賦課は、過少申告加算税として賦課されるべき一定の税額に前記加重額に当たる一定の金額を加えた額の税を賦課する処分として、右過少申告加算税の賦課に相当する部分をその中に含んでいるものと解するのが相当である。

したがって、重加算税の賦課決定に対する審査請求においては、右の加重事由の存否のみならず、過少申告加算税の賦課要件の存否も当然に審判の対象となり、審査の結果、後者の要件の全部又は一部が否定された場合には、加重事由の存否を問うまでもなく当然にその限度で重加算税の全部又は一部が取消しを免れないこととなるとともに、右後者の要件の存在が認められ、加重事由の存否の点についてのみ原処分庁の認定判断に誤りがある場合には、加算税額中これに応じて減額されるべき部分についてのみ原処分を取り消し、その余については審査請求を棄却すべきものであって、このように解しても、もとより審査庁である国税不服審判所長がその権限に属さない税の賦課決定権を行使したことになるものではない。
そして、重加算税の賦課決定に対する審査請求における審判の対象及び内容が前記のとおりである以上、審査請求人において過少申告加算税の賦課要件の存否についての原処分庁の判断にも不服があるときは、右審査請求手続において法六五条二項（編注＝現行五項）に規定する「正当な理由」の有無の点を主張することができ、また、そうすべきものであって、その主張がされていないために審査庁が審査裁決の中で特に右の点に関する判断を示さなかったとしても、そのために右裁決に所論の違法があるということはできない。

【裁判例⑫】　重加算税は過少申告加算税の賦課要件及び税率を加重したものであるから、本来重加算税を課すべきところを過少申告加算税を課しても、違法ではない　（①東京地裁昭和五七年六月一四日判決・税資一二三号六三四ページ、②東京高裁昭和六〇年六月二六日判決・税資一四五号一〇二〇ページ）

①『右行為は国税通則法六八条一項に規定する国税の課税標準等又は税額等の計算の基礎となる事実を隠蔽したところに基づき納税申告書を提出した行為に該当するから、本件物件の譲渡益一、〇二六万六二六円は重加算税の対象所得となる。その余の所得一、二二二万四、二六六円については、これが申告の計算の基礎とされなかったことについて正当な理由があるとは認められないので、同法六五条により過少申告加算税の対象所得となる。
ところで、前掲甲第一七号証によれば、本件賦課決定における重加算税の基礎となる所得は九六八万六九一円であり、過少申告加算税の基礎となる所得金額は、本件更正による増加所得金額二、二一〇万九、

五九九円から右金員を差し引いた一、二四二万八、九〇八円であることが認められるので、これと対比すると、重加算税の対象所得金額及び各加算税の対象所得金額の和は本件賦課決定によるものより多額であるが、過少申告加算税の対象所得金額は本件賦課決定のそれより少額であることが認められる。しかし、重加算税は過少申告加算税の賦課要件及び税率を加重したものであるから、本来重加算税を課すべきところを過少申告加算税を課しても、本件賦課決定を違法ならしめるものではないというべきである。』

②『しかし、重加算税は過少申告加算税の賦課要件及び税率を加重したものであるから、本来重加算税を課すべきところを過少申告加算税を課しても、控訴人に対する関係で本件賦課決定を違法ならしめるものではないと解されるので（最高裁判所昭和五十八年十月二十七日判決民集三七巻八号一一九六頁参照）、本件では過少申告加算税対象所得金額は八七六万四、三三八円であるというべく、これによって法人税額と各加算税とを計算すると、別紙二のとおり法人税額六一五万六、〇〇〇円、過少申告加算税一四万七、九〇〇円、重加算税一〇六万七、一〇〇円（本件裁決後の更正額に同じ）となり、被控訴人がなした本件更正による法人税額と過少申告加算税の賦課は、いずれも右金額を超えることとなるので、右超過部分についてはこれを取り消すこととするが、その余の本訴訟請求は理由がないからこれを棄却すべきである。』

【裁判例⑫】　過少申告といい無申告といい、ともに申告義務違反であって、いずれに対する加算税もその本質において変わりはなく、無申告の場合誤って過少申告によるものとしての重加算税額を賦課しても不利益を与えたことにならず、当該更正についても取消し事由は存在しない（大阪地裁昭和五八年八月二六日判決・税資一三三号四九一ページ、判例タイムズ五一一号一八七ページ）

『ところで、過少申告といい、無申告といい、ともに申告義務違反であって、いずれに対する加算税もその本質において変わりはないと解せられるうえ、無申告加算税の方が過少申告加算税よりも多額になることは明らかであるから、無申告の場合誤って過少申告によるものとしての重加算税額を賦課決定をしても、そのことにより原告に不利益を与えることにならない以上取り消しの対象になる違法にはあたらない。

七　結論

以上の次第で、本件各更正処分等のうち国税不服審判所で一部取り消された後のものについては原告主張の違法は無く、なお、五―2で判示したとおり、本件においては、被告は原告に対し無申告による決定をなすべきであるのに、誤って過少申告による更正処分をしたものであるから、本件各更正処分等はその前提要件としての申告を欠く意味において違法であるということはできるが、本件各更正処分等に表示されている事業所得の実質的帰属者は原告であり、その所得が存在したことは前認定のとおりであるうえ、本来無申告による決定がなされるべきはずのところ、誤って過少申告によるものとしての本件各更正処分等がなされたとしても、過少申告による更正処分の方が無申告による決定よりも納税義務者にとって有利であることを考えれば、原告は右違法を主張しえないというべきであるから（現に原告は右違法を更正処分取り消し事由として主張していない）、本件各更正処分等について取消し事由は存在しないというべきである。』

【裁判例⑫③】　過少申告加算税と重加算税とは、ともに過少申告に対する行政上の制裁として賦課されるもので、重加算税を賦課する処分には過少申告加算税を賦課する処分を含んでいるものと解すべきであるから、重加算税の賦課決定の取消訴訟において隠蔽・仮装の事実がないと認められるときには、過少申告加算税相当額を超える部分についてのみ取り消されるべきである

（東京高裁昭和六〇年四月二四日判決・税資一四五号二一一ページ）

『国税通則法六五条の規定による過少申告加算税と同法六八条の規定による重加算税とは、ともに過少な所得申告に対する行政上の制裁として賦課されるもので、重加算税は、過少申告加算税賦課の要件のほかに、課税標準等又は税額等の計算の基礎となるべき事実の全部又は一部を隠ぺい、仮装し、隠ぺい、仮装したところに基づいて納税申告書を提出するという不正手段を用いたとの特段の事由がある場合に、過少申告加算税におけるよりも更に重い一定の率を用いて得られる額の制裁を課するものであるから、重加算税を賦課する処分は、過少申告加算税を賦課する処分を含んでいるものと解するのが相当である。

したがって、重加算税賦課の処分が、その要件を欠き効力を有しないと判断される場合であっても、過少申告加算税賦課の要件が存在する場合は、その限度においてなお処分の効力を有するものというべきである。

これを本件についてみると、昭和三十七年期の仕入金のうち、訴外簾野福寿から第一の土地を買受けたものとして計上した七二一万六、〇〇〇円の仕入金として損金に計上することはできず、同年期における控訴人の所得金額の申告において右金額に相当する額の過少申告となることは、引用に係る原判決の理由説示（原判決理由三2）及び本件判決理由第一項記載のとおりであり、右過少申告について重加算税の賦課加重要件が認められないことは原判決理由説示（原判決理由三4）のとおりであるから、右過少申告額七二一万六、〇〇〇円について重加算税を課する旨の決定は違法というべきであるが、右金額について過少申告加算税を賦課する限度においてはなお効力を維持すべきことになるから、右決定は右過少申告額に対する過少申告加算税相当額である税額一五万一、三〇〇円（本判決別紙記載のとおりの計算により求められる。）を超える部分についてのみ取消されるべきである。』

【裁判例⑫④】 重加算税の基礎とした本税額について過少申告加算税に止めるべきものとしたときは、その過少申告加算税額を超える限

度で重加算税賦課決定を取り消すことができる（東京地裁昭和六〇年一二月二五日判決・税資一四七号八三〇ページ）

『原告悦造が本件更正等により新に納付すべき本税（別表一一の納付税額であって裁決によるもの）百分の五は同原告に係る本件過少申告加算税額を下回らない。なお、重加算税は、過少申告加算税に代えて賦課されるものであるから（国税通則法六八条一項）、本件更正等において、重加算税の基礎とした本税額については過少申告加算税に止めるべきものとしたときは、その過少申告加算税の額を示して、これを超える限度で重加算税賦課決定を取り消すことができるから、右過少申告加算税を加えた本件更正等の過少申告加算税額（二一万五、三〇〇円）は適法である。』

(2)　学　説

前記のように、共通説は、それを支持する裁判例の積み重ねにより、判例として確立したとも思われるのであるが、学説的にも、それらの裁判例を支持する見解によって構築されているといえる。

まず、前掲東京地裁昭和五三年二月二二日判決が出された直後、その評釈の中で筆者は、次のように述べたことがある。

「思うに、前記の大阪高裁判決（編注＝昭和五十年九月三十日判決）が判示するように、通則法の解釈いかんによっては、過少申告加算税の賦課決定処分と重加算税の賦課決定処分とは別異の処分と解される余地もないこともないであろうし、本件のように重加算税の賦課決定処分に隠ぺい又は仮装の事実がない場合にその全額を取消すことに納税者の利益を伴うこともあろう。しかし、考えなければならないことは、この場合における納税者の利益である。すなわち、かかる場合の利益とは、究極的には税務署長が改めて行う過少申告加算税の賦課決定処分を除斥期間の徒過により免れることにあろう（本件においてもかかる結果となる。）。かくして、本件のような場合に重加算税額の全額取消しをすれば、過少申告の事実があり、しかも隠ぺい又は仮装の容疑さえあった事案につき、加算税の負担を免れるという不当な結果となる。これは、刑事事件において、尊属殺人罪の構成要件を欠いているという理由のみで殺人罪をも不問にしてしまう結果を招いても良いということにも相通ずるといえよう。

してみると、過少申告加算税も重加算税も過少申告に対する行政上の制裁としての性質が同じであることについては疑いをはさむ余地はないであろうから、本件判決が判示するように、重加算税が賦課された場合にはその中に単なる過少申告加算税たるべき部分も包含されているものと解し、審査請求の審理の段階において隠ぺい又は仮装の事実が認められない場合の裁決方法としては、重加算税の税額中過少申告加算税の税額部分を超える部分を取消し、残余の部分については審査請求を棄却すべきことに帰着するものと解すべきであろう。(注3)」

また、遠藤きみ氏は、前掲東京高裁昭和五六年四月二〇日判決の評釈の中で次のように述べている。

「すなわち、隠ぺい又は仮装という要件が認められないとしても過少申告加算税賦課の要件が備わっているのであれば、当該納税者に対しては重加算税は無理にしても、少なくとも過少申告加算税の賦課はなされるべきであったのであり、同人は全面的に加算税の賦課を免れることのできる法的立場にはなかったのであるから、あくまでも法律によって保護されるべき正当な利益救済のための訴訟手続や不服申立手続にあっては、本来課されるべき過少申告加算税の額の範囲においては、同人は重加算税の賦課決定の取消しを求めることはできず、同人が取消しを求め得るのは上記過少申告加算税相当額を超える分についてのみと解すべきものではないかと思うのである。(注4)」

次に、中里実教授は、前掲最高裁昭和五八年一〇月二七日第一小法廷判決の評釈の中で次のように述べている。

「このように考えてくると、「〔国税通則〕法六八条一項は、処分の名称として重加算税の語を用いあたかも六五条一項の過少申告加算税とは異なる処分について規定するかのごとくであるが、その実質に着目すれば、以上にみたように、過少申告加算税を賦課するべき場合のうち加重要件が存する場合のその税額の計算の特例について規定したものであって、当該特例が適用される場合の過少申告加算税に対して便宜重加算税の名称を付与しているものと解することもできる」（加藤・前掲本判決評釈一一九ページ）といえよう。本判決が、「加重事由の存否の点についてのみ原処分庁の認定判断に誤りがある場合には、加算税額中これに応じて減額されるべき部分についてのみ原処分を取り消し……」（傍点＝筆者）と述べ、「重加算税額中」としていないのは、右のような考え方を採用しているからであろう（加藤・前掲本判決評釈一一九ページ）。

また、国税通則法六八条一項が、過少申告加算税「に代え」て重加算税を課すると規定している点も、独立した二つの処分の存在を前提としているわけではなく、「重加算税の額の計算の基礎である税額については乗ずるべき割合が一〇〇分の五から一〇〇分の三〇に変更される」（加藤・前掲本判決評釈一一九ページ）ことを表現しているにすぎないと解することができる。（注5）」

更に、石川善則氏（当時最高裁判所調査官）は、前掲最高裁昭和五八年一〇月二七日第一小法廷判決の評釈の中で、次のように述べている。

「そして、このような不足税額の自発的是正があった場合には重加算税は課さないとの規定は、次のように、重加算税を隠ぺい又は仮装という不正手段により正当税額を免れようとする悪質な「過少申告」に対するペナルティの加重と考えることにより、全体が統一的に理解できるように思われる。つまり、無申告加算税又は不納付加算税に係る通則法六八条二項、三項の重加算税の割合を三五％とし、過少申告に係る同法六八条一項の重加算税の割合を三〇％としているのは、前者には期限内不申告（ないし期限内不納付）に対するペナルティである五％が含まれており、このペナルティ部分は不足税額の自発的是正があった場合にも消えることはないが、不正手段を伴う「過少申告」に対するペナルティの加重としてのいわば実質的な重加算税の部分（二五％）は、申告不足の税額について自発的是正がされた場合には、「過少申告」に対する五％のペナルティを免除するのと同様の政策的配慮により、これを免除することとしたものと解されるのである。あるいは、これを、基礎となる「過少申告」に対するペナルティが消えることにより、その加重形態である重加算税は成立しないことになると解してよいかもしれない。

……略……

（六）右のようにみると、原判決が、通則法六八条一項の「過少申告加算税に代え……重加算税を課する」との規定の意味についていては、右規定は、過少申告加算税の代わりに重加算税の賦課決定をすべきものと命じた論旨に解さねばならないものではなく、隠ぺい又は仮装した事実に基づく過少申告に対しては加算税の額の計算の基礎となる税額に乗ずべき割合につき一〇〇分の三〇の割合を選択すべきことを命じたものと解し得るとした点も客観的・合理的な解釈として首肯できるものであり、通則法は、重加算税の性格を従前の重加算税額（編注＝国税通則法制定前のもの）とは異なるものとして実定法上位置づけたものと解することができるものと考えられる。[注6]」

以上のほか、共通説を支持する見解としては、次のようなものが挙げられる。

○ 池本征男「加算税制度に関する若干の考察」税務大学校論叢一四号二一六ページ
○ 野崎悦宏「重加算税と過少申告加算税との関係」行政判例研究会編『昭和五十三年　行政関係判例解説』所収三二五ページ
○ 藤村啓「（東京地裁昭和五三年二月二〇日判決評釈）」法律のひろば三一巻六号八八ページ
○ 井上經敏「（最高裁昭和五八年一〇月二七日第一小法廷判決評釈）」行政判例研究会編『昭和五十八年　行政関係判例解説』所収二四〇ページ

○　宇都宮純一「（最高裁昭和五八年一〇月二七日第一小法廷判決評釈）」法学五〇巻一号一五三ページ
○　加藤幸嗣「（最高裁昭和五八年一〇月二七日第一小法廷判決評釈）」ジュリスト三九号一一七ページ
○　吉良実「国税通則法六八条一項による重加算税の賦課決定に対する審査請求において同条項所定の加重事由のみが認められない場合と右賦課決定取消の範囲」判例時報一一一一号一五四ページ
○　松村武志「（東京高裁昭和六〇年四月二四日判決評釈）」税務事例一七巻九号二二ページ

注
（1）　新井隆一「更正と決定の法的性格」シュトイエル一三号九ページ
（2）　来生新「大阪高裁昭和五十年九月三十日判決評釈」自治研究五三巻七号一三八ページ
（3）　拙著「重加算税と過少申告加算税との関係、他」税理二二巻二号一七九ページ
（4）　遠藤きみ「重加算税と過少申告加算税の関係」税務弘報五十六年九月号一二五ページ
（5）　中里実「国税通則法六八条一項の重加算税と過少申告加算税の関係」法学協会雑誌一〇四巻一一号一六一八ページ
（6）　石川善則「国税通則法六八条一項による重加算税の賦課決定に対する審査請求において同項所定の加重事由のみが認められない場合と右賦課決定の取消の範囲」法曹時報三九巻七号一二九九ページ

三　賦課決定の理由附記

1　理由附記の法改正

国税についての納付すべき税額の確定の方式には、納税義務の成立と同時に特別の手続を要しないで納付すべき税額が確定（いわゆる自動確定）する国税（通則法一五①③、例えば、源泉所得税）を除き、申告納税方式と賦課課税方式がある（通則法一六①）。申告納税方式は、納税者の申告により税額を確定することを原則とするが、その申告に係る税額の計算が法律の規定に従っていなかった場合等には、税務署長の処分によって確定し直されることになる。また、賦課課税方式は、各種加算税等に適用されるが、もっぱら税務署長の処分によって税額を確定することになる。なお、自動確定によって税額が確定する源泉所得税についても、当該税額が法定納期限内に納付されない場合には、税務署長による納税の告知がなされるが、当該告知も処分性が認められている。(注1)その他、国税に関しては、青色申告の取消し等についても、税務署長の処分を要する（所法一五〇、法法一二七等）。

このような各種処分については、平成二三年一二月の国税通則法の改正までは、青色申告に係る更正（所法一五五、法法一三〇）及び青色申告の承認の取消し（所法一五〇、法法一二七）以外は、その処分理由を附記することを必要としなかった。もっとも、それらの処分については、処分段階で処分理由が明らかにされなくても、異議申立てを行えば、異議決定において原処分が一部又は全部維持されるときには、その理由が明らかにされることになっている（通則法八四⑤）ので、当該処分の審査請求、取消し訴訟の提訴に問題が生じないようにされていた。

そして、平成五年に行政手続法が制定され、同法において、行政庁が、申請により求められた許認可等を拒否する処分をする場合（同法八①）、又は不利益処分をしようとする場合（同法一三）には、その申請者又は名宛人に対し、その処分理由を書面によって示さなければならないこととされた（同法八②、一四①～③）。しかし、行政手続法制定時に、国税通則法が改正され、同法七四条の二によって、国税の手続については国税通則法に定められている等の理由によって、行政手続法の大半が適用除外とされ、その適用除外の中に、前述の行政手続法八条、一三条及び一四条も含まれることとなった。ところが、平成二三年一二月の国税通則法の改正により、前述の国税通則法七四条の二が改正されて同法七四条の一四となり、前記条項が国税の全ての処分に適用され、理由附記を要することになった。この適用時期は、平成二五年一月一日とされている（平成二三年一二月改正法附則四二）。

2　理由附記の程度

前述の国税通則法の改正により、国税に係る処分の理由附記について行政手続法が適用されることになったため、各種加算税の賦課決定についても理由附記を要することとなった。この場合に問題となるのは、理由を附記しなかったときの当該賦課決定が違法となるか否か、そして、どの程度の理由を附記すべきかである。これらの問題については、先行して多くの争訟事件を惹起してきた青色申告に係る更正等における理由附記に関する裁判例（判例）が参考にされることになろう。

まず、青色申告に係る更正の理由附記の程度等に関し、最高裁判所として最初に判断した最高裁昭和三八年五月三一日第二小法廷判決（後掲、裁判例⑫⑤）(注2)は、「一般に、法が行政処分に理由を附記すべきものとしているのは、処分庁の判断の慎重・合理性を担保してその恣意を抑制するとともに、処分の理由を相手方に知らせて不服の申立に便宜を与える趣旨に出たものである」と判示し、理由附記を欠く場合においては処分自体の取消しを免れないと判示した。この考え方は、その後の最高裁判所等の判断規範となっており、租税法における判例法の典型ともなっている。

このような考え方は、更に進展し、更正における附記理由不備の瑕疵は、後日具体的根拠が明らかにされたとしても、それにより治癒されるものではない（当該更正が適法となるものではない）とされた（最高裁昭和四七年一二月五日第三小法廷判決・民集二六巻一〇号一七九五ページ等参照）。また、更正の理由附記のみならず、青色申告の承認取消し処分の附記理由についても、詳細な説明を求めることとなった。

すなわち、所得税法一五〇条一項は、青色申告の承認の取消し事由として、①帳簿書類の備付け、記録又は保存が行われていないこと（同項一号）、②帳簿書類について税務署長の指示に従わなかったこと（同項二号）及び③帳簿書類に取引の全部又は一部を隠ぺいし又は仮装して記載したこと（同項三号）（同旨法法一二七①、ただし、法人税法では、この三項以外に、④法定申告期限内に確定申告書を提出しなかったこと及び⑤連結納税の承認が取り消されたこと、を挙げている。）を挙げている。そして、所得税法一五〇条二項は、その取消しを書面で通知することとし、「その書面には、その取消しの処分の基因となった事実が同項各号のいずれに該当するかを附記しなければならない。」（同旨法法一二七②）と定めている。

かくして、従前の課税の実務では、青色申告の承認の取消しにおいては、その書面に、「一号該当による取消し」等と附記していた。このような附記は、前記所得税法一五〇条二項の文理に照らし、至極当然であると考えられる。しかしながら、最高裁昭和四九年六月一一日第三小法廷判決（後掲、裁判例(126)）[注3]は、関係条項についての「その文言だけからは、一見、承認の取消しが同条八項各号のいずれによるものであるかのみを附記すれば足りるとするもののようにみえないでもない」としながらも「……附記の内容及び程度は、特段の理由のないかぎり、いかなる事実関係に基づきいかなる法規を適用して当該処分がされたかを処分の相手方においてその記載自体から了知しうるものでなければなら」ないと判示した。この考え方は、判例として、その後の青色申告の承認の取消し実務を拘束している。

以上のように、青色申告に係る更正及び青色申告の承認の取消しにおける理由附記は、相当詳細なものが要求されており、その理由附記に不備がある場合には、当該処分が違法となって取消しを免れないこととされている。したがって、各種加算税の賦課決定における理由附記の程度についても、青色申告に対する各処分の理由附記の程度等が参考にされるべきものと考えられる。この場合、特に、重加算税の賦課決定については、第七章の四で述べたように、賦課要件の解釈に種々の問題を抱えているので、その理由の附記方法等について紛糾するものと考えられる。いずれにしても、各種加算税の賦課決定における理由附記の程度については、今後の争訟事件の中で考え方が定着して行くものと考えられる。

【裁判例⑫⑤】 行政処分に理由を附記すべきとしているのは、処分庁の判断の慎重・合理性を担保してその恣意を抑制するとともに、相手方に不服申立ての便宜を与えるものである（最高裁昭和三八年五月三一日第二小法廷判決・民集一七巻四号六一七ページ）

『一般に、法が行政処分に理由を附記すべきものとしているのは、処分庁の判断の慎重・合理性を担保してその恣意を抑制するとともに、処分の理由を相手方に知らせて不服の申立に便宜を与える趣旨に出たものであるから、その記載を欠くにおいては処分自体の取消を免かれないものといわなければならない。ところで、どの程度の記載をなすべきかは処分の性質と理由附記を命じた各法律の規定の趣旨・目的に照らしてこれを決定すべきであるが、所得税法（昭和三十七年法律六七号による改正前のもの、以下同じ。）

四五条一項の規定は、申告にかかる所得の計算が法定の帳簿組織による正当な記載に基づくものである以上、その帳簿の記載を無視して更正されることがない旨を納税者に保障したものであるから、同条二項が附記すべきものとしている理由には、特に帳簿書類の記載以上に信憑力のある資料を摘示して処分の具体的根拠を明らかにすることを必要とすると解するのが相当である。しかるに、本件の更正処分通知書に附記された前示理由は、ただ、帳簿に基づく売買差益率を検討してみたところ、帳簿額低調につき実際に調査した売買差益率によって確定申告の所得金額三〇九、四二二円を四四四、六九五円と更正したというにとどまり、いかなる勘定科目に幾何の脱漏があり、その金額はいかなる根拠に基づくものか、また調査差益率なるものがいかにして算定され、それによることがどうして正当なのか、右の記載自体から納税者がこれを知るに由ないものであるから、それをもって所得税法四五条二項にいう理由附記の要件を満たしているものとは認め得ない。』

【裁判例⑫⑥】附記の内容及び程度は、いかなる事実関係に基づきいかなる法規を適用して当該処分がされたかを相手方においてその記載自体から了知しうるものでなければならない（最高裁昭和四九年六月一一日第三小法廷判決・訟月二〇巻九号一七〇ページ、同旨最高裁昭和四九年四月二五日第一小法廷判決・民集二八巻三号四〇五ページ）

『思うに、旧法人税法二五条は、その八項において、青色申告書提出承認の取消し（以下単に「承認の取消し」という。）の事由を一号ないし五号に掲げる五つに限定したうえ、その九項において、承認の取消しをしたときは、その旨を当該法人に通知すべく、当該通知の書面には取消しの基因となった事実が同条八項各号のいずれに該当するかを附記しなければならないものと定めているのであるが、旧法人税法が承認の取消しの通知書にこのような附記を命じたのは、承認の取消しが右承認を得た法人に認められる納税上の種々の特典（前五事業年度内の欠損金額の繰越し、推計課税の禁止、更正理由の附記等）を剥奪する不利益処分であることにかんがみ、取消事由の有無についての処分庁の判断の慎重と公正妥当を担保してその恣意を抑制するとともに、承認の取消しの理由を処分の相手方に知らせることによって、その不服申立てに便宜を与えるためであり、この点において、青色申告の更正における理由附記の規定（旧法人税法三二条）その他一般に法が行政処分につき理由の附記を要求している場合の多くとその趣旨、目的を同じくするものであると解される。それゆえ、この場合に要求される附記の内容及び程度は、特段の理由のないかぎり、いかなる事実関係に基づきいかなる法規を適用して当該処分がされたかを処分の相手方においてその記載自体から了知しうるものでなければならず、単に抽象的に処分の根拠規定を示すだけでは、それによって当該規定の適用の原因となった具体的事実関係をも当然に知りうるような例外の場合を除いては、法の要求する附記として十分でないといわなければならない。

この見地に立って旧法人税法二五条の規定をみるに、同条八項各号に掲げられた承認の取消しの事由は、青色申告制度の基盤をなす納税者の誠実性ないしその帳簿書類の信頼性が欠けると認められる場合を類型化したものであるが、具体的事案においていかなる事実がこれに該当するとされるのかは必ずしも明らかでなく、特に同項三号の取消事由は極めて概括的で具体性に乏しいため、取消通知書に同号に該当する旨附記されただけでは、処分の相手方は、帳簿書類の記載事項の全体についてその真実性が疑わしいとされた理由が、取引の全部又は一部を隠ぺいし又は仮装したことによるのか、それともそれ以外の理由によるのか、また、右の隠ぺい又は仮装が帳簿書類のどの部分におけるいかなる取引に関するものであるのか等を、その通知書によって具体的に知ることは、ほとんど不可能であるといわなければならない。のみならず、承認の取消しは、形式上同項各号に該当する事実があれば必ず行われるというものではなく、現実に取り消すかどうかは、個々の場合の事情に応じ、処分庁が合理的裁量によって決すべきものとされているのであるから、処分の相手方としては、その通知書の記載からいかなる態様、程度の事実によって当該承認の取消しがされたのかを知ることができるのでなければ、その処分につき裁量権行使の適否を争う的確な手がかりが得られないこととなるのである。

以上の点から考えると、同条九項後段の規定は、その文言だけからは、一見、承認の取消しが同条八項各号のいずれによるものであるかのみを附記すれば足りるとするもののようにみえないでもないけれども、このような解釈が前記理由附記の趣旨、目的にそうものでないことは明らかであり、他方、そのような不十分な附記で足りるとする特段の合理的理由も認められないのである（承認の取消しを行う処分庁としては、既に具体的に処分の相手方に通知すべきものとしても、さほど困難な事務処理を強いられるものとは考えられない。）から、同項三号におけるように該当号数を示しただけでは承認の取消しの基因となった具体的事実を知ることができない場合には、通知書に当該号数を附記するのみでは足りず、右基因事実自体についてもこれを処分の相手方が具体的に知りうる程度に特定して摘示しなければならないものと解するのが、相当である。このように解しても、必ずしも所論のいうように同条九項後段の文理及び立法経過と相容れないものということはできないし、また、同条項後段が前記青色申告の更正の理由附記に関する規定とその形式を異にする点も、承認取消処分と更正処分の性質、内容の差異を考慮すれば、いまだ右の解釈を妨げる根拠とするに足りない。』

注

（1）最高裁昭和四五年一二月二四日第一小法廷判決（民集二四巻一三号二二四三ページ）参照。本判決の評釈については、村上義弘・別冊ジュリスト一二〇号（租税判例百選・第三版）一七〇ページ参照

（2）同判決の評釈については、高柳信一・前出（1）別冊ジュリスト一五六ページ参照

（3）同判決と同旨の最高裁昭和四九年四月二五日第一小法廷判決の評釈については、田中舘照橘・前出（1）別冊ジュリスト一五二ページ参照

四　国外財産調書の提出と加算税の特例

1　国外財産調書の提出

平成二四年度税制改正の一環として、内国税の適正な課税の確保を図るための国外送金等に係る調書の提出等に関する法律（以下「調書提出法」という）の改正が行われ、国外財産調書の提出制度が創設され令和四年度税制改正の一環として当該提出制度が改正されている。それよると、調書提出法五条一項により、所得税法上の居住者（非永住者を除く）は、その年の一二月三一日においてその価額の合計額が五、〇〇〇万円を超える国外財産を有する場合には、財務省令で定めるところにより、その氏名及び住所又は居所並びに当該国外財産の種類、数量及び価額その他必要な事項を記載した調書（国外財産調書）を、その年の翌年の六月三〇日（従前は三月一五日）までに、次に掲げる者の区分に応じ、当該区分に定める場所の所轄税務署長に提出しなければならないこととされた。

①　その年分の所得税の納税義務がある者　その者の所得税の納税地

②　①に掲げる者以外の者　その者の住所地（国内に住所がないときは、居所地）

2　国外財産調書の提出がある場合

国外財産に関して生ずる所得税で政令で定めるものに対する所得税（国外財産に係る所得税）又は国外財産に対する相続税に関し、修正申告書若しくは期限後申告書の提出又は更正若しくは決定（以下「修正申告等」という）があり、国税通則法六五条又は六六条の規定の適用がある場合において、提出期限内に税務署長に提出された国外財産調書に当該修正申告等の基因となる国外財産についての調書提出法五条一項の規定による記載があるときは、過少申告加算税の額又は無申告加算税の額は、通常課されるこれらの加算税の額から当該申告漏れ等に係る所得税又は相続税の五％に相当する金額を控除した金額とされる（調書提出法六①）。

3　国外財産調書の提出等がない場合

国外財産に係る所得税に関し修正申告等があり、国税通則法六五条又は六六条の規定の適用がある場合において、調書提出法五条一項の規定により税務署長に提出すべき国外財産調書について提出期限内に提出がないとき、又は提出期限内に税務署長に提出された国外財産調書に記載すべき当該修正申告等の基因となる国外財産についての記載がないとき（国外財産調書に記載すべき事項のうち重要なものの記載が不十分であると認められるときを含む）は、過少申告加算税の額又は無申告加算税の額は、通常課されるこれらの加算税額に当該申告漏れ等に係る所得税の五％に相当する金額を加算した金額とされる（調書提出法六②）。

4　国外財産調書の期限後提出と更正の予知

調書提出法五条一項の規定により提出すべき国外財産調書が提出期限後に提出され、かつ、修正申告等があった場合において、当該国外財産調書の提出が、当該国外財産調書に係る国外財産に係る所得税又は国外財産に対する相続税についての調査通知前にされたものである場合に限り、調書提出法六条一項の規定が適用される（調書提出法六⑥）。

五　財産財務調書の提出と加算税の特例

1　財産債務調書の提出

平成二七年度税制改正の一環として、所得税の申告書を提出すべき者又は所得税の還付申告書を提出することができる者は、その申告書に記載すべきその年分の総所得金額及び山林所得の金額の合計額が二、〇〇〇万円を超え、かつ、その年の一二月三一日においてその価額の合計額が三億円以上の財産又は一億円以上の国外転出特例対象財産を有する場合には、その者の有する財産の種類、数量及び価額並びに債務の金額その他必要な事項を記載した調書（以下、「財産債務調書」という）を、その年の翌年の三月一五日までに所轄税務署長に提出しなければならないことになっていた（調書提出法六の二①）。それが、令和四年度の税制改正により、右の提出義務者のほか、その年の一二月三一日においてその価額の合計額が一〇億円以上の財産を有する者も財産債務調書を提出することが必要となり、かつ、財産債務調書の提出期限がその年の翌年の六月三〇日に延長されている（調書提出法六の二①③）。そのほか、令和四年度税制改正後の加算税の特例は、次のとおりである。

2　財産債務調書の提出がある場合

財産債務に係る所得税又は財産に対する相続税に関し申告漏れ（過少申告）又は無申告（以下「財産債務に係る事実」という）による修正申告等があり、過少申告加算税又は無申告加算税の適用がある場合において、提出期限内に提出された財産債務調書にその修正申告等の基因となる財産又は債務についての記載があるときは、その修正申告等につき課される過少申告加算税の額又は無申告加算税の額については、その財産債務に係る事実に基づく本税額の五％に相当する金額を控除した金額とする。

3 軽減措置の適用の判定の基礎となる財産債務調書

前記2の財産債務調書の提出がある場合の過少申告加算税等の軽減措置の適用に当たり、その提出の有無や財産又は債務の記載の有無を判定する財産債務調書は、次に掲げる場合の区分に応じそれぞれ次に定める財産債務調書とされている。

(1) 財産債務に係る所得税に関する修正申告等である場合……その修正申告等に係る年分の財産債務調書

(2) 財産に対する相続税に関する修正申告等である場合……次に掲げる財産債務調書のいずれか

イ その相続税に係る被相続人の相続開始年の前年分の財産債務調書

ロ その相続税に係る相続人の相続開始年の年分の財産債務調書

ハ その相続税に係る相続人の相続開始年の翌年分の財産債務調書

4 財産債務調書の提出がない場合

財産債務に係る所得税に関し修正申告等があり、過少申告加算税又は無申告加算税の適用がある場合において、次に掲げる場合のいずれかに該当するときは、その修正申告等につき課される過少申告加算税の額又は無申告加算税の額については、その財産債務に係る事実に基づく本税額の五％に相当する金額を加算した金額とすることとされている。

(1) 提出期限内に財産債務調書の提出がない場合（その財産債務調書の提出期限の属する年の前年の一二月三一日において相続財産債務を有する者（その価額の合計額が三億円以上の財産（相続又は遺贈により取得した財産を除く）又はその価額の合計額が一億円以上の国外転出特例対象財産（相続又は遺贈により取得した財産を除く）を有する者を除く）の責めに帰すべき事由がない場合を除く）

(2) 提出期限内に提出された財産債務調書に記載すべきその修正申告等の基因となる財産債務についての記載がない場合（その財産債務調書にその修正申告等の基因となる財産債務について記載すべき事項のうち重要なものの記載が不十分であると認められる場合を含むものとし、その財産債務調書に記載すべきその修正申告等の基因となる相続財産債務についての記載がない場合（その相続財産債務を有する者の責めに帰すべき事由がない場合に限る。）を除く）

5 加重措置の適用の判定の基礎となる財産債務調書

前記4の財産債務調書の提出がない場合等の過少申告加算税等の加重措置の適用に当たり、その提出の有無や財産又は債務の記載の有無を判定する財産債務調書は、その修正申告等に係る年分の財産債務調書（その年の中途においてその修正申告等の基因となる財産又は債務を譲渡等により有しないこととなった場合にはその修正申告等に係る年分の前年分の財産債務調書とし、その修正申告等の基因となる相続財産債務（相続開始年に取得したものに限る）については相続開始年の年分の財産債務調書を除く）とされている。

6　提出期限後に財産債務調書が提出された場合の宥恕措置

提出期限後に財産債務調書が提出され、かつ、修正申告等があった場合において、その財産債務調書の提出が、調査通知前でないときは、その財産債務調書は提出期限内に提出されたものとみなして、前記２の財産債務調書の提出がある場合の過少申告加算税等の軽減措置又は前記４の財産債務調書の提出がない場合等の過少申告加算税等の加重措置を適用することとされている。

判 決 索 引

裁判所　判決年月日	出　　典	裁判例番号	引用ページ
昭和			
最高裁二小　24. 7. 9	税資6.121	⑽⑹	427,430,432
広島高裁　25. 8.30	税資8.328		304
長野地裁　26. 1.25	税資18.464		299
名古屋高裁　26.12.10	税資18.162		304
大阪地裁　27. 4.26	税資11.208		299
福岡高裁　27. 5.30	税資11.229		515
大阪地裁　29.12.24	税資16.490	㉛	159,161,164,171,182,203,219,312,413,455,500
金沢地裁　30.12.16	行集6.2.2838		93
大阪高裁　31. 4. 7	行集7.4.5		93
大阪地裁　31. 6.14	税資23.366	⑾⑶	520,523,528
東京地裁　31. 6.23	税資23.448		23,44
大阪地裁　32. 8.10	行集12.8.1614		323
福岡高裁　32.10. 9	行集8.10.180		93
東京高裁　32.12.16	税資25.983		23,44
東京地裁　33. 2.15	行集9.2.173		93
最高裁大　33. 4.30	税資26.339	㊼	300,302,516
最高裁一小　33. 8.28	税資26.815		304
大阪地裁　33.11.17	税資26.1105		235
大阪高裁　33.11.27	税資26.1124		171,204,219,323,500
東京地裁　34. 5.13	税資29.436		247
最高裁三小　34. 9.22	民集13.11.1426		93
熊本地裁　34.12. 4	税資29.1325		455,494
東京地裁　35. 5.26	税資33.702		468,473,482
大阪地裁　35. 5.30	税資33.776		488
福岡高裁　35. 9. 9	税資33.1094		455,494,523
大阪地裁　35.11.28	税資33(下)1303		382,458
東京高裁　36. 2.24	税資35.193		468,473,482
最高裁三小　36. 5. 2	税資32.30		304
宇都宮地裁　36. 5.10	税資35.457		529
最高裁一小　36. 7. 6	税資32.210		304

裁判所　判決年月日	出　　　典	裁判例番号	引用ページ
大 阪 地 裁　36. 8.10	税資35.653	㉞	351,353,357,365,368,445
大 阪 高 裁　37. 3.27	税資36.300	⑪⑭	521,524,527,528
広 島 地 裁　37. 7.18	税資36.787		478
名古屋地裁　37.12. 8	税資36.1075	㉚	97,107,138,142
最高裁三小　38. 2.12	税資42.81	⑩⑦	427,431,433
名古屋地裁　38. 2.19	訟月9.4.511		93
最高裁二小　38. 3. 3	訟月9.5.668		92,155
東 京 高 裁　38. 3.13	税資37.209		529
最高裁二小　38. 5.31	民集17.4.617	⑫⑤	553,555
最高裁二小　38. 7.19	税資40.432		304
大 阪 高 裁　38.10.17	訟月9.12.1342		4
東 京 地 裁　38.12.27	税資51.37		46
最高裁二小　39. 2. 7	税資38.67		92
最高裁三小　39. 2.18	税資38.103	⑪⑥	528,529,536
最高裁二小　39. 3.13	税資42.332		304
京 都 地 裁　39. 4.21	税資38.263	㉛	98,107,138
大 阪 高 裁　39. 7. 7	行集15.7.1307		18
大 阪 地 裁　39.10.16	税資38.707		235,247
最高裁二小　39.11.27	税資43.737		304
最高裁二小　40. 2. 5	税資41.107	⑪⑦	529,534,538
大 阪 地 裁　40. 2.16	税資41.111		323,468,495
横 浜 地 裁　40. 4. 8	税資41.313		110
東 京 高 裁　40. 6.29	税資51.18	⑮⑯⑰	47,49
横 浜 地 裁　40. 7.19	税資41.873	②	6,7
東 京 高 裁　40.10.13	税資41.1077	㉞	111,115
松 山 地 裁　41. 4.18	税資44.341		237
東 京 地 裁　41. 6.16	税資44.789	③⑦	6,7,24
大 阪 高 裁　41. 8.13	税資45.147		383,458,523
最高裁二小　41. 9. 7	税資51.9	⑱	48,51
東 京 高 裁　41.11.26	税資45.523	④⑧	6,7,24,27
名古屋地裁　41.12.22	税資62.1		32,277
熊 本 地 裁　41.12.27	税資45.697		473
岡 山 地 裁　42. 1.19	税資47.49		311,323
最高裁一小　42. 6.22	税資48.140		24
大 阪 地 裁　42. 6.24	税資48.145		323,494

裁判所　判決年月日	出　　　典	裁判例番号	引用ページ
鹿児島地裁　42. 7.10	税資48.257		497
最高裁大　42.11. 8	刑集21.9.1197	⑽⑻	428,429,432,434
名古屋高裁　42.12.18	税資62.11		32,277
京都地裁　43. 4. 3	税資52.611		479
大阪地裁　43. 4.22	税資52.674	㊻	155,233,241,246
大阪地裁　43. 4.26	税資52.845		479
大阪地裁　43. 5.27	税資52.982		500
最高裁一小　43.10.17	税資53.659	㉟	111,116
東京高裁　43.11.12	税資58.316		19,44
最高裁大　43.11.13	民集22.12.2449		155
東京高裁　43.12.10	税資58.786	⑤	19,20,44
長崎地裁　44. 2. 5	税資56.23		234,242
最高裁一小　44. 2. 6	税資65.7		93
熊本地裁　44. 3.17	税資56.113	⑼①	360,365,377,500,529
最高裁三小　44. 4. 1	税資58.313		19,44,304
名古屋地裁　44. 5.27	税資56.751	㊺⑽③	159,172,175,204,219,416,423
盛岡地裁　44. 5.29	税資56.774		479
最高裁一小　44. 7. 3	税資57.94		155
最高裁一小　44. 7. 3	税資58.783	⑥	19,20,44,304
静岡地裁　44.11.28	税資57.607	㊇	357,374
福岡地裁　45. 4.23	税資59.681		468
大阪地裁　45. 5.12	税資59.831	㊻	143,147
大阪高裁　45. 6.24	税資59.1029		500
名古屋高裁　45. 7.16	税資60.80	㊻	172,176,204,219
最高裁一小　45. 7.16	税資60.90		155
最高裁二小　45. 9.11	税資64.286	㊆	300,301,303,335
大阪地裁　45. 9.22	行集21.9.1148		219
大阪地裁　45.10.27	税資60.612		449,522
高松高裁　45.11.16	税資60.690		236
東京地裁　45.12.21	税資60.853		112
大阪地裁　45.12.22	税資60.885		459,483,523
広島地裁　45.12.22	税資60.906		449,523
最高裁一小　45.12.24	税資62.15	⑬⑦⓪	33,34,260,277,278
最高裁一小　45.12.24	民集24.13.2243		45,559
東京地裁　45.12.25	税資60.933		390,508

裁判所	判決年月日	出典	裁判例番号	引用ページ
千葉地裁	45.12.25	税資60.944		477
福岡地裁	46. 1.29	税資62.136		468
名古屋高裁	46. 2.23	税資62.229		482
名古屋地裁	46. 3.19	税資62.344	⑪⓪	435,438
福島地裁	46. 4.26	税資62.598		311,323,485
東京地裁	46. 5.10	税資62.658		243
山形地裁	46. 6.14	訟月18.1.22		137
横浜地裁	46. 8. 6	税資63.255		488
岡山地裁	46. 9. 9	税資63.505		460
大阪高裁	46.12.21	税資63.1233		93,479
広島地裁	46.12.22	税資63.1267		473
大阪高裁	47. 2.16	税資65.121	①	3,4,7
前橋地裁	47. 2.22	税資65.181		495
名古屋地裁	47. 3. 3	税資65.387		486
鳥取地裁	47. 4. 3	税資65.639		353,523
長野地裁	47. 4.27	税資65.855		468,484
東京高裁	47. 4.27	税資65.881	㊱	112,117
盛岡地裁	47. 6. 8	税資65.1124		496
神戸地裁	47. 7.31	税資66.102		205
東京地裁	47.10.25	税資66.750		486
東京高裁	47.10.27	税資66.768		486
名古屋高裁	47.11.29	税資66.1068		486
最高裁三小	47.12. 5	民集26.10.1795		554
福岡地裁	47.12. 7	税資66.1093		486
東京地裁	48. 1.30	税資69.193	㉑㉜	73,75,99,108
東京高裁	48. 3. 9	税資69.628		243
前橋地裁	48. 3.13	税資69.642		468
最高裁三小	48. 3.20	税資72.222	⑩⑨	428,429,433
宇都宮地裁	48. 3.22	税資69.1027		469
松山地裁	48. 3.31	税資69.1144		477
名古屋地裁	48. 4.27	税資69.1390		383,468
横浜地裁	48. 6. 5	税資70.208		498
東京地裁	48. 6.12	税資70.249		479
名古屋地裁	48. 6.20	税資70.319		469,494
東京高裁	48. 6.29	税資70.583		468,484
最高裁三小	48. 7.10	刑集27.7号1205		69

裁判所	判決年月日	出典	裁判例番号	引用ページ
東京地裁	48. 8. 8	税資70.821		449,469,523
東京高裁	48. 8.31	税資70.967		73,99
長崎地裁	48. 9. 3	税資71.17		486
東京地裁	48. 9.20	税資71.234		469
仙台高裁	48. 9.27	税資71.372		496
東京高裁	48.10.18	税資71.527	⑽	391,414,422,508
福岡地裁	48.12.21	税資71.1282		486
東京地裁	49. 1.28	税資74.127		483
東京地裁	49. 2.28	税資74.458		488
大阪地裁	49. 2.28	税資74.531		479
岡山地裁	49. 2.28	税資74.557		483
京都地裁	49. 3. 1	税資74.587		244
広島高裁	49. 4.22	税資75.181		449
熊本地裁	49. 4.25	税資75.258		488,499
最高裁一小	49. 4.25	民集28.3.405		556,559
最高裁三小	49. 6.11	訟月20.9.170	⑿	554,556
東京地裁	49. 6.18	税資75.841		469,474,485
横浜地裁	49. 6.28	税資75.980		387,502
最高裁三小	49. 6.28	税資75.1115		237
東京地裁	49. 7.15	税資76.54		101
東京地裁	49. 7.19	税資76.116		469
福岡地裁	49. 7.25	税資76.242		488
名古屋地裁	49. 9.11	税資76.612		469
東京高裁	49. 9.25	税資76.819		488
大阪地裁	49.10.23	税資77.181		479
大阪高裁	49.11.21	税資77.458		205
仙台高裁	50. 1.22	行集26.1.3		138
最高裁三小	50. 1.31	税資80.123		486
大阪地裁	50. 2. 5	訟月21.4.889		94
大阪高裁	50. 2.26	税資80.291		459,483
長野地裁	50. 3.27	税資80.587		389,510
福岡地裁	50. 3.29	税資80.788		385,510
佐賀地裁	50. 4.25	税資81.365		445,496
大阪地裁	50. 5.20	税資81.602	㊎⑽	312,318,393,413,414,421,479
広島地裁	50. 5.28	税資81.656		469

裁判所	判決年月日	出典	裁判例番号	引用ページ
東京高裁	50. 5.28	税資81.703		498
最高裁一小	50. 5.29	税資81.774		482
和歌山地裁	50. 6.23	税資82.70	㊾㊽㊽	159,180,190,205,308,314,323
名古屋高裁	50. 6.23	税資82.138		494
東京地裁	50. 6.24	税資82.222	㉝	100,109,142
札幌地裁	50. 6.24	税資82.238	⑨㊲	24,27,121,127,155
名古屋地裁	50. 7. 7	税資82.365		479
福岡高裁	50. 8.19	税資82.571		488,499
大阪高裁	50. 9.30	税資82.832	(95)(115)	387,401,449,522,525,527
大阪地裁	50.10.22	税資83.140		248,252
千葉地裁	50.10.27	税資83.161		477
静岡地裁	50.10.28	税資83.191		500
熊本地裁	50.11.26	税資83.553		392,474,485
鹿児島地裁	50.12.19	税資83.753		469
大阪地裁	51. 2. 5	税資87.279		384,469,501
東京高裁	51. 2.26	税資87.620		469
仙台高裁	51. 3. 8	税資87.662		479
広島地裁	51. 3.16	税資87.760		244
東京高裁	51. 4.15	税資88.366		469,485
東京高裁	51. 5.24	税資88.833		469
東京高裁	51. 5.24	税資88.841	㉒	77,85,101
千葉地裁	51. 6. 7	税資88.991		73,114,516
福岡高裁	51. 6. 8	税資88.1013		361,500,530
福岡地裁	51. 6.15	税資88.1074		501
大阪地裁	51. 6.22	税資89.4		469
大阪地裁	51. 6.23	税資89.9		206,388,510
福岡高裁	51. 6.30	税資89.123	(94)(105)	385,395,399,427,429,430,510
東京地裁	51. 7.20	税資89.340	(67)	264,268
福岡高裁	51. 8. 4	税資89.419		392,474,485
福岡高裁	51. 8.31	税資89.526		486
東京地裁	51. 9. 8	税資89.535		469
東京高裁	51. 9.13	税資89.643		500
広島高裁	51. 9.20	税資89.667		483

裁判所　判決年月日	出　　典	裁判例番号	引用ページ
大阪地裁　51. 9.30	税資89.804		488
札幌高裁　51.10.19	税資90.227	㊳	25,121,129,155
名古屋地裁　51.10.27	税資90.289		501,523
広島高裁　51.11. 8	税資90.515		469
横浜地裁　51.11.26	税資90.640	⑳㉘	71,73,74,94,95,101,110
福岡高裁　51.12. 8	税資90.750		488
最高裁一小　51.12. 9	税資90.759	㊾	182,186,191,205
最高裁三小　52. 1.25	税資91.54		385,510
熊本地裁　52. 2.28	税資91.296		480
東京高裁　52. 2.28	税資91.307		264,269
東京地裁　52. 3.14	税資91.368		501
東京高裁　52. 4.15	税資88.366		474
福岡高裁　52. 4.27	税資94.424		469
最高裁三小　52. 6.14	税資94.687		122
静岡地裁　52. 6.24	税資94.790		501
徳島地裁　52. 6.29	税資94.861		479
名古屋高裁　52. 7.21	税資95.113		479
東京地裁　52. 7.25	税資95.124	⑯⑯	312,316,393,402,414, 470,474,485,511
高松高裁　52. 9. 7	税資95.454		477
東京地裁　52. 9.29	税資95.637		473
福岡高裁　52. 9.29	税資95.702		496
東京地裁　52.10.27	税資96.90		470
東京地裁　52.11. 7	税資96.224		509
東京高裁　52.11.30	税資96.391		101
大阪高裁　52.12.14	税資96.434		94
東京地裁　52.12.26	税資96.535		479,488
那覇地裁　53. 1.24	税資97.43		530
東京高裁　53. 1.31	税資97.128		389,510
東京地裁　53. 2.22	税資97.264	(118)	531,538,547
横浜地裁　53. 3.13	税資97.491	(112)	384,460,462,466,470, 523
長野地裁　53. 3.16	税資97.590		470
名古屋地裁　53. 3.27	税資97.672		496
熊本地裁　53. 3.30	税資97.1086		470
東京高裁　53. 4.25	税資101.212		469

裁判所　判決年月日	出　　典	裁判例番号	引用ページ
福岡高裁　53. 5.30	税資101.489		501
大阪高裁　53. 6. 2	税資101.499		488
東京地裁　53. 6. 7	税資101.516		470,474
東京高裁　53. 7. 5	税資102.1		501
名古屋地裁　53. 7.10	税資102.14		470,501,504
最高裁三小　53. 7.18	訟月24.12.2696		138
東京高裁　53. 7.18	税資102.115		479,488
東京地裁　53. 8.24	税資102.165		312,450,501
東京地裁　53. 9.21	税資102.504		470,479
神戸地裁　53. 9.22	訟月25.2.501		93
最高裁三小　53.10. 3	税資103.1		389
東京高裁　53.10.21	税資103.207		388
福岡高裁　53.10.26	税資103.68		480
東京高裁　53.10.30	税資103.100		470
東京高裁　53.10.31	税資103.207		502
津地裁　53.11. 9	税資103.343		502
大阪地裁　53.11.24	税資103.470		474
名古屋地裁　53.11.27	税資103.503		470
東京高裁　53.12. 9	税資103.788		72,73,94,102
東京高裁　53.12.19	税資103.794		509
札幌地裁　53.12.26	税資103.976		207,313,502,511
名古屋地裁　54. 1.29	税資104.56		480
東京地裁　54. 1.30	税資104.88		480
大阪地裁　54. 1.30	税資104.155		237
東京高裁　54. 2.20	税資104.274		470,479
京都地裁　54. 2.23	税資104.336		496
和歌山地裁　54. 2.26	税資104.374		483
新潟地裁　54. 3.12	税資104.631	⑩	25,27
大阪地裁　54. 3.29	税資104.1054		480
東京地裁　54. 3.30	税資104.1127		478
仙台地裁　54. 4.11	税資105.55		496
水戸地裁　54. 4.17	税資105.90		489
京都地裁　54. 4.27	税資105.230		474
大阪高裁　54. 5.29	税資105.495		237
横浜地裁　54. 6.11	税資105.613		475
最高裁三小　54. 7.24	税資106.130		477

裁判所　判決年月日	出　　　典	裁判例番号	引用ページ
東 京 地 裁　54. 7.25	税資106.153		480,481,490
神 戸 地 裁　54. 8.20	税資106.256	㉓	77,86,103
東 京 地 裁　54. 9. 4	税資106.335		496,502,511
東 京 地 裁　54. 9.12	税資106.376		497
最高裁二小　54. 9.28	税資106.685		72,102
大 阪 地 裁　54.10.16	税資109.26		452,470
大 阪 地 裁　54.11. 7	税資109.221		480,489
横 浜 地 裁　54.11.21	税資109.461		502,510
東 京 地 裁　54.12.12	税資109.689	㊴	100,122,131,155
東 京 高 裁　55. 1.23	税資110.31		470,474
東 京 地 裁　55. 2.28	税資110.431		489
大 阪 高 裁　55. 3.18	税資110.602		496
名古屋地裁　55. 3.24	税資110.666	㊵	123,133,155
東 京 地 裁　55. 3.27	税資115.959		489
鳥 取 地 裁　55. 3.27	税資110.1000		475
大 阪 高 裁　55. 4.24	税資113.179		474
大 阪 地 裁　55. 5.21	税資113.382		391,485
大 阪 地 裁　55. 5.22	税資113.413		498
東 京 高 裁　55. 5.27	税資113.459	㉙	73,94,95
東 京 地 裁　55. 6. 2	税資113.526		471,503
東 京 高 裁　55. 6. 9	税資113.568		473
広 島 地 裁　55. 6.11	税資113.597		498
前 橋 地 裁　55. 6.17	税資113.658		480
東 京 地 裁　55. 6.19	税資113.697		470
東 京 地 裁　55. 6.25	税資113.806		450,470,499
大 阪 地 裁　55. 7.11	税資114.37		480
福 岡 地 裁　55. 7.24	税資114.239		489
長 崎 地 裁　55. 7.25	税資114.248		470
東 京 地 裁　55. 7.30	税資114.280		483
東 京 地 裁　55. 8.28	税資114.399		453,489,523,534
東 京 高 裁　55. 9. 2	税資114.615		489
宇都宮地裁　55. 9.11	税資114.667		480
最高裁一小　55. 9.11	税資114.677		470,474
東 京 地 裁　55. 9.22	税資114.751		480
神 戸 地 裁　55. 9.26	税資114.885		503
横 浜 地 裁　55. 9.29	税資114.933		503

裁判所　判決年月日		出　　典	裁判例番号	引用ページ
名古屋地裁	55.10.13	税資115.31	⑦④⑩⓪	308,314,337,413,421,475,483
東京地裁	55.10.22	税資115.130,167,174		489
東京高裁	55.10.27	シュト225.1		34
大阪高裁	55.11.26	税資115.641		104
広島高裁	55.11.28	税資115.660		475
名古屋地裁	55.12.19	税資115.743		475
東京地裁	55.12.22	税資115.882	㊈	354,357,374,503
浦和地裁	55.12.24	税資115.920		207,494
徳島地裁	56. 1.28	税資116.32		471,480
東京高裁	56. 1.28	税資116.68		496,502,513
名古屋地裁	56. 1.30	税資116.145		489
大阪地裁	56. 2.25	税資116.318	㊾	361,377,496
札幌地裁	56. 2.25	税資116.340		359
東京高裁	56. 2.26	税資116.407		480
名古屋高裁	56. 2.27	税資116.469		480
東京高裁	56. 3.16	税資116.552		502,510
東京地裁	56. 3.18	税資116.564		497
長野地裁	56. 3.26	税資116.797		498
名古屋高裁	56. 3.31	税資116.1009		496
東京高裁	56. 4.20	税資117.87	⑪⑨	532,541,548
東京高裁	56. 5.27	税資117.475		480
東京高裁	56. 5.28	税資117.486		471,503
札幌高裁	56. 5.28	税資117.492		207,502
京都地裁	56. 5.29	税資117.497		504
千葉地裁	56. 6. 8	税資117.556		490
東京高裁	56. 6.29	税資117.788		100,123
東京地裁	56. 7.16	税資120.129	㊿⑥⓪⑥④	159,160,162,181,182,184,188,191,196,197,208
千葉地裁	56. 8.28	税資120.394		490
東京高裁	56. 9. 8	税資120.478		483
鹿児島地裁	56.10. 2	税資121.9		389,509
名古屋高裁	56.10.28	税資121.104		124
大阪高裁	56.10.29	税資121.158		485
大阪高裁	56.10.30	税資121.163		503

裁判所　判決年月日	出　　　典	裁判例番号	引用ページ
福岡高裁　56.11.10	税資121.264		470
広島地裁　56.12.17	税資121.544		471
東京地裁　57. 1.21	税資122.8		499
静岡地裁　57. 1.22	税資122.26		417,490
東京地裁　57. 1.26	税資122.49		471,475
東京高裁　57. 1.26	税資122.93		480,481,490
東京地裁　57. 2. 1	税資122.170		104
東京地裁　57. 2. 4	税資122.203		504
大阪地裁　57. 3.10	税資122.511		504
大阪地裁　57. 3.10	税資122.532		504
東京高裁　57. 3.18	税資122.620		503
横浜地裁　57. 3.31	税資122.822		490
高松地裁　57. 3.31	税資122.892		497
東京地裁　57. 4.22	税資123.109		237
最高裁一小　57. 4.22	税資123.154		100,123
神戸地裁　57. 4.28	税資123.222		481
奈良地裁　57. 5.14	税資123.329		471
東京高裁　57. 5.27	税資123.523		480
東京地裁　57. 6.11	税資123.601		239
東京地裁　57. 6.14	税資123.634	(121)①	498,533,543
最高裁一小　57. 6.24	税資123.837		502
大阪地裁　57. 7.20	税資127.245		504
東京地裁　57. 7.26	税資127.336		471,475,485
名古屋高裁　57. 7.28	税資127.537		470,501,504
福岡高裁　57. 8.30	税資127.702		390,509
大阪高裁　57. 9. 3	税資127.733	(93)	362,378,496
東京高裁　57. 9.13	税資127.798		504
高松高裁　57. 9.14	税資127.803		471,480
京都地裁　57. 9.24	税資127.949		471
福岡地裁　57. 9.24	税資127.998		505
東京高裁　57. 9.28	税資127.1068	(89)	354,358,375,503
東京高裁　57. 9.29	税資127.1107		499
東京高裁　57.10.29	税資128.224		489
東京高裁　57.11.16	税資128.407		490
最高裁三小　57.11.30	税資128.541		471,503
熊本地裁　57.12.15	税資128.596	(79)	337,393,505

裁判所　判決年月日	出　　典	裁判例番号	引用ページ
横浜地裁　57.12.22	税資128.738		478
浦和地裁　58. 3.23	税資129.630		486
前橋地裁　58. 3.24	税資129.687		505
京都地裁　58. 4.22	税資130.89		471,484
千葉地裁　58. 4.25	税資130.188	㊶	124,134
大阪高裁　58. 4.27	税資130.324		504
大阪地裁　58. 5.27	税資130.514		352,354,482
水戸地裁　58. 5.31	税資130.558		471,484
仙台高裁　58. 5.31	税資130.660	㉕	78,87,496
新潟地裁　58. 6.28	税資130.737		497
長野地裁　58. 7. 7	税資133.1		481
大阪地裁　58. 8.26	税資133.491	(122)	475,534,544
神戸地裁　58. 8.29	税資133.521	㊷㊹	77,126,134,155,160,163,211,516
広島高裁　58. 8.31	税資133.583		471
京都地裁　58. 9. 9	税資133.594		471
京都地裁　58. 9.16	税資133.651		484
最高裁一小　58.10.27	税資134.46	(120)	411,533,534,535,542,548,549,550,551
福岡地裁　58.10.28	税資134.61		481
東京高裁　58.11.18	税資134.145		498
水戸地裁　58.12.13	税資134.387		472
大阪高裁　58.12.15	税資134.501		471
長野地裁　58.12.22	税資134.581	(90)	359,375
名古屋高裁　59. 2.28	税資135.230		475
東京高裁　59. 2.29	税資135.259		505
東京高裁　59. 3.14	税資135.287	(65)	238,240
横浜地裁　59. 4.18	税資136.38		476,499
神戸地裁　59. 4.18	税資136.81		490
最高裁一小　59. 4.26	税資136.476		496
福岡高裁　59. 5.30	税資136.638	(80)	338,344,505
大阪高裁　59. 5.31	税資136.664		475
東京高裁　59. 7.16	税資139.85		497
福岡高裁　59. 7.31	税資139.275		505
大阪高裁　59. 8. 1	税資139.289		352
奈良地裁　59. 8.31	税資139.446		481

裁判所　判決年月日	出　　典	裁判例番号	引用ページ
名古屋高裁　59. 9.29	税資114.950		470
千 葉 地 裁　59.10. 9	税資140.7		249,354,490
福 岡 高 裁　59.11.28	税資140.273		481
福 井 地 裁　59.11.30	税資140.421		507
大 阪 高 裁　59.11.30	税資140.499		504
広 島 地 裁　59.12.20	税資140.665		390,509
東 京 地 裁　59.12.21	税資140.681		473,476,505
熊 本 地 裁　60. 3.11	税資144.383		509
那 覇 地 裁　60. 3.12	税資144.403		481
東 京 地 裁　60. 3.19	判時1206.130		420
浦 和 地 裁　60. 3.25	税資144.704	㊺	142,146
大 阪 高 裁　60. 3.27	税資144.885		490
大 阪 高 裁　60. 3.28	税資144.991		484
最高裁一小　60. 4.18	税資145.55		497
最高裁三小　60. 4.23	税資145.97		104
東 京 高 裁　60. 4.24	税資145.211	(123)	453,489,535,545,551
大 阪 高 裁　60. 5.29	税資145.563		471,484
広 島 地 裁　60. 5.30	税資145.690		472
東 京 高 裁　60. 6.26	税資145.1020	(122)②	498,534,543
東 京 地 裁　60. 7.17	税資146.125		478
大 阪 地 裁　60. 7.19	税資146.197		506
東 京 地 裁　60. 7.22	税資146.245		497
横 浜 地 裁　60. 8.21	税資146.511		491
岐 阜 地 裁　60. 9.18	税資146.630		509
大 阪 高 裁　60.10.22	税資147.45		471
大 阪 地 裁　60.10.31	税資147.242		472
東 京 高 裁　60.11.15	税資147.412		473,476,505
東 京 地 裁　60.12.25	税資147.830	(124)	497,506,535,547
東 京 高 裁　61. 1.23	税資150.4		491
東 京 地 裁　61. 2. 6	税資150.184		506
東 京 高 裁　61. 2.27	税資150.393		476
大 阪 高 裁　61. 3.14	税資151.149		104
東 京 地 裁　61. 3.25	税資151.297		486
名古屋高裁　61. 3.27	税資151.549		509
東 京 高 裁　61. 4.25	税資152.131		478
釧 路 地 裁　61. 5. 6	税資152.137		486

裁判所　判決年月日		出　　　典	裁判例番号	引用ページ
釧路地裁	61．5．6	税資152.148		506
東京高裁	61．6.23	税資152.419	⑬⑥①⑥④	160,162,181,183,188,189,192,196,197,210
最高裁一小	61．6.26	税資152.546		476,505
東京高裁	61．7.17	税資153.132		497
東京地裁	61．7.30	税資153.366		472
広島高裁	61．8.28	税資153.581		472
山口地裁	61.10.16	税資154.63		481
広島高裁	61.11.21	税資154.606		391,509
広島地裁	61.11.27	税資154.738		506
最高裁三小	61.12．2	税資154.772		498
最高裁二小	61.12．5	訟務月報33巻8号2149		513
東京地裁	61.12.17	税資154.816		491
東京高裁	62．1.26	税資157.235		472
岡山地裁	62．1.30	税資157.358		472
大阪地裁	62．2.24	税資157.754		392,507
東京高裁	62．3.10	税資157.859		249,354,490
東京高裁	62．3.23	判時1242.139		420
東京地裁	62．3.24	税資157.973		481
札幌高裁	62．3.26	税資157.1068		506
名古屋高裁	62．3.30	税資157.1230		507
新潟地裁	62．3.31	税資157.1306		392,485,507
和歌山地裁	62．3.31	税資157.1444		102
東京高裁	62．4.30	税資158.499		174
最高裁二小	62．5．8	税資158.592	㉛	301,338,340,345,505
最高裁三小	62．7．7	税資159.51		391,509
長野地裁	62．7.16	税資159.172		211,492
大阪高裁	62．9.16	税資159.620		472
東京地裁	62．9.22	税資159.657		472,507,510
最高裁一小	62．9.24	税資159.808		249,354,490
大阪地裁	62.10.23	税資160.228		25
千葉地裁	62.10.26	税資160.338		491
最高裁三小	62.10.30	税資160.542		118
広島地裁	62.12.25	税資160.1632		492
大阪地裁	63．2.26	税資163.600		391,510
最高裁一小	63．3．3	税資163.650		104

裁判所　判決年月日	出　　典	裁判例番号	引用ページ
東京高裁　63. 3.28	税資163.923		393,485,507
大阪高裁　63. 3.30	税資163.1044		25
最高裁一小　63. 3.31	税資163.1122		174
津地裁　63. 4.21	税資164.125		481
札幌高裁　63. 4.25	税資164.253		486
東京高裁　63. 4.28	税資164.327		211,492
東京高裁　63. 5.16	税資164.370		491
東京地裁　63. 5.19	税資164.380		506
東京地裁　63. 5.30	税資164.586		506
仙台地裁　63. 6.29	税資164.989		234
広島地裁　63. 7. 7	税資165.149		472
鹿児島地裁　63. 9.30	税資165.986		492
東京地裁　63.10.18	税資166.176		481
大阪高裁　63.10.26	税資166.358		102
最高裁一小　63.10.27	税資166.370		486
横浜地裁　63.10.31	税資166.448		481
大阪地裁　63.11.29	税資166.530		138,211
京都地裁　63.11.30	税資166.583		355
名古屋地裁　63.11.30	税資166.598		492
東京地裁　63.12.19	税資166.846		476
浦和地裁　63.12.19	税資166.932		77,102
東京地裁　63.12.21	税資166.977		393,492
横浜地裁　63.12.21	税資166.1059		507
名古屋地裁　63.12.23	税資166.1111		472
平成			
高知地裁　1. 1.30	税資169.143		496
東京地裁　1. 3.29	税資169.1291		492
東京地裁　1. 4.25	税資170.120		311,484
福岡地裁　1. 6. 2	税資170.630		245
横浜地裁　1. 6.28	税資170.796		476
東京地裁　1. 7.13	税資173.36,126		472,507
東京地裁　1. 7.24	税資173.292		481,491
東京高裁　1. 8.30	税資173.530		481
長野地裁　1. 8.31	税資173.551		472
東京高裁　1. 9.19	税資173.744		78,105
東京地裁　1. 9.22	税資173.784		493

裁判所　判決年月日		出　　典	裁判例番号	引用ページ
京都地裁	1. 9.22	税資173.831		300,309,460,461
横浜地裁	1. 9.27	税資173.959		481
札幌地裁	1. 9.29	税資173.1016		100,491
東京地裁	1.10. 5	税資174.20		493
千葉地裁	1.10.18	税資174.131		508
徳島地裁	1.10.27	税資174.354		493
東京地裁	1.10.30	税資174.406		472
福岡高裁	1.11. 6	税資174.530		492
東京高裁	1.11.13	税資174.596		481
大阪地裁	1.11.14	税資174.618		353,481
東京地裁	1.11.21	税資174,657		508
東京高裁	1.11.29	税資174.802		476
東京高裁	1.11.30	税資174.807		77,102
東京地裁	1.12. 5	税資174.835		476
東京地裁	1.12. 8	税資174.864		476
松山地裁	1.12.21	税資174.1026		482
広島高裁	1.12.21	税資174.1057		472
東京地裁	2. 1.29	税資175.170		482
東京高裁	2. 1.30	税資175.263		492
浦和地裁	2. 2.26	税資175.684		487
広島地裁	2. 2.28	税資175.943		234
大阪高裁	2. 2.28	税資175.976	⑲	58,59,77,106,170,211
東京高裁	2. 3.27	税資176.269		507
札幌地裁	2. 3.29	税資176.401		487
最高裁一小	2. 3.29	税資176.443		492
東京地裁	2. 4.13	税資176.581		491
福井地裁	2. 4.20	税資176.647		338,510
最高裁二小	2. 4.20	税資176.660		481
神戸地裁	2. 5.16	税資176.785	㊳	264,265
最高裁一小	2. 7. 5	税資180.22		476
岐阜地裁	2. 7.16	税資180.58		362
広島高裁	2. 7.18	税資180.89		234
東京高裁	2. 8.30	税資180.493		507
東京高裁	2. 8.30	税資180.501		493
最高裁三小	2. 9.18	税資180.577		507
東京地裁	2.10. 5	税資181.1		394

裁判所　判決年月日		出　　典	裁判例番号	引用ページ
最高裁一小	2.10.25	税資181.129		106,212
名古屋地裁	2.12.21	税資181.1051		477
札幌高裁	3. 2.19	税資182.336		100
福岡地裁	3. 2.28	税資182.522	㉔	78,86
福岡高裁	3. 2.28	税資182.560		245
東京高裁	3. 3.14	税資182.620		491
大阪地裁	3. 3.29	税資182.878	㊷	338,345,453,535
広島高裁	3. 4.10	税資183.32		506
広島高裁	3. 4.10	税資183.46		472
大阪高裁	3. 4.24	税資183.364	㊿	103,309,315,337,355,461
東京高裁	3. 5.23	税資183.807		355
東京地裁	3. 5.28	税資183.823		113
名古屋高裁	3. 6.12	税資183.947		362
東京地裁	3. 6.26	税資183.993		234
大阪高裁	3. 8. 8	税資186.417		506
大阪高裁	3. 9.26	税資186.635		270
名古屋高裁	3.10.23	税資186.1067		339
東京高裁	3.10.30	税資186.1243		113
最高裁一小	3.12. 5	税資187.241		491
名古屋地裁	3.12.20	税資187.479		487
鳥取地裁	4. 3. 3	税資188.539		189,495,535
東京地裁	4. 3.10	税資188.573		103
松江地裁	4. 3.18	税資188.731		492
東京高裁	4. 3.19	税資188.798		234
京都地裁	4. 3.23	税資188.826	77	311,317,347,491
京都地裁	4. 3.23	税資188.869,894		283,395,536
名古屋高裁	4. 4.30	税資189.428		77
東京地裁	4. 6.25	税資189.771		451
広島地裁	4. 8. 6	税資192.324		478
神戸地裁	4. 9.30	税資192.809		339
名古屋地裁	4.12.24	税資193.1059		339,360
東京高裁	5. 2.25	税資194.531		436
京都地裁	5. 3.19	税資194.787		363,497
東京高裁	5. 3.24	税資194.1038		451
神戸地裁	5. 3.29	税資194.1091		234,235,252

裁判所	判決年月日	出典	裁判例番号	引用ページ
神戸地裁	5. 3.29	税資194.1112		234,235,252,300,309,397,515
大阪高裁	5. 4.27	税資195.169	⑼	301,309,395,403,415,536
福岡地裁	5. 5.18	税資195.365		511
大阪地裁	5. 5.26	税資195.544		78
東京高裁	5. 5.28	税資195.583		472
最高裁一小	5. 6.10	税資195.628		506
広島高裁	5. 6.30	税資195.738		492
仙台地裁	5. 8.10	税資198.482		339,509
浦和地裁	5.10.18	税資199.274		234,245
東京高裁	5.10.27	税資199.405		395
福岡地裁	5.10.28	税資199.650		25
大阪高裁	5.11.19	税資199.834		252
名古屋地裁	5.12.22	税資199.1312		487
東京地裁	6. 1.28	税資200.430		77,138
名古屋地裁	6. 1.31	税資200.449		495
京都地裁	6. 1.31	税資200.476		477,488
東京地裁	6. 2. 1	税資200.505		234,240
岡山地裁	6. 3.10	税資200.900		113
東京高裁	6. 3.16	税資200.1102		245
名古屋地裁	6. 4.22	税資201.121		477
大阪高裁	6. 4.27	税資201.262		339
東京地裁	6. 5.11	税資201.268		339,451
千葉地裁	6. 5.30	税資201.375		77
大阪高裁	6. 6.28	税資201.631		300,309,310,397
大津地裁	6. 8. 8	税資205.311		348,355,436
名古屋高裁	6.10.26	税資206.95		495
最高裁三小	6.11.22	民集48.7.1379	⑽	381,396,398,404,408,411
最高裁二小	6.11.25	税資206.437		451
神戸地裁	6.11.30	税資206.513		497,499
名古屋高裁	6.12.27	税資206.864		487
水戸地裁	7. 3.17	税資208.768		482
東京地裁	7. 3.28	税資208.1015		54,77,106,160,183,212

裁判所　判決年月日		出　　典	裁判例番号	引用ページ
最高裁二小	7. 4.28	判時1529.53	⑲	301,310,340,381,398,406,411
最高裁一小	7. 6.29	税資209.1239		395
浦 和 地 裁	7. 8.28	税資213.443		493
静 岡 地 裁	7. 9. 7	税資213.574		482
福 岡 地 裁	7. 9.27	税資213.728		56
東 京 地 裁	7.10.20	税資214.201		482
静 岡 地 裁	7.10.26	税資214.270		472
東 京 高 裁	7.11.27	税資214.504		77,106,160,183,212
大 阪 高 裁	8. 1.30	税資215.202		499
水 戸 地 裁	8. 2.28	訟月43.5.1376		55
那 覇 地 裁	8. 4. 2	税資216.1		25,127
津 地 裁	8. 5.13	税資216.337		398,485
東 京 高 裁	8. 5.13	税資216.355		451,536
福 岡 高 裁	8. 7.17	税資220.175		56
東 京 地 裁	8. 8.29	税資220.478		78
岡 山 地 裁	8. 9.17	税資220.761		127
名古屋高裁	8. 9.25	税資220.949		398,485
東 京 地 裁	8.11.21	税資221.433		78,115
大 阪 高 裁	9. 2.25	税資222.568		355
大 阪 地 裁	9. 3.25	税資222.242		106
東 京 地 裁	9. 4.25	税資223.500		150,155
東 京 高 裁	9. 5.21	税資223.809		115
広 島 高 裁	9. 5.29	税資223.945		127
東 京 高 裁	9. 6.30	税資223.1290		56
大 阪 地 裁	9. 9. 4	税資228.449		361
横 浜 地 裁	9. 9.24	税資228.664		536
東 京 地 裁	9.10.28	税資229.418		170,212
大 阪 地 裁	9.11.25	税資229.740		212
大 分 地 裁	10. 1.27	税資230.207		454
福 岡 地 裁	10. 3.20	税資231.156		155,245
大 阪 高 裁	10. 4.14	税資231.545		77
大 阪 高 裁	10. 4.14	税資231.592		106
大 阪 地 裁	10. 4.30	税資231.1010		355
最高裁二小	10. 6.22	税資232.677		115
横 浜 地 裁	10. 6.24	税資232.769		301,339,355,391,517

裁判所　判決年月日	出　　典	裁判例番号	引用ページ
名古屋地裁　10.10.28	税資238.892		361
大 分 地 裁　10.12.22	税資239.618		77,127
東 京 地 裁　11. 1.22	税資240.40		310
福 岡 高 裁　11. 2.10	税資240.639		454
静 岡 地 裁　11. 2.12	税資240.661		168,214
東 京 高 裁　11. 2.24	税資240.895		301,339,355,391,517
横 浜 地 裁　11. 4.12	税資242.86		310,398
山 口 地 裁　11. 4.27	税資242.436		339,398
東 京 地 裁　11. 5.19	税資242.720		536
東 京 高 裁　11. 5.31	税資243.127	㊽	150,151,155
最高裁一小　11. 6.10	判時1686.50	㉖	78,87,95,106,160,183,212
東 京 地 裁　11. 9.22	税資244.713		536
東 京 高 裁　11. 9.29	税資244.934		168,214
神 戸 地 裁　11.11.29	税資245.497		457,536
大 阪 高 裁　11.12.10	税資245.698		355
福 岡 高 裁　12. 3.28	税資247.37		245
神 戸 地 裁　12. 3.28	税資247.62		115,212
東 京 高 裁　12. 4.13	税資247.306		536
東 京 地 裁　12. 4.25	税資247.486		77
千 葉 地 裁　12. 4.26	税資247.511		252
長 野 地 裁　12. 6.23	税資247.1360		310
長 野 地 裁　12. 6.23	税資247.1338		398,458
名古屋地裁　12. 7.12	税資248.131		213
宇都宮地裁　12. 8.30	税資248.586		413,461
大 阪 高 裁　12.11.17	税資249.133		212
東 京 地 裁　13. 2.27	税資250順号8847		356
鳥 取 地 裁　13. 3.27	税資250順号8865	(63)	168,184,189,194,213
東 京 高 裁　13. 4.25	税資250順号8890		414,461
東 京 地 裁　14. 1.22	税資252順号9048	(62)	160,168,183,193,213
東 京 地 裁　14. 1.23	税資252順号9049		398
東 京 高 裁　14. 1.23	税資252順号9050	(85)	295,339,356,366,369,517
広 島 高 裁　14. 9.27	税資252順号9206		184,213
京 都 地 裁　15. 7.10	税資253順号9392		348
東 京 地 裁　16. 1.30	税資254順号9542	(104)	417,421,423,511

裁判所　判決年月日		出　　　典	裁判例番号	引用ページ
さいたま地裁	16. 2.18	税資254順号9561		214
最高裁三小	16. 7.20	判時1873.123	㊾	150,152
東京高裁	16. 7.21	税資254順号9703	⑭	418,423,511
大阪高裁	16. 9.29	税資254順号9760	㊸	349,366,367,511
最高裁二小	17. 1.17	民集59.1.28	⑪	356,436,439
最高裁三小	17. 1.25	民集59.1.64		104,144
大阪地裁	17. 9.16	税資255順号10134		231,252
大津地裁	17.12. 5	税資255順号10217		493
東京高裁	18. 1.18	税資256順号10265		356,436
大津地裁	18. 2.27	税資256順号10333		18
最高裁一小	18. 4.20	民集60.4.1611	㉗㊱	79,88,301,356,366,371,517
最高裁三小	18. 4.25	民集60.4.1728	㊿	79,151,154,295,301,356,366,436
大阪地裁	18.10.18	税資256順号10531		18
最高裁三小	18.10.24	民集60.8.3128	㊼	79,105,144,148
名古屋地裁	18.12.13	税資256順号10599		511
神戸地裁	19. 3. 9	税資257順号10649		512
大阪地裁	20. 3.14	判例タイムズ1276.109	㊾	273
大阪高裁	20.10.15	税資258順号11050		273
福岡高裁	21. 7.29	平成21年（行コ）11号		146
札幌地裁	21. 8.28	平成19年（行ウ）16号		487
岡山地裁	21.10.27	平成18年（行ウ）19号		451
名古屋地裁	21.11. 5	平成20年（行ウ）22号		512
東京地裁	22. 5.14	平成20年（行ウ）549号		339,495
新潟地裁	22. 1.14	平成19年（行ウ）20号		493
岡山地裁	22. 6.22	平成17年（行ウ）2号		487
福岡高裁	22.12.21	平成22年（行コ）12号		144
最高裁二小	23. 1.14	平成20年（行ツ）236号		273
大阪地裁	24. 1.12	平成21年（行ウ）207号		493
最高裁二小	24. 1.13	平成21年（行ヒ）404号		145
最高裁一小	24. 1.16	平成23年（行ヒ）104号		145
東京地裁	24.12.18	平成23年（行ウ）712号		35
水戸地裁	24. 2.16	平成22年（行ウ）15号		487
福岡高裁	25. 5.30	平成24年（行コ）7・8号		146
東京高裁	25. 6.27	平成25年（行コ）40号		35

裁判所　判決年月日		出　　典	裁判例番　号	引用ページ
最高裁二小	26.12.12	訟務月報61巻5号107	⑭	35,36,156
静岡地裁	26. 2.13	平成24年（行ウ）38号		484
名古屋地裁	26. 6.25	平成24年（行ウ）125号		493
神戸地裁	27. 3.19	平成20年（行ウ）16号		454
大阪高裁	28. 6.17	平成27年（行コ）74号		454
東京地裁	30. 6.29	平成28年（行ウ）487号		399
東京地裁	30. 1.19	平成28年（行ウ）240号		498
	令和			
東京地裁	2.10.29	平成30年（行ウ）422号		314,512
東京高裁	3. 4.21	令和元年（行コ）281号他		146
東京地裁	4.10. 7	令和3年（行ウ）608号		127
東京地裁	5. 5.12	令和元年（行ウ）607号		92
東京地裁	6. 1.18	令和3年（行ウ）22号		513
東京高裁	6. 8.28	令和6年（行コ）36号		513

裁 決 索 引

裁決年月日	出　　典	裁決例番号	引用ページ
昭和			
45.10.28	東国裁例集2.1		451
46. 1.15	東国裁例集4.15		454
46. 3.25	裁決事例集2.1		169,215
46. 8. 9	裁決事例集3.1	㊼	173,177,215,219
47. 6.15	東国裁例集5.85		455
47. 6.16	東国裁例集5.152		249
47.11. 2			461
48.11.28	裁決事例集7.37		456
48.12.13	裁決事例集9.1		456
50. 5.30	裁決事例集10.1	⑫	30
51. 5.28	裁決事例集12.1		462,532
51. 6.30	裁決事例集12.5		463
55. 3.11	裁決事例集19.62		270
55. 4.24	裁決事例集20.1		251
56. 3.31	裁決事例集21.8		271
56. 4.20	裁決事例集22.13		105
56.10. 2	裁決事例集23.1	㊸	138,139,216
57. 2.17	裁決事例集23.7	㊹	139
57. 3.26	裁決事例集23.15		160,169,180,217
57. 5.31	裁決事例集24.7	⑪	26,28,272
58. 4.28	裁決事例集26.1		464
61. 5.22	裁決事例集31.7		464
平成			
8. 9.30	裁決事例集52.31		170,218
9. 3.27	裁決事例集53.88		252
9.12. 9	裁決事例集54.94		464
10. 5.28	裁決事例集55.25		452
10. 9.30	裁決事例集56.78		465
14. 2. 5	裁決事例集63.20		218
16. 5.19	裁決事例集67.103		465
20.12.18	裁決事例集76.42		466

《著 者 略 歴》
慶應義塾大学経済学部卒業
三次税務署長
高松国税局長
筑波大学大学院ビジネス科学研究科教授
早稲田大学大学院会計研究科教授
(株)野村資産承継研究所理事長
税理士法人大手町トラスト代表社員を経て、
現在、筑波大学名誉教授、弁護士、税理士
《資　　格》
弁護士
公認会計士第三次試験
不動産鑑定士第二次試験
税理士試験等に合格
《主 要 著 書》
「課税所得と企業利益」(税務研究会刊、日税研究賞受賞)
「法人税の判例」(ぎょうせい刊、租税資料館賞受賞)
「附帯税の事例研究」(財経詳報社刊、日税研究奨励賞受賞)
「詳解　財産・資産評価の実務研究」(大蔵財務協会刊)
「重要租税判決の実務研究」(大蔵財務協会刊)
「傍流の正論　税歴60年の教え」(大蔵財務協会刊)
「国税通則法の理論と実務」(ぎょうせい刊)
「節税と税務否認の分岐点」(ぎょうせい刊)等多数

附帯税の実務研究

令和6年12月25日　初版印刷
令和7年1月23日　初版発行

著　者　品　川　芳　宣

(一財)大蔵財務協会　理事長
発行者　木　村　幸　俊

発 行 所　一般財団法人　大 蔵 財 務 協 会
〔郵便番号 130-8585〕
東京都墨田区東駒形1丁目14番1号
(販　売　部) TEL03(3829)4141・FAX03(3829)4001
(出版編集部) TEL03(3829)4142・FAX03(3829)4005
URL　http://www.zaikyo.or.jp

落丁・乱丁はお取替えいたします。　印刷　三松堂株式会社
ISBN978-4-7547-3302-5